| 真实进步指标（GPI）译丛 |

千帆竞发：
基于真实进步指标的亚太可持续福祉

［澳大利亚］菲利普·劳
［澳大利亚］马修·克拉克　主编

林永生　译

北京师范大学出版社

"真实进步指标(GPI)译丛"总序

我开始关注可持续和环境污染问题，可追溯至2004年。那时我在参加为期一年的培训，其间精读了莱斯特·R.布朗的著作《B模式：拯救地球 延续文明》。该书提出了两种截然不同的经济运行模式：一种是A模式——依靠过度消耗自然资本使产出人为膨胀的泡沫经济。这种模式在今天已经不再行得通了，取而代之的是B模式——全球动员起来，稳定人口和气候，使A模式存在的问题不至于发展到失控的地步。

2013年，我在美国访学时接触到了真实进步指标(Genuine Progress Indicator，GPI)，并对这套理论体系产生了浓厚兴趣。研习过程适逢我国创新发展、绿色发展等理念的提出，遂颇有共鸣。2015年，我回国后在北京师范大学继续从事研究工作，自此开始组建团队，启动中国GPI研究项目。在组织编写中国真实进步指标测算报告的同时，我遴选了六部关于可持续和GPI的著作编译出版，形成"真实进步指标(GPI)译丛"，冀能借此让更多人理解可持续的内涵，助力中国GPI理论研究与推广应用，为我国实现可持续驱动的发展转型和治理创新提供有益镜鉴。

该译丛由六部著作组成，聚焦于可持续以及GPI理论与应用问题，它们分别是：《改弦易张：气候变化和能源短缺带来的挑战与应对》《踵事增华：可持续的理论解释与案例举要》《日新为道：通过可持续发展目标促进治理创新》《千帆竞发：基于真实进步指标的亚太可持续福祉》《富轹万古：澳大利亚维多利亚州真实进步指标报告》《百尺竿头：中国香港特别行政区与新加坡的真实进步比较与展望》。

时值译丛出版之际，为帮助读者理顺六部著作的内在联系，我想谈谈对于可持续、可持续发展、目标治理以及 GPI 的一些看法，并尝试阐明其间的逻辑关系。

****

丛书的核心是 GPI。从根本上说，GPI 是为了弥补国内生产总值（Gross Domestic Product，GDP）对于福利水平测度的不足而诞生的。GDP 主要衡量的是当前的生产能力，故而其既不体现公民享受的福利水平，也不反映社会继续保持或提高这一水平的能力。因此，GDP 的数据在满足人类追求福利的现实需求，以及为政府提供科学的决策依据等方面存在一定的缺陷。而 GPI 的目标，就是要衡量"可持续经济福利"。在全面、系统地了解 GPI 之前，我们首先要从本质上理解可持续的概念。

牛津大学的乔格·弗里德里希（Jörg Friedrichs）教授为我们描述了现代工业社会所面临的气候变化和能源短缺问题及其所衍生的社会政治影响，同时从知识储备、不作为道德经济等方面解释了为什么人类难以解决这些难题。随着人类不断地开发和利用资源、排放污染物，地球系统已面临不可持续的危机。但是，当前政策往往只强调降低工业文明给环境带来的损害，而非直面人类困境。归根结底，我们必须放弃不可持续的发展方式，通过地方、国家、区域和全球层面的治理措施，确保生态系统的可持续。那么，究竟什么是可持续？可持续等同于可持续发展吗？它能否驱动人类社会发展转型和治理创新？

事实上，对于社会各界而言，可持续仍是一个模糊不清的概念。因此，我们有必要建立一套科学的表达方式来阐明可持续的内涵。

罗切斯特大学的瑞达尔·卡伦（Randall Curren）教授和圣何塞州立大学的艾伦·米茨格（Ellen Metzger）教授集中讨论了基于生态概念的可持续与其规范本质，并区分了其他一些带有价值偏向的可持续概念。他们认为，可持续指的是一种"人类和非人类福祉长期依赖于自然界"的事实，而不可持续指的是"人类的集体生活方式使未来享受美好生活的机会减少"的事实。因此，与不可持续相对的，就是要"永续保留享受美好生活的机会",这便是可持续思想的规范本质。书中没有使用可持续发展的概念来定义可持续,这将是一个跨期、通用、规范性更强的概念。

从现有资料来看,可持续的含义在很大程度上已和环境保护(Environmental Conservation)的概念相混淆。长期以来,环境保护的概念都与环境保存(Environmental Preservation)相互对立。环境保护强调的是负责且有效地利用自然资源,而环境保存则禁止一切开发荒野地区、栖息地以及对物种造成破坏的人类行为。可持续更注重的是人类福祉,这与自然资源应得到有效管理的保护主义思想相反。可持续更强调人类在利用自然资源的同时,要用明智的管理策略来保存自然资源。因此,想要清晰界定可持续,就需要重新定义人类对自然的依赖。诸如自然资本(Natural Capital)和生态足迹分析(Ecological Footprint Analysis,EFA)等概念已被广泛用于描述这种依赖形式,并以依赖的程度或阈值来定义可持续。

以自然资本概念为例,人类社会的可持续在物质上主要依靠两类资本:人造资本(Man-made Capital)和自然资本(Natural Capital)。前者如工厂、机器、道路等,后者如森林、河流、土地等。由此就产生了两种对可持续的理解,即弱可持续(Weak Sustainability)和强可持续(Strong Sustainability)。弱可持续理论认为,人造资本与自然资本两类资本存在较强的互补性,自然资本损耗可由人造资本代替,只要两类资本保持总量平衡,即可实现可持续。而强可持续理论则认为,大多数自然资本是不可替代的,人造与自然资本必须分别保持平衡或增长,才能实现可持续。

另一种对可持续进行概念化的重要定义是地球边界(Planetary Boundaries,PB)。PB框架设计了一套度量模式,其不仅关注气候变化阈值,还包含生物多样性损失速度、从大气中除氮的速度、流入海洋的磷量、平流层臭氧消耗、海洋酸化程度、淡水消耗量、土地改为农田的比率、大气气溶胶承载量和化学污染程度等。与EFA不同的是,PB框架是对生态系统可持续的直接概念化与衡量。

从本质上来讲,可持续应该是一个对世界未来状态至关重要的

"规范化"概念。然而，学者们倾向于将可持续的概念归结到一个特定的伦理问题上去，其所涉及的内容已远远超出了可持续要表达的范围。例如，用可持续发展的概念去定义可持续："既满足当代人需求，又不损害后代人满足自身需求能力的发展。"但问题是，以这种方式定义的可持续概念，还需要一个全球公平的标准，使世界各国的发展规划都基于此来执行和调整。然而，可持续（一种性质或属性）并不等同于可持续发展（具备可持续性质或属性的发展）。可持续只涉及"永续保留享受美好生活的机会"这样的本质问题。以这种方式来理解，可持续应该是一个不能再被简化的概念，类似于"禁止对完整生态系统造成严重或不可逆的伤害"。人类将以一种符合理想未来的方式而生活，在这种理想未来中，人类活动不会破坏生态系统的完整性，也不会损害未来人类享受美好生活的机会（历时性）。尽管关注公平有利于国家内部或世界各地的人们享有平等的机会（共时性），但可持续更应该强调的是历时性，而不是共时性。

****

再谈可持续和可持续发展的关系。"可持续发展"一词的起源可以追溯到1972年的联合国人类环境会议。这次会议奠定了被称为可持续发展的"环境与发展"理论：各国一致认为，发展与环境保护相辅相成。然而，这个观点仍值得推敲。因为随着经济活动的扩张，其对环境的破坏也将普遍增加。虽然可以通过推行"绿色发展"来减少对环境的破坏，包括引入更清洁的技术、促进环境管理、为妇女提供教育和就业机会以降低出生率等，但经济产出仍是衡量和预测经济发展对环境造成损害的重要指标。随着生活水平的提高，人类对环境保护更加重视，但为了维持或提高现有生活水平而消耗的大量自然资源依然对环境造成了严重破坏。事实上，可持续与发展之间的根本性矛盾并未得到解决。

要实现现有语境下的"可持续发展"，需要多代人的共同努力。然而，当前政策存在滞后性且涉及多方利益，因此难以保护后代人的福利。要想让制度有效地保障后代人的利益，就必须有坚实的基本规范。"基本规范"，通常被理解为解释和验证其他法律的规则，独立于法律制度而存在。基本规范是"政治意识形态"问题,而不是"法律意识形态"问题。目前,整个国际社会以及各个国家都缺乏这样一种保障后代权利的基本规范,或者说缺乏对可持续内涵——"永续保留享受美好生活的机会"的广泛认可。具体而言,就是要"禁止对生态系统的完整性造成严重或不可逆转的伤害"。

在全球治理的背景下,将"可持续"视为"可持续发展"的基本规范,国际社会及各国均以此为标准,就能使各个国家的有关安排趋于一致。这与保护人权或促进贸易自由等基本规范很相似,它们都在其他领域充当着国家行为合法性的衡量标准。如果可持续发展概念缺乏类似的基本规范,那么可持续发展构想便缺失了核心依据,保护后代利益的基础便不稳固。

认可和实施可持续发展的基本规范,需要对现有和新兴的国际治理体系进行改革。在全球层面上,国际社会需要一种新的、类似于国家宪法级别的协议,来重新界定人类与自然系统、其他生命体间的关系。比如,《环境与发展国际盟约(草案)》的核心部分就提出,要将尊重"自然整体和所有生命形式"以及"地球生态系统的完整性"作为一项根本原则,这就体现了可持续概念的相关内容。

我在给北京师范大学本科生开设的通识核心课程"绿色发展经济学"的课堂上,曾向学生们介绍自己亲历的一件事:有一次在国外和朋友聊天时,突然谈到气候变化问题。朋友问我是否相信气候变化,当时我对此还有些犹豫,他就立刻板起面孔,似有不悦地说:"你怎么可以不相信呢?这不仅是共识,也是一种信仰。"可见,积极减缓和应对气候变化,就快成为一种具有全球共识性的基本规范了。将可持续的内涵视为可持续发展的基本规范,对人类各代成员间的资源分配很有意义。更重要的是,这为发展界定了一个具有共识性的准则,其关键在于:始终强调谋求人类福祉这一前提。

****

联合国可持续发展目标(Sustainable Development Goals, SDGs)或将有助于实现可持续这一基本规范的落地,推动可持续驱动的发展转型和治理创新。

2015年9月，联合国可持续发展峰会在纽约总部召开，193个成员国在峰会上正式通过了17个可持续发展目标。SDGs旨在从2015年到2030年间以综合方式彻底解决社会、经济和环境三个维度的发展问题，转向可持续发展道路。SDGs肯定了人类社会与生态系统间的相互依赖关系。联合国一直致力于促进经济发展、社会发展与可持续的统一，而SDGs将三者纳入同一"可持续发展议程"中，标志着联合国在可持续驱动发展方面的历史性转折。

SDGs的出现带来了全球治理的新挑战，即通过目标进行全球治理。SDGs的特点在于，它首先设定了各个目标及其子目标，而没有强调其在全球层面上的实现机制。这种方法与传统意义上的"规则治理"形成了鲜明对比：规则的制定往往一开始并不关注我们需要实现什么样的治理目标或状态，即可持续发展的基本规范——可持续。"规则治理"尽管重要，但我们更应认识到，仅凭这种方法并不能实现可持续的发展转型。我们在应对贫困与饥饿问题的同时，还应解决气候变化、生物多样性问题。也就是说，意识到我们应实现什么样的目标，与思考我们该如何采取行动，是同等重要的。那么，怎样才能保证SDGs成为一项以可持续为基本规范，从而改变人类行为的手段呢？

我们可以将SDGs分为两个阶段：目标设定和目标实现。就目标设定阶段而言，主要挑战在于制定目标的方式——既要考虑人类行为对地球系统可能造成的根本性影响，也要强调人类继续为"永续保留享受美好生活的机会"共同努力的重要性。以消除贫困、消除饥饿、确保优质教育、实现性别平等、确保食品和水资源安全、改善人类健康、遏制生物多样性损失等为切入点，转变发展模式，将SDGs作为一个非常重要的创新政策来对待，同时保证生态和生产的可持续。

而在目标实现阶段，关键挑战则在于：坚持可持续发展目标所要求的方向，对人类活动进行有效引导。这就需要各方认同可持续发展的基本规范，对可持续思想的规范本质达成共识，以及配备相应的自我治理与政府行为。因此，可持续发展的艺术就在于它的基本规范，换句话说，就是一门治理的艺术——国际社会共同阐明并遵守公认的合作条款，创造有利于人们"永续保留享受美好生活的机会"的治理体系。那么，以 SDGs 为例，通过目标实现全球治理，是一个怎样的形式，又具有什么特点呢？

庆应义塾大学的蟹江宪史（Norichika Kanie）教授和乌得勒支大学的弗兰克·比尔曼（Frank Biermann）教授是全球可持续发展治理领域的专家。他们的著作，对以上问题进行了探索。

第一，目标治理与国际法律体系是脱离的。SDGs 没有法律约束力。因此，各国政府没有法律义务将 SDGs 正式纳入国家法律体系。然而，这并不妨碍某些可持续发展目标有可能成为正式法律制度的一部分。例如，在 SDGs 中，关注气候变化的"目标 13"基本上参照了具有法律约束力的《联合国气候变化框架公约》以及《巴黎协定》。目标治理的核心其实是可衡量性，而不是法律制度。通过使用指标进行量化测度，各国间可以相互进行比较。让各国自由实现可持续发展的目标及其子目标，同时量化和比较各国进展，是目标治理的一大特色。

第二，目标治理将通过特定的机构发挥作用。在全球层面，监督可持续发展目标实施的机构并不清晰，现由可持续发展高级别政治论坛履行相应职责。而该论坛是新设立的，其有效性仍有待证明。不过，这并不意味着可持续发展目标难以执行。因为目标的实施必须征得各国政府的同意，而各国的制度存在较大的差异，因此具有法律约束力的全球多边协议未必能够产生正面的效果。

第三，目标设定具有包容性与全面性。SDGs 既涉及工业化国家，又包含发展中国家。就其界定的范围而言，北美、欧洲、东亚和大洋洲的很多国家都成了"发展中国家"。这些国家必须提出计划，使其社会向更可持续的道路转变。SDGs 涵盖了整个可持续领域，既包括消除贫穷和消除饥饿，也强调社会治理和环境保护。并且，这不是由联合国官员制定的目标清单，而是一个具有更广泛共识的目标治理体系。

第四，目标治理为各国的选择和偏好提供了较大的灵活性。尽管为落实 17 项可持续发展目标，SDGs 在全球层面设定了不少于 169 项的子目标，但其中多数目标都是定性的，这为各国政府实现目标提供了最大的自由。即使是定量且被明确界定的子目标，各国政府在解释和执行目标时也拥有最大程度的自由。

当然，SDGs 仍存在很多问题，例如体制监督薄弱、国家执行灵活程度高、全球愿景不具约束力等，但这并不意味着我们以消极、悲观的态度看待它。相反，我们确实看到了通过目标实现全球治理战略的发展潜力，正如 SDGs 所呈现的那样，通过公共政策和个人努力以实现可持续驱动的发展转型和治理创新。

****

量化测度和分析评估是目标治理的重要手段。任何由目标与子目标构成的治理系统，其基础都应该是量化工作。

可持续经济福利（也有学者称之为可持续发展福利）的量化测度，本质上属于社会治理范畴，即帮助人们定量地表达和记录复杂的社会生态系统各层面的发展情况。在可持续大背景下看待量化，不仅要认识到它在议程制定、政策实施和自我评估等方面的作用，也要从政治和政策的角度进行理解。可持续经济福利的量化工作可以将治理的重心转移到目标实现的组合上。当各参与主体在一系列子目标上达成一致，并同意将量化体系作为实施工作的一部分时，可持续的总体意图和愿景便可通过社会治理落实到具体的实践中去。

过去 50 年，全球经济活动持续增加，GDP 增速更是惊人。不言而喻，经济的发展已经极大地改善了全球数亿人口的物质生活水平，有助于提升家庭收入，促进基础设施建设，以及提高政治和社会自由。因此，在标准 GDP 开始核算之前，经济活动就已被用于近似地测度人类福利了。

从历史角度来看，GPI 是在 GDP 的基础上，为弥补 GDP 对于福利水平测度的不足而诞生的。现代福利经济学创始人庇古将国民收入与福利等价，但由于历史原因，缺乏成熟的宏观经济测度体系，导致可持续经济福利的量化工作推迟了近半个世纪。《21 世纪议程》强调了可持续经济福利的量化，尤其是指标的重要性。自 20 世纪 80

年代后期，人类逐步认识到这一点，并将其发展成为全球性运动。2012年联合国发展大会会议报告也强调，"指标是后续工作的捷径和要素"。不仅政府和公众对可持续经济福利的量化问题表示关注，私人部门也通过民间组织和联合报告等途径跟踪、发布相关的指标。

其中一个重要的指标就是GPI，这是近年提出的旨在重点探究可持续经济福利的一种指标体系。GPI通常由大约20个独立的成本和收益项目组成，把GDP增长所带来的广泛影响统合成单一的货币化指标。这样一来，GPI就会尽可能囊括经济、社会、环境三大领域的成本和收益。GPI和可持续经济福利指标（The Index of Sustainable Economic Welfare，ISEW）在衡量可持续方面有一定的一致性，而GPI在一些指标设置上有所改进，比如增加了犯罪、家庭破裂、就业不足等，并且减少了复杂性，更容易为大众所接受。

GPI要反映的是以消费为基础的福利，因此在指标设置上，比GDP包含了更多的消费方向的影响因素。在测算方法上，GPI与其他衡量可持续经济福利的指标相比，也更加突出个人消费支出对福利的影响。此外，GPI更倾向于遵循强可持续原则，在指标设置和测算方法中，将人造资本和自然资本进行了明确区分。实际上，GPI既支持、延用了GDP计算过程中的某些统计方法，也估算了大量未被市场统计的成本和收益项目。

GPI诞生之后，400位著名经济学家、商界领袖及其他相关领域的专家联合发表了一个声明："由于GDP仅衡量市场活动的数量，而不计算其中社会和生态的成本，因此将之用来衡量真正的繁荣，既不合理，又容易产生误导。政策制定者、经济学家、媒体和国际机构应停止使用GDP作为进步的指标，并公开承认其缺陷。我们的社会，迫切需要新的进步指标来引导，GPI是朝这个方向迈出的重要一步。"

GPI或类似账户的诞生，在当今时代已不可避免，且地位日趋重要。GDP如果不能得到改良，就必将退回到宏观经济的领域中去，其衡量经济社会进步的功能将被新的指标取代。而在这些新指标中，GPI无疑是目前最具竞争力的一个。GPI通过重新测算以往被忽视的社会和环境因素,将有助于测度可持续经济福利。而其之所以被选为测度可持续经济福利的综合性指标,是因为其采用了科学的方法。这些方法能够被更多的国家和地区采用,并且随着时间的推移更便于比较。比如,弗林德斯大学的菲利普·劳(Philip Lawn)教授和迪肯大学的马修·克拉克(Matthew Clarke)教授所著的两本书中曾分别测度、比较亚太地区各国和澳大利亚各地区的GPI;香港浸会大学的戴高德(Claudio O. Delang)教授和余一航(Yi-hang Yu)研究员所著的书中曾测度、比较中国香港特别行政区和新加坡的GPI。

  总体来看,GPI虽然还存在一些不足,但其理论基础不断加强,接受范围越来越广,应用程度越来越深,是目前为止衡量可持续经济福利的最好指标。同时,关于GPI的新探索不断开展,相关学科快速进步,也使其有条件建立更加有效的指标体系,获得更加优质的数据资源,找到更加合理的测算方法。可以预见,随着经济水平的提升,人类对福利状况的关注必将不断增加,对社会与环境因素必将愈发重视,GPI的重要性必将日益显著。

****

  重新回到我们一直强调的可持续概念上来,即"永续保留享受美好生活的机会"。要兑现这个承诺,就需要建构以可持续为基本规范的发展逻辑,将SDGs作为可持续驱动发展转型的载体,通过目标进行治理创新,利用以GPI为代表的量化工具推动治理目标的实现。

  对于我国而言,实现可持续,需要与国情相结合。一是要坚持走绿色发展道路,以可持续规范本质为准则,协调发展与自然系统间的关系;二是要通过创新实现可持续驱动的发展转型,从资源集约型发展方式转变为依靠人力资本和知识资本的高质量发展。从长远来看,SDGs是推动治理领域接纳更为规范的可持续共同准则的重要载体。在SDGs的基础上,政府可以通过制定相应政策,根据现实需要改革体制机制,推动社会治理创新,以及测算可持续经济福利指标——GPI等方式,沿着可持续驱动的发展与治理之路前行。

  "真实进步指标(GPI)译丛"包含的六部著作从可持续理论、可持续发展目标、GPI 的理论与应用等维度出发，全面、系统地对可持续及其驱动的发展转型与治理创新问题展开了严肃论述，向广大读者展现了国际上在可持续与 GPI 研究领域的专业经验。希望丛书的出版能够让更多的中国读者了解新兴、前沿的可持续理论，以及基于此的经济福利测度、社会发展与治理逻辑。最后，书稿成功付梓，要感谢诸位作者的信任，也要感谢北京师范大学同事们的鼎力支持。由衷希望丛书的内容能够对大家有所启发，并推动中国 GPI 理论研究与实践的更好开展。

关成华

2020 年 2 月于北京师范大学

中文版序

　　测度国民经济活动，已经有好几百年历史了。事实上，此类对国民经济产出的计算，其正式形成可见于17世纪威廉·配第（William Petty，《政治算术》）和18世纪亚当·斯密（Adam Smith，《国富论》）。主要由西蒙·库兹涅茨（Simon Kuznets）以这些早期工作为基础并做了大量贡献，现行的国民核算体系于20世纪中期才得以产生，后经联合国进一步系统化、标准化并进行推广，所有国家目前都使用这些标准的国民核算体系去测度它们年度经济活动或说国内生产总值（Gross Domestic Product，GDP）。

　　过去50年，全球经济活动（用GDP增长衡量）持续增加，特别是像中国这样的国家，GDP增速更是惊人。不言而喻，这些经济活动增加已经大大改善了全球数亿人口的物质生活。经济活动增加有助于提升家庭收入、促进基础设施投资，以及提高政治和社会自由。因而，实际上甚至从标准GDP核算产生以前，经济活动就一直用于近似测度人类福利。英国著名经济学家阿瑟·庇古（A. C. Pigou）1920年强调指出，有种"未经核实的可能性"，即经济福利是"总福利指标"的晴雨表，其基本前提是：经济财富增加代表人类福利上升。

　　从全球范围来看，虽然经济增长的确带来了各种益处和改善，但鉴于越来越多的证据，人类必须要重新反思这个已经统治了接近100年的基本前提。该前提在计算GDP过程中的内在缺陷必须受到挑战，它也必须就当前经济活动得以实现的条件而受到挑战。本书对后者最感兴趣。经济活动不可能在真空中实现，然而任何一种核算都把经济活动的成本排除在外。如此一来，对经济活动（用于近似衡量人类福利)的核算就无法考虑其成本,进而高估了其收益。

现在要比以往任何时候都更为重要的是,整个国际社会考虑经济增长的后果并且追问这个基本问题,即经济增长是令人满意的吗?

当然,自我们拥有标准国民核算体系以来的过去几十年中,一直有很多伟大的学者在追问这个问题。20世纪60年代和70年代,经济学家诸如阿诺德·萨默茨(Arnold Sametz)、威廉·诺德豪斯(William Nordhaus)和詹姆斯·托宾(James Tobin)属于这种"唱反调"类的先驱,呼吁更为整体性的国民核算体系,以全面考虑如何计算国民经济活动的成本和收益。赫曼·戴利(Herman Daly)和约翰·科布(John Cobb)延续这项开创性的工作,形成了一套新的可持续经济福利指标,既包括经济增长的正面影响,也包括其负面影响。随着他们工作的进一步演化、拓展并且应用到许多国家(以及国家以下层面的各个地区),非常相似——但并非完全意外——的结论开始成形:经济活动的成本正在慢慢超过其带来的收益。不同国家,不同时期,临界点正在被超越,这表明持续增加的经济活动实际上正在慢慢削减人类福利。持续追求经济增长,既未让生活变得更好,也未能改善我们的生存,却正在使我们的福利恶化。

因此,这也是现在我们自己探询的领域。我们使用相似的方法对富裕及相对贫困国家开展了多项研究,现在已经有足够的证据可以回答经济增长是否令人满意的这个问题了,并且证据相当清晰——答案是"不"。然而,尽管有此证据,全球各国政府继续把实现经济增长列为所有其他经济政策的优先事项,继续坚称改善人类福利的唯一途径就是让经济活动更上一个台阶。他们对这些证据视而不见,寻求一些正让我们生活变得比过去更糟的结果。

这并不是说经济增长不能改善人类福利,而是说要想改善人类福利就需要不同的途径和方法。所以,让更多人充分认识到当前经济政策的这种失误非常重要。每年只要我们继续实施当前政策,那么我们的福利就会进一步降低。

现在距离本书最初发行已近10年了,自那以后,全球经济已经大幅增长。但是就在同一时期并且直接由于这种经济增长,人类福利已经持续下降，所以迫切需要改变经济与社会政策。

鉴于中国对全球经济的贡献，将此书翻译为中文出版，就有机会让更多人理解现行经济政策的影响，进而挑战这种方法的基本前提。

本书提出的问题及提供的证据都非常严肃，对全球都有重要影响。因而，进一步拓宽读者范围以了解这种信息就很关键。本书目前发行中文版，这对我们来说是个莫大的荣誉，所以，非常感谢北京师范大学关成华教授、林永生副教授在本书翻译过程中给予的关注和支持，没有他们的辛勤付出、专业技能和知识，本书中文版不可能顺利发行。

本书提出的问题影响我们所有人，所以，问题的解决取决于我们每个人要获知更多、更好的信息并且挑战当前的传统思维，确保经济增长有助于增进人类福利，而不是相反。

马修·克拉克（Matthew Clarke）
菲利普·劳（Philip Lawn）
2017年8月于澳大利亚

作者目录

马修·克拉克（Matthew Clarke），国际政治研究学院，迪肯大学，墨尔本，澳大利亚

维克·福吉（Vicky Forgie），新西兰生态经济学中心，梅西大学，北帕默斯顿，新西兰

德瑞利·哈迪（Derrylea Hardy），新西兰生态经济学中心，梅西大学，北帕默斯顿，新西兰

阮洪武轩（Vu Xuan Nguyet Hong），经济管理中央研究院，河内，越南

菲利普·劳（Philip Lawn），社会科学系，弗林德斯大学，阿德莱德，澳大利亚

牧野松姚（Matsuyo Makino），经济学院，兵库县立大学，日本

加利·麦克唐纳德（Garry McDonald），新西兰生态经济学中心，梅西大学，北帕默斯顿，新西兰

莫里·帕特森（Murray Patterson），新西兰生态经济学中心，梅西大学，北帕默斯顿，新西兰

居迪斯·肖（Judith Shaw），莫纳什亚洲研究所，莫纳什大学，墨尔本，澳大利亚

杨艳（Yan Yang），环境科学与工程系，清华大学，北京，中国

张艳娇（Yanjiao Zhang），新西兰生态经济学中心，梅西大学，北帕默斯顿，新西兰

温宗国（Zongguo Wen），环境科学与工程系，清华大学，北京，中国

英文版序

　　转移举证责任绝非小事，不过，劳和克拉克（Law & Clarke）两位学者及其研究团队在这项卓越研究中所做的就是这事。人们一直假设，在"空荡世界"中增加国内生产总值（Gross Domestic Product，GDP）是"经济的"，既是因为它带来的收益增加快于成本，也是因为它使我们称之为"经济"的物理体量越来越大。以前认为根本没有必要去辨别区分"经济的"增长的两层意思，难道增长还会是"不经济的"？劳和克拉克已经表明，在今天"丰裕世界"中绝大部分国家和地区，GDP增长得不偿失，进而应该称之为"不经济的"增长。用这本书的话说，如果经济发展到这样的一种临界状态，即GDP继续增长但真实进步指标（Genuine Progress Indicator，GPI）趋于平缓或下降，则"不经济的"增长就开始出现了。GDP倡导者们通常把亚洲视为最成功的典范，在此之前也没人要求他们证明亚洲经济增长的真实性。然而现在，理论表明宏观经济中"不经济的"增长很有可能出现，而且还有很多事实和经验证据。所以，政策制定中举证的责任是时候要从增长批评者的肩上转移到增长倡导者的肩上了。这是非凡的成就，要强烈呼吁和重视。

　　很多年来，我一直和书中使用的这些理念打交道，如稳态经济、可持续经济福利指标，以及比较优势和国际资本流动之间的矛盾，等等。很高兴看到这些理念不仅得到应用，还得到进一步提高与完善。尽管我对亚洲知之甚少，但我还是忍不住叙述一小段个人为数不多、与之相关的小插曲。1992年左右，我是世界银行派驻泰国的代表团成员之一，此前10年，泰国GDP强劲增长，翻了1番。现在GDP翻番是很了不起的事情了，因此那个10年成为大部分泰国成年人快乐的回忆。后来在多次谈话中，我试着问当地人，你觉得在那个10年中自身生活多大程度上得到了改善？许多人回答说，还是10年以前的生活更好。我提议到，如果你年轻十岁，当然生活更好了。他们强调说不仅仅是因为更年轻的缘故！一些人认为生活略有好转，不过，若要说生活也好了2倍，则会让所有人觉得可笑。这段经历促使我向我在世界银行的老板建议去资助一项研究——使用科学的统计调查方法，问人们在GDP翻倍期间他们的生活改善多少，并解释其主要原因。历史赋予我们独特的社会实验，我们就应该充分地利用它并且有所收获与感悟。这个建议后来被拒绝了，我想是因为世界银行，那些最初极力倡导增长的人担心这个建议会触及"麻烦的增长"（inconvinent growth）。1992年举证责任在我，现在，有了劳和克拉克的呼吁，我认为举证责任在世界银行了。

我当时向世界银行建议的研究项目是想了解什么是所谓"主观幸福"（self-evaluated happiness），然而劳和克拉克是想了解一套更客观的福利指标——GPI。现在关于主观幸福的研究蔚然成风，通常也是与劳和克拉克基于更客观数据所得出的结论相一致的。结果表明，一开始，主观幸福与绝对收入增长同步上升，到了一定临界点后，绝对收入的增长不能再带来幸福了。这些研究的重点是"饱满与相对状况"（satiation and relative position）及其存在自我抵消效应的心理学现象，而不是饱和世界中外部成本持续上升的生物物理学现象。这两种方法并不冲突，事实上非常互补。此外，两种方法都得出相似的结论，即到达某个临界门槛以后，继续增长就无助于提高福利，这点非常重要，需要深入研究和反映。但是要注意：我们也许会得出类似结论，即增长越来越不经济，以至于需要新原理、新政策来组织我们自己的国民财富和他们的国际联邦，那也将是个灾难，幸亏劳和克拉克能够及时指出和剖析这种灾难，并提出了许多具体的政策建议。

赫曼·E. 戴利（Herman E. Daly）

美国马里兰大学

公共政策学院教授

致　谢

非常感谢弗林德斯大学和迪肯大学提供的研究支持，也感谢各个机构能够协助作者们计算真实进步指标(GPI)并让其加入 GPI 研究团队中来。关于后者，我们还要感谢 2006 年 12 月印度德里国际生态经济学大会的组织者们，让我们得以在大会开始之前举行了一场关于亚太区域的研讨会，会上各位专家的主旨演讲以及随后围绕 GPI 比较、趋势和主要影响因素的公开讨论，都为本书提供了丰富的写作素材。

最后也是最重要的，我们想感谢每章的作者，努力计算他们各自国家的 GPI(绝不是简单的工作)，积极配合并且愿意满足各章要求，认真写作，及时反馈，优质高效。

目 录

第一部分 亚太地区和真实进步指标简介

第1章 亚太地区简介 菲利普·劳(Philip Lawn) 马修·克拉克(Matthew Clarke) / 1

第2章 为何国内生产总值不是测度可持续福利的理想指标 菲利普·劳(Philip Lawn) 马修·克拉克(Matthew Clarke) / 38

第3章 什么是GPI,如何计算 菲利普·劳(Philip Lawn) 马修·克拉克(Matthew Clarke) / 48

第4章 为真实进步指标辩护 菲利普·劳(Philip Lawn) 马修·克拉克(Matthew Clarke) / 69

第二部分 测度亚太国家真实进步

第5章 澳大利亚真实进步:亟待反思增长目标 菲利普·劳(Philip Lawn) / 88

第6章 计算新西兰真实进步指标 维克·福吉(Vicky Forgie) 加利·麦克唐纳德(Garry McDonald) 张艳娇(Yanjiao Zhang) 莫里·帕特森(Murray Patterson) 德瑞利·哈迪(Derrylea Hardy) / 123

第 7 章　日本真实进步及构建开放经济 GPI 的必要性　牧野松姚（Matsuyo Makino）／152

第 8 章　印度真实进步：近期仍需增长但要尽快稳定人口　菲利普·劳（Philip Lawn）／192

第 9 章　从 GDP 到 GPI：量化中国 35 年的发展　温宗国（Zongguo Wen）　杨艳（Yan Yang）　菲利普·劳（Philip Lawn）／226

第 10 章　泰国真实进步：一个多系统分析方法　马修·克拉克（Matthew Clarke）　居迪斯·肖（Judith Shaw）／256

第 11 章　越南真实进步：革新开放的影响　阮洪武轩（Vu Xuan Nguyet Hong）　马修·克拉克（Matthew Clarke）　菲利普·劳（Philip Lawn）／296

第三部分　亚太地区的真实进步

第 12 章　亚太地区的真实进步：比较、趋势与政策含义　菲利普·劳（Philip Lawn）　马修·克拉克（Matthew Clarke）／326

第一部分 亚太地区和真实进步指标简介

第1章 亚太地区简介

菲利普·劳(Philip Lawn) 马修·克拉克(Matthew Clarke)

1.1 本书目的

过去20多年,各类金融杂志经常提及和引用所谓"亚洲经济奇迹"。其间,人们的注意力都放到以下事实——亚洲①是世界上国内生产总值(GDP)增速最快的地区。与此同时,大洋洲的GDP也稳步增长。事实上,自从20世纪90年代中期以来,这些地区GDP增速就快于北美及大部分欧洲国家(WRI,www.earthtrends.wri.org)。

鉴于亚太地区的高增长率,通常认为自20世纪80年代中期以来这个地区进步最快,实际GDP增幅就能准确反映该地区的真实进步程度,但真的是这样吗?就在20多年以前,亚太地区的各级政府——包括国家层面和省级层面——都承认,可持续福利并不单纯

---

① 本书中的亚洲,是指亚洲大陆上除中东地区以外的所有国家。

依赖于GDP增速，认识到非经济类产品和服务对于实现更繁荣、平等、富足的生活亦非常重要，表述如下：

政府首要目的就是发展既有物质财富，又有高质量生活的社会。财富不应当仅取决于获得各种商品，而且还要包括积极参与社会内部富有活力和智慧的文化生活。政府要努力让社会中所有人都均等地拥有这些财富和优质生活，进而社会中的每个人都能同时实现经济安全和个人满足。（维多利亚州预算与管理部，1948，p1）

然而，20世纪90年代，特别是90年代早期全球经济萧条和90年代中期亚洲金融危机期间，可持续福利中的社会与环境维度一定程度上被经济增长掩盖了，现在它们又重新受到应有的重视。持续大量的绝对贫困、森林砍伐、气候变化、油价飙升、鱼资源存量损耗、战争及恐怖主义威胁，已经引起人们高度关注。实际上，正是由于人们开始再次重视非经济类产品和服务的价值，才促使我们计算亚太地区七个国家的真实进步指标（GPI）。

从本书介绍的七个案例研究中，我们旨在揭示亚太地区的可持续福利真实进步了多少。此外，我们希望探究各国对其GPI影响最大的因素是什么，如果把亚太地区当作一个整体来看的话，那么对这个整体地区真实进步影响最大的因素又是什么？我们还想知道，是否和欧洲和北美许多国家一样，大部分亚洲国家的GPI是否也正在逐渐下降。一旦我们能够成功地了解这些问题，我们认为这项联合研究将产生非常重要的政策建议和措施，若能及时提出、合理运用，则有助于提升亚太地区当前乃至长远的可持续福利水平。

之所以开展亚太地区真实进步项目的研究工作，出于四个方面考虑。首先，我们担心传统的宏观经济指标，类似GDP，无法揭示经济增长对普通民众福利的全部影响。其次，我们也担心GDP没有揭示出经济增长对自然环境容量，乃至未来可持续经济福利的潜在影响。再次，我们认为完全凭借传统宏观经济指标设计当前与未来的政策可能会是极其冒险的。如果没有能够考虑GDP增长对可持续福利全部影响的指标，那么，未来的政策措施很有可能导致国家走下坡路，届时再想解救，不仅困难，而且成本高昂。最后，关于亚太地区人们的经济、社会与环境福利，充斥着各种甚至相互矛盾的信息。虽然许多统计数据为近年经济发展勾勒出一幅充满欢快的图画，但是也有许多统计数据表明，在可见到的将来不少领域会发生问题。经济、社会、环境领域的数据相互矛盾，使得真实进步评估起来极为困难。尽管 GPI 仍有一些不足，但我们认为用它来评估亚太地区所取得的普遍进步会更为精确。

1.2 亚太地区的发展成效

为了证明片面评估亚太地区真实进步很有可能是徒劳的，我们先开始详细介绍该地区近年来所取得的积极成效，为此，我们选择了一系列经济、社会和环境领域的要素，以免对亚太区域发展现状的表述过于狭隘。

1.2.1 实际 GDP 增速

从宏观经济来看，表 1-1 揭示出，1985—2004 年的 20 年间，亚太地区几乎每个国家的实际 GDP 都在持续增长。实际上，这 20 年间，亚洲国家 GDP 年均增速为 4%。1995—2004 年的 10 年间，GDP 年均增速为 3.3%。这使得过去 20 年亚洲实际 GDP 翻番，尽管 90 年代后期亚洲金融危机导致 1998 年亚洲实际 GDP 下降了 0.2%。此外，1985—2004 年，亚洲 GDP 平均增速高于世界上任何其他地区(见表 1-1)。

大洋洲也不甘示弱，1995—2004 年，GDP 年均增速为 3.7%，高于同期亚洲 GDP 增速(见表 1-1)。尽管 1985—2004 年这 20 年的年均增速为 3.3%，大洋洲略低于亚洲，但除此之外，也就只有中东和北非地区的表现能够好于大洋洲了。

表 1-1 亚太地区部分国家和世界区域的 GDP 增速

国家/地区	年均增速(%) 1985—2004 年	年均增速(%) 1995—2004 年
亚洲	4	3.3
柬埔寨	NA	6.9
中国	9.8	9.2
印度	5.8	6.1
印度尼西亚	5.1	3.2
日本	2.4	1.2
马来西亚	6.1	5.2
巴基斯坦	3.8	4.6
菲律宾	3.1	4
新加坡	6.5	5.1
韩国	6.8	5.1
泰国	6.2	3.3
越南	6.6	7.3
大洋洲	3.3	3.7
澳大利亚	3.5	3.8
斐济	NA	2.4
新西兰	2.4	3.3
巴布亚新几内亚	0.5	3.1
世界	3	3
欧洲	2.3	2.4
北美	3.2	3.3
中美和加勒比海地区	2.8	3
南美	2.7	2.2
中东和北非	3.9	4
撒哈拉以南非洲	2.8	3.8

资料来源：世界银行(1996)。

关于亚太地区单个国家，1995—2004 年，中国 GDP 年均增速为 9.2%，越南为 7.3%，柬埔寨为 6.9%，印度为 6.1%，马来西亚为 5.2%，新加坡和韩国均为 5.1%(见表 1-1)。这些增速远超世界平均水平(3%)，也超过了中美和加勒比海地区的年平均增速(3%)、南美(2.2%)、撒哈拉以南非洲(3.8%)及中东和北非(4%)。甚至澳大利亚和新西兰——亚太地区两个已经完成了工业化的国家，实际GDP基数本来就已经很大了——在1995—2004年也分别实现了3.8%和3.3%的年平均增速。

1.2.2 外 债

债务通常被视为制约新兴工业化国家发展的主要障碍。表1-2给出了许多亚太国家1986年、1992年、1998年和2004年外债及债务—GDP比率情况。在表1-2中，尽管大部分国家的外债在1986—2004年显著增加（如中国增长了586.9%，印度尼西亚增长了114.5%，泰国增长了81.6%，印度增长了66.9%，巴基斯坦增长了56.2%，马来西亚增长了56.0%），但外债占GDP比率（表1-2右侧）则揭示了一幅更为积极的画面。理论上来讲，债务—GDP比率可以反映一国债务清偿能力。债务—GDP比率很低，通常意味着该国可更易于偿还债务，即便债务绝对数量持续增加。

虽然表1-2中罗列主要国家的债务—GDP比率在1986—1992年期间持续增加，但是若从1998—2004年来看的话，每个国家的债务—GDP比率都是下降的。1992—1998年，所有国家除了印度尼西亚、马来西亚、菲律宾和泰国——1997年亚洲金融危机影响较深的国家——的债务—GDP比率也是下降的。这表明，过去10年中，亚太地区相对更为贫困的国家也明显增强了其偿债能力（至少是潜在的债务偿还能力）。说到这里，2004年债务—GDP比率仍处于被很多观察家视为危险水平的国家主要有：柬埔寨(0.69)、印度尼西亚(0.55)、巴布亚新几内亚(0.55)和马来西亚(0.44)。

关于债务偿还能力，我们已经用到了"潜在的"一词，因为偿债能力最终取决于当前实际GDP水平是否是可持续的。弄清这点非常重要，特别是如果实际GDP增长是以损耗收入创造类自然资本为代价时，我们在第2章和第3章会详细介绍自然资本的作用及其与可持续收入和外债偿还能力之间的关系。

表 1-2 亚太部分国家的外债状况

国家	债务总额[百万美元(2000年不变价)]				债务变化率(%)	债务—GDP比率			
	2004年 a	1998年 b	1992年 c	1986年 d	1986—2004年 e	2004年 f	1998年 g	1992年 h	1986年 i
亚洲									
柬埔寨	3 103.6	2 554.7	2 118.7	NA	NA	0.69	0.79	0.92	NA
中国	228 784.7	149 272.1	83 826.5	33 305.7	586.9	0.13	0.14	0.17	0.08
印度	112 789.4	101 207	104 469.9	67 574.2	66.9	0.18	0.24	0.37	0.2
印度尼西亚	129 264.9	156 765.3	101 851.8	60 261.5	114.5	0.55	1.58	0.63	0.54
马来西亚	47 924.7	43 959.8	23 168.3	30 722.5	56.0	0.44	0.59	0.34	0.77
巴基斯坦	32 798.6	33 442.1	28 839.4	20 998.1	56.2	0.37	0.52	0.51	0.47
菲律宾	55 649.3	55 568.3	38 446.9	39 603.2	40.5	0.72	0.82	0.63	0.94
泰国	47 153.8	108 753.3	48 359.7	25 996.2	81.6	0.32	0.94	0.37	0.43
越南	16 382.5	23 279.1	28 161.1	NA	NA	0.39	0.83	2.47	NA
大洋洲									
斐济	185.5	196.4	383.9	619.4	−70.1	0.08	0.11	0.22	0.34
巴布亚新几内亚	1 975.1	2 811.3	4 385.2	2 786.0	−29.1	0.55	0.72	0.87	0.75

资料来源：世界银行(2006)。

1.2.3 平均预期寿命

亚太地区最显著的成效或说进步应该算是1965—2005年平均预期寿命大幅增加(见表1-3)。亚洲平均预期寿命从1965—1970年的54.8岁增加到2000—2005年的67.8岁。此外，1965—1970年亚洲平均预期寿命低于世界平均水平(56.2岁)1.4岁，2000—2005年亚洲平均预期寿命则比世界平均水平(65.4岁)高2.4岁。总体来看，从1965—1970年到2000—2005年，亚洲平均预期寿命增长了13岁，而同期世界平均水平增长了9.2岁。

从1965—1970年到2000—2005年，虽然大洋洲平均预期寿命增长幅度略低于同期世界平均水平(前者为8.4岁，后者为9.2岁)。不过，2000—2005年，大洋洲平均预期寿命为74.7岁，要比世界平均水平高出9.3岁(见表1-3)。此外，还比欧洲高出0.5岁，仅次于北美。不过，澳大利亚、新西兰这两个国家的人口总和占整个大洋洲人口的3/4，平均预期寿命分别为80.2岁和79岁，显然大幅拉升了整体平均水平。但这容易掩盖一些基本事实，比如斐济平均预期寿命为67.8岁，远低于大洋洲平均水平，2004年巴布亚新几内亚的平均预期寿命，尽管从1965—1970年到2000—2005年有所增长，在表1-3罗列的所有国家中也是最低的，仅为55.1岁，远远低于世界上除了撒哈拉以南非洲(46.6岁)之外所有主要区域的平均预期寿命。

整个亚太区域平均预期寿命增幅最大的主要是一些亚洲国家。如从1965—1970年到2000—2005年，越南平均预期寿命增加了22.6岁，印度尼西亚增加了20.5岁，韩国增加了19.3岁，印度增加了15.1岁，菲律宾增加了13.8岁，马来西亚增加了13.6岁，巴基斯坦增加了13.1岁。表1-3列出的亚洲国家中，过去35年平均预期寿命增长最少的国家是柬埔寨、泰国和新加坡，仅增长10.6岁。不过，新加坡情况特殊，其在2000—2005年的平均预期寿命已经高达78.6岁，比亚洲国家平均预期寿命高出10.8岁，甚至比北美地区平均预期寿命还高1岁。毫无疑问，平均预期寿命的增长要部分归功于实际 GDP 的普遍上升、公共卫生与保健状况改善和健康与教育领域的支出大幅增加等。

表 1-3　亚洲部分国家与世界各地区的平均预期寿命

国家/地区	2000—2005 年平均预期寿命（岁）	1965—1970 年平均预期寿命（岁）	增加寿命（岁）
亚洲	67.8	54.8	13.0
柬埔寨	56.0	45.4	10.6
中国	71.5	45.4	11.9
印度	63.1	48.0	15.1
印度尼西亚	66.5	46.0	20.5
日本	81.9	71.1	10.8
马来西亚	73.0	59.4	13.6
巴基斯坦	62.9	49.8	13.1
菲律宾	70.2	56.4	13.8
新加坡	78.6	68.0	10.6
韩国	76.9	57.6	19.3
泰国	69.7	59.1	10.6
越南	70.4	47.8	22.6
大洋洲	74.7	66.3	8.4
澳大利亚	80.2	70.9	9.3
斐济	67.8	58.6	9.2
新西兰	79.0	71.3	7.7
巴布亚新几内亚	55.1	42.2	12.9
世界	65.4	56.2	9.2
欧洲	74.2	70.5	3.7
北美	77.6	70.5	7.1
中美和加勒比海	72.5	59.6	12.9
南美	71.4	58.9	12.5
中东和北非	67.8	51.1	16.7
撒哈拉以南非洲	46.6	43.7	2.9

资料来源：联合国秘书处经济与社会事务部的人口部门（2005）。

1.2.4 成人识字率

上述支出项目中的最后一项——教育支出增加——有助于提高亚太地区的成人识字率。从表 1-4 可知，1990—2004 年许多亚洲国家的成人识字率增长了 8%~13.3%。那些增幅很小或忽略不计的国家，截至 1990 年都已经有了较高的成人识字率。唯一例外是大洋洲的巴布亚新几内亚，2004 年其成人识字率仅为 57.3%，1990—2004 年仅增长了 0.7 个百分点。

有趣的是，除了日本、韩国以外，亚洲国家成人识字率看起来好像很难超过 90%，可能是和亚太地区大部分国家中男性与女性识字率差距持续扩大有关。如果亚洲国家整体成人识字率水平要想达到或超过 90%，就像日本、韩国、澳大利亚和新西兰一样，未来这种性别识字率差距必须缩小。

表 1-4 亚洲部分国家与世界各地区的成人识字率

国家/地区	2004 年成人识字率（>15 岁,%）	1990 年成人识字率（>15 岁,%）	绝对值变化率(%)
亚洲	78.0	NA	NA
柬埔寨	73.6	62.0	11.6
中国	90.9	78.3	12.6
印度	61.0	49.3	11.7
印度尼西亚	87.9	79.5	8.4
日本	99.0	99.0	0.0
马来西亚	88.7	80.7	8.0
巴基斯坦	48.7	35.4	13.3
菲律宾	92.6	91.7	0.9
新加坡	92.5	88.8	3.7
韩国	99.0	99.0	0.0
泰国	92.6	92.4	0.2
越南	90.3	90.4	−0.1

续表

国家/地区	2004年成人识字率（>15岁,%）	1990年成人识字率（>15岁,%）	绝对值变化率(%)
大洋洲	92.6	NA	NA
澳大利亚	99.0	99.0	0.0
斐济	92.9	88.6	4.3
新西兰	99.0	99.0	0.0
巴布亚新几内亚	57.3	56.6	0.7
世界	81.8	NA	NA
欧洲	98.7	NA	NA
北美	99.0	NA	NA
中美和加勒比海	87.2	NA	NA
南美	90.8	NA	NA
中东和北非	72.5	NA	NA
撒哈拉以南非洲	60.3	NA	NA

资料来源：UNESCO，统计研究所(2005)。

1.2.5 营养不良公民比例的下降

还有一个关于真实进步的指标特别适用于发展中国家，就是营养不良公民比例的下降程度。表1-5显示，1990—1992年及2000—2002年，亚太地区部分国家营养不良公民的比例持续下降。[1] 进步最大的是越南（从总人口的31%降至19%）、柬埔寨(43%降至33%)和泰国(28%降至20%)。在大多数国家，2000—2002年，营养不良公民的比例都已经比较低了，然而，刚才提到的这几个国家仍然很高，包括菲律宾（22%）、印度（21%）、巴基斯坦（20%）和中国（11%）(见表1-5)。虽然亚太地区公民在营养方面进步明显，不过仍有进一步改善的空间。

---

[1] 如在日本、新加坡、澳大利亚、斐济和新西兰，1990—1992年及2000—2002年营养不良公民的比例均为0。

1.2.6 人类发展指数(Human Development Index,HDI)

人类发展指数(HDI)是一个合成指数,测度国家的平均绩效,主要包括以下三个方面：(1)平均预期寿命；(2)知识,可以通过成人识字率,以及小学、中学和大学的综合入学率反映；(3)人均GDP。① HDI 的最后数值必须介于 0 和 1 之间,是"贫困"测度的有效指数(UNDP,2006a)。如果一国 HDI 值接近于最高值 1,就意味着无论是在绝对意义上,还是相对于其他国家的公民,该国公民已经彻底摆脱了贫困。

表 1-5 亚太地区营养不良公民的比率

国家	1990—1992 年营养不良公民的比率(%)	2000—2002 年营养不良公民的比率(%)
亚洲		
柬埔寨	43	33
中国	16	11
印度	25	21
印度尼西亚	9	6
日本	0	0
马来西亚	3	2
巴基斯坦	24	20
菲律宾	26	22
新加坡	0	0
韩国	2	2
泰国	28	20
越南	31	19
大洋洲		
澳大利亚	0	0

---

① 关于 HDI 计算过程的具体技术性解释,可参阅联合国的《人类发展指数报告(2006)》(UNDP,2006a)。

续表

国家	1990—1992年营养不良公民的比率(%)	2000—2002年营养不良公民的比率(%)
斐济	0	0
新西兰	0	0
巴布亚新几内亚	NA	NA

资料来源：联合国开发计划署(2005)。

HDI远没有本书后面章节将要介绍的真实进步指标那样具有综合性和广泛性，因为HDI的计算忽略了很多关键的经济、社会和环境要素。然而，HDI确实能为研判一国在人类基本发展三大维度所取得的成效提供有益参考和借鉴。

表1-6给出了1975—2003年亚太地区部分国家的HDI。表1-6(h列)也给出了过去28年间HDI的净增长，在此期间，表1-6所列出的每个亚太国家HDI都出现了净增长。事实上，澳大利亚和巴布亚新几内亚是HDI跨期有所下降的国家。主要是在2000—2003年，以澳大利亚为例，其HDI在2000年为全球最高水平，2003年澳大利亚HDI下降，在全球排名滑落至第3位。

1975—2003年，HDI增幅较大的是中国(0.230)、印度尼西亚(0.229)、韩国(0.194)、印度(0.190)、新加坡(0.182)和马来西亚(0.181)，考虑到HDI上升0.200就意味着相当于总体贫困程度下降20%，这些已经是相当了不起的成就了。

从整个世界排名来看，自1975年至20世纪90年代中期，大部分亚太国家取得了巨大进步(UNDP，various)。然而，1998—2003年，唯一取得显著进步的是中国，1998年中国排名第99位，2003年中国排名第85位。尽管柬埔寨1998—2003年排名上升了6位，韩国、泰国上升了3位，但大部分亚太国家排名没变或仅变动1位，整体上有所改善。三个例外的国家是斐济(从1998年排名第66位降至2003年的第92位)、菲律宾(从第77位降至第84位)和巴布亚新几内亚(从第133位降至第137位)。

表 1-6 亚太部分国家的人类发展指数（HDI）及其排名

国家	HDI 1975年 a	HDI 1980年 b	HDI 1985年 c	HDI 1990年 d	HDI 1995年 e	HDI 2000年 f	HDI 2003年 g	HDI增幅 1975—2003年 h	HDI排名 1998年 i	HDI排名 2003年 j	排名变化 1998—2003年 k
亚洲											
柬埔寨	NA	NA	NA	NA	0.533	0.541	0.571	NA	136	130	+6
中国	0.525	0.558	0.594	0.627	0.683	0.720	0.755	0.230	99	85	+14
印度	0.412	0.438	0.476	0.513	0.546	0.577	0.602	0.190	128	127	+1
印度尼西亚	0.468	0.530	0.583	0.625	0.663	0.680	0.697	0.229	109	110	−1
日本	0.857	0.882	0.895	0.911	0.925	0.936	0.943	0.086	9	11	−2
马来西亚	0.615	0.659	0.695	0.721	0.760	0.790	0.796	0.181	61	61	0
巴基斯坦	0.363	0.386	0.419	0.462	0.492	NA	0.527	0.164	135	135	0
菲律宾	0.654	0.687	0.693	0.720	0.736	NA	0.758	0.104	77	84	−7
新加坡	0.725	0.761	0.784	0.822	0.861	0.884	0.907	0.182	24	25	−1
韩国	0.707	0.741	0.780	0.818	0.855	NA	0.901	0.194	31	28	+3
泰国	0.614	0.652	0.678	0.714	0.749	NA	0.778	0.164	76	73	+3
越南	NA	NA	NA	0.617	0.660	0.695	0.704	NA	108	108	0

续表

国家	HDI 1975年 a	HDI 1980年 b	HDI 1985年 c	HDI 1990年 d	HDI 1995年 e	HDI 2000年 f	HDI 2003年 g	HDI增幅 1975—2003年 h	HDI排名 1998年 i	HDI排名 2003年 j	排名变化 1998—2003年 k
大洋洲											
澳大利亚	0.848	0.886	0.879	0.893	0.933	0.960	0.955	0.107	4	3	+1
斐济	0.663	0.686	0.702	0.724	0.741	0.750	0.752	0.089	66	92	−26
新西兰	0.848	0.854	0.868	0.875	0.905	0.924	0.933	0.085	20	19	+1
巴布亚新几内亚	0.425	0.445	0.467	0.481	0.515	0.529	0.523	0.098	133	137	−4

资料来源：联合国开发计划署（UNDP）（various）。

1.2.7 环境因素：工业水污染和土地保护

从环境的角度来看，近年来亚太地区主要取得了两方面积极进展。第一个环境方面的积极进展如表 1-7（续表）的和 m 列所示，与工业水污染（有机水污染物排放）有关。尽管中国、印度、日本和印度尼西亚的排放水平仍然很高，但是从表 1-7 所列出国家的排放趋势变化来看，要么下降，要么保持稳定。此外，只有一个国家——印度尼西亚——的排放情况相对比较严重，工业水污染排放率没有下降。

第二个环境方面的积极进展是被保护土地占土地总面积的比重。在亚洲，保护区面积约占土地总面积的 9.9%，在大洋洲，9.7% 的土地被预留下来且加以保护[表 1-7（续表）的 p 列]。尽管亚洲、大洋洲保护区占土地总面积的比重都略微低于世界平均水平（11.4%），但却超过了欧洲、中美和加勒比海地区，以及中东和北非。更令人振奋的是，森林覆盖率高的国家，如马来西亚、柬埔寨、泰国和印度尼西亚，它们保护起来的土地占比超过世界平均水平（依次为 30.5%、22.7%、15.6% 和 13.6%）。而保护土地占比较低的国家，如韩国、印度、越南和巴布亚新几内亚则需引起重视。

1.3 亚太地区存在的一些负面因素

我们现在开始可能要给描述亚太地区近年取得积极进展的图画中涂上一些污点。我们聚焦于经济、社会和环境方面的因素，先从亚洲人口数量说起。

1.3.1 人　口

虽然人口数量本身并非负面的统计数据，但还是很难相信，亚洲人口的大幅增长（预计将会从 2004 年的 35.7 亿人增加到 2050 年的 46.5 亿人）不会严重削弱许多国家减贫能力，并且会加剧环境压力（表 1-7 中 a 列和 b 列）。特别值得关注的是，五个人口增幅最快的

表1-7 亚太部分国家和世界区域的经济、社会、环境领域数据及其趋势

国家/地区	人口 2004年（百万） a	预测人口 2050年（百万） b	人均GDP 2004年（Int $） c	贫困率（每天支出不到2美元人口比例） d	失业率（%） e	成人识字率 2004年（>15岁，%） f	出生时预期寿命 g	CO_2排放量 2002年（百万吨） h
亚洲	3 568.6	4 649.8	5 554	NA	NA	78	67.8	8 328.7
柬埔寨	13.3	26	2 423	77.7	1.8('01)	73.6	56.0	0.6
中国	1 299.9	1 392.3	5 896	46.7	4.2('05)	90.9	71.5	3 783.2
印度	1 087.1	1 592.7	3 139	79.9	4.3('00)	61	63.1	1 105.6
印度尼西亚	220.1	284.6	3 609	52.4	9.1('02)	87.9	66.5	332.3
日本	127.9	112.2	29 251	0	4.4('05)	99	81.9	1 213.5
马来西亚	24.9	38.9	10 276	9.3	3.6('03)	88.7	73.0	133.1
巴基斯坦	154.8	304.7	2 225	73.6	7.7('05)	48.7	62.9	107.5
菲律宾	81.6	127.1	4 614	47.5	7.4('05)	92.6	70.2	74.1
新加坡	4.3	5.2	28 077	0	5.3('04)	92.5	78.6	54.7
韩国	47.6	44.6	20 499	0	3.7('05)	99	76.9	499.5
泰国	67.3	74.6	8 494	25.2	1.4('05)	92.6	69.7	203.3
越南	82	116.7	2 470	NA	2.1('04)	90.3	70.4	67

续表

国家/地区	人口 2004年（百万） a	预测人口 2050年（百万） b	人均GDP 2004年（Int $） c	贫困率（每天支出不到2美元人口比例） d	失业率（%） e	成人识字率 2004年（>15岁,%） f	出生时预期寿命 g	CO_2排放量 2002年（百万吨） h
大洋洲	32.6	47.5	22 898	NA	NA	92.6	74.7	375.8
澳大利亚	20.1	27.9	30 331	0	5.1('05)	99	80.2	337.4
斐济	0.8	0.9	6 066	NA	NA	92.9	67.8	1.4
新西兰	3	4.8	23 413	0	3.7('05)	99	79.0	33.6
巴布亚新几内亚	5.8	10.6	2 543	NA	2.8('00)	57.3	55.1	2.5
世界	6 389.3	9 075.9	8 908	NA	NA	81.8	65.4	24 756.7
欧洲	728.6	653.3	20 425	0	NA	98.7	74.2	6 118
北美	327.5	438	38 855	0	NA	99	77.6	6 291.4
中美和加勒比海	183.7	256	8 377	23.4	NA	87.2	72.5	532.6
南美	370.1	526.9	8 053	NA	NA	90.8	71.4	787.8
中东和北非	443.6	812.6	6 621	19.8	NA	72.5	67.8	1 698.4
撒哈拉以南非洲	734.6	1 691.8	1 951	74.9	NA	60.3	55.1	573.8

表 1-7（续表）亚太部分国家和世界区域的经济、社会、环境领域数据及其趋势

国家/地区	CO_2排放（趋势）i	能源消费（百万吨油当量）2001年 j	能源消费（趋势）k	工业水污染（千吨）2000年 l	工业水污染（趋势）m	森林面积占原生林百分比（%）1996年 n	森林面积占原生林百分比（趋势）o	保护区面积占总面积百分比（%）p
亚洲	上升	3 145.5	上升	NA	NA	NA	NA	9.9
柬埔寨	上升	NA	NA	NA	NA	65.1	下降	22.7
中国	上升	1 139.4	上升	2 222.4	下降	21.6	上升	11.8
印度	上升	531.4	上升	553.2	下降	20.5	稳定	5.1
印度尼西亚	上升	152.3	上升	275.1	稳定	64.6	下降	13.6
日本	稳定	520.7	上升	466.9	下降	58.2	稳定	14
马来西亚	上升	51.6	上升	62.3	稳定	63.8	下降	30.5
巴基斯坦	上升	64.5	上升	NA	NA	5.8	下降	8.3
菲律宾	稳定	42.2	上升	NA	NA	6	下降	8.2
新加坡	稳定	29.2	上升	10.6	稳定	3.2	稳定	5.2
韩国	上升	194.8	上升	113	下降	16.5	下降	3.6
泰国	上升	75.5	上升	NA	NA	22.2	下降	15.6
越南	上升	39.4	上升	NA	NA	17.2	上升	4.2

续表

国家/地区	CO_2排放（趋势）i	能源消费（百万吨油当量）2001年 j	能源消费（趋势）k	工业水污染（千吨）2000年 l	工业水污染（趋势）m	森林面积占原生林百分比 1996年 n	森林面积占原生林百分比（趋势）o	保护区面积占总面积百分比（%）p
大洋洲	上升	NA	NA	NA	NA	64.9	下降	9.7
澳大利亚	上升	115.6	上升	40.8	稳定	64.3	下降	9.7
斐济	上升	NA	NA	NA	NA	49.9	稳定	15.9
新西兰	稳定	18.3	上升	16.8	下降	29.2	上升	24.3
巴布亚新几内亚	稳定	NA	NA	NA	NA	85.4	下降	1.6
世界	上升	10 029.1	上升	NA	NA	53.4	下降	11.4
欧洲	下降	3 606.4	上升	NA	NA	58.4	上升	8.4
北美	上升	2 529.6	上升	NA	NA	77.3	稳定	10.9
中美和加勒比海	上升	214.2	上升	NA	NA	54.5	下降	8.5
南美	稳定	382.2	上升	NA	NA	69.1	下降	20.8
中东和北非	上升	577.3	上升	NA	NA	NA	NA	9.6
撒哈拉以南非洲	上升	NA	NA	NA	NA	NA	NA	10.9

资料来源：（a, b, g）联合国秘书处经济与社会事务部人口处（2005）；（c, d, l, m）世界银行（2006）；（e）ILO（2006）；（f）UNESCO（2005）；（h, i）WRI（2005）；（j, k）IEA（2004）；（n, o）Byank et al.（1997）；（p）UNEP-WCMC（2004）。

国家，即柬埔寨、印度、印度尼西亚、巴基斯坦和菲律宾，这些国家人均GDP都低于亚洲平均水平，类似情况同样适应于大洋洲的巴布亚新几内亚。然而，其中最糟糕的是，截至2050年，印度必须养活的人口至少还会再增加5亿人，这将是印度政府面临的潜在困境。

1.3.2 人均GDP

前文已经提到过，1985—2004年，亚太地区是世界上GDP增速最快的地区之一（见表1-1）。虽然如此，表1-7（列c）表明，2004年亚洲人均GDP仍低于世界平均水平（5 554 Int＄较之于8 908 Int＄）[1]。虽然在表1-7列出的国家中，也有不少国家人均GDP高于世界平均水平，如日本（29 251 Int＄）、新加坡（28 077 Int＄）、韩国（20 499 Int＄）和马来西亚（10 276 Int＄）。但是2004年，大部分亚洲国家人均GDP还不到世界平均水平的一半。即便是中国、印度等近年来快速增长的国家，2004年它们的人均GDP水平也只是分别占世界平均水平的66.2%和35.2%。

与亚洲相反，2004年大洋洲人均GDP为22 898 Int＄，远超过世界平均水平，仅次于北美。然而，由于大洋洲内部地区之间人均GDP差距很大，所以，总体来看，这个平均数意义不大。以澳大利亚为例，2004年人均GDP为30 331 Int＄，然而其北方近邻（巴布亚新几内亚）的人均GDP仅为2 543 Int＄，在表1-7列出的所有国家中，只有巴基斯坦（2 225 Int＄）和柬埔寨（2 423 Int＄）的人均GDP低于巴布亚新几内亚。此外，2004年，斐济人均GDP高于亚洲平均水平，达到6 066 Int＄，但低于世界平均水平，也低于中美和加勒比海地区（8 377 Int＄）、南美（8 053 Int＄），以及中东和北美（6 621 Int＄）的平均水平。

---

[1] 国际美元（Int＄）是指采用购买力平价调整后的美元，与美国的1美元拥有完全相同的购买力，因此，无论在哪个国家，所能买到的产品和服务数量相等。购买力平价汇率提供了一套标准的比较和测度方法，能够充分考虑不同国家实际价格水平的差异，就像传统价格指数有助于比较实际值跨期变化情况一样。

1.3.3 绝对贫困

亚太地区许多国家的人均 GDP 水平偏低，从这个角度来看，亚太地区大部分国家普遍存在高绝对贫困率也就不足为奇了（表 1-7 中 d 列）。1989—2004 年，许多国家仍有较高比例的人口每天生活支出少于 2 美元。目前尚无关于区域整体贫困率的数据，印度绝对贫困率为 79.9%、柬埔寨为 77.7%、印度尼西亚为 52.4%、菲律宾为 47.5% 及中国为 46.7%。用人均 GDP 衡量，迄今为止世界上最贫穷的地区要算撒哈拉以南非洲，其绝对贫困率为 74.9%。既然绝对贫困率可以表示过去 15 年间每个国家的平均贫困程度，那么 2004 年各国绝对贫困率应该很有可能会低于表 1-7 所给出的平均贫困率①。然而，考虑到大部分国家贫困率水平很高，毫无疑问，多数情况下（即便是 2004 年）这些国家的绝对贫困率仍会维持在较高水平上。

1.3.4 收入差距

近 10 年来，亚太地区经济转型过程中可能更需要关注的特征就是收入差距普遍扩大了（UNDP，2006b）。人们通常用所谓基尼系数测度差距，基尼系数介于 0（绝对收入平等）到 1（一人占据整个国民财富）之间。

从亚洲部分国家的基尼系数变化趋势来看，在快速增长的中国和印度，收入分配明显从穷人向富人转移。例如，20 世纪 80 年代中国基尼系数为 0.315，到了 20 世纪 90 年代后期，增至 0.403，同期印度基尼系数从 0.293 增至 0.325（见表 1-8）。表 1-8 列出的其他国家大多也出现了基尼系数持续上升的状况，包括老挝、马来西亚（20 世纪 90 年代）、菲律宾、越南、孟加拉国、巴基斯坦（20 世纪 90 年代）及斯里兰卡。例外的情况只有韩国（20 世纪 90 年代早期）和泰国。实际上，泰国基尼系数明显下降，从 20 世纪 90 年代早期的 0.488 降至 90 年代后期的 0.432。

---

① 当然，也有可能每个国家 1989—2004 年的平均贫困率低于其 1989 年的贫困率。

表 1-8 亚洲部分国家的基尼系数

国家	20 世纪 80 年代（平均值）	20 世纪 90 年代早期	20 世纪 90 年代后期
东北亚			
中国	0.315	0.335	0.403
韩国	0.359	0.294	0.3
东南亚			
印度尼西亚	0.317	0.317	0.317
老挝	NA	0.296	0.365
马来西亚	0.469	0.429	0.443
菲律宾	0.409	0.438	0.462
泰国	0.46	0.488	0.432
越南	NA	0.357	0.361
南亚			
孟加拉国	0.26	0.266	0.315
印度	0.293	0.315	0.325
巴基斯坦	0.35	0.348	0.41
斯里兰卡	NA	0.301	0.344

资料来源：世界银行(2006)。

长期以来，有理论表明，收入差距一般都会在国家工业化进程初期(如人均 GDP 开始稳步增加的时候)显著扩大，随后会逐渐缩小，主要是因为随着公民意识的觉醒，他们会越来越关注一些非经济类的因素(Kuznets，1955)。在这些亚洲国家中，是否仅仅由于人均 GDP 持续增长就会造成收入差距扩大，仍是一个悬而未决的问题，这是因为亚洲的增长现象完全不同于北美、欧洲国家在 20 世纪 50 年代和 60 年代所经历的那种经济增长。而且自 20 世纪 90 年代中期以来，很多富裕国家的基尼系数也增加了，说明收入差距扩大并不仅限于发展中国家[比如澳大利亚的基尼系数从 1997 年的 0.292 增加到 2001 年的 0.311(ABS，2007)]；美国的基尼系数从 1970 年的 0.394 增加到 2005 年的 0.469(US Census Bureau，2005)。不管怎样，亚太地区收入差距持续扩大的趋势意味着近年来的经济收益和许多贫困人口无关，而是落入那些本已十分富裕居民的手中。

1.3.5 失 业

下一个进步要素——失业——的趋势有点难以解释，因为在整个亚太地区各国就业状况差异很大。表1-7(e列)揭示了2000—2005年不同时期亚太地区部分国家的失业率状况：很明显，有些国家失业率居高不下（如印度尼西亚为9.1%、巴基斯坦为7.7%，以及菲律宾为7.4%），然而其他一些国家的失业率则低得多（如泰国为1.4%、柬埔寨为1.8%，以及越南为2.1%）。

联合国有份关于亚太地区的报告显示，尽管许多亚太国家GDP增速很快，但就业增长表现一般，最多处于适中的状态（UNDP，2006a）。实际上，大多数情况下，就业增长并不会与劳动力扩张保持同步，以至于东南亚失业率从1993年的3.9%增加到2003年的6.3%，更糟的是，2004年年轻人失业率（15至24周岁居民的失业率）高达17%（UNDP，2006a）。

失业问题大部分可归因于东亚就业劳动力市场上就业弹性下降。就业弹性衡量就业增长对实际GDP增长的敏感程度，就业弹性这项统计数据的下降意味着给定实际GDP增长只能产生越来越少的就业岗位。在东亚，就业弹性从20世纪80年代的0.56降至90年代的0.15，这种低水平的就业弹性持续整个20世纪90年代。然而，在南亚，就业弹性则略有上升，同期从0.28增加到0.31。结果可想而知，东亚20世纪90年代8.2%的年产出增速只带来每年就业人数增加1.2%，相反，南亚慢得多的年产出增速（5.2%）却使每年就业人数增加1.6%（UNDP，2006a）。因此，许多国家亟待增强其就业弹性，特别是正在迅速成长的制造业部门，20世纪90年代东亚新兴制造业部门的就业弹性骤跌至0.07。只有如此，才可能使得亚太地区就业收益最大化。

1.3.6 环境要素

CO_2 排放

现在从经济、社会领域的要素转到环境领域。1985—2002年，亚洲超过欧洲和北美，成为世界上 CO_2 排放量最高的地区。2002年，亚洲排放了 8 328.7 百万吨 CO_2（表1-9中a列），是世界 CO_2 排放总量的 33.6%——比起 1985 年只占全球 CO_2 排放的 23.3% 显著上升了。而同期北美、欧洲的 CO_2 排放量分别为 6 291.4 百万吨、6 118.0 百万吨。值得关注的是，从 1985—2002 年，亚洲 CO_2 排放量增长了 83%，或者说相当于每年增长 3.4%。同期，世界 CO_2 排放总量仅增长 27%，或者说每年增长 1.4%（表1-9中c列和d列）。

从具体国家来看，亚太地区有不少高排放国家。例如中国、日本和印度，2002 年 CO_2 排放量分别是 3 783.2 百万吨、1 213.5 百万吨和 1 105.6 百万吨。1985—2002 年，中国 CO_2 排放量增长了 97%（平均每年增长 4.1%），印度排放量增长 138.6%（平均每年增长 5.2%），日本排放量增长 30.4%，要低得多，截至 1996 年已经相对稳定了。总体来看，中国、日本和印度的排放水平相当于世界总排放量的 15.3%、4.9% 和 4.5%（表1-9中e列），较之 1985 年 9.9%、4.8% 和 2.4% 的份额均有所上升（表1-9中f列）。

其他亚太国家的 CO_2 排放量较之这三个亚洲重量级国家要少很多，此外，澳大利亚、印度尼西亚和泰国的排放量也值得关注。说到这里，1985—2002 年，一些亚太国家排放量增长非常迅速，如泰国、越南、新加坡、马来西亚、印度尼西亚、韩国及菲律宾 CO_2 排放量增幅依次是 355.2%、284.1%、219.9%、219.5%、217.2%、198.6% 及 162.6%，这相当于平均每年依次增长 9.3%、8.2%、7.1%、7.1%、7%、6.6% 及 5.8%（表1-9中c列和d列）。

在大洋洲，澳大利亚是目前为止排放量最大的国家，2002 年其 CO_2 排放量为 337.4 百万吨，1985—2002 年，斐济的排放量增幅最大，为 125.1%（相当于平均每年增长 4.9%）。关于澳大利亚和新西

表 1-9 亚太部分国家和世界区域的 CO_2 排放量

国家/地区	排放量（百万吨）2002年	排放量（百万吨）1985年	排放增长率（%）1985—2002年	年均排放增长率（%）	占世界排放份额（%）2002年	占世界排放份额（%）1985年	人均排放（吨）2002年	人均排放（吨）1985年	人均排放增幅（%）1985—2002年	年均增长率（%）
	a	b	c	d	e	f	g	h	i	j
亚洲	8 328.7	4 550.2	83.0	3.4	33.6	23.3	2.32	1.66	39.8	2
柬埔寨	0.6	0.4	42.8	2.1	0.0	0.0	0.05	0.05	0.0	0
中国	3 783.2	1 920.1	97.0	4.1	15.3	9.9	2.93	1.79	63.7	2.9
印度	1 105.6	463.3	138.6	5.2	4.5	2.4	1.05	0.61	72.1	3.2
印度尼西亚	332.3	104.8	217.2	7.0	1.3	0.5	1.55	0.63	146.0	5.4
日本	1 213.5	930.6	30.4	1.6	4.9	4.8	9.52	7.70	23.6	1.3
马来西亚	133.1	41.7	219.5	7.1	0.5	0.2	5.55	2.66	108.6	4.4
巴基斯坦	107.5	43.0	150.0	5.5	0.4	0.2	0.72	0.45	60.0	2.8
菲律宾	74.1	28.2	162.8	5.8	0.3	0.1	0.94	0.52	80.8	3.5
新加坡	54.7	17.1	219.9	7.1	0.2	0.1	13.14	6.32	107.9	4.4
韩国	499.5	167.3	198.6	6.6	2.0	0.9	10.57	4.10	157.8	5.7
泰国	203.3	44.7	355.2	9.3	0.8	0.2	3.25	0.88	269.3	8
越南	67.0	17.4	284.1	8.2	0.3	0.1	0.83	0.30	176.7	6.2

续表

国家/地区	排放量（百万吨）2002年	排放量（百万吨）1985年	排放增长率（%）1985—2002年	年均排放增长率（%）	占世界排放份额（%）2002年	占世界排放份额（%）1985年	人均排放（吨）2002年	人均排放（吨）1985年	人均排放增幅（%）1985—2002年	年均增长率（%）
大洋洲	375.8	249.6	50.6	2.4	1.5	1.3	12.18	10.38	17.3	0.9
澳大利亚	337.4	223.6	50.9	2.5	1.4	1.1	17.29	14.27	21.2	1.1
斐济	1.4	0.6	125.1	4.9	0.0	0.0	1.69	0.88	92.0	3.9
新西兰	33.6	22.5	49.4	2.4	0.1	0.1	8.62	6.93	24.4	1.3
巴布亚新几内亚	2.5	2.1	16.6	0.9	0.0	0.0	0.45	0.58	−22.4	−1.5
世界	24 756.7	19 492.7	27.0	1.4	100.0	100.0	3.97	4.02	−1.2	−0.1
欧洲	6 118.0	7 440.5	−17.8	−1.1	24.7	38.2	8.40	10.55	−20.4	−1.3
北美	6 291.4	5 072.7	24.0	1.3	25.4	26.0	19.59	18.87	3.8	0.2
中美和加勒比海	532.6	362.3	47.0	2.3	2.2	1.9	3.07	2.82	8.9	0.5
南美	787.8	513.0	53.6	2.6	3.2	2.6	2.19	1.90	15.3	0.8
中东和北非	1 698.4	858.4	97.9	4.1	6.9	4.4	4.02	3.01	33.6	1.7

资料来源：世界资源研究所（WRI）（2005）。WRI 计算的 CO_2 排放量参考三个数据来源：(1)IEA(2002)；(2)IEA(2004)，基于燃料消耗的 CO_2 排放量(2004 版)；(3)Marland et al.(2005)。

兰 CO_2 排放量方面(分别增长 50.9% 和 49.4%),最值得关注的是,这两个国家截至 1985 年就已经都是相当成熟的工业化国家,但这两个国家 CO_2 排放量的增幅要远超过世界平均增幅(27%),也超过同样完成工业化的北美(24%)和欧洲(−17.8%)。

从人均来看,澳大利亚是亚太地区迄今为止表现最为糟糕的国家,2002 年人均 CO_2 排放量为 17.29 吨,新加坡是 13.14 吨,韩国是 10.57 吨,日本是 9.52 吨,新西兰是 8.62 吨,这是亚太地区另外四个人均 CO_2 排放量相对较高的国家(表 1-9 中 g 列)。令人不安的是,1985—2002 年,这些国家人均 CO_2 排放量持续增长,而世界人均 CO_2 排放量却持续下降(从 4.02 吨降至 3.97 吨)。此外,新加坡、韩国、日本和新西兰的人均 CO_2 排放量超过了欧洲(2002 年为 8.40 吨)。①

尽管大部分亚洲国家人均排放量水平较低——实际上,2002 年几乎所有国家都低于世界平均水平——但它们还在稳定增长。中国的人均 CO_2 排放量自 1985—2002 年增长了 63.7%(相当于平均每年增长 2.9%),印度增长 72.1%(相当于平均每年增长 3.2%)(表 1-9 中 i 列和 j 列)。在亚太地区,这两个国家绝对不是人均排放增速最快的,然而,其影响却不可小觑:(1)这两个国家属于世界上 CO_2 排放总量很大的国家;(2)印度的人口,至少从现在来看,截至 2050 年有望再增加 5 亿人,中国的人口从现在到 2050 年之间预计不会较大增长。然而,人口总量巨大,意味着中国人均 CO_2 排放量哪怕是一点点的增加都会对世界总排放量产生显著影响。

能源消费

提到又一个重要的环境变量——能源消费,表 1-7(k 列)提供的证据可能要比 CO_2 排放变化趋势更值得关注。2001 年,亚洲能源消费量为 3 145.5 百万吨油当量(Mtoe),高于北美(2 529.6 Mtoe),仅

---

① 澳大利亚人均 CO_2 排放量在 1985 年就已经超过了欧洲平均水平(分别为 14.27 吨和 10.55 吨)。

次于欧洲(3 606.4 Mtoe)。与 CO_2 排放相似，中国、印度和日本亦是亚太地区最大的能源消费国。实际上，中国2001年能源消费量已经占世界能源消费总量的11.4%。

虽然亚太地区个别国家的 CO_2 排放量近年来已经大致趋于稳定，但能源消费却并不如此。2001年，表1-7列出的每个国家，其能源消费增长率(数据可得的情况下)都呈上升态势。以印度和中国为例，能源消费量增速惊人。1990—2001年，印度和中国能源消费量各自分别增长46.3%和30.8%(IEA，2003)。①

当然，至少在某一段时期，一个国家可以通过使用可再生能源替代传统能源，实现消费更多能源的同时还会减少对环境的影响。然而，这种形式的替代有很多约束条件，且困难重重。况且，增加能源消费同时可以使环境影响最小化的能力最终要受限于生态圈对现存垃圾的吸收能力。考虑到亚太地区的人均GDP水平料将继续提高，因此，预计可见到的将来能源消费难以大幅下降，这几乎肯定会增加 CO_2 排放量，亚太地区主要城市的空气污染形势更为严峻，关于后者，目前在中国、泰国和印度尼西亚，已经引发了居民对于健康问题的担忧。

残次林(Remnant Forest)

表1-7(n列)给出了1996年现存的原生林(original forest)百分比状况。比如巴布亚新几内亚(85.4%)、柬埔寨(65.1%)、印度尼西亚(64.6%)、马来西亚(63.8%)、澳大利亚(64.3%)和日本(58.2%)，这些国家大部分原生林仍然保存完好。然而必须指出，这个统计数据并不完全真实，一些诸如重新种植和再生林的面积也被算进去了。因此，1996年现存森林面积并不能完全说明地区森林生态系统的完整性就得以有效维持了。

---

① 1990—2001年，其他一些相对能源消费国的能源消费量甚至增幅更大(如韩国增长100.4%、印度尼西亚增长64.1%及澳大利亚增长32.1%)(IEA，2003)。

原生林所剩无几的国家主要有菲律宾(6%)、巴基斯坦(5.8%)、越南(17.2%)、印度(20.5%)中国(21.6%)。这些国家残次林面积的百分比远低于世界53.4%的平均水平，也低于南美平均水平(69.1%)及中美和加勒比海地区的平均水平(54.5%)。

亚太地区关于环境领域的数据，最糟糕的就是森林面积的变化趋势。如表1-7(o列)所示，自1996年起，大部分国家森林存量出现下降，仅有中国、越南和新西兰的森林存量有所上升。尤其要关注以下事实，即很多残次林百分比高的国家在过去15年中下降速率也比较高。例如，1990—2000年，从森林总面积年平均变化率来看，柬埔寨、印度尼西亚、马来西亚和巴布亚新几内亚依次是−2%、−1.7%、−0.4%和−0.5%，2000—2005年又依次变化−1.1%、−2%、−0.7%和−0.5%(WRI，www.earthtrends.org)。亚太大部分地区出现的这种高森林退化率，很有可能就是通过损害自然资本助推实际GDP与消费增长的典型案例。第2章我们将会看到，虽然这种形式的森林退化增加了传统意义上的国民收入，但是如果从更有逻辑的理论视角定义国民收入，则未必如此。

生态足迹、生态容量与生态盈余/赤字

后来受到广泛关注的生物物理学指标就是所谓生态足迹(Ecological Footprint，EF)。一个国家的EF是指能够提供可再生资源、消化吸纳高熵废弃物并确保当前经济活动可持续所需的土地面积(Wackernagel and Rees，1996)。判断一个国家是否损耗其自然资本，就比较其EF和生态容量。生态容量是指一个国家所拥有的、可用于生产供应可再生资源及吸收其自身和别国外溢污染物的土地面积总和。如果一国生态足迹超过了其生态容量(生态赤字)，则就是不可持续的。

表1-10给出了亚太地区部分国家和世界区域的EF、生态容量和生态盈余/赤字情况。令人担忧的是，表1-10表明亚太地区大部分国家已经处于生态赤字的状况。人均生态赤字最大的国家有日本(−3.7公顷)、韩国(−3.6公顷)、中国(−0.8公顷)、菲律宾(−0.5公顷)及

印度和泰国（-0.4公顷）。尽管提高资源使用效率有助于降低一国的人均 EF，但由于大部分亚洲国家人口预期持续增长，特别是印度，这就意味着 2050 年以前，这些国家总体生态足迹和生态赤字状况仍会进一步恶化。考虑到生态赤字严重的主要都是那些人均 GDP 最低、贫困率最高的国家，因此，这种情况亦需关注。

表 1-10 亚太地区部分国家和世界区域的人均生态赤字、生态容量和生态盈余/赤字

国家/地区	人均生态足迹（公顷）2003 年	人均生态容量（公顷）2003 年	人均生态盈余（＋）或赤字（－）（公顷）2003 年
亚洲	NA	NA	NA
柬埔寨	0.7	0.9	0.2
中国	1.6	0.8	－0.8
印度	0.8	0.4	－0.4
印度尼西亚	1.1	1	－0.1
日本	4.4	0.7	－3.7
马来西亚	2.2	3.7	1.5
巴基斯坦	0.6	0.3	－0.3
菲律宾	1.1	0.6	－0.5
新加坡	NA	NA	NA
韩国	4.1	0.5	－3.6
泰国	1.4	1	－0.4
越南	0.9	0.8	－0.1
大洋洲	NA	NA	NA
澳大利亚	6.6	12.4	5.8
斐济	NA	NA	NA
新西兰	5.9	14.9	9
巴布亚新几内亚	2.4	2.1	－0.3
世界	2.2	1.8	－0.4

续表

国家/地区	人均生态足迹（公顷）2003年	人均生态容量（公顷）2003年	人均生态盈余(＋)或赤字(－)（公顷）2003年
欧洲	4.8	2.2	－2.6
北美	9.4	5.7	－3.7
中美和加勒比海	NA	NA	NA
南美	NA	NA	NA
中东和北非	NA	NA	NA
撒哈拉以南非洲	NA	NA	NA

资料来源：全球足迹网络（2006）。

1.3.7 可持续福利的指标

基于以上这些相互矛盾的统计数据，我们认为有理由探究，亚太地区人们的可持续福利是否一直在增加？如果确有上升的话，那么近年来究竟提高多少？由此，必须进一步提出以下两个问题并做充分解答：

- GDP能够在多大程度上反映亚太地区人们的可持续进步？
- 为什么国家官方统计口径中一直包括GDP、通货膨胀率、利率、官方失业率，却没有核算经济增长对社会、环境方面的影响？

类似问题过去也曾被关注。各界努力探索和尝试回答这些问题，例如世界范围内有多种关于GPI的研究。几乎所有类似研究都只计算国家层面的GPI[①]，如美国、加拿大、英国、欧洲的绝大部分国家、日本、泰国和智利，但是只有1～2个发展中国家。同样，也没有专门研究世界上由处于不同工业化阶段且政治、社会、文化特征差异很大的国家所组成某一特定区域的GPI，本书则首次开始类似尝试。

---

① 据我们所知，只有两例计算州或省层面的GPI——美国佛蒙特州（Vermont）（Costanza et al.，2004）和加拿大阿尔伯塔省（Alberta）（Anielski，2001）。

图 1-1 给出了 6 个国家的 GPI 和 GDP 状况。如图 1-1 所示，存在这样一种趋势：一开始，GPI 紧随 GDP 同步上升，然而一旦 GDP 达到某个临界值，GPI 就不再上升，有时甚至开始下降（Max-Neef, 1995）。20 世纪 70 年代或 80 年代早期，几乎所有发达国家都出现了这种反向运动的趋势。

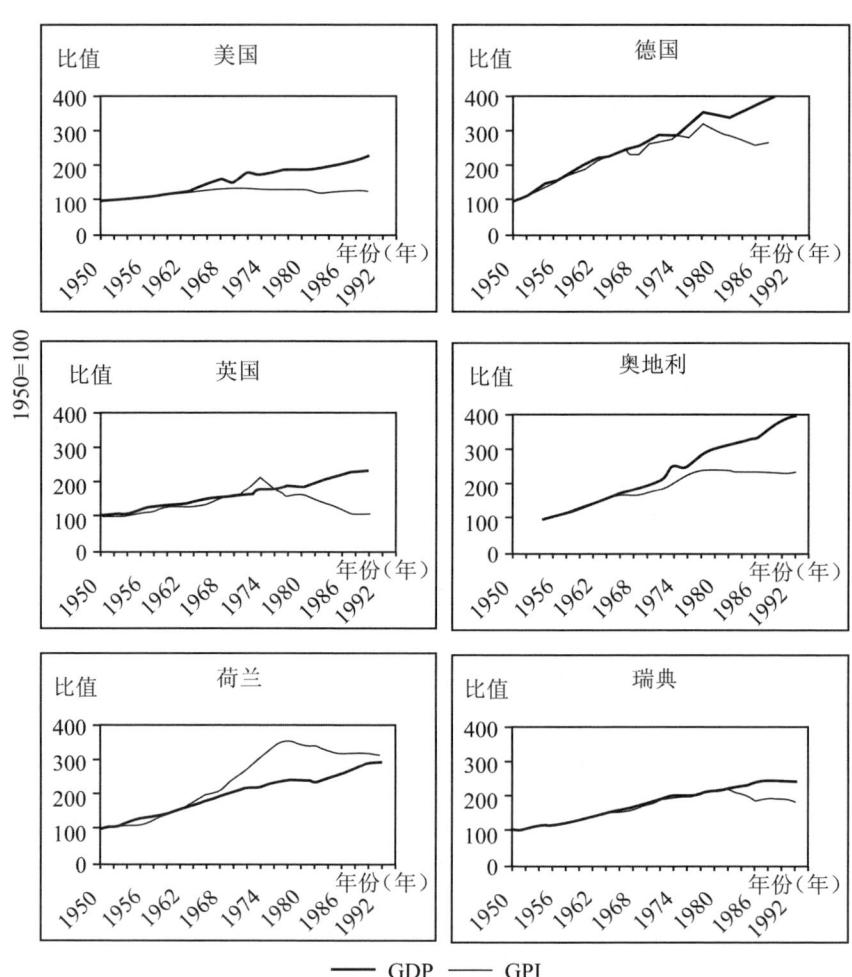

图 1-1 美国、德国、英国、奥地利、荷兰和瑞典的 GPI 与 GDP 对比

资料来源：Jackson and Stymne（1996）。

图 1-1 传达了相当清晰的信号：不加区分的经济增长或说经济增长超过一定程度可能会损害可持续福利。因此，我们认为，很有必要了解亚太国家的 GPI 是否也存在类似变化趋势，更重要的是，较之欧洲和北美工业化国家，是否麦克斯-尼夫（Max-Neef）提出的门槛假设出现在更低的人均 GDP 水平上？如果这两个问题的答案都是肯定的，那么，亚太地区的国家就需要开始转向追求降低 GDP 增速或者稳态经济——后者是指经济物理规模并不增长但更注重产品质量改善。① 无论是低速增长，还是稳态经济，GPI 的提出要求各项政策更关注精益生产（production excellence），提高资源利用效率，改善收入分配，维护自然资本。

1.4 本书结构

为了实现我们研究的目的，本书结构安排如下。第 2 章，我们会解释为何被广泛应用的 GDP 经济统计指标并不足以测度可持续福利。接下来第 3 章，我们会进一步解释为何 GPI 是更理想的福利指标，本章中，我们既会介绍 GPI 的编制原理，也会介绍 GPI 计算过程中使用的具体估算方法。

当然，如果某项研究过度依赖某个具体单一指标的时候，总是需要格外谨慎。基于此，我们会在第 4 章指出 GPI 存在的一些缺陷，当然我们会为使用 GPI 作为可持续福利测度指标进行适度辩护。既然 GPI 缺陷主要在于缺乏社会和环境领域的大量数据，我们建议确立信息量更大的指标框架。

第 5 章至第 11 章将会依次呈现和分析亚太地区的 7 个 GPI 案例研究结果。每个案例中，作者都会介绍 GPI 计算过程中使用的项目及估算方法。所有章节都会概括出一些影响被研究国 GPI 的主要项目，有些情况下，还会提出一些关于如何促进未来该国真实进步的建议与对策，供政策制定者借鉴参考。

---

① 关于稳态经济的概念与理解，可参阅 Daly(1991)和 Lawn(2007)。

最后，在第 12 章，我们会比较分析整个亚太地区的 GPI，看看是否存在某些共性的因素，能够影响所有被研究国 GPI 或者那些具有相似特征国家的 GPI。通过比较分析，我们概括出一个新的、关于人均 GDP 与持续福利之间关系的理论假设；又提出了一些我们认为有助于提升亚太地区整体可持续福利的对策思考和行动呼吁。

总之，希望这本书将会增进我们对于这个世界上发展迅猛且重要性也持续增加地区真实进步状况的理解。我们也有信心，本书会为世界上其他区域开展 GPI 研究、为旨在增加亚太地区及世界其他区域可持续福利的决策者和非政府组织提供有益参考和借鉴。

参考文献

Anielski, M. (2001), *The Alberta GPI Blueprint: the Genuine Progress Indicator (GPI) Sustainable Well-Being Accounting System*, Pembina Institute for Appropriate Development, Alberta.

Australian Bureau of Statistics (ABS) (2007), *Household Income and Income Distribution* 2005—06, Catalogue No. 6523.0, Canberra: AGPS.

Bryant, D., Nielsen, D. and Tangley, L. (1997), *The Last Frontier Forests: Ecosystems and Economies on the Edge*, Washington, DC: World Resources Institute.

Costanza, R., Erickson, J., Fligger, K., Adams, A., Adams, C., Altschuler, B., Balter, S., Fisher, B., Hike, J., Kelly, J., Kerr, T., McCauley, M., Montone, K., Rauch, M., Schmiedeskamp, K., Saxton, D., Sparacino, L., Tusinski, W., Williams, L. (2004), "Estimates of the genuine progress indicator (GPI) for Vermont, Chittendon County, and Burlington from 1950 to 2000", *Ecological Economics*, 51, 139-155.

Daly, H. (1991), *Steady-State Economics: Second Edition with New Essays*, Washington DC: Island Press.

Globe Footprint Network (2006), *Ecological Footprint and Biocapacity*, Oakland, CA: Globe Footprint Network.

International Energy Agency(IEA)(2002), *International Energy Annual*, http://www.iea.doe.gov/iea/carbon.html.

International Energy Agency(IEA)(2003), *Energy Balances of OECD Countries and Energy Balances of non-OECD Countries*, Electronic database, http://www.iea.org/ieastore/default.asp, Paris: OECD.

International Energy Agency(IEA)(2004), *CO_2 Emission from Fuel Combustion.*, http://www.iea.org/ieastore/co2_main.asp.

International Labour Organization(ILO)(2006), *Labour Satistics Database*(1998—2006), Gineva: ILO.

Jackson, T. and Stymne, S. (1996), *Sustainable Economic Welfare in Sweden: A Pilot Index* 1950—1992. Stockholm EnvironmentInstitute, The New Economics Foundation.

Kuznets, S. (1955), "Economic growth and income inequality", *American Economic Review*, 49, 1-28.

Lawn, P. (2007), *Frontier Issues in Ecological Economics*, Cheltenham, UK and Northampton, MA, USA: Edward Elgar.

Lawn, P. and Clarke, C. (2006), *Measuring Genuine Progress: An Application of the Genuine Progress Indicator*, New York: Nova Science Publishers.

Marland, G., Boden, T. and Andres, R. (2005), "Global, Regional, and National Fossil Fuel CO_2 Emissions", in US Department of Energy, *Trends: A Compendium of Data on Global Change*, Carbon Dioxide Information Analysis Center, Oak Ridge, TN: Oak Ridge National Laboratory, US Department of Energy, http://cdiac.esd.ornl.gov/trends/emis/meth_reg_.htm.

Max-Neef, M. (1995), "Economic growth and quality of life", *Ecological Economics*, 15, 115-118.

Population Division of the Department of Economic and Social Affairs of the United Nations Secretariat(2005), *World Population Prospects: The 2004 Revision*, Dataset on CD-ROM, New York: United Nations.

United Nations Development Programme(UNDP)(2005), *Human Development Report* 2005, New York: UNDP.

United Nations Development Programme (UNDP) (2006a), *Human Development Report* 2006, New York: UNDP.

United Nations Development Programme (UNDP) (2006b), *Trade on Human Terms: Transforming Trade for Human Development in Asia and the Pacific*, Asia-Pacific Human Development Report 2006, New York: UNDP.

United Nations Development Programme (UNDP) (various), *Human Development Report*, New Delhi: Macmillan India.

United Nations Educational, Scientific and Cultural Organization(UNESCO), Institute for Statistics(2005), *World Education Indicators, Literacy and Non-Formal Education Section*, Statistical Tables, Paris: UNESCO.

United Nations Environment Programme-World Conservation Monitoring Centre(UNEP-WCMC)(2004), *World Database on Protected Areas (WDPA)*, http://sea.unep-wcmc.org/wdbpa/download/wdpa2004/index.html.

United States Census Bureau(2005), *Income, Poverty, and Health Insurances Coverage in the United States: 2005*, Washington, DC: US Government Printing Office.

Victorian Department of Budget and Management(1984), *Victoria: The Next Step*, Melbourne: DBM.

Wackernagel, M. and W. Rees (1996), *Our Ecological Footprint: Reducing Human Impact on the Earth*, Gabriola Island: New Society Publishers.

World Bank (2006), *2006 World Development Indicators*, Washington, DC: World Bank.

World Resources Institute (WRI), *Earthtrends*, www.earthtrends.wri.org.

World Resources Institute(WRI)(2005), *Climate Analysis Indicators Tool(CAIT)Version* 3.0, Washington, DC: WRI.

第 2 章　为何国内生产总值不是测度可持续福利的理想指标

菲利普·劳(Philip Lawn)　马修·克拉克(Matthew Clarke)

2.1　什么是国内生产总值

国内生产总值(GDP)是指每年使用国内生产要素(比如位于某一特定国家内部的自然或人造资本)所生产商品和服务的货币价值总和。自然资本主要指森林、地下资产、渔业、水资源和重要的生态系统。然而，人造资本主要包括那些能够用于生产消费品或替代其他制成品的产品存量(如厂房、机器、设备等)。

GDP 分为名义 GDP 和实际 GDP，名义 GDP 是用生产当期的现价计算，实际 GDP 则通常把所有商品和服务的现价以某一特定基期价格进行折算。

为弄清 GDP 名义值和实际值的区别，可参照 2001/02 年一国名义 GDP 的计算公式①：

$$名义\ GDP_{2001/02} = P_{2001/02} \times Q_{2001/02} \quad (2.1)$$

其中，P 为 2002 年 6 月商品和服务的价格指数，Q 为 2001/02 财政年度生产的所有商品和服务数量。

---

① 这里关于名义 GDP 和实际 GDP 的解释是基于澳大利亚财政年度，从每年的 7 月 1 日开始到下一年的 6 月 30 日。意即 2001/02 财政年度共包括 12 个月，从 2001 年 7 月 1 日—2002 年 6 月 30 日。

如式(2.1)所示，2001/02 名义 GDP 是用当年生产所有商品和服务数量乘生产当期的价格水平。现在假定以 2003/04 财政年度为基期计算任一特定年度的实际 GDP，那么 2001/02 年实际 GDP 则需将 2001/02 年生产的所有商品和服务价格转换成 2004 年 6 月的基期价格：

$$\text{实际 GDP}_{2001/02} = P_{2003/04} \times Q_{2001/02} \tag{2.2}$$

其中，P 为 2004 年 6 月商品和服务的价格指数，Q 为 2001/02 财政年度生产的所有商品和服务数量。

假如现在要比较 2001/02—2003/04 连续 3 年的实际 GDP，则每年实际 GDP 计算公式如下：

$$\text{实际 GDP}_{2001/02} = P_{2003/04} \times Q_{2001/02} \tag{2.3}$$

$$\text{实际 GDP}_{2002/03} = P_{2003/04} \times Q_{2002/03} \tag{2.4}$$

$$\text{实际 GDP}_{2003/04} = P_{2003/04} \times Q_{2003/04} \tag{2.5}$$

注意，以上每种情况下唯一的变量就是当年生产的产品和服务数量(Q)，商品和服务的价格保持不变，即 $P_{2003/04}$。把所有价格固定在基期，则实际 GDP 变化就能够反映出不同年份生产产品和服务数量的变化，因此，在讨论国民福利时，实际 GDP 指标优于名义 GDP 指标。需要指出的是，如果是恰好测度基期年份 GDP，则无论名义值，还是实际值，都是使用当年的商品与服务现价。

为何要区分名义值和实际值？简单而言，设想一下如果 2003/04 财政年度的价格指数为 $10（即 $P_{2003/04} = \$10.00$），当年生产商品和服务的数量为 1 000 万（即 $Q_{2003/04} = 1\,000$ 万）则 2003/04 财政年度的名义 GDP 为：

$$\text{名义 GDP}_{2003/04} = P_{2003/04} \times Q_{2003/04} \tag{2.6}$$

$$\text{名义 GDP}_{2003/04} = \$10.00 \times 1\,000\,\text{万} \tag{2.7}$$

$$\text{名义 GDP}_{2003/04} = \$1\,\text{亿} \tag{2.8}$$

假设下一个财政年度，2004/05 年，生产的商品与服务数量为 1 100 万。同时，通货膨胀率为 5%，即 2004/05 年度价格指数为 $10.50（即 $P_{2004/05} = \$10.50$），进一步假设 5% 的通货膨胀率完全取决于澳大利亚央行(Reserve Bank of Australia)的货币政策，与本国

2004/05 年度生产的商品与服务性质无关，则 2004/05 年的名义 GDP 为：

$$\text{名义 GDP}_{2004/05} = P_{2004/05} \times Q_{2004/05} \tag{2.9}$$

$$\text{名义 GDP}_{2004/05} = \$10.50 \times 1\,100\,万 \tag{2.10}$$

$$\text{名义 GDP}_{2004/05} = \$1.155\,亿 \tag{2.11}$$

对比式(2.8)和式(2.11)可以发现，从 2003/04—2004/05 年，名义 GDP 上升 15.5%，如果碰巧使用 GDP 这个指标去测度国民福利，难道我们会接着宣布，2004/05 年年底，这个国家的公民福利改善 15.5%？不，当然不能，因为在名义 GDP 增长过程中有个重要推动因素，即价格水平上涨了 5%，而通货膨胀本身是不产生任何福利的。如果以 2003/04 年价格为基期，计算和比较 2004/05 年的实际 GDP，则有：

$$\text{实际 GDP}_{2004/05} = P_{2003/04} \times Q_{2004/05} \tag{2.12}$$

$$\text{实际 GDP}_{2004/05} = \$10.00 \times 1\,100\,万 \tag{2.13}$$

$$\text{实际 GDP}_{2004/05} = \$1.10\,亿 \tag{2.14}$$

对比式(2.8)和式(2.14)可以发现，从 2003/04 年度至 2004/05 年度，实际 GDP 增长了 10%，与商品和服务数量的增幅相同(注意：以 2003/04 为基期，则 2003/04 年名义 GDP 和实际 GDP 相等)。因而，如果坚持要说实际 GDP 是一个国家可持续福利的理想指标，那是在于它能够反映国家不同年份所生产的商品和服务数量的变化。此外，本书主要使用实际值，而不是名义值，包括 GDP 和真实进步指标(GPI)。

最后一点需要澄清的是，很多读者也见到这个概念——国民生产总值(Gross National Product，GNP)。GNP 概念与 GDP 也基本相同，区别在于 GNP 是指每年使用一国拥有，不是一定要求位于国内的要素(比如一国公民所拥有的自然资本或人造资本)生产出来的商品和服务数量。由于人们在测度国民福利时通常使用 GDP 而不是 GNP，因此，本书一般也不使用 GNP 概念。然而，第 7 章关于日本 GPI 的时候提到了 GNP——是因为日本历史上就偏好使用 GNP 而非 GDP 作为国民收入的测度指标。

2.2 用 GDP 测度可持续福利时存在的缺陷

评估 GDP，最好先看其是否能够足以测度国民收入。然而，收入是较为模糊的概念，目前，多数学者认同约翰·希克斯（John Hicks）对收入的定义，即某个特定时期生产和消费的最大数量，还要确保未来能够生产和消费相同数量（Hicks，1946）。这个定义关键在于必须保持能够创造收入的资本的完整性，如果做不到这一点就必然意味着：首先，能够维持跨期相同产出水平的能力已经受损；其次，当前产出水平夸大了"真实"收入。实际上，被夸大的收入正好等于相同数量的收入创造类资本被透支用于扩大当前产出。

为更好地理解希克斯定义的收入概念，可以以木材农场为例，若该农场拥有 1 000 立方米木材，每年再生速度为 5%，只要每年木材的采伐量不超过 50 立方米，农场就能够稳定可持续地供应木材。然而，如果每年采伐 100 立方米呢？第 1 年年底会剩余 950 立方米木材，即：

第 1 年开始	1 000m³ 木材
第 1 年期间	
再生木材（1 000m³ * 0.05）	＋50m³ 木材
采伐木材	－100m³ 木材
第 1 年年底	950m³ 木材

第 2 年年底将会剩余 897.5 立方米木材，即，

第 2 年开始	950m³ 木材
第 2 年期间	
再生木材（950m³ * 0.05）	＋47.5m³ 木材
采伐木材	－100m³ 木材
第 2 年年底	897.5m³ 木材

不难发现，一旦采取这种采伐方式，木材农场最终就会消失了。依据希克斯所定义的收入概念，每年采伐 100 立方米木材都算作收入，合理吗？显然不。假定所有采伐的木材都被当期消费掉，不用

于建造替代性或再生性的资产,那么只有在第 1 年中采伐 50 立方米的木材应该被算作收入,另外 50 立方米木材应属于收入创造类资本、即木材农场自身的损耗或透支。第 2 年采伐的 100 立方米木材中,只有 47.5 立方米的木材应该被算作收入,52.5 立方米木材算作资本损耗。

这对 GDP 意味着什么？若想得到国民收入的近似值,有必要先弄清楚 GDP 中有多大比例应该算作收入创造性资本的损耗,不仅包括自然资本,还包括人造资本,因为 GDP 需预留一定比例用于替代或折旧制成品,如厂房、机器、设备等。国家旨在维持收入创造性资本完整的一部分产出不应该用于当前消费,因而,这部分不能被算作真实收入。

除此以外,国家年产出中还有一部分服务于防御性或恢复性用途,进而有助于保持跨期产量的稳定、可持续(Leipert, 1986)。如事故车辆维修、为使人类及其生产工具大致恢复到此前最佳状态而发生的医疗或修理过程,因而,无论哪种情况下,当期产出并不直接用于当期消费,仅仅是为了维护人类作为劳动力的生产率及人造资本存量。

产出服务于防御性用途的例子很多,如防洪防涝、犯罪预防等。这些事例中用到的产出都是为了防止未来经济活动对自然或人造资本存量产生严重的负面影响(未来修复性支出最小化)。

与自然或人造资本的折旧不同,所有服务于防御性或恢复性用途的产出必须全部直接消费掉,才能维持未来生产能力。因此,这些产出也不应该被算作真实收入。

总之,要想更好测度国民收入,需要从 GDP 中既减去防御性和恢复性支出,又减去人造资本折旧和自然资本损耗。因此,希克斯国民收入可用式(2.15)(Daly, 1996)[①]计算:

$$\text{希克斯国民收入} = \text{GDP} - \text{DHK} - \text{DNK} - \text{DRE} \quad (2.15)$$

其中,GDP＝国内生产总值,DHK＝人造资本(生产资料)折

---

① 类似方法可参阅 Berkley and Seckler(1972)。

旧，DNK＝自然资本损耗，DRE＝防御性和恢复性支出。

假定我们已经依据式(2.15)调整 GDP，现在已经有了更好测度国民和州收入指标，但是否就足以测度可持续福利了？越来越多的学者并不如此认为。为什么？希克斯收入测度能够长期保持稳定生产、消费水平的商品与服务数量，但它并未囊括国民或州经济增长对人类福利的全部影响。因此，希克斯收入也忽略了如下内容：

- 非市场类生产活动，如未付报酬的家务和志愿者工作；
- 经济活动的社会成本，如失业成本（显性和隐性失业）、就业不足及劳动力未被充分利用、犯罪、家庭破裂的成本；
- 外债增长的负面影响；
- 收入分配格局变化对社会福利的影响。

最后一点内容比较有意思，设想一下，若从某财政年度到下一年度希克斯收入保持不变，并且最富有家庭的希克斯收入每周增加 100 美元，同时最贫穷家庭的希克斯收入每周恰好减少 100 美元，假设希克斯国民收入带给其他公民的福利不变，那么，最富有家庭和最贫穷家庭的福利会有何变化？对于最富裕家庭而言，在其他因素不变的情况下，每周额外增加 100 美元对其支出习惯的影响微乎其微，进而福利变化不大。然而如果一个国家最贫穷家庭的收入每周减少 100 美元，对其福利则会产生灾难性的影响。总之，这种情况下，一个国家的总福利会下降，但数量不变的希克斯国民收入无法反映出这一变化。因而就有很多评论家呼吁对此进行调整，冀能反映收入分配跨期变化对社会福利的影响。

以上希克斯收入所忽略的内容大部分都是显而易见的，但还有三方面内容较为隐晦。第一个被忽视的因素是生产与消费产品的性质。如果希克斯收入上升，意味着能够被可持续生产和消费的产品数量增长。但是被生产与消费的产品的性质一定关乎人类福利吗？毕竟，存在这样一种可能：生产和消费产品数量更多，但对人类福利贡献了了；亦有可能生产相同数量但质量更优的产品和服务，却极大改善人类福利。希克斯收入过于强调生产和消费的数量，没太关注质量。

希望我们能够强调同样困扰GPI的质量难题。已有一些尝试性的研究试图将质量因素纳入GPI计算过程，克拉克和伊思勒姆（Clarke and Islam，2004）把正规的社会选择理论用于他们对泰国的一项研究，并对可持续福利进行不同文化层面的解读。后面这种方法很有可能会对GPI某些具体项目做优化调整，即考虑质量或定性的因素。本书并不打算使用这些方法，然而我们将对GPI的基础——消费（如烟、酒、饮料等）做一些假定，第3章和第9章会进一步讨论相关内容。

第二个被忽略的因素是与福利有关的消费时机。有相当比例消费支出是用于购买耐用消费品，如汽车、电视机、冰箱等。例如某人刚花2.5美元购买并消费了一块新鲜美味的三明治，会立刻得到2.5美元的益处，但若其刚花2 000美元买了一台电视机，其福利会立刻增加2 500美元吗？显然不会。如果买电视的时候认为它会使用10年（提供10年的信号传递服务），则花费的2 000美元就正好等于电视在使用周期内每年提供服务折现值的总和。假定折现率为7%，则该电视购买者在未来10年中每年都会得到284.76美元的消费收益。① 把初始2 000美元的电视购买经费都算作当个财政年度的消费收益显然是不正确的。希克斯收入却仍像GDP一样，把这种初始购买支出全部算作当期消费收益，更糟糕的是，它们都忽略了未来数年中电视提供的消费收益（Lawn，2003 and 2005）。

因而建议用于购买耐用消费品的支出金额应从其购买当年的福利中扣除，同时要加上已有耐用消费品当年提供的服务，后者可以通过追踪耐用消费品的存量价值获得：假定存量以特定速度（比如耐用消费品存量每年消耗10%，即可以使用10年）折旧或被消费，再假定未来

---

① 需要强调，由于人们倾向于把未来值进行折现，因此消费者每年因拥有和使用某一耐用消费品而实际获得的益处与在最初购买此耐用消费品而平均分配到每年的价值并不相等。例如，若折旧率为7%，某耐用消费品10年中每年产生284.76美元收益的折现值为144.76美元。个体当前确有可能会将10年中每年获得284.76美元收益折现为144.76美元，但这改变不了一个事实，第10年享受的年度收益最终会恰好等于284.76美元。

的消费收益以特定比率(比如每年 7%)进行折现,对 10 年中每年获得的消费收益做货币赋值,然后分别折现,再加总这些折现值(例如若 10 年中得到价值为 10 美元的收益则其现值为 7.02 美元);然后用年度存量值除以 7.02(注意:$284.76=$2 000/$7.02)。任一财政年度伊始的耐用消费品存量现值就等于当年所有存量提供的服务。

最后一个被忽略的因素就是投资性支出——如厂房、机器、设备等制成品的积累。前文已经指出,为计算希克斯国民收入,需要从 GDP 中减去用于维持人造资本完整性的产出价值。与多数自然资本领域的投资不同,人造资本领域中的投资几乎总是超过维持其产出稳定而必要的水平。也就是说,净资本投资(Net Capital Investment,NCI)——等于人造资本领域的总投资减去折旧——通常是正的。

既然希克斯收入是指跨期可持续生产的生产资料和消费品数量,则在国民收入中考虑净资本投资是完全合理的,但这却并不适用于可持续福利,因为我们所期望的是一套能够反映某个特定财政年度中能产生福利的指标。

如果进一步分析投资可以发现,投资应可理解为牺牲当前部分消费以产生特定水平的未来消费。一定意义上,当前消费与当前净资本投资互为对立面。前者能够产生当前福利,后者则是相当于审慎设计当前的策略行动以产生未来福利,因此,把当前净资本投资算作当期福利上升,在逻辑上是错误的。

这是否意味着,测度可持续福利可以完全忽略净资本投资?不可以。因为在很大程度上,净资本投资的好处会在未来数年得以显现,带来更多消费福利。只要用于测度特定年份可持续福利的指标包括当年用于购买耐用消费品的支出,则以往的净资本投资(即过去牺牲的消费)一定会被该指标计算在内。这样可更好理解,只要净资本投资能够带来与消费相关的福利,它就会被考虑在内。

当然,并非所有投资性支出都是用于替代或积累生产资料,也不一定都会反映在未来数年的消费支出中。例如,大部分公共投资支出包括建造道路、桥梁、高速公路、学校、医院、博物馆、艺术馆、图书馆等。这类支出的益处会流向一般公众,如同耐用消费品持有者提供的服务流——公共提供的服务资本通过被使用而逐渐折旧。其提供的福利并非在当个财政年度产生。故再次强调，希克斯收入：(1)把这种形式的投资性支出完全算作收入；(2)忽略了公共服务资本未来数年提供的福利收益。

2.3 结　语

GDP通常用实际值测度要好于使用名义值，但它不是衡量可持续福利的理想指标。首先，它们在测度国民收入时并不理想，即便其经过调整和修正，可大致测度能被跨期可持续生产和消费的产品数量(即希克斯收入)，但这个指标不能囊括国民收入增长对可持续福利的全部影响。GDP不仅忽略了非市场类生产活动，也忽略了很多社会成本，比如失业和家庭破裂的成本，也没有考虑收入分配变化对社会总体福利的影响。

其次，GDP的缺陷(也包括希克斯收入)还在于它们仅仅反映生产和消费的数量，而不是质量。此外，GDP在计算过程中都假定当期消费用于提高当期福利，事实恰恰相反，如果当期消费用于购买耐用消费品，则可在未来数年都提供福利收益。因此，所有用于购买耐用消费品的支出应该分散在其整个使用周期内。类似错误假设同样适应于公共提供的服务资本，后者应和耐用消费品的处理方式相同。

最后，不像耐用消费品支出，GDP和希克斯收入的计算都是基于这样一种错误假设，即净资本投资构成当前福利收益。但实际上，净资本投资的益处却是以未来消费的形式来呈现的。因而，就可持续福利而言，GDP和希克斯收入计算时包括净资本投资是一种典型的重复计算，应该被剔除出去。

不过，需要澄清的是，GDP自其诞生之日起就不是作为可持续福利的测度指标，只是被错误使用了而已。这样做的后果可想而知，政策制定者继续使用错误的经济罗盘去驾驭国家和州经济运行。政策制定者若想提高社会福利，就需要使用更为理想的罗盘，比如真实进步指标(GPI)。

参考文献

Abramowitz, M. (1979), "Economic growth and its discontents", in M. Boskin, (ed.), *Economics and Human Welfare*, New York: Academic Press, pp. 3-22.

Clarke, M. and Islam, S. (2004), *Economic Growth and Social Welfare: Operationalizing Normative Social Choice Theory*. Amsterdam: North Holland.

Daly, H. (1996), *Beyond Growth: The Economics of Sustainable Development*, Boston, MA: Beacon Press.

Easterlin, R. (1974), "Does economic growth improve the human lot? Some empirical evidence", In P. David and R. Weber (eds.), *Nations and Households in Economic Growth*, New York: Academic Press, pp. 89-125.

Hicks, J. (1946), *Value and Capital*, Second edition, London: Clarendon.

Lawn, P. (2003), "A theoretical foundation to support the Index of Sustainable Economic Welfare(ISEW), Genuine Progress Indicator(GPI), and other related indexes", *Ecological Economics*, 44, pp. 105-118.

Lawn, P. (2005), "An Assessment of the valuation methods used to calculate the Index of Sustainable Economic Welfare(ISEW), Genuine Progress Indicator(GPI), and Sustainable Net Benefit Index(SNBI)", *Environment, Development, and Sustainability*, 7, pp. 185-208.

Leipert, C. (1986), "From gross to adjusted national product", in P. Ekins(ed.), *The Living Economy: A New Economics in the Making*, London: Routledge & Kegan Paul, pp. 132-139.

Robinson, J. (1962), *Economic Philosophy*, London: C. A. Watts.

第 3 章 什么是 GPI，如何计算

菲利普·劳(Philip Lawn)　马修·克拉克(Matthew Clarke)

3.1 什么是真实进步指标

真实进步指标(GPI)是近年提出、旨在重点探究经济增长对可持续福利影响的一种指标体系。GPI 通常由大约 20 个独立的成本和收益项目组成，把国内生产总值(GDP)增长所带来的广泛影响统合成单一的货币化指标，这样一来，GPI 就会尽可能囊括经济、社会、环境三大领域的成本和收益。然而，GPI 既会同样支持并沿用 GDP 和 GSP 计算过程中的某些统计方法，也会估算大量未被市场统计的成本、收益项目。

如果仔细对比分析过去 10 多年中不同的 GPI 研究会发现，无论是构成项目，还是估算方法都随时间变化而有所区别(可参阅 Diefenbacher，1994；Moffatt and Wilson，1994；Rosenberg and Oegema，1995；Jackson and Stymne，1996；Jackson et al.，1997；Stockhammer et al.，1997；Guenno and Tiezzi，1998；Castaneda，1999；Hamilton，1999；Lawn and Sanders，1999；Lawn，2000a；Clarke and Islam，2004)。之所以会有这些区别，主要是由于数据可得性及研究者对特定估算方法的偏好不同。

3.2 可持续经济福利指数(The Index of Sustainable Economic Welfare, ISEW)

有些读者可能会知道另外一个与 GPI 较为相似的指标，叫可持续经济福利指数(ISEW)。这两个指标并无本质区别，只是名字不同而已。ISEW 的构成项目及其使用的估算方法也有很多变化。

这个指标最初之所以叫 ISEW，是因为其设计者认为它能更好地反映与经济活动相关的经济福利，同时再包括资源消耗和污染成本，就如同希克斯收入那样，统筹考虑了可持续性因素(可参阅 Daly and Cobb, 1989)。因此，选择以"ISEW"为名，是用其性能名称刻画统计目标。

近年来最新的关于 ISEW 研究，越来越倾向于以 GPI 为名。名称的变化与这两种指标背后的基本原理或理论基础无关，实际上，两者在这些方面完全相同(Lawn, 2003)。研究者更偏好 GPI，主要还是想改善该指标形象，以 GDP 和 GSP 替代者的角色增强大众认知度和吸引力。

3.3 可持续净收益指数(The Sustainable Net Benefit Index, SNBI)

另外一种公众不太熟知，但与 GPI、ISEW 较为接近指标就是可持续净收益指数(SNBI)，SNBI 计算方法与 GPI、ISEW 几乎没有差异，只是在指数原理解释及构成项目上有所区别(Lawn and Sanders, 1999; Lawn, 2000a and 2003)。并不是把所有项目都呈现在一张表中，SNBI 单独分列成本、收益两个账户进行核算评估。

用总收益账户减去总成本账户即可得到 SNBI，这种方法较之 GPI 和 ISEW 的突出优点在于，能够直接对比经济增长的成本和收益，进而能够强化 SNBI 及 GPI、ISEW 的理论内涵。

3.4 GPI 构成项目

既然 GPI 目的在于更好测度可持续福利,因此它的构成主要克服第 2 章讨论过的 GDP、GSP 和希克斯收入现存缺陷。

表 3-1 列出了 GPI 构成项目,现在要具体解释为何 GPI 会计算这些项目。通过后面各章我们会发现,每章作者使用的方法会因国家不同而有所区别。说到这里,作者们已经尽可能统一使用本章即将介绍的方法了。至于那些有别于我们方法之处,还会在后面个别章节中详细解释。

3.4.1 消费支出(私人支出和公共支出)(CON)

很快就会发现,GPI 的构建基于消费支出。之所以使用这个项目计算 GPI,其理论依据还是再次聚焦 GDP。基于标准的国民核算框架,GDP 可以用"支出法"或"收入法"计算得出。如果使用支出法,则 GDP 核算公式如下:

$$GDP = CON + INV + G + X - M \tag{3.1}$$

其中,GDP 是国内生产总值;CON 是私人部门的消费支出;INV 是私人部门的投资支出(用于人造资本领域的支出);G 是公共部门的消费和投资支出;X 是出口(国外对本国产品的支出);M 是进口(国内用于国外产品的支出)。

既然我们希望估计一国公民直接从经济活动中得到的福利,首先需要对式(3.1)进行调整,因为出口产品的福利收益是被外国人享用,而不是本地人。同样,进口产品的福利则被国内居民享用。也就是说,我们必须从 GDP 中减去出口支出。

表 3-1 GPI 构成项目

项目	福利贡献	项目说明
消费支出(CON)	+	CON=私人部门的消费支出+公共部门的消费支出

第 3 章 什么是 GPI，如何计算　51

续表

项目	福利贡献	项目说明
防御性和恢复性支出（DRE）	—	DRE 主要指用于健康和教育领域的支出（包括私人部门和公共部门），但通常也包括车辆事故和保险服务的成本（私人消费），以及国防、环境保护和公共秩序与安全（公共消费）
耐用消费品支出（ECD）	—	ECD 等于所有家庭购买耐用消费的支出总和
耐用消费品服务（SCD）	+	等于所有耐用消费品存量的折旧值
调整后的消费		消费收益的跨期调整 • 调整后的 CON＝CON－DRE－ECD＋SCD
分配指数（DI）	+/−	基于考察期内收入分配变化的 DI（考察期第 1 年的指数值设定为 100.0）
调整后的消费（加权后）（＊＊）		用分配指数（DI）加权调整后的 CON
公共基础设施产生的福利（＊＊）	+	假定该福利在数量上等于公共基础设施资本存量的折旧值
无偿家务劳动的价值（＊＊）	+	等于无偿家务劳动小时数乘假定的工资水平
志愿者劳动的价值（＊＊）	+	等于志愿者劳动小时数乘假定的工资水平
失业和就业不足的成本（＊＊）	—	等于失业人数乘每位失业人口的成本估计值
犯罪成本（＊＊）	—	用各类犯罪指数乘每类犯罪的成本估计值
家庭破裂成本（＊＊）	—	用功能失调家庭的大致数量（基于离婚数量）乘每个家庭破裂的成本估计值
外债变化（＊＊）	+/−	年度成本（收益）等于净债权年度变化量

续表

项目	福利贡献	项目说明
不可再生资源损耗的成本（*）	—	等于不可再生资源存量减少量的机会成本
农地流失的成本（*）	—	要反映因过去和当前农业活动累积影响而对居民的补偿金额
木材损耗的成本（*）	—	当木材采用率超过其自然再生与重新种植率时造成木材存量下降的机会成本
空气污染的成本（*）	—	每年空气污染成本的估计值
废水污染的成本（*）	—	每年废水污染成本的估计值
长期环境损害的成本（*）	—	要反映因能源消费长期环境影响而对居民的补偿金额
自然资本服务损失（LNCS）（**）	—	（*）项目的加总：LNCS 汇总项反映了自然资本提供的某些资源、渗透和生命支持功能损失的成本
真实进步指标（GPI）		自经调整后的 CON（加权后）项开始，所有标注（**）项目的加总

在国民核算账户中之所以单独设立 G，仅仅是为了区分私人部门支出和公共部门支出。因此，为简化分析，我们在 GPI 计算过程中就把公共部门的消费与投资支出也算在 CON、INV 项中了，所以，GPI 计算的第一步就是：

$$\text{GPI}_{第1步} = \text{CON}(私人部门+公共部门) + \text{INV}(私人部门+公共部门) \tag{3.2}$$

因为第 2 章已解释过，在当前消费支出中实际上有一部分消费支出用于产生未来福利，所以我们必须从（3.2）式减去 INV（私人部门和公共部门），如式（3.3），

$$\text{GPI}_{第2步} = \text{CON}(私人部门+公共部门) \tag{3.3}$$

得到式（3.3）以后，就可以更好理解为何消费支出式 GPI 的基础项目了。许多人质疑把消费作为可持续福利测度的基础，这可以理

解。毕竟,消费通常被诟病为当前大部分社会问题的罪魁祸首,从环境恶化,到社会破裂以及很多人无法过上幸福美满的生活(Hamilton,2003)。然而,我们并不打算过多讨论这种"消费至上"的理念与关切。消费无疑会带来关乎福利的收益,究竟能够产生多少福利属于推测的问题,本章对此也不做深入讨论。事实上,除了收入分配变化的福利影响以外,一般假定第 1 个 1 美元的消费支出将和最后 1 美元带来相同数量的福利收益。

然而,GPI 并没有忽略因消费增加带来的福利成本。通常而言,消费更多就要求工作更卖力,进而可能会造成各种疾病、损害社会关系甚至家庭破裂。此外,除非资源使用更有效率,否则消费增加会加剧资源消耗、环境污染和生态破坏。从表 3-1 可以发现,GPI 的很多组成项目都计算了相关成本。消费支出项目只是计算那些不能被忽略或否定的消费所带来的福利收益,从这个意义上来讲,的确,消费支出增加利于促进 GPI 上升,但如果同时社会成本、环境成本以更快的速度增长,则 GPI 有可能会不升反降。

因而我们认为最好是把消费视为一种"必要的罪恶"(necessary evil)。一方面每个人都必须要消费,另一方面却必须通过破坏商品才能获得消费带来的收益。① 但是若想消费更多同时又不给家庭、社会关系和自然环境施加更大负担,就要容忍消费"罪恶"的负面影响。当然,这会推动 GPI 上升。同样,如果消费数量相同但构成 GPI 的社会、环境成本大幅下降,也会推动 GPI 上升。

总之,选择消费支出作为 GPI 的基础项目并不必然意味着只有提高消费才能推动 GPI 上升,也并不意味着如果消费下降 GPI 就一定不能上升。

---

① 实际上,没有任何商品被真正破坏或消费掉。由于物质和能量守恒定律,商品和服务中的物质是不能被破坏的。被破坏的只是体现在商品和服务中的使用价值,这些使用价值最初是在产品生产过程中加入物质—能量内的。同样在生产和消费过程中还都被破坏的是物质—能量的有用性——热力法则(Entropy Law)的结果。这就是为何需要一直开采自然原始资源为经济活动提供燃料支持,无论物质而非能量的回收速度有多快,当然也永远不可能达到 100%。

3.4.2 防御性支出和恢复性支出(DRE)

在第2章,我们指出,防御性支出和恢复性支出不能算作福利提升,是因为它们只是服务于维持和修复经济的生产能力。尽管类似支出显然会产生益处,但它只是有助于提高未来消费而非当前消费。因此,如果消费支出同时包括防御性支出和恢复性支出的话,就必然存在重复计算的问题。同时,由于大部分消费支出都包括了防御性支出和恢复性支出,因此,我们认为有必要从当前消费中找出来,并予以扣除。在大部分的GPI测算研究中,防御性支出和恢复性支出仅限于家庭用于健康和教育领域的支出,这其中有一部分应该被看作无助于提高福利的。然而,有些GPI研究测算过程中则考虑了这些减项:(1)车辆事故成本、房租及保险服务(私人消费)的成本;(2)防御性支出、环保支出及公共秩序和安全方面的成本(公共消费)。

减去防御性支出和恢复性支出(DRE),就会得到如下的福利调整公式:

$$GPI_{第3步} = CON - DRE \tag{3.4}$$

3.4.3 耐用消费品支出(ECD)

GPI的第三个项目与耐用消费品支出有关。因为,将耐用消费品支出都算作其购买所在财政年度的消费收益是不对的,类似支出应该从消费项目中扣除。因此,又须对公式(3.4)做如下调整:

$$GPI_{第4步} = CON - DRE - ECD \tag{3.5}$$

3.4.4 耐用消费品服务(SCD)

之所以包括这第四个项目,是因为耐用消费品存量(即以前年份中累积的耐用消费品)每年都会为其所有者提供益处或服务。为更好测度耐用消费品所有者享受的服务数量,我们假定存量平均使用寿命为10年。这意味着耐用消费品存量以每年10%的速度折旧或"被消费"。因此,耐用消费品存量每年提供的服务就等于没有被资本化的存量现值乘 10%的折旧率。①

3.4.5 调整后的消费

表 3-1 列出的下一个项目并非单个的成本或收益项目,而是多个项目的加减汇总,表示所有消费支出加权以前的福利贡献。调整后消费值(GPI 计算的第 5 步)的计算基本公式如下:

$$GPI_{第5步} = 调整后的 CON = CON - DRE - ECD + SCD \quad (3.6)$$

3.4.6 分配指数(DI)

这个项目主要是编制分配指数(DI)。第 2 章,我们已经讨论过收入分配对消费支出福利贡献的影响。为在 GPI 中考虑这种福利影响,通常用分配指数加权调整后的消费,使其与收入分配的变化保持一致。考察期第 1 年的分配指数通常被设定为 100,DI 值的上升/下降表明贫富收入差距增加/下降。

---

① 非资本化价值高于资本化价值,之所以使用非资本化价值,是因为购买耐用消费品年一次性支付的价格——也就是说它的资本化价值——是反映消费者自最初购买耐用消费品之日起、到其完全折旧而享受全部服务的现值。然而,需要估计每一年中消费者所实际享受到服务的现值,比如自购买之日起的第 5 个年份里消费者实际享受到耐用消费品服务的现值可能要高于最初购买时预期第 5 年提供服务的现值。为了说得更清楚一点,举个例子,若某个耐用消费品预期使用 10 年,每年提供价值 10 美元的服务。折现率为 7%,因此购买之后第 1 年该耐用消费品提供服务的现值约为 9.35 美元(10 美元/1.07),第 2 年约为 8.73 美元(10 美元/1.07^2),依此类推,最后 1 年,即第 10 年提供服务的现值约为 5.08 美元(10 美元/1.07^{10})。因此,从整个 10 年来看,每年提供服务的现值总和约为 70.24 美元,这就是我们认为消费者应该为此耐用消费品而支付的价格。然而,10 年当中,消费者最终享受了 100 美元的服务价值(10 美元乘 10 年)。因此,在计算 GPI 年度值的时候,应该将此 10 美元的年度服务价值计算在内。若想获得这份价值,该商品的价格——它的资本化价值——再乘 1.42(即 100 美元/70.24),主要基于两个假设,商品可持续使用 10 年且折现率为 7%。这会得到非资本化价值为 100 美元,然后再除以 10(100 美元/10 年)就得到每年服务价值为 10 美元。

3.4.7 调整后的消费(加权后)

该项目是依据考察期内分配指数的变化对调整后的消费进行加权计算得出。加权调整后的消费遵循以下基本公式：

$$\begin{aligned} \text{GPI}_{第6步} &= \text{GPI}_{第5步}(加权后) \\ &= 调整后的 \text{CON}(加权后) \\ &= \frac{(\text{CON}-\text{DRE}-\text{ECD}+\text{SCD})}{分配指数} \times 100 \end{aligned} \qquad (3.7)$$

3.4.8 公共基础设施提供的福利(WPPI)

GPI之所以包括这个项目，是因为绝大部分公共投资支出并不是用于积累生产资料(如厂房、机器、设备)，而是提供一些基础设施资本，诸如道路、桥梁、学校、医院和博物馆。这些基础设施资本，如同耐用消费品存量一样，在其初建之后的数年当中，也会提供源源不断的服务流。因此，像耐用消费品一样，把当前公共基础设施领域的支出都算作提高当前福利是错误的。

既然如此，就需估算过去的公共基础设施支出所提供的福利。有很多种此类福利的计算方法。在近期的一项研究中(Lawn and Clarke, 2006)，假定政府所有投资支出的75%用于基础设施资本，而非生产资料。因此，公共基础设施提供的福利就等于公共部门固定资本消费(现存资本品的折旧)乘旨在形成基础设施资本的政府投资支出的75%。不管此项具体计算方法如何，公共基础设施提供的年度福利都要代入式(3.8)中：

$$\text{GPI}_{第7步} = 调整后的 \text{CON}(加权后) + \text{WPPI} \qquad (3.8)$$

3.4.9 无偿家务劳动的价值

尽管基于市场的经济活动创造了大量收益，但仍有很多有助于提高社会福利的活动发生在市场以外，无偿家务劳动就是典型的一项非市场类活动。

为计算无偿劳动的价值，首先有必要估计一个国家每年无偿家务劳动的小时数,其次需要为每一个未付报酬的工时赋予一定的工资水平或机会成本,最后用前者乘后者就得出了无偿家务劳动的年度总价值。

3.4.10 志愿者劳动的价值

GPI 计算过程中之所以包括志愿者劳动的价值,原因如同无偿家务劳动。志愿者劳动年度价值的计算过程也和无偿家务劳动价值的计算相同。

式(3.9)将无偿家务劳动和志愿者劳动(未付报酬的)的价值合在一起:

$$\text{GPI}_{第8步} = 调整后的 \text{CON}(加权后)$$
$$+ \text{WPPI}$$
$$+ 无偿劳动 \tag{3.9}$$

3.4.11 失业和就业不足的成本

可能最显著也是近期最被容忍的成本就是失业成本了。现代国家的政府通常偏好低通货膨胀、低利率的经济环境,进而导致了"通胀治理为先"的现代宏观经济政策,特别是各国政府和央行都把目标定位于追求非加速通货膨胀的失业水平或叫 NAIRU(Non-Accelerating Inflation Rate of Unemployment)(Mitchell and Muysken,2002;Lawn,2004)。

NAIRU 政策糟糕的一面非常明显——它的成功是以制造大量失业人口为代价的。因此,一国健康的宏观经济似乎是以大量被"牺牲"公民的痛苦和不幸为基础的(Blinder,1987;Modigliani,2000;Mitchell and Mosler,2001)。

从大部分国家的宏观经济政策及近期实践来看,有种降低 NAIRU、增加劳动力市场弹性的趋势。但并不是增加全职工人的工作选择,而是兼职工作或偶然性工作的人口数量飙升,此外,劳动力未被充分利用现象也迅速增加(即意愿性劳动力资源的浪费),失业人口比例上升(Mitchell and Carlson,2002)。

有很多研究曾尝试测度失业、就业不足和劳动力未被充分利用的成本，估算方法和估算结果也千差万别。从较广泛的意义上来看，测度失业成本通常需要考虑以下几个方面(Sen,1997)：
- 当前产出的损失
- 社会排斥和个人自由的损失
- 技能恶化
- 心理伤害
- 疾病和预期寿命减少
- 自我满足感下降
- 人际关系和家庭功能削弱
- 种族和性别歧视，特别是收入和财产差距
- 社会价值和责任意识下降

我们认为，上述罗列的失业成本部分已在 GPI 其他构成项目中有所反映，若把它们统统都算作失业、就业不足和劳动力未被充分利用的成本，则会产生重复计算的问题，例如(以表 3-1 为例)：
- 产量损失会造成消费品数量下降，因而会体现为三个基础消费项目下降，即 CON；
- 人际关系和家庭功能削弱会在犯罪和家庭破裂的成本上升中被揭示出来；
- 社会价值和责任感下降也会通过犯罪成本上升体现；
- 发病率上升会造成健康支出增加，而在 GPI 计算过程中，健康支出的一部分应该被算作恢复性支出。因此，有理由相信，发病率上升将会减少与福利有关的消费支出比重。如果那样，就会对调整后的消费项目(GPI$_{第5步}$)产生负面影响。

测度失业和就业不足的成本，第一步需要估计所有劳动参与者每年失业小时数，对于就业不足的情况，就要计算工人们愿意工作时间和实际工作时间的差额。然后用失业总工时数乘一个预先给定的数字——旨在反映每小时失业成本超过 GPI 其他项目已经有所反映的、与失业有关成本的部分。

3.4.12 犯罪成本

犯罪成本旨在反映经济活动对人际关系、社会制度和一些公民自我认同所产生的负面影响。强调一下，此时不要把已在 GPI 其他项目中反映出来的犯罪成本再次计算在内。如纵火和破坏会降低一国经济的生产能力，但这可能通过消费支出总额下降、防御性支出上升、增加防火和安全类的支出（DRE）等方式反映出来。

3.4.13 家庭破裂的成本

家庭单元是一种社会机构，不仅能够提供安全、稳定、有组织的环境，还能承担关键的儿童抚养功能。近年来，一味追求 GDP 高速增长，家庭单元成为主要受害者。测算家庭破裂成本，通常使用离婚率作为家庭解体或功能失调的代理变量。

总之，失业、就业不足、犯罪家庭破裂的成本构成了当今日趋复杂化、现代化（当然并非完全现代化）经济运行过程中的社会成本。如果不减去这些社会成本，显然就高估了社会生产的价值或福利。因此，测算 GPI 的第 9 步就需要依据式（3.9）做一些福利调整：

$$\begin{aligned}GPI_{第9步} =& 调整后的 CON（加权后）\\ &+ WPPI \\ &+ 无偿劳动 \\ &- 社会成本 \end{aligned} \quad (3.10)$$

3.4.14 净外债的变化

GPI 测算包括这个项目，是因为一个国家经济活动所产生的福利能否保持长期可持续，很大程度上取决于其自然资本和人造资本是被国内拥有，还是国外拥有？大量证据表明，那些拥有很高外债的国家很难维持必要的投资水平，以保持其人造资本存量的完整性。而且，它们还经常被迫损耗其自然资本存量以还债（George，1988）。

该项数值并非直接采用每个财政年度末期的债务数据，而是使用年度之间外债数额的变化量。如式(3.11)所示，该项数值既可以为正，也可以为负。

$$\begin{aligned}\text{GPI}_{\text{第10步}} = &\text{调整后的 CON(加权后)}\\ &+\text{WPPI}\\ &+\text{无偿劳动}\\ &-\text{社会成本}\\ &+\text{I}-\text{净外债变化}\end{aligned} \quad (3.11)$$

3.4.15 不可再生资源损耗的成本

到目前为止，所有讨论的表 3-1 中项目都与经济活动的经济、社会成本和收益相关。而这个项目——不可再生资源损耗的成本——则是 GPI 中第一个与环境相关的成本。

不可再生资源，顾名思义，不同于可再生资源，无法可持续开采利用。既然 GPI 的计算也需考虑希克斯可持续性的概念（即维持收入创造类资本），这会带来一些潜在的问题。我们认为，如果减去不可再生资源损耗的所谓"使用者成本"，而不是不可再生资源的总开采价值，足以解决这些问题。很多 GPI 研究都采用这种使用者成本法。然而，并不总是如此，事实上，本书中也不是每个 GPI 研究项目都使用这种方法。

计算使用者成本，首先需要决定留存多少比例的开采利润，建立一些可再生性资源资产以产生可持续的年度收入流，与此前耗竭性资源产生的年度收入流相似(El Serafy, 1989; Lawn, 1998 and 2005)。做到这一点，必须找到不可再生资源收入有限级数的收入部分和资本部分，可使用如下公式：

$$X/R = 1 - \frac{1}{(1+r)^{n+1}} \quad (3.12)$$

其中，X 为真实收入（资源租金）；R 为净收益（总收益减去开采成本）；r 为贴现率；n 为资源可用的时期数；$R-X=$ 使用者成本或者净收益中必须留存用以建立替代资产进而产生恒久收入流的额度。

确定收入部分和资本部分的两个关键参数就是资源可用时期数和贴现率的选择。这两个参数的值越大，则收入部分的值就越大，每期需要留存以确保恒久收入流的钱数就越少。

资源可用时期数相对比较容易估计，大部分情况下，取决于不可再生资源存量规模和预期的未来价格水平。主要困难还是在于选择、确定最合适的折现率。我们的观点是，最终选择的贴现率在数量上应该恰好等于新开发可再生资源的实际利率①，也正好等于其自然再生率(Lawn，1998)。

一旦估计出使用者成本，就应该从 GPI 的计算中扣除。那么，这对于收入部分而言有什么意义呢？可以放心地用于资助消费支出——如果那是国家所期望的话——因为，它自身不会削弱一国保持跨期相同消费水平的能力。

3.4.16 农地流失的成本

与很多不可再生资源不同，肥沃的农村土地根本找不到合适的替代品。实际上，农地不仅用于生产基本物质——国家最基础的商品，还会被用于建立可再生性资源资产以替代已被消耗的不可再生资源。

正是由于农地有这种独特的性质，所以在计算农地损失时就需要使用有别于不可再生资源的方法。特别是，给定年份农地流失的成本，必须足以补偿国家公民在这些土地上所有的农业历史劳作——从这个意义上看，类似一种补偿基金。

同样，又和不可再生资源损耗的成本相似，以往 GPI 研究中也使用过多种不同的方法计算该项成本。比如，本书中每项研究对此使用的估算方法都不相同，这就是典型的例子。

---

① 我们认为，使用开采可再生资源的实际利率可以确保使用者成本的估计值与保持自然资本完整性的强可持续性假设相符合。

3.4.17 木材损耗的成本

木材作为一种可再生资源,只要其采伐速度不超过再生速度,就能被可持续地开采、利用。当然,也可通过植树造林增加木材存量。然而,一旦木材存量下降,其影响就如同不可再生资源的损耗一样。因此,计算木材使用成本应该也采用此前的"使用者成本"。此外,不同研究中,该项计算方法也是差别很大。本书使用的不同估算方法只是以往研究中曾使用过的、各类研究方法中很小的一部分。

3.4.18 空气和水污染的成本

空气和水污染的成本与自然环境的垃圾吸收或渗透能力损失密切相关。简单来说,每次经济活动产生垃圾的数量和质量超过了其被自然环境固有的安全吸收能力,则环境的蓄积能力就会下降。我们的观点是,一旦各类污染物排放造成可识别的环境成本就标志着环境渗透能力开始下降了。

尽管污染物包括多种形式,但大部分 GPI 研究中仅限于分析空气污染和水污染。在早期的 GPI 和 ISEW 研究中,曾计算过噪声污染的成本。不过,很少有研究能够科学分析重工业发展对土壤和城镇土地污染的影响。

3.4.19 长期环境损害的成本

为了通过某种方式计算自然环境的生命支撑功能损失,总是需要添加一个项目,专门反映能源消费增长对环境的长期影响。为何是能源消费?能源消费是决定温室气体排放和全球气候变化的主要因素。气候变化,如同 IPCC(2007)近期的报告显示,很有可能造成全球生物多样性显著下降,并且以亚太地区的许多国家为例,既会加剧极端气候事件如热带飓风的发生密度,也会增加国内干旱频率。

其次,经过长期历史演化才形成如今的生物圈,以提供稳定的能源供应(Bulm,1962;Daly,1979;Capra,1982;Norgaard,

1988)。人类能源消费加速增长,必然意味着自然资本退化,其提供的生命支持功能也会衰退。

3.4.20 自然资本服务损失的成本(LNCS)

GPI 计算过程中的该项汇总,揭示加权以前经济活动的全部环境成本,数量上等于表 3-1 中所有标注单个星号(＊)环境成本项目的加总,或者如式(3.13)所示,它反映了自然资本所提供的资源(资源提供)、蓄积(垃圾吸收)及生命支持服务。

$$\begin{aligned}
LNCS =\ & 不可再生资源损耗成本 \\
& +农地流失成本 \\
& +木材损耗成本 \\
& +空气和水污染成本 \\
& +长期环境损害的成本
\end{aligned} \quad (3.13)$$

3.4.21 真实进步指标(GPI)

GPI 是由表 3-1 中标注双星号(＊＊)的项目加总(或扣减)而成,详如下式:

$$\begin{aligned}
GPI_{最后1步} =\ & 调整后的 CON(加权后) \\
& +WPPI \\
& +无偿劳动 \\
& -社会成本 \\
& +(或-)净外债变化 \\
& -LNCS
\end{aligned} \quad (3.14)$$

如式(3.14)所示,GPI 能够有效反映出经济活动产生的福利收益减去相应的社会和环境成本。为了使经济增长过程真正有意义,GPI 必须为正。然而,负的 GPI 基本不大可能。尽管如此,GPI 下降,特别是在 GDP 上升时,表明 GDP 增长造成社会与环境成本的增长幅度超过了它所产生的福利收益,进而这种经济增长就是"不经济"的了,也提出一个新的问题或说挑战,此时,一个国家是否应该从关注 GDP 增长转向自然资本维护、高附加值生产、缩小收入差距,以及开发与应用效率增加而非投入增加的先进技术。

3.4.22 人　口

要想知道某个国家平均每个居民的真实进步程度，就有必要计算人均 GPI，这就要求表 3-1 计算国家每年人口。

3.4.23 人均 GPI

式(3.15)给出了一个国家人均 GPI 的计算方法，即用最终 GPI 值除以该国人口。

$$人均 GPI = GPI_{最后1步} / 人口 \qquad (3.15)$$

3.5　结　语

我们已努力把 GPI 编制原理及其各构成项目解释清楚，也相信 GPI 的理论基础是非常正确的，尽管在 GPI 究竟应该包括哪些项目上仍有些争议，当然，关于 GPI 某些项目的估算方法，也有不少关注。因此，第 4 章会更详细地梳理和讨论这些问题。然而，关于 GPI 的适应性及其估算方法，我们也请读者参阅斯托克汉默(Stockhammer et al., 1997)、纽梅尔(Neumayer, 1999)、劳(Lawn, 2003 and 2006)、戴利和科布(Daly and Cobb, 1989)等人，以及重新定义进步(Redefining Progress, 1995)，然后自己去做出理解和判断。

显然，估算问题非常重要，既会影响各章针对具体国家所得出结论的说服力，也会影响到对整个亚太地区 GPI 研究结果的比较(第12章)。我们及各章作者，已经高度重视每项研究中存在的一些主要局限。如此一来，我们相信这本书也会有助于让读者能够更深刻地理解整个亚太地区所取得的真实进步。

我们在本章已经说明，GPI 下降有可能说明"不经济"的 GDP 增长，此时，我们建议国家亟待重新调整以增长为核心的政策组合以确保能够取得持续进步。不过，在有些国家很可能会出现非常糟糕的情形，即许多公民的基本需求还没有得到满足，GPI 就开始下降了。那些人口基数庞大且仍有很多人处于绝对贫困状态的国家，更有可能发生这种情况。考虑到许多工业化国家人均消费水平已经很高了，若想使全球人均 GPI 更高、更均等，可能会需要某种形式、从富国向穷国转移的收入再分配。此外，富国还有必要减少他们的消费，那些人口大国则有必要更关注他们的人口问题。

在本书所讨论的亚太国家中，中国和印度就属于高风险类别。与此同时，澳大利亚、新西兰和日本，则是亚太地区三个基本不存在绝对贫困的国家，政策转型也会容易得多。不过，亚太地区相对富裕国家之间的分裂导致了本书反复提到过的消费、不平等及人口和 GDP 增长等问题。事实上，在比较亚太地区 GPI 变化趋势及需要采取什么措施提升地区真实进步的时候，这些问题成为第 12 章的中心内容。

参考文献

Blinder, A. (1987), *Hard heads, Soft Hearts*, New York: Addison-Wesley.

Blum, H. (1962), *Times Arrow and Evolution*, 3rd edition, Princeton, NJ: Harper Torchbook.

Capra, F. (1982), *The Turning Point*, London: Fontana.

Castaneda, B. (1999), "An index of sustainable economic welfare(ISEW)for Chile", *Ecological Economics*, 28, 231-244.

Clarke, M. and Islam, S. (2004), *Economic Growth and Social Welfare: Operationalizing Normative Social Choice Theory*. Amsterdam: North Holland.

Daly, H. (1979), "Entropy, growth, and the political economy of scarcity", in V. K. Smith, (ed.), *Scarcity and Growth Reconsidered*. Baltimore, MD: John Hopkins University Press, pp. 67-94.

Daly, H. and Cobb, J. (1989), *For the Common Good: Redi-*

recting the Economy toward Community, the Environment, and a Sustainable Future, Boston, MA: Beacon Press.

Diefenbacher, H. (1994), "The index of sustainable economic welfare", in C. Cobb and J. Cobb(eds.), *The Green National Product*, New York: University Press of America, pp. 215-245.

El Serafy, S. (1989), "The proper calculation of income from depletable natural resources", In: Y. Ahmad, S. El Serafy, and E. Lutz. (eds.), *Environmental Accounting for Sustainable Development*, World Bank, Washington DC, pp. 10-18.

George, S. (1988), *A Fate Worse than Debt*, New York: Grove.

Guenno, G. and Tiezzi, S. (1998), "An Index of Sustainable Economic Welfare for Italy", Working Paper 5/98. Fondazione Eni Enrico Mattei, Milan.

Hamilton, C. (1999), "The genuine progress indicator: methodological developments and results from Australia", *Ecological Economics*, 30, 13-28.

Hamilton, C. (2003), *Growth Fetish*, Sydney: Allen and Unwin.

Intergovernmental Panel on Climate Change (IPCC) (2007), *Climate Change 2007: Impacts, Adaptation, and Vulnerability*, Cambridge: Cambridge University Press.

Jackson, T. and Stymne, S. (1996), *Sustainable Economic Welfare in Sweden: A Pilot Index* 1950—1992. Stockholm Environment Institute, The New Economics Foundation.

Jackson, T., Laing, F., Mac Gillivray, A., Marks, N., Ralls, J. and Styme, S. (1997), *An Index of Sustainable Economic Welfare for the UK*, 1950—1996. University of Surrey Centre for Environmental Strategy, Guildford.

Lawn, P. (1998), "In defence of the strong sustainability approach to national income accounting", *Environmental Taxation* and Accounting, 3, 29-47.

Lawn, P. (2000), *Toward Sustainable Development: An Ecological Economics Approach*, Boca Raton: CRC Press.

Lawn, P. (2003), "A theoretical foundation to support the Index of Sustainable Economic Welfare(ISEW), Genuine Progress Indicator(GPI), and other related indexes", *Ecological Economics*, 44, 105-118.

Lawn, P. (2004), "Reconciling the policy goals of full employment and ecological sustainability", *International Journal of Environment, Workplace, and Employment*, 1, 62-81.

Lawn, P. (2005), "An Assessment of the valuation methods used to calculate the Index of Sustainable Economic Welfare(ISEW), Genuine Progress Indicator(GPI), and Sustainable Net Benefit Index(SNBI)", *Environment. Development, and Sustainability*, 7, 185-208.

Lawn, P. (ed.)(2006), *Sustainable Development Indicators in Ecological Economics*, Cheltenham, UK and Northampton, MA: Edward Elgar.

Lawn, P. (2007), *Frontier Issues in Ecological Economics*, Cheltenham, UK and Northampton, MA: Edward Elgar.

Lawn, P. and Clarke, M. (2006), *Measuring Genuine Progress: An Application of the Genuine Progress Indicator*, New York: Nova Science Publishers.

Lawn, P. and Sanders, R. (1999), "Has Australia surpassed its optimal macroeconomic scale? Finding out with the aid of 'benefit' and 'cost' accounts and a sustainable net benefit index", *Ecological Economics*, 28, 213-229.

Mitchell, W. and Carlson, E. (2002), "Labor underutilization in Australia and inflation", *Centre of Full Employment and Equity Working Paper* 02-10, September.

Mitchell, W. and Molser, W. (2001), "Fiscal policy and the job Guarantee", Centre of Full Employment and Equity Working Paper 01-09, August.

Mitchell, W. and Muysken, J. (2002), "The Phillips Curve, the NAIRU, and unemployment asymmetries", Centre of Full Employment and Equity Working Paper 02-05, June.

Modigliani, F. (2000), "Europe's economic problems", Carpe Oeconomiam Papers in Economics, Third Monetary and Finance Leture, Freburg, 6 April.

Moffat, I. and Wilson, M. (1994), "An index of sustainable economic welfare for Scotland 1980—1991", *International Journal of Sustainable Development and World Ecology*, 1, 264-291.

Neumayer, E. (1999), "The ISEW-Not an index of sustainable economic welfare", *Social Indicator Research*, 48, 77-101.

Norgaard, R. (1988), "Sustainable development: a co-evolutionary view", *Futures*, December, 606-620.

Redefining Progress(1995), "Gross production vs. genuine progress", *Genuine Progress Indicator: Summary of Data and Methodology*, San Francisco, CA: Redefining Progress.

Rosenberg, K. and Oegema T. (1995), *A Pilot ISEW for The Netherlands* 1950—1992, Amsterdam: Institute Voor Milieu En Systeemanalyse.

Sen(1997), "Inequality, unemployment, and contemporary Europe", *International Labour Review*, 136, 155-171.

Stockhammer, E., Hochreiter, H., Obermayr, B. and Steiner, K. (1997), "The index of sustainable economic welfare(ISEW) as an alternative to GDP in measuring economic welfare: the results of the Australian(revised)ISEW calculation 1955—1992", *Ecological Economics*, 21, 19-34.

第 4 章　为真实进步指标辩护

菲利普·劳(Philip Lawn)　马修·克拉克(Matthew Clarke)

4.1　GPI 的缺陷

后面各章对亚太经济体真实进步程度的评估几乎完全依赖于各章作者测算得出的真实进步指标(GPI)。因此，我们评估结果的可信度就取决于 GPI 反映与衡量亚太地区居民可持续福利的准确程度。近期，有很多批评者认为 GPI 瑕疵太多，基于单一的 GPI 研究结果无法得出有意义的结论，因而不具备政策指导价值。

尽管我们在第 3 章花费了大量时间阐述和证实 GPI 的应用，但我们认为现在有必要讨论一下 GPI 存在的一些缺点。在讨论 GPI 缺点的过程中，我们会围绕一些直接针对 GPI 的批评予以回应。虽然 GPI 也不是完美的可持续福利指标，但我们希望表明：(1)一些直接针对 GPI 的批评是不合理的；(2)通过设立信息量更大的指标框架，拥有更好的数据资源，改善评估方法等方式，能够克服 GPI 现存的一些不足，这将会大大增强未来 GPI 研究的可信度。

4.1.1　项目不够详尽

GPI 项目第一个也是最明显的缺点就是 GPI 计算过程中使用的成本和收益项目不够详尽。熟悉以往各类 GPI 研究中曾用过不同项目(例如表 3-1)的人都知道，很容易发现至少 1 个被忽略的福利要素，比较典型的有休闲时间的价值（或者说闲暇丧失的价值）、噪声污染和城镇化水平上升的成本、某些就业形式所特有的负面影响，以及固体废弃物污染、珊瑚礁被破坏、鱼存量下降的环境成本。这些项目中的确有很多在以前 GPI 研究中使用过（比如 Daly and Cobb，1989；Lawn and Sanders，1999；Hamiltion，1999；Clarke and Islam，2004）。大部分 GPI 研究中计算的成本和收益项目，好像也都至少省略了 1 个以上这些与福利有关的因素。

替 GPI 辩护一下，没有指标能够穷尽所有要素。只要 GPI 能够捕捉最重要的收益和成本项目，就很难说它比其余任何福利指标缺乏代表性和广泛性。既然 GPI 已经考虑了多达 20 个单独的收益和成本项目，就表明它所覆盖的指标已经较之一般的人类福利指标（如人类发展指数，Human Development Index，HDI）要更广泛了。此外，许多成本和收益项目之所以被省略了，通常主要是因为缺乏合适的数据来源，进而无法对该特定项目进行货币估值。因此，若能获得计算 GPI 所需的必要数据，进一步完善指标框架，就能部分克服 GPI 的这个缺点。关于数据可得性问题，本章稍后还会再次讨论。

4.1.2 优势项目影响太大

GPI 第二个主要缺点在于优势项目（如与消费有关的福利）的小幅变化会超过相对弱势项目（如城镇废水污染的成本）的大幅波动（Neumayer，1999），可从两个方面回应这个批评。第一个方面的回应是我们认为某个项目相对于其他项目具有优势，只是表明该项目有更大的福利影响。此外，优势项目总是由很多更小的相关项目加总而成。例如，与消费有关的福利就包括了大量可产生不同福利影响的产品和服务。因此，把每一类产品和服务消费单独讨论可能会比较有用。即便这样，分解优势项目并不会改变 GPI 最终结果。

在一些 GPI 研究中，消费支出已被分解成为多类不同的国民核算项目（如食品、烟草、交通服务，以及酒店、咖啡馆和餐馆等），旨在做与福利有关的调整（Lawn and Clarke，2006）。这种情况下，每个项目都可留作单独的收益项目，但通常还是会被再次加总。实际上，本书在计算澳大利亚和印度的 GPI 时使用的就是这种方法。总之，在我们看来，特定项目占有优势，更多只是描述方式问题，不会削弱 GPI 的完整性和有用性。①

第二个方面的回应在于这个事实，有些影响 GPI 的因素会反映在多个 GPI 的构成项目中。第 3 章已经解释过，失业会降低经济产量，冲淡社会价值，增加疾病与健康风险，以及损害人际关系和家庭生活。因此，失业上升就有可能会通过预期消费水平(CON)下降，与健康相关的防御性和恢复性支出上升，以及犯罪和家庭破裂成本上升等项目间接反映出来。此外，既然犯罪和家庭破裂现象增加也会削弱一国经济的生产能力，它们也可能会通过消费水平下降反映出来。

为了避免重复计算，失业、犯罪和家庭破裂造成的间接影响，如前所述，会从那些专门用于分析直接成本的项目中剔除出去。因此，一些 GPI 项目值之间看起来差异悬殊，但并不真实反映这些特定要素对 GPI 最终结果的影响程度。表面上看起来，GPI 有某一个或几个优势项目，但并不必然意味着它们就会对 GPI 最终结果产生支配性的影响——至少不会像它们在每个 GPI 项目值之间相对差异所反映的那样。

4.1.3 估算方法不当

针对 GPI 批评最多的还是与其第三个主要缺点有关，即 GPI 计算过程中使用的估算方法(可参阅 Maler，1991；Atkinson，1995；Hamilton，1994 and 1996；Neumayer，1999 and 2000)。这些批评主要针对 GPI 如下项目的估算问题：与消费有关的福利、分配指数(DI)、防御性和恢复性支出、不可再生资源损耗的成本，以及最后倾向于扣除各类环境损害(例如农地流失和过度灌溉用水)的"累积成本"。为了回应这些批评，我们现在会对这些项目进行逐一讨论，先从与消费有关的福利开始。

---

① 如果一定要说会有负面影响的话，就是它可能会造成 GPI 与其组成项目之间的因果关系更加难以确定。

4.1.4 与消费有关的福利

与消费有关的福利主要有两个方面招致批评：第一个方面是和消费的质量属性有关；第二个方面是和与消费相关福利估算过程中使用的实际值或不变价有关。至于第一个方面，批评意见认为基于消费的项目不能反映出各类消费商品与服务的质量属性。我们在第2章中已经略微提到这个问题，并且在一些 GPI 研究中，通过调整某些类别的消费支出（如花费于酒水饮料、烟草方面的支出）已经解决了这个问题。当然，要想完全处理好这个问题还需做更多工作。

至于第二个方面，消费支出使用实际值而非名义货币价值进行测度，是为了反映消费品实际数量的跨期变化。然而，确实有两种情况，实际消费支出增加并不直接意味着福利就会同比例增加：一是"边际效应递减"原理，当一个人随着其消费产品数量增加，额外每单位产品为其带来的边际收益会下降；二是源于这样的事实，即某些商品的消费速度增加可能给消费者带来的收益却并不增加。比如，可考虑某个房间使用1个灯泡照明的情况，如果1年当中有3个灯泡被用坏了或说"被消费掉了"，较之于1个灯泡持续使用了1年的情形，福利提高了吗？显然不是，两种情形中的总福利是相等的，然而，前一种情形下消费了更多商品。

虽然有这些核算方面的潜在缺点，实际消费支出对于估算与消费有关的福利仍然很有价值，为什么？因为人们通常会为那些有助于增进福利的优质商品支付更高价格，所以，与消费有关的福利计算就应该使用市场价格。如汽车、住房、电视或冰箱的租赁价值——租赁耐用消费品为期1年需要支付的金额——通常可间接衡量其每年提供的服务。因此，非耐用消费品的市场价格应该也可以近似等于它在核算期间提供的服务，即从最初购买到被最终消费掉(Daly, 1991)。

遗憾的是，由于多方面原因，商品的市场价格与租赁价值会经常变化，而这些商品所能带来的福利并不改变。商品价格还受这些因素影响：(1) 商品生产过程中所使用到的各种资源的相对价格；

(2)商品自身的实际数量或供应量;(3)税收、名义货币供应量及持有货币机会成本等因素的变化。显然,若要使市场价格继续作为福利的测度指标,就有必要剔除所有影响价格的因素,只考虑与商品福利创造特性相关的因素。由于这几乎是不可能完成的任务,则有两种方法可供选择:第一种选择就是任由价格变化,也就是说,依赖于当前或名义价格;第二种选择就是使用总价格指数缩减每年消费支出的名义值。如果选择使用第一种方法,则所有消费支出的名义值将包含很多不必要的价格影响,而且这些影响与福利无关。如果选择使用第二种方法,则能够得到消费支出的实际值。但是,这样做,也需要剔除所有商品因其福利创造特性的变化对价格产生的影响,恰好保持这种影响,才可使价格近似测度真实福利。

我们认为,第二种方法——也几乎是所有 GPI 研究中都使用的方法——是较为理想的,原因如下:边际效应递减法则表明福利上升幅度通常小于商品消费量增幅,这个法则是基于商品福利创造特性没有发生变化的假设之上的。有理由假定,通过技术进步,大部分商品的福利创造特性在未来某些时期会继续增加,这将在很大程度上可以弥补边际效应递减的作用。具体能够弥补多少,难以说清,然而却足以确保,与消费有关的福利对 GPI 产生的任何积极影响一定能够通过实际消费支出而非名义消费支出的增长体现出来。①

4.1.5 分配指数(DI)

有很多批评指向 GPI 计算过程中使用的分配指数。多数情况下,GPI 研究中都使用测度收入差距的基尼系数构建 DI。但学界有些批评意见认为,这种福利调整主观性很强(Neumayer,2000),并不同于著名的艾特肯森(Atkinson,1970)分配不均等指数,后者主观性更少是因为研究者明确假定社会对收入不均等的厌恶倾向。

---

① 有些一尝试,希望通过享乐定价法捕捉商品的质量属性,特别是生产资料(Moulton,2001)。我们目前正在从事一些实验性的工作去调整某些类别商品(比如计算机和通信类商品)的价格,以使其反映近年来它们自身质量上的快速改进。

我们并不认同这种批评。我们认为艾特肯森指数更主观。从考察期一开始，除了将1986年指数值定为100.0，我们的DI并未对收入分配的期望结果做其他任何主观假定。我们只是假定，收入分配的改善或恶化会对一个国家公民总体福利产生正向或负向的影响。因为收入分配变化会影响社会福利已经有很多经验研究与支持（Easterlin，1974；Abramowitz，1979），所以，很难说这种假定是主观的。此外，艾特肯森指数方法要求研究者在考察期一开始就要明确选定社会对收入分配的厌恶态度和倾向，这看起来显然更为主观。

然而，我们认识到，艾特肯森指数也很有价值，那些用之计算GPI的学者及其研究也绝对非常重要。事实上，本书在计算日本GPI（第7章）和泰国GPI（第10章）时也使用了艾特肯森指数。我们只是反对那些针对任何不用艾特肯森指数加权消费支出福利影响的做法的盲目批评。

4.1.6 防御性和恢复性支出

在GPI计算中减去防御性和恢复性支出的做法，广受争议（Male，1991；United Nations 1993；Hamilton，1994 and 1996；Neumayer，1999）。有人说防御性支出这个概念本身的正确性值得怀疑，因为很难明确区分哪种消费支出属于防御性支出，哪种不是。例如，纽梅尔（Neumayer，1999，p.83）主张，"如果健康类支出算作防御性支出用于防治疾病的话，为何食品和饮料类支出不能够算作防御性支出用于防治饥饿与饥渴呢？度假和娱乐支出不也是防御性支出，用于防治无聊的吗？难道它们都应该从个人消费支出中扣除？"此外，一份联合国对国民账户体系的评论中认为，当防御性支出的概念追溯到其逻辑结论的时候，任何消费支出都很难有助于增进人类福利。

上述批评有些道理，然而，在满足基本温饱需求之外的支出和人们为了保护自己免受经济活动负面影响而觉得越来越有必要增加的支出之间，还是有根本区别的。我们说后者属于防御性支出，而前者中的绝大部分则不属于。此外，如果所有消费支出都纯粹出于防御所需的话，那么花费会少得多。例如，餐馆中用于精美菜肴方面的支出就毫无意义了，既然一个人可以为了满足其防御性消费需求只需支付很少金额的话，那么，为什么还会有人为了优质食品和服务去支付一大笔钱呢？

我们关于防御性和/或恢复性支出形式的假定的确过于武断了，而且正是由于这些假设，又需要对消费支出做较大调整。不过，我们仍然认为这些假设是合理的，原因很简单，正如纽梅尔自己所说的那样，大量消费支出其本质上就是防御性的和/或恢复性的。

4.1.7 不可再生资源损耗的成本

关于不再生资源损耗成本估算方法的批评主要有两个方面。第一个方面，对不可再生资源损耗成本进行多种估算本身就反映了 GPI 拥护者普遍缺乏统一、一致性的方法。对此，我们非常认同。实际上，我们认为，真的需要一套标准的项目框架和估算方法，这不仅仅会强化 GPI 研究，还可以对世界上不同国家、不同地区做极有意义的福利状况比较。

第二个方面，纽梅尔(2000)对于普遍使用的成本替代法颇有微词。他认为应该使用资源租金法。尽管已有很多 GPI 研究使用了资源租金法，但它也通常要求对不可再生资源损耗成本做适当扣减。多数情况下，它也假定不可再生资源价格持续上涨(Daly and Cobb，1989)。纽梅尔反对扣减不可再生资源损耗成本，并宣称伊·赛拉斐(EI Serafy，1989)的"使用者成本"公式就是计算资源租金的正确方法。伊·赛拉斐使用者成本公式的重要性在于扣减的只是一部分而非全部资源损耗成本，而很多其他算法是扣减全部资源损耗成本。

关于伊·赛拉斐使用者成本公式，我们完全同意纽梅尔的观点。我们不同于纽梅尔的地方在于他反对使用替代成本法。纽梅尔不喜欢替代成本法，是因为他认为没有理由完全替代不可再生资源，特别是在当前储备仍可使用很多年的情况下。依据纽梅尔的观点，如果当前不需要完全替代不可再生资源，那么使用替代成本法计算损耗成本就是错误的。

这点上，我们不同意纽梅尔的观点，因为在我们看来，GPI希望把希克斯可持续性元素考虑进来，因此，GPI从一开始设计时就旨在既反映经济活动的可持续特征，也反映经济活动创造的经济福利。虽然当前从不可再生资源存量中开采出来的资源数量仍可维持数年，也不需要寻找或重新设立可再生资源作为替代，但并不意味着它就能无限可持续。虽然一段时间内无需考虑替代资源，但出于会计核算需要，一旦损耗发生就要及时考虑设立可再生资源替代的实际成本。事实上，这也是伊·赛拉斐使用者成本公式背后的基础。

有人可能会说我们在这里似乎有点自相矛盾。毕竟，我们支持使用替代成本法，但同时也非常赞同伊·赛拉斐的使用者成本公式，而伊·赛拉斐的使用者成本公式又常被视为执行资源租金法的情形之一。然而，伊·赛拉斐使用者成本公式的妙处在于它既可用于计算资源租金，又能用于计算替代成本。在使用资源租金法时，资源开采所得收益并不构成使用者成本的部分恰好就是真正的资源租金（X）。在使用替代成本法时，资源开采所得收益构成使用者成本的部分，实际上就是替代性资源资产的真实成本（R−X）。既然在计算GPI时需要扣减使用者成本，伊·赛拉斐的使用者成本公式客观上就相当于估算资源损耗成本的替代成本法。因而，不能说使用者成本法完全排斥资源租金法。

本书中，并非总是使用伊·赛拉斐使用者成本公式计算不可再生资源损耗的成本，大部分情况下是因为难以获得合适的数据。不过，在使用其他替代方法时，研究者已经尝试论证其合理性及用此方法对其GPI测算结果可能的影响。我们认为，研究者在这种情况下已经有理由使用替代性的估算方法了，所以，本书第12章对亚太地区各个国家之间的比较分析结果没有因此而做折中处理。

4.1.8 假定资源价格持续上升

上文已指出，计算不可再生资源损耗成本时通常假定考察期内资源价格持续上升。由于大部分商品实际价格是随着时间持续下降的，因此，这个假定也饱受批评(Neumayer，2000)。

纽梅尔观察到大部分商品实际价格没有上升是完全正确的。既然如此，我们又为何做出这样富有争议的假定呢？从许多不可再生资源的预期使用年限和正常损耗率来看，不可再生资源价格本来一开始就应该上升，以反映其绝对稀缺性的特征。虽然市场价格信号擅长反映相对稀缺性(如石油相对于煤炭的稀缺性)，但却远不能反映那些用于当前和未来生产的资源的绝对稀缺性(Howarth and Norgaard, 1990; Norgaard, 1990; Bishop, 1993; Daly, 1996; Lawn, 2004a)。

如果这些价格不能够反映不可再生资源日益紧迫的绝对稀缺性，GPI计算中还应该使用不可再生资源的实际市场价格吗？我们认为不可以。若要精确测度可持续福利，应该更好估算不断上升的不可再生资源价格，许多研究中使用了3%的年度增长率。本书在计算澳大利亚GPI(第5章)和印度GPI(第8章)时假定了2%的年度增长率。总之，以我们的理解，假定不可再生资源价格持续上涨是合理的。

4.1.9 累积环境成本

最后一个关于估算方法问题的争议就是，这些成本减项，即农地流失成本、过度灌溉用水成本和长期环境损害成本，是否应该计算每种成本的累计值？之所以说累计值，我们理解为每年扣减量等于当年成本加上此前年份中的累积成本。纽梅尔(2000)认为这种方法是有缺陷的，因为它出现了重复计算的问题，进而他认为应该只扣减当前成本。

纽梅尔关于这个问题的观点很有道理。除非有人可以充分论证累积成本的合理性，否则，就应该放弃使用累积成本。但我们认为，累积成本可能是合理的，因为GPI试图测度国家或州的跨期可持续福利，在农地流失、过度灌溉用水和长期环境损害的情况下，特定年份中这些因素对可持续福利的影响很大程度上取决于过去的行为。因而，任何给定年份的总成本必须足以反映因当年和过去经济活动累积影响而对国家居民的补偿金额。

为了确保连续性，某类特定自然资源完全可以替代其他资源（比如用太阳能替代煤炭，用石头替代木材），此时，在实践中一般不用计算累积成本。因此，木材和不可再生资源损耗的成本累积方式不同于土地恶化及长期环境损害成本。木材和不可再生资源损耗的年度成本仅仅反映损耗当年发生的使用者成本。

然而，考虑到许多不可替代资源可以随着时间而再生和复原，因此成本累积的方式就存在一个潜在的困境。例如，如果全球 CO_2 浓度限定在某个合适水平之下，世界气候系统有望处于稳定状态（正常演化除外）。在这些情况下，既然 CO_2 排放的成本会下降，则每年都持续减去相同数量的累积环境成本就会有误导性。因而，在澳大利亚 GPI 的研究中（第 5 章），农地流失和长期环境损害的累积成本就使用一个恢复性要素进行旨在适度降低的加权处理，即在农地流失的例子中是每年下降 1%，在长期环境损害的例子中是每年下降 2%。据我们所知，这也是第一次有人运用这种方法计算不可替代资源损耗成本。

4.1.10　GPI 不是"可持续"福利的真实测度

尽管 GPI 的根本目的是测度一国居民的可持续福利，但有人认为 GPI 并没有测度出硬币"可持续性"的这一面。若要理解具体原因，我们有必要重新回忆一下本书第 2 章和第 3 章中介绍过的希克斯可持续性概念。

在可持续福利的特定例子中，希克斯概念的关键之处在于必须保持福利创造类资本的完整性。已经提到过，资本主要有两种形式：(1) 人造资本，比如生产资料（厂房、机器和设备）和耐用消费品；(2) 自然资本，如森林、地下石油资产、渔业资源、水资源及重要生态系统。

然而，对于"维持"国家或州居民可持续福利究竟需要保持哪种资本的完整性，有两个思想流派：第一类思想流派通常称为"弱"可持续性流派，认为实现弱可持续性，只需要人造资本和自然资本的总量维持不变就可以了。由于它假设两种形式的资本完全可以相互替代，所以，两类资本中的一类是否下降，并不太重要(Pearce and Turner，1990；Daly，1996)。

第二类思想流派被称为"强"可持续性流派，认为自然资本可以提供很多人造资本不能完全代替的关键可持续性服务。因而，他们认为人造资本和自然资本是互补品，而不是替代品，进而要想实现可持续性，两类资本形式都必须保持完整，尤其是自然资本。

我们属于强可持续性思想流派，原因很简单，因为我们相信人造资本和自然资本就是相互补充的资本形式。不可否认，人造资本领域的技术进步，至少在某些时候，可以减少生产特定数量产品所需的自然资本及其提供的资源流。然而，这并不等于替代，原因有三个(Lawn，1999)：首先，技术进步只是减少了自然资本向人造资本转化过程所产生的高熵废弃物①。它并不认可人造资本代替自然资本。

---

① 要想理解什么叫低熵物质能量和高熵物质能量，了解热力学第一定律和第二定律非常重要。热力学第一定律是物质与能量的守恒定律，它宣称物质和能量永远不能够被创造或破坏。第二定律是熵定律，它宣称任何时候只要能源用于物理转换过程，则可用的或"可得的"能源数量总会下降。虽然第一定律确保了既定的物质和能量水平，然而熵定律决定究竟哪种物质和能量是可用的。这很关键，因为，从物理学的角度来看，最为关注的并非物质能量总和，而是以方便、可用形式存在的物质能量水平。

最好举个例子说明这两大定律之间的关系。以煤块为例，煤块燃烧的时候，煤块中的物质能量就被转化成热量与烟灰。虽然第一定律确保了热量与灰尘中的物质能量总和等于先前体现于煤块中的物质能量总和，但第二定律中所指的可用物质能量水平却变化了。换句话说，消散掉的热量与灰尘就不能够用最初煤块那样的方式使用了。更糟糕的是，任何尝试把消散掉的物质能量集中起来的做法，都要求追加额外的能源投入，致使消耗掉的可用能源量超过集中起来的能源量。因此，所有物理转换过程都会产生无法挽回的能源损失或者有时被称之为"净熵赤字"。这有助于让人理解低熵、高熵之间的区别和联系，低熵是指一种高度有序的物理结构，体现便捷、可用能源中的物质能量。相反，高熵是指一种高度无序且衰退的物理结构，体现不可用或无法获得的能源中的物质能量，比如热量与烟灰。按照定义，经济活动中使用的物质能量可以理解为低熵资源，然而不可用的副产品则可理解为高熵废弃物。

其次，由于热力学第一定律和第二定律，技术进步所能减少的垃圾产生量是有限的。这是因为不可能存在100%的生产效率，物质不能够100%回收，也绝不可能回收能源。

最后，若想充分说明人造资本与自然资本之间的长期替代性，就必须知道二者间的替代弹性值。近期有研究表明，从符合热力学第一和第二定律生产函数中计算得出的替代弹性值总小于1（Lawn，2004b）。所以，生产特定数量人造资本需要少量资源，也就是需要少量能够提供资源的自然资本（Meadows et al., 1972; Pearce et al., 1989; Costanza et al., 1991; Folke et al., 1994; Daly, 1996）。基于这些原因，我们认为确保经济活动的生态可持续就必须要维护自然资本。

GPI的问题在于它只计算各类自然资本服务在提供福利创造类商品过程中而损失的成本。它不但有助于通过扣减环境损害成本更好测度福利，而且还有助于研判国家或州的自然资本存量究竟何时会下降到可能导致其福利不可持续的水平，GPI并不提供这种信息。因此，从严格意义上来讲，GPI应该被视作一个"福利"指标，而不是"可持续福利"指标。说到这里，如前所述，基于保持自然资本完整性的前提条件，本书计算了环境恶化成本的估计值，在这种情况下，可以说GPI的确考虑了很多可持续性要素。因而我们认为GPI已经能够近似测度一国可持续福利，特别是我们坚持认为GPI在测度可持续福利方面要远好于实际国内生产总值（GDP）及其他任何一个迄今为止所讨论过的指标。

既然需要维持自然资本完整性，而事实是GPI却又无法提供证据表明自然资本究竟是否完整，我们认为应该进一步补充和完善GPI以更精确地测度一国公民的可持续福利。实际上，我们建议应该对资源存量和重要生态系统采取生态物理学评价方法，并在类似于自然资本的账户中呈现这些信息。自然资本跨期递减表明国家福利——无论上升还是下降——越来越不可持续。作为自然资本账户的补充，比较国家生态足迹与生态容量动态变化的信息也应予以提供（Wackenagel et al., 1999）。第1章已经解释过，生态赤字超过生态容量表明经济活动不可持续。

应该说本书中的 7 个研究案例都没有编制自然资本账户，不过我们确实在第 1 章中揭示出了每个国家的生态盈余或赤字状况（见表 1-10）。回想一下，从表 1-10 可知，2003 年，7 个案例研究中有 5 个国家出现了生态赤字。当我们思考第 5 章至第 11 章给出的 GPI 研究结果时，要对每个国家的生态盈余或赤字状况心里有底。

4.1.11　GPI 忽略了跨界成本

GPI 的潜在缺陷之一就是它忽略了许多跨界和国际贸易问题。当然，有两个例外——外债变化项和长期环境损害成本（后者已经从全球视角处理过量能源消费和 CO_2 排放问题）。不过，GPI 计算中通常的确忽略越界资源损耗和环境恶化问题。例如，一国能够从进口自然资源（即维护其自身的自然资本）中显著获益，然而成本却主要由资源出口国承受，前者 GPI 上升，后者 GPI 则降低。资源进口国 GPI 看起来不错，实际上仅仅是被资源出口国人为抬高而已，资源进口国维持长期高福利的能力，亦是如此。

在有关标准的国民统计账户中已经开始尝试处理这类跨界核算问题（Lange，2003；Proops，2004）。不过，本书 GPI 研究中没有尝试对此进行调整，未来肯定会，尽管我们已经留意到资源出口者自身会产生很多成本，并且把全部成本转移到资源进口国也是错误的。

应该指出，第 7 章牧野松姚已经讨论过调整 GPI 以考虑国际能源贸易问题。针对日本严重依赖资源进口的情况，他讨论了开放经济体 GPI 的情况。在该章的结论部分，他解释了应该对资源进口国和出口国的 GPI 做何调整及为什么，以日本为例，这种调整很可能会使其 GPI 值大幅降低。

4.1.12　GPI 未能反映当前活动对未来的潜在影响

GPI 的最后一个缺点与其未能反映当前活动与政策的潜在影响有关。例如，虽然 GPI 传递了关于过去与当前活动在现阶段的表现及效果，但如果这些活动有潜在影响的话，GPI 显示得很少，这会削弱 GPI 的政策指导价值。

因此，权宜之计就是再计算一个补充 GPI 值，考虑当前活动对未来可能产生的收益和成本（即把未来收益和成本归于现阶段 GPI 的计算中），使用阿西姆（Asheim，1994 and 1996）、佩佐（Pezzey，1993）和维尔塔基（Wiltage，1998）提出的预测方法能够做到。理想的情况是，如果一个国家实施的政策旨在促使经济转向更可持续、公平、有效的模式，补充 GPI 值要比标准 GPI 值更能准确反映预期净收益。如果相应的经济福利测度值更低，说明当前政策是失败的。事实上，如果我们的证据的确关注经济高速增长对可持续福利的潜在危害，则实施增长导向的政策就会造成更低，而不是更高的补充 GPI 值。此外，若不实施着眼于提质增效的措施，还会导致补充 GPI 值和标准 GPI 值之间的差距逐渐拉大。

4.2　需要信息量更大的指标和数据收集框架

由于缺少合适的数据来源，我们对本书中亚太地区各个经济体的绩效评估非常困难，不仅迫使一些作者只能将其研究范围局限于更短的考察时期，还意味着很多项目不能使用传统的估算方法。此外，数据方面的局限性对各个 GPI 研究的影响非常明显，迫使所有作者会过于乐观地估计一些项目的货币价值和潜在的福利影响，不可避免地造成一些项目远远偏离其真实值。不过，在整个考察期内，所有作者选择使用的估算方法始终保持一致，尽力确保他们对社会和环境成本的估计值只会出现过于保守的错误。因此，虽然 GPI 总值可能并不完全精确，但我们相对有把握的是，本书中研究的所有亚太国家 GPI 的变化趋势能够反映这些国家居民的福利变化。

由于没有提供每个国家生态足迹的估计值及自然资本账户，我们没有把握说这些 GPI 值是否能够真实反映其福利水平是生态可持续的。然而，我们坚持认为，人均 GPI 能够比人均 GDP 更好地测度亚太国家居民的可持续福利，近年来，这个问题也引起广泛关注和重视。

若要进一步提高未来 GPI 估计值的可靠性，我们认为最好能建立一套更为精心设计、信息量更大的指标框架，在此框架下，每一个组成项目值都能被更准确地测度。这种指标框架将会加倍珍贵，因为它将：(1)为研究者和决策者提供关于每一个项目更详细的统计信息；(2)通过形成合适的补救措施，提升其解决相关问题的能力。①

整体来看，大部分国家都有非常详细的经济类数据。但社会与环境成本的数据形式并不一致，特别是后者，对于这两个领域的政策制定而言，只能反映零星碎片化的内容。亚太地区的各国统计机构对此需要高度重视。近年来，有些国家在社会与环境成本数据的收集方面已经取得很大进步，不过，多是一些研究成果的汇编，其数据收集过程和估算方法还经常随时间变化而有所不同，这显然对于跨期的数据使用毫无帮助，恰好也是为何大部分 GPI 研究经常选择对某个收益或成本项目进行点估计并且设定一个指数以加权计算该项目在整个考察期的值。

从环境数据的角度来看，亟待设立各种资源类型和其他自然资本的存量、流量账户，既包括国家层面，也包括州层面。定期的生态系统监管和年度的生态健康调查及其修订，也非常关键，我们发现根本找不到既全面又便于使用的此类数据。

同样急需的还有开展定期估算和研究，估计经济增长造成的各类社会与环境收益、成本项目。当然，若想有价值的话，这些研究最好能使用年度更新数据，以确保跨期估值的一致性。我们也认为，相关政府部门不定期且过于谨慎估计诸如本地植被清除、原始森林流失、旱地盐碱化之类的成本，令人相当困惑。总之，若想更精确估计 GPI 和其他可持续性与人类福利的替代性指标，还有很多需要且应该做的工作。

---

① 说到这里，由于许多项目之间相互影响，因此，从政策的角度来看，这些项目不能孤立地处理。考虑到经济高速增长是环境成本不断攀升的主要原因，因此，旨在削减环境损害的政策就需要聚焦于那些"与规模有关"的问题，而不是在如何改善环境管理的问题上。

参考文献

Abramowitz, M. (1979), "Economic growth and its discontents", in M. Boskin, (ed.), *Economics and Human Welfare*, New York: Academic Press, pp. 3-22.

Asheim, G. (1994), "Net national product as an indicator of sustainability", *Scandinavian Journal of Economics*, 96, 257-265.

Asheim, G. (1996), "Capital gains and net national product in open economies", *Journal of Public Economics*, 59, pp. 419-434.

Atkinson, A. (1970), "On the measurement of inequality", *Journal of Economic Theory*, 2, 244-263.

Atkinson, G. (1995), "Measuring sustainable economic welfare: A critique of the UK ISEW". Working Paper GEC 95-08. Centre for Social and Economic Research on the Global Environment, Norwich and London.

Bishop, R. (1993), "Economic efficiency, sustainability, and biodiversity", *Ambio*, May, 69-73.

Clarke, M. and Islam, S. (2004), *Economic Growth and Social Welfare: Operationalizing Normative Social Choice Theory*. Amsterdam: North Holland.

Constanza, R., Daly, H., and Bartholomew, J. (1991), "Goals agenda, and policy recommendations for ecological economics", in R. Costanza(ed.), *Ecological Economics: The Science and Management of Sustainability*, New York: Columbia University Press, pp. 1-20.

Daly, H. (1991), *Steady-State Economics: Second Edition with New Essays*, Washington, DC: Island Press.

Daly, H. (1996), *Beyond Growth: The Economics of Sustainable Development*, Beacon, MA: Beacon Press.

Daly, H. and Cobb, J. (1989), *For the Common Good: Redirecting the Economy toward Community, the Environment, and a Sustainable Future*. Boston, MA: Beacon Press.

Easterlin, R. (1974), "Does economic growth improve the human lot? Some empirical evidence", In P. David and R. Weber (eds.), *Nations and Households in Economic Growth*. New York: Academic Press, pp. 89-125.

El Serafy, S. (1989), "The proper calculation of income from depletable natural resources", In: Y. Ahmad, S. El Serafy, and E. Lutz, E. (eds.), *Environmental Accounting for Sustainable Development*, Washington, DC: World Bank, pp. 10-18.

Folke, C., Hammer, M., Costanza, R. and Jansson, A. (1994), "Investing in natural capital-why, what, and how", in A. Jansson, M. Hammer, C. Folke, and R. Costanza(eds.), *Investing in Natural Capital*, Washington DC: Island Press, pp. 1-20.

Hamilton, C. (1999), "the genuine progress indicator: methodological developments and results from Australia", *Ecological Economics*, 30, 13-28.

Hamilton, K. (1994), "Green adjustments to GDP", *Resources Policy*, 20, 155-168.

Hamilton, K. (1996), "Pollution and pollution abatement in the national accounts", *Review of Income and Wealth*, 42, 291-304.

Howarth, R. and Norgaard, R. (1990), "Intergenerational resource rights, efficiency, and social optimality", *Land Economics*, 66, 1-11.

Lang, G-M. (2003), "Policy applications of environmental accounting", World Bank Environment Department. Environmental Economic Series, Paper No. 88.

Lawn, P. (1999), "On Georgescu-Roegen's contribution to ecological economics", *Ecological Economics*, 29, 5-8.

Lawn, P. (2004a), "How well are resource prices likely to serve as indicators of natural resource scarcity?" *International Journal of Sustainable Development*, 7, 369-397.

Lawn, P. (2004b), "How important is natural capital in sustaining real output? Revisiting the natural capital/human-made capital sustainability debate", *International Journal of Sustainable Development*, 3, 418-435.

Lawn, p. and Clarke, M. (2006), *Measuring Genuine Progress: An Application of the Genuine Progress Indicator*, New York: Nova Science Publishers.

Lawn, P. and Sanders, R. (1999), "Has Australia surpassed its optimal macroeconomic scale? finding out with the aid of benefit and cost accounts and a sustainable net benefit index", *Ecological Economics*, 28, 213-229.

Maler, K. (1991), "National accounts and environmental resources", *Environmental and Resource Economics*, 1, 1-15.

Meadows, D. H., Meadows, D. L., Randers, J., and Behrens, W. Ⅲ. (eds)(1972), *The Limits to Growth*, New York: Universe Books.

Moulton, B. (2001), "The Expanding Role of Hedonic Methods in the official Statistics of the United States", Bureau of Economic Analysis Working Paper, June.

Neumayer, E. (1999), "The ISEW-not an index of sustainable economic welfare", *Social Indicator Research*, 48, 77-101.

Neumayer, E. (2000), "On the methodology of ISEW, GPI, and related measures: some constructive suggestions and some doubt on the threshold thesis", *Ecological Economics*, 34, 347-361.

Norgaard, R. (1990), "Economic indicators of resource scarcity: a critical essay", *Journal of Environmental Economics and*

Management, 19, 19-25.

Pearce, D., Markandya, A. and Barbier, E. (1989), *Blueprint for a Green Economy*, London: Earthscan.

Pearce, D., and Turner, R. (1990), *Economics of Natural Resources and the Environment*, London: Harvester Wheatsheaf.

Pezzey, J. (1993), "The optimal sustainable depletion of nonrenewable resources", University College Working Paper, London.

Pezzey, J. and Wiltage, C. (1998), "The rise, fall, and sustainability of capital-resource economies", *Scandinavian Journal of Economics*, 100, 513-527.

Proops, J. (2004), "The growth and distributional consequences of international trade in natural resources and capital goods: a neo-Austrian analysis", *Ecological Economics*, 48, 83-91.

United Nations Statistical Division(1993), *Integrated Environmental and Economic Accounting*, Handbook of National Accounting, Series F, No. 61, New York: United Nations.

Wackernagel, M., Onisto, L., Bello, P., Callejas Linares, A., Susana Lopez Falfan, S., Mendez Garcia, J., Suarez Guerrero, A. I., Suarez Guerrero., and Ma. G. (1999), "National natural capital accounting with the ecological footprint concept", *Ecological Economics*, 29, 375-390.

第二部分 测度亚太国家真实进步

第5章 澳大利亚真实进步：亟待反思增长目标

菲利普·劳（Philip Lawn）

5.1 简　介

　　本章主要讨论澳大利亚真实进步问题，也是本书旨在测度和描述我们从亚太地区所选择国家真实进步指标(GPI)结果的系列章节中的第1章。每章作者都既简要回顾考察国的历史经济发展状况，也会描述该国当前的经济、社会、环境特征。这有助于对比分析并刻画每个国家的现实成就与潜在能力，也有助于从考察期一开始就将该国真实进步状况及影响该国随后真实进步方向和速度的因素都融入上下文语境中。

　　每章不仅提供 GPI 研究结果，还同时揭示：(1)GPI 构成项目的概要，假设一国的特征及其数据可得性会影响 GPI 构成项目选择；(2)某些 GPI 项目计算过程中所使用的估算方法。每章都会找出一些影响考察国 GPI 的主要因素，并就如何增加该国未来真实进步给出一些对策建议。

5.2 澳大利亚的经济发展：历史背景与近期发展

5.2.1 1788—1945年：澳大利亚的欧洲殖民者

从现代意义上来看，1788年欧洲殖民者到来之前的澳大利亚几乎没有什么经济发展。澳大利亚原住民主要是一些游牧猎人和采集者，他们并不开采利用自然资源、获取财富，而是与自然环境和谐共处。1788年以后，欧洲殖民者及经济发展并没有促进当时社会的正常转型，而是灭绝或杀害澳大利亚原住民，让其绝对服从，以及用英国制度和传统对本地进行同化，这些都反映了澳大利亚的早期欧洲殖民者起源于英国(Sinclair，1976)。

由于最初是作为罪犯流放地，1788—1820年澳大利亚经济发展状况几乎完全与英国罪犯的派遣时期息息相关。实际上，直到19世纪三四十年代，澳大利亚真正的经济发展才开始，当时一致商定要努力开发利用澳大利亚的自然资源禀赋(Sinclair，1976)。19世纪50年代，澳大利亚经济发展的首要"功臣"就是羊毛制品。1850—1860年，虽然羊毛生产一直主导澳大利亚的经济产出增长，不过19世纪60年代金矿的发现与开采使得澳大利亚国民产值显著增加，而且产品更加多元化。

1850—1880年澳大利亚的财富积累与扩张促成了1880—1890年的投资繁荣，这些投资主要源自大量流入的外国资本。19世纪90年代末期，投资预期回报骤降，再加上长期严重的国内干旱，引发大规模外国资本抽逃，进而造成澳大利亚90年代经济不景气(Boehm，1971)。

20世纪早期，由于技术进步和农业产品日趋多元化，流入澳大利亚的外国资本规模逐渐恢复至萧条以前的水平，各省会城市人口快速增长，建筑业开始繁荣，特别是私人住宅领域。

与19世纪80年代末期相似，20世纪20年代后期投资回报再次开始下降。随着外资再次撤出,州政府和联邦政府大幅削减基础设施领域支出,澳大利亚于 30 年代出现了最严重的经济衰退(Copland,1934;Butlin,1962)。30 年代早期澳大利亚实际国内生产总值迅速下降,直到 30 年代末期才开始慢慢恢复。30 年代早期官方失业率最高时曾超过 25%,一度致使澳大利亚工人阶层的生活状况非常艰难(Sinclair,1976)。

5.2.2 1945—1982 年:滞胀之后的长期繁荣

1945—1974 年的战后时期通常被视为澳大利亚的"长期繁荣",这一时期,不仅经济快速扩张——实际上人均实际 GDP 翻了 1 倍,而且澳大利亚的出口产品组合也发生显著变化并进行重新定位。受诸多因素影响,比如第二次世界大战期间的军事需求增加、美国投资及新引入的关税和进口配额,澳大利亚制造业部门快速发展,国内自足率大大提高,进而其高度依赖初级产品出口收益的现象明显缓解,此外,澳大利亚对工业制成品进口的依赖也逐渐下降(Sinclair,1976)。

然而,20 世纪 50 年代至 60 年代澳大利亚旨在促进制造业发展的政府政策未能有效鼓励提高生产率,虽然给予澳大利亚制造业部门的保护性政策使其避免了海外竞争,但是澳大利亚制造业产品的成本较之于海外竞争者却显著上升(Pincus,1995),这产生了两方面影响:首先,这有碍于制造业对澳大利亚经济产出的贡献(Anderson,1995);其次,导致澳大利亚制造业部门的海外投资下降。澳大利亚人均实际 GDP 持续增长到 1974 年,但大部分是受 20 世纪 60 年代后期至 70 年代早期受政府资助的采矿业发展与繁荣的影响。

1973 年第一次石油价格冲击之后,由于对澳大利亚矿产品出口的需求下降,澳大利亚和许多工业化国家一道,于 1974—1983 年经历了所谓"滞胀"时期(INDECS,1992a)。失业人数持续上升,官方失业率保持在 1930 年大萧条以来罕见的高水平,出现了成本推进型的通货膨胀,澳大利亚央行控制国家货币供应量增长显得力不从心(INDECS,1992b)。

5.2.3 1983年至今：经济改革时期

1983年，澳大利亚联邦政府内部的变化催生了一系列经济改革，如澳元在外汇市场上自由浮动、大幅削减进口关税、放松国内市场管制、修正劳资关系并允许企业层面上集体谈判及各类公共资产私有化等。1983—1989年，整个澳大利亚经济体内部的生产率显著提高，结果可想而知，澳大利亚工业的国际竞争力也随之上升（Ryan et al.，2003）。澳大利亚实际GDP骤增，进而使官方失业率逐年降低，尽管没有降到第二次世界大战后"长期繁荣"时代的低水平。

与此同时，由于澳大利亚一直想进口大量廉价产品，同时又不想储蓄，这导致澳大利亚经常账户赤字显著增加，截至1998年累计外债已经占其实际GDP的34.5%（Foster，1996）①。由于担心澳大利亚外债增长的长期影响，澳大利亚联邦政府颁布实施了紧缩性的货币政策，旨在控制私人部门支出。为此，20世纪90年代早期利率水平升至历史高位，这又造成1990—1992年澳大利亚经济萧条，同期全球经济大部分国家GDP增速下滑。

虽然工党政府赢得1993年联邦选举，不过在1996年选举中被彻底驱逐，新上台的自由国民联合政府推行更极端化的经济改革，比如产品和服务税（Goods and Services Tax，GST），公共资产的进一步私有化，进一步放松劳动力市场管制。随着20世纪90年代后期产品市场繁荣和房地产市场复苏，过去10年，澳大利亚人均实际GDP显著增加，通货膨胀保持在低水平，虽然官方失业率已经降低到20世纪70年代早期以来的最低水平。

5.2.4 概　要

通过近2个世纪的经济发展，澳大利亚成为全球范围内人均实际GDP水平最高的国家之一。澳大利亚经济体技术高度发达，而且还拥有保障程度较高的福利安全网，虽然近年来有所降低。澳大利

---

① 外债占GDP比率持续增加，到1993年已经高达45%（Foster，1996）。

亚居民大都接受了良好的教育,拥有较高技能(近年来在某些特定产业部门开始出现了熟练技能工人短缺的情形),这些很大程度上都得益于高质量、广覆盖的教育系统,当然,澳大利亚的医疗健康系统同样如此。

与大部分工业化国家相比,澳大利亚目前的官方失业率水平相对较低,服务部门快速发展,目前已经占其实际 GDP 的 71%(World Bank,2006)。虽然澳大利亚仍然高度依赖农业和矿产品出口收益,但近年来工业制成品出口显著增长。尽管如此,澳大利亚经常账户仍然持续处于赤字状态,即便 2004—2007 年澳大利亚贸易条件大幅改善。

从社会政治(socio-political)的角度来看,澳大利亚是一个具有政治性或说包容性的社会,高度包容非欧洲人种及不同的文化信仰。糟糕的是,澳大利亚仍然对其原住民并不友好,这些原住民平均寿命要比一般澳大利亚人少 20~30 岁。澳大利亚同时还是一个政治高度稳定的国家,拥有自由民主制度并且腐败程度较低。①

尽管澳大利亚人口密度很低,但土质贫瘠且长期缺水。实际上,澳大利亚绝大部分国土不适宜从事农业密集性活动。它还是一个对干旱及各类土壤退化极度敏感与脆弱的国家,目前其能源需求主要依赖化石能源满足,尽管许多人认为不必如此(Saddler et al.,2004)。如第 1 章(见表 1-7、表 1-9 和表 1-10)揭示的那样,澳大利亚生态足迹很高,并且从人均意义上来看,也是世界上 CO_2 排放与能源消耗水平最高的国家之一。

即便存在严重的资源约束,但澳大利亚已经具备很好的基础,有望发展成为一个公平、有效且生态可持续的社会,进一步提高未来的真实进步水平。当然,澳大利亚究竟如何将其优越的基础条件有效资本化,富有争议,也是本章接下来重点讨论的内容。

---

① 澳大利亚 2005 年的腐败感知指数(Corruption Perception Index)是 8.8,最大值为 10 分表示零腐败。这较之于其他一些腐败水平同样较低的国家来说,已经相当不错了,比如瑞典(9.2)、加拿大(8.4)、美国(7.6)及日本(7.3)(Transparency International,2005)。

5.3 澳大利亚的真实进步指标，1967—2006 年

接下来将会详细介绍澳大利亚 1967—2006 年 GPI 的计算方法。[①] 40 年的考察期限，可从长期视角研究澳大利亚的真实进步，包括第二次世界大战后繁荣时期的最后阶段、20 世纪 70 年代的滞胀时期、80 年代经济改革时期、90 年代中期以来的快速增长时期。关键是，这有助于研判澳大利亚真实进步与其四个最重要经济发展阶段不同 GDP 增速之间的关系。我们将会看到，澳大利亚 GDP 增速与其真实进步速度不仅存在明显的关系，而且这种关系的性质似乎在考察期间已经发生了改变，这对澳大利亚而言具有重要的政策含义。

5.3.1 澳大利亚 GPI 的计算

澳大利亚 GPI 的计算方法在很多方面与第 3 章中归纳的标准方法近似，不过，也添加了很多项目并采用了大量关于防御性支出和恢复性支出的估计值。表 5-1 给出了澳大利亚 GPI 计算过程中的所有项目及其估算方法，下文讨论则仅限于对标准 GPI 方法的一些变化与调整。

5.3.2 防御性支出和恢复性支出

关于本项研究采用的方法，显著区别之一就是对防御性支出和恢复性支出的处理方式。第 3 章已经解释过，相关调整通常仅限于家庭健康和教育支出。有些情况下，防御性和恢复性支出也包括诸如车辆事故成本和保险服务成本。在关于澳大利亚的研究中，还做了进一步的调整，包括对食品（25％被视为防御性）、房屋租金（25％

[①] 年份选择很大程度取决于数据可得性，1966—1967 财政年度以来的大部分年份里，可以获得广泛数据。

被视为防御性)、电力、天然气和其他燃料(25%被视为防御性)、健康(50%被视为防御性和/或恢复性)、交通服务和车辆运营(25%被视为防御性)、宾馆、咖啡馆和餐馆(12.5%被视为防御性),以及保险和其他金融服务(50%被视为防御性)。

由于政府的干预角色及其提供大量公共物品,假定政府消费支出的25%属于防御性或/和恢复性支出。总体来看,每年用于防御性和恢复性支出约占澳大利亚总消费支出(私人部门加公共部门)的20%。

表5-1 澳大利亚 GPI 计算中使用的项目及其估算方法(1967—2006年)

项目	福利贡献	估算方法
项目a:消费支出的福利贡献(CON)	+	CON=私人+公共部门的消费支出-所有烟草支出-0.25×酒水饮料支出
项目b:防御性和恢复性支出(DRE)	-	DRE主要包括如下减项: • 0.25×食品支出(防御性) • 0.25×房租或其他居住类服务支出(防御性) • 0.25×电力、天然气和其他燃料支出(防御性) • 0.5×健康领域的消费支出(防御性和/或恢复性) • 0.25×车辆运营支出(防御性) • 0.25×交通服务支出(防御性) • 0.25×通信支出(防御性) • 0.25×教育领域的消费支出(防御性) • 0.125×宾馆、咖啡馆及餐馆的支出(防御性) • 0.5×保险和其他金融服务领域的支出(防御性) • 0.25×政府一般性消费支出(防御性和/恢复性)
项目c:耐用消费品支出(ECD)	-	ECD等于所有家庭购买耐用消费的支出总和

续表

项目	福利贡献	估算方法
项目 d：耐用消费品服务（SCD）	＋	等于所有耐用消费品存量的折旧值（假定存量可以使用 10 年；折现率为 7%） • SCD＝0.142×耐用消费品价值
项目 e：调整后的消费		消费收益的跨期调整 • 调整后的 CON＝CON－DRE－ECD＋SCD
项目 f：分配指数（DI）	＋/－	基于考察期内收入分配变化的 DI，用基尼系数测度（考察期第 1 年的指数值设定为 100.0）
项目 g：调整后的消费（加权后）(＊＊)	＋	用分配指数（DI）加权调整后的 CON • 100×调整后 CON/DI
项目 h：基础设施服务(＊＊)	＋	基础设施资本产生的福利假定等于私人部门、公有企业及政府提供的非居住类资本资产存量折旧值
项目 i：无偿家务劳动的价值(＊＊)	＋	无偿家务劳动是用净机会成本法进行估值 等于无偿家务劳动小时数乘假定的、以 2004/05 年不变价计算的工资水平
项目 j：志愿者劳动的价值(＊＊)	＋	志愿者劳动是用净机会成本法进行估值 等于志愿者劳动小时数乘假定的、以 2004/05 年不变价计算的工资水平
项目 k：失业和就业不足的成本(＊＊)	－	失业和就业不足人口的 CU8 数字乘每位失业人口的成本估计值（CofFEE，2007）
项目 l：犯罪成本(＊＊)	－	用各类犯罪指数乘每类犯罪的成本估计值
项目 m：家庭破裂成本(＊＊)	－	用功能失调家庭的大致数量（基于离婚数量）乘每个家庭破裂的成本估计值
项目 n：超负荷工作的成本(＊＊)	－	全职工人平均每周工作超过 37.5 小时的工时数乘每小时超负荷工作的价值

续表

项目	福利贡献	估算方法
项目 o：空气污染造成的直接不适成本（＊＊）	—	该项成本旨在空气污染引起的刺激及审美价值下降（不同于其长期健康影响） • 等于 $0.2×$ 基于 SO_2 和氮氧化物排放量估计的空气污染成本
项目 p：外债变化（＊＊）	＋/－	年度成本（收益）等于净债权年度变化量
项目 q：不可再生资源损耗的成本（＊）	—	用伊·赛拉斐等（1989）"使用者成本"法决定资源开采收益中需要留存多少比例，用于维持收入流 • 等于不可再生资源开采价值×0.44
项目 r：农地流失的成本（＊）	—	要反映因过去和当前农业活动累积影响而对居民的补偿金额 • 等于每年农业用地面积占土地总面积比例加权土地恶化的年度成本估计值。每年累积成本满足强可持续性条件：(1)人造资本不是自然资本的替代品；(2)农地找不到自然资本替代品
项目 s：过度灌溉用水的成本（＊）	—	要反映因过度灌溉用水累积影响而对居民的补偿金额 • 等于每兆升过度灌溉用水成本 90.97 百万美元×（每年总分水量－7 500 兆升）。每年累积成本满足强可持续性条件：(1)人造资本不是自然资本的替代品；(2)水找不到自然资本替代品
项目 t：木材损耗的成本（＊）	—	当木材采用率超过其自然再生与重新种植时造成木材存量下降的机会成本 • 等于木材损耗价值×0.44
项目 u：渔业资源损耗的成本（＊）	—	当捕鱼量超过其自然再生与水产养殖量而造成渔业资源存量下降的机会成本 • 等于渔业资源损耗价值×0.44

第 5 章 澳大利亚真实进步：亟待反思增长目标　97

续表

项目	福利贡献	估算方法
项目 v：空气污染的成本（自然资本服务损失）（*）	—	反映空气污染吸收能力损失 • 等于 0.8×基于 SO_2 和氮氧化物排放的空气污染总成本
项目 w：废水污染的成本（*）	—	反映每年废水污染成本的估计值 • 等于澳大利亚人均城镇居民废水污染成本×澳大利亚城镇居民数量
项目 x：固体废物污染的成本（*）	—	反映用一个固体废物污染指数加权后的固废污染控制成本
项目 y：湿地、红树林、盐沼地流失的成本（*）	—	等于湿地、红树林、盐沼地流失的累积成本 • 以 2004/05 年不变价计算，每公顷流失湿地价值为 1 000 美元 • 以 2004/05 年不变价计算，每公顷流失红树林价值为 20 000 美元 • 以 2004/05 年不变价计算，每公顷流失盐沼地价值为 2 000 美元
项目 z：长期环境损害的成本（*）	—	要反映因能源消费长期环境影响而对居民的补偿金额
项目 aa：自然资本服务损失（LNCS）	—	（*）项目的加总：LNCS 汇总项反映了自然资本提供的某些资源、渗透和生命支持功能损失的成本
项目 bb：生态健康指数（EHI）	+/−	EHI 是基于考察期内残存植被的变化计算得出（考察期第一年指数值被设定为 100.0）
项目 cc：自然资本服务（加权后）损失的成本（**）	—	用 EHI 加权 LNCS • 100×LNCS/EHI
项目 dd：真实进步指标（GPI）	+	自经调整后的 CON（加权后）项开始，所有标注（**）项目的加总
项目 ee：人口		澳大利亚总人口
项目 ff：人均 GPI	+	GPI/人口

5.3.3 基础设施服务

另外一个对 GPI 一般构成项目的变化就是包括关于基础设施服务的收益项目。很多情况下，GPI 会添加一个收益项目，旨在测算公共基础设施提供的服务（如 Daly and Cobb，1989；Redefining Progress，1995；Hamilton，1999）。但遗憾的是，该项通常忽略了一个事实，即私人部门及公有企业也会提供基础设施服务，这些部门不仅大量投资于公路、高速公路、桥梁、学校及医院之类的基础设施，而且随着最近 10 年越来越多公共资产被私有化，这些部门的相对贡献显著增加。因此，增加基础设施服务项目以克服以往存在的缺陷。

5.3.4 超负荷工作的成本和空气污染造成直接不适的成本

本项 GPI 研究还引入了两个额外的经济与社会成本项目，第一个是超负荷工作的成本。① 澳大利亚全职工人每周超负荷工作的时间已经从 20 世纪 80 年代早期的 1.5 小时增加到 90 年代中期至 2000 年左右的 4.5 小时。② 这不仅会影响澳大利亚人所能享受的休闲时长，还会影响他们与家庭和朋友共度的时间及其质量。

本项 GPI 研究添加的第二个社会成本项目是空气污染造成的直接不适成本。虽然空气污染本质上就是一种环境成本，反映自然资本吸收功能降低，但它也会产生一些直接的审美含义并且立刻对人们造成一些健康方面的刺激及呼吸道不适（与其长期健康影响截然不同）。因此，假定空气污染造成的直接不适成本约占其总成本的 20%，相应地，空气污染总成本剩余的 80% 则为环境成本。

---

① 以往有些 GPI 研究中也计算过超负荷工作的成本（如 Redefining Progress，1995）。

② 这是基于每周工作 37.5 小时为标准时长的假设。因此，超负荷工作时长是用全职工人每周工作平均小时数减去 37.5 计算得出的。

5.3.5 过度用水成本

澳大利亚是地球上最干旱的栖息地。因此，并不奇怪，由于气候变化的影响，澳大利亚深受水资源短缺的困扰，而且频率似乎越来越高，程度越来越重。例如，西澳大利亚州西南部的降雨量自20世纪70年代中期以来已经下降了25%~30%，东南部当前正经历着自欧洲殖民者以来持续时间最长的干旱。

由于降雨量不足再加上管理不善，墨累—达令流域——由澳大利亚许多主要河流和整个大陆的七分之一排水系统组成的1个流域——承受严重负荷，这种严峻的形势已经迫使联邦政府引入一项管理计划，旨在控制墨累—达令流域的水资源分配权利。① 有鉴于此，需要添加这个过度灌溉用水成本项目，从而可以在很多方面符合澳大利亚独特的环境问题和特征。

5.3.6 渔业资源损耗的成本

鱼存量数据缺乏致使大部分GPI研究忽略了渔业资源损耗的成本项目。不过，澳大利亚有足够的相关数据，可以包括并计算这个项目。尽管该项成本数量相对很小，对澳大利亚GPI变化趋势不会产生显著影响，但仍要将其考虑进来，旨在让各方重视不稳定的捕鱼活动造成澳大利亚鱼存量快速消耗的问题。

5.3.7 固体废物污染和湿地流失的成本

澳大利亚GPI计算中还包括了两个环境成本项目。第一个与澳大利亚固体废弃物产生数量庞大且持续增长有关。尽管澳大利亚垃圾回收率不断提高，但是送往垃圾填埋场的人均固体废弃物数量持续增加②，这导致澳大利亚的土壤和地下水污染问题日益恶化。因

---

① 从制度上来讲，这个计划必须得到相关州，即新南威尔士州、维多利亚州、昆士兰州和南澳大利亚州的同意。目前为止，仍未达成一致意见。

② 比如2006年，平均每年每位澳大利亚居民产生接近1吨固体废弃物堆积在垃圾填埋场，这相当于每天产生3千克或者每周产生20千克的固体废弃物。

此，加入固体废弃物污染成本这个项目，也是又一个说明自然资本吸收功能下降的例子。

下一个新增的环境成本项目也经常被许多 GPI 研究忽略。在澳大利亚，有很多土地被重新改造为农业、工业及居民住宅用途，主要通过排干湿地或者清除红树林和盐沼地等方式。这种土地使用方式的变化一般都是基于如下错误的理念，即认为湿地是由一堆没有生产效率的沼泽或者"废地"组成。恰恰相反，湿地与河口是所有生产系统中生产效率最高的地方，可以提供多种资源、吸收和生命支持服务(Common and Stagl，2005)。① 念及这个事实，以及澳大利亚糟糕的湿地和红树林保护状况，才在澳大利亚 GPI 计算过程中加入了这项湿地、红树林和盐沼地流失的成本。

5.3.8 生态健康指数

最后，几乎每个 GPI 研究中，都是仅仅从当前总和中减去一个个单独环境成本项目，以计算 GPI 最终结果。本项研究中，最初也把所有环境成本项目加总，以得到自然资本服务损失的成本(LNCS)，这项汇总能够反映从自然资本向人造资本转换过程中所牺牲掉的自然资本的资源、吸收及某种程度上生命支持服务的价值。

之所以用生态健康指数(EHI)加权 LNCS 汇总值，是因为许多资源开采性和污染类活动的影响不仅限于破坏自然环境的资源和吸收功能，还会导致生态系统恶化。比较典型的例子就是露天开采(一种资源开采活动，要求一开始就要清除该片区域的动植物群)，另外就是农业，也是一开始就要求清除本地植被的经济活动。

编制 EHI 的前提假设是残存植被的损失构成"生物多样性的最大威胁"，进而也是对生态系统功能的最大威胁(Biodiversity Unit，1995)。考察期第 1 年该指数值被设定为 100.0(即 1967=100)，随

---

① 每平方千米沼泽和红树林可以产生 800～3 500 吨单位面积的净生产率(平均为 2 000 吨)，每平方千米河口可以产生 2 000～3 500 吨单位面积的净生产率(平均为 2 500 吨)(Jackson and Jackson，2000)。这是与一般耕地(平均为 650 吨)比较的结果。

后再依据保持完好土地面积的年度变化做相应调整。考察期内，如果保持相对完好土地面积下降/增加，则相应的 EHI 下降/上升。因此，EHI 下降表示生态健康状况恶化，进而会使加权的自然资本服务损失成本上升。

5.3.9 澳大利亚 GPI 研究结果①

GPI 单个项目

表 5-2(以 2005 年 6 月价格计算)给出了澳大利亚 GPI 研究的结果。② A 列表示用分配指数(DI)加权后，由耐用和非耐用消费品提供的福利。同样，该栏加总了表 5-1 中项目 a 至项目 f 的福利影响。A 列表明澳大利亚加权后的消费从 1967 年的 1 391.74 亿美元增加到 2006 年的 4 256.49 亿美元，相当于整个考察期内上升了约 205.8% 或说平均增长约 2.9%。仅仅在 1976—1979 年及 1987 年该项数值下降。从人均来看，加权后的消费上升了约 75.1%，从 11 795 美元增加到 20 658 美元，相当于年均增长 1.4%。

有趣的是，1967 年加权后消费的福利贡献仅相当于无偿劳动福利贡献(C 列)的 52.3%，但是到了考察期末则比无偿劳动福利贡献还高出 27.8%。这不仅反映了体现在家用电器中的技术进步——而且，特别是反映了澳大利亚劳动市场中女性参与率越来越高，很多家务劳动转移到市场领域(如儿童护理)。

---

① 这项研究结果不同于以往劳(Lawn，2000)、劳和克拉克(Lawn and Clarke，2006)关于澳大利亚 GPI 的计算结果。2000 年的研究包含了不同的项目及一些替代性的估算方法，而后者很大程度上缺乏更高质量的数据。2006 年的研究旨在对比分析澳大利亚维多利亚州和澳大利亚其余地区的绩效，因而需要使用更多可比性较强的数据集，这会影响 GPI 项目选择及其估算方法。此外，维多利亚州和澳大利亚其余地区比较分析的时间范围大大缩短了，仅为 1986—2003 年。

② 表 5-2 出现的年份均为财政年度。在澳利大亚财政年度始自 7 月 1 日，止于 6 月 30 日。因此，考察期第 1 年，1967 年是指 1967 年 6 月 30 日。

表 5-2 澳大利亚真实进步指标（GPI）和实际 GDP（1967—2006 年）

年份	加权后消费（调整后）A	基础设施服务 B	无偿劳动 C	社会成本 D	加权后 LNCS E	GPI F	GDP G	澳大利亚人口（千人）H	人均 GPI（美元）I	人均 GDP（美元）J	人均 GPI 指数值 1967=100 K	人均 GDP 指数值 1967=100 L
1967	139 174	14 536	266 226	−19 005	−65 463	335 469	245 464	11 799	28 432	20 804	100.0	100.0
1968	149 276	15 590	268 465	−18 961	−67 338	347 031	258 101	12 009	28 898	21 492	101.6	103.3
1969	158 038	16 378	271 565	−20 523	−69 193	356 264	276 259	12 263	29 052	22 528	102.2	108.3
1970	169 440	18 324	274 384	−21 455	−71 696	368 997	296 031	12 507	29 503	23 669	103.8	113.8
1971	178 938	19 072	283 603	−23 639	−73 840	384 134	307 920	13 067	29 397	23 565	103.4	113.3
1972	188 850	20 722	286 080	−23 769	−75 606	396 277	320 073	13 304	29 786	24 058	104.8	115.6
1973	199 942	21 555	287 773	−21 107	−77 271	410 892	328 598	13 505	30 425	24 332	107.0	117.0
1974	212 670	21 979	289 756	−20 505	−79 496	424 404	341 871	13 723	30 926	24 912	108.8	119.7
1975	213 687	22 652	290 743	−25 791	−81 613	419 677	345 961	13 893	30 208	24 902	106.2	119.7
1976	212 093	22 452	291 112	−27 316	−83 135	415 206	355 317	14 033	29 588	25 320	104.1	121.7
1977	210 907	21 838	291 828	−33 037	−85 196	406 341	367 620	14 192	28 632	25 903	100.7	124.5
1978	207 509	21 729	292 670	−38 828	−86 881	396 198	370 917	14 359	27 592	25 832	97.0	124.2
1979	204 060	20 992	293 293	−41 561	−89 154	387 631	386 460	14 516	26 704	26 623	93.9	128.0
1980	207 417	21 556	294 304	−47 009	−91 873	384 396	398 578	14 695	26 158	27 123	92.0	130.4

续表

年份	加权后消费(调整后) A	基础设施服务 B	无偿劳动 C	社会成本 D	加权后LNCS E	GPI F	GDP G	澳大利亚人口(千人) H	人均GPI(美元) I	人均GDP(美元) J	人均GPI指数值 1967=100 K	人均GDP指数值 1967=100 L
1981	213 136	20 396	296 191	−48 287	−94 042	387 394	412 068	14 923	25 960	27 613	91.3	132.7
1982	218 264	20 232	298 635	−52 603	−96 106	388 421	425 137	15 184	25 581	27 999	90.0	134.6
1983	222 446	23 401	300 092	−59 099	−98 161	388 680	415 056	15 394	25 249	26 962	88.8	129.6
1984	227 220	23 910	301 059	−59 391	−99 555	393 243	434 458	15 579	25 242	27 887	88.8	134.0
1985	238 925	23 146	302 424	−60 108	−103 233	401 154	457 594	15 788	25 409	28 984	89.4	139.3
1986	242 367	23 831	304 127	−66 045	−105 138	399 142	477 932	16 018	24 918	29 837	87.6	143.4
1987	236 102	25 557	306 050	−72 927	−106 182	388 600	489 481	16 264	23 893	30 096	84.0	144.7
1988	249 702	26 317	308 319	−69 457	−108 153	406 727	514 739	16 532	24 602	31 136	86.5	149.7
1989	253 858	26 649	310 771	−72 980	−108 997	409 302	533 794	16 814	24 343	31 746	85.6	152.6
1990	260 841	28 292	312 630	−70 872	−112 919	417 971	554 819	17 065	24 493	32 512	86.1	156.3
1991	264 014	33 199	313 909	−74 765	−115 857	420 500	551 261	17 284	24 329	31 894	85.6	153.3
1992	267 822	35 612	315 016	−77 015	−117 344	424 091	551 722	17 495	24 241	31 537	85.3	151.6
1993	270 462	33 344	316 002	−81 360	−119 451	418 998	571 887	17 667	23 716	32 370	83.4	155.6
1994	274 859	31 468	317 209	−74 436	−121 298	427 802	595 360	17 855	23 960	33 345	84.3	160.3

续表

年份	加权后消费（调整后）A	基础设施服务 B	无偿劳动 C	社会成本 D	加权后LNCS E	GPI F	GDP G	澳大利亚人口（千人）H	人均GPI（美元）I	人均GDP（美元）J	人均GPI指数值 1967=100 K	人均GDP指数值 1967=100 L
1995	285 507	28 025	318 857	−71 598	−124 160	436 631	622 057	18 072	24 161	34 421	85.0	165.5
1996	296 088	28 494	320 814	−70 013	−127 647	447 736	647 659	18 311	24 452	35 370	86.0	170.0
1997	306 889	28 912	322 660	−75 682	−129 802	452 977	673 099	18 518	24 462	36 349	86.0	174.7
1998	312 046	29 522	322 942	−75 196	−132 153	457 162	703 258	18 711	24 432	37 585	85.9	180.7
1999	325 999	31 668	323 970	−77 931	−134 406	469 301	739 629	18 926	24 797	39 080	87.2	187.9
2000	338 626	32 286	325 172	−75 834	−137 960	482 291	769 045	19 153	25 180	40 152	88.6	193.0
2001	349 285	36 634	326 838	−76 807	−143 280	492 671	784 017	19 413	25 378	40 386	89.3	194.1
2002	360 576	35 187	327 983	−73 219	−145 378	505 148	813 542	19 641	25 719	41 421	90.5	199.1
2003	374 655	32 579	329 160	−89 440	−146 367	500 588	839 187	19 873	25 190	42 228	88.6	203.0
2004	393 790	31 787	330 123	−86 293	−145 877	523 529	873 197	20 092	26 057	43 461	91.6	208.9
2005	411 407	32 285	331 493	−94 257	−153 363	527 564	896 568	20 340	25 938	44 080	91.2	211.9
2006	425 649	35 075	333 086	−94 030	−163 564	536 215	921 747	20 605	26 023	44 733	91.5	215.0

注：除非特殊指明，表中所有货币均值为以2004/05年不变价计算，单位为百万美元。

还有一项主要的经济收益，基础设施资本提供的服务，已经在表 5-2 中 B 列给出（表 5-1 的项目 h）。虽然基础设施资本是确保经济良好运行的必要条件，B 列表明它对澳大利亚福利的贡献远小于耐用和非耐用消费品。1967 年为 145 亿美元，基础设施提供的服务仅占由消费品所创造福利的 10.4%。虽然 2006 年基础设施资本提供的服务价值增加到 351 亿美元，但其福利贡献占消费品福利贡献的份额已经降到了 8.2%。

表 5-2 中 C 列揭示的项目既有经济效益，又有社会效益——无偿劳动的价值（表 5-1 中的项目 i 和项目 j）。从整个考察期来看，无偿劳动是 GPI 总值中的主要部分，不过，虽然无偿劳动价值从 1967 年的 2 662 亿美元增加到 2006 年的 3 331 亿美元，但人均值却从 22 563 美元下降到 16 165 美元，之所以会出现这种下降，上文已经有所概括。然而，对于人均无偿劳动价值下降，还有一些深层次的潜在原因，就是受很多其他易于造成福利下降的因素影响，本章政策部分对此还会讨论。

表 5-2 中的 D 列给出了随着澳大利亚经济增长而出现的社会成本。此列的年度值等于表 5-1 中项目 k 至项目 p 的加总。尽管外债变化量不一定是负值，但项目 p 被计算在社会成本类项目，因为所有年份中只有 1 年为正，其余均为负值。考察期内，澳大利亚的社会成本显著增加，从 1967 年的 190 亿美元增加到 2006 年的 940 亿美元，相当于增加了 394.8% 或者年均增长 4.2%。从人均来看，考察期内澳大利亚的社会成本从 1 611 美元增加到 4 563 美元，相当于增长了 183.3% 或者年均增长 2.7%。

澳大利亚一些更明显的社会成本项目有：
• 失业和就业不足的成本（项目 k），从 1967 年的 14 亿美元增加到 2006 年的 152 亿美元，峰值出现在 1993 年，高达 199 亿美元；
• 犯罪成本（项目 l），从 1967 年的 44 亿美元增加到 2006 年的 132 亿美元，峰值出现在 2001 年，高达 182 亿美元；
• 超负荷工作成本（项目 n），从 1967 年的 75 亿美元增加到 2006 年的 217 亿美元；

• 净外债变化(项目 p)，1967 年为-38 亿美元，20 世纪 70 年代中期降至忽略不计，但是此后持续增加，截至 2006 年已经高达-372 亿美元。

澳大利亚经济增长带来的最显著成本就是加权后自然资本服务损失的成本——实际上，是自然资本损耗的成本(表 5-2 中的 E 列)。1967 年为 655 亿美元，自然资本服务损失的加权值逐年增加，2006 年为 1 636 亿美元，总体来看，考察期内，E 列数值增长了 149.9%或者说年均增长 2.4%。从人均上来看，澳大利亚自然资本服务损失加权值从 1967 年的 5 548 美元增加到 2006 年的 7 938 美元。

导致澳大利亚自然资本服务损失成本大幅上升的主要因素是不可再生资源损耗的成本(项目 q)、土壤退化的成本(项目 r)、过度灌溉用水成本(项目 s)、长期环境损害的成本(项目 z)，以及程度更轻的空气污染的成本(项目 v)。用于加权自然资本服务损失成本总和的生态健康指数(EHI)考察期内显著下降，从 100 降至 90.5。较之于 1967 年，2006 年，本地植被清除在澳大利亚自然资本损耗的总成本中所占份额上升了 10%。

澳大利亚的 GPI 和 GDP

表 5-2 的 F 列给出了澳大利亚年度 GPI 值，等于 A 列至 E 列数值的和。总体来看，澳大利亚 GPI 从 1967 年的 3 355 亿美元增加到 2006 年的 5 362 亿美元，相当于考察期内增长了 59.8%，或者说年均增长 1.2%。然而，需要注意，1974 年和 1992 年的 GPI 值几乎完全相等(分别为 4 244 亿美元和 4 241 亿美元)，而且这 18 年期间的 GPI 值也剧烈波动。相反，澳大利亚实际 GDP(表 5-2 中 G 列)在除了 1983 年和 1991 年外的其他年份里均持续稳定增长，而且增速更快，年均 3.5%。

这里有个重要发现，1967 年澳大利亚的 GPI 远高于实际 GDP(分别为 3 355 亿美元和 2 455 亿美元)，但是到了 2006 年 GPI 却远低于实际 GDP(分别为 5 362 亿美元和 9 217 亿美元)。澳大利亚实际 GDP 于 1980 年开始超过 GPI，此后的年份里，除了 1983 年、1991 年和 1992 年之外，两个指标间的差距逐年扩大。

在许多方面，人均值要比总值更有意义，因为它能传递更多关于居民人均真实进步的信息。鉴于此，表 5-2 的 I 列和 J 列分别给出了澳大利亚的人均 GPI 值和人均 GDP 值。图 5-1 也直观刻画了澳大利亚人均 GPI 和人均 GDP 之间的相对变化，这两个指标的指数值也在表 5-2 中的 K 列和 L 列分别给出，也在图 5-2 中予以呈现。

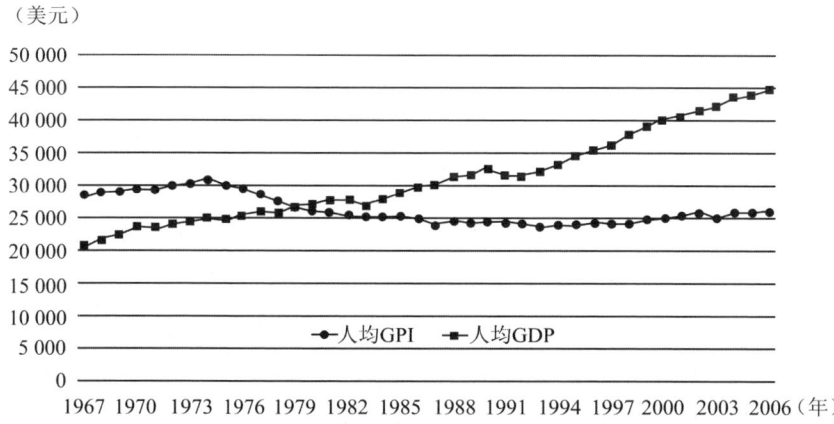

图 5-1　人均 GPI 与人均 GDP：澳大利亚（1967—2006 年）

注：以 2004/05 年不变价计算。

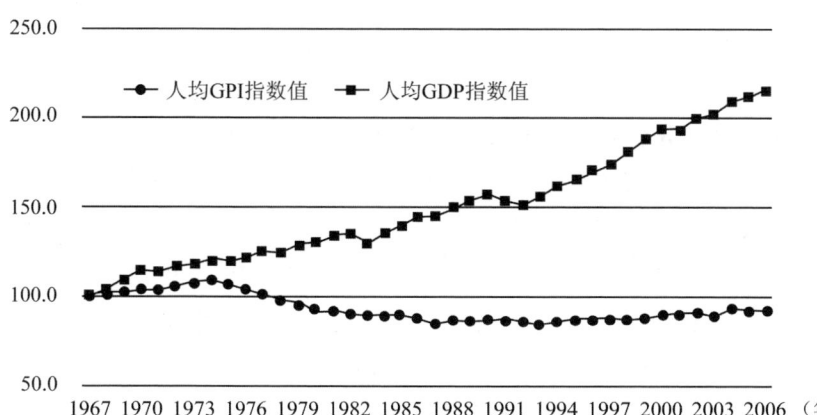

图 5-2　人均 GPI 指数值和人均 GDP 指数值：澳大利亚（1967—2006 年）

注：1967＝100.0。

关于澳大利亚人均 GPI，最令人不安的特征就是其 2006 年的值（26 023 美元）低于 1967 年（28 432 美元）。更糟的是，澳大利亚人均 GPI 的峰值出现在 1974 年，为 30 926 美元。因而，1967—1974 年，尽管澳大利亚人均可持续福利每年增长 8.8%，但是 1993 年却下降 30.4%，跌至 23 716 美元，1993—2006 年才又增长了 9.7%。总之，2006 年澳大利亚人均 GPI 较之 1967 年下降了 8.5%。

另外，1967—2006 年澳大利亚人均 GDP 几乎每年都持续增长，整个考察期内增长了 115%（1967 年为 20 804 美元，2006 年为 44 733 美元）。截至 2006 年，澳大利亚人均 GDP 要比其人均 GPI 高 18 710 美元。

由于澳大利亚人均 GPI 和人均 GDP 之间的差距悬殊且还在持续扩大，人均 GDP 显然高估了考察期澳大利亚所取得的真实进步。实际上，如图 5-1 所示，澳大利亚的人均 GPI 表明过去 20 年间，特别是 20 世纪 70 年代中期至 80 年代中期可持续福利下降以后，澳大利亚的真实进步，如果有的话，也并不明显。而且澳大利亚人均 GPI 和人均 GDP 之间的关系好像发生了变化。考察期伊始（1967—1974 年），二者明显正相关——也就是说，澳大利亚的人均 GPI 随着人均 GDP 升降而升降。1974 年以来，二者则主要呈负相关关系，说明澳大利亚人均 GDP 的门槛（threshold）水平可能于 20 世纪 70 年代中期已经达到了。

通过对比分析澳大利亚人均 GPI 和 GDP 之间的关系，可以发现许多重要问题，包括：

• 如果澳大利亚的实际 GDP 以更慢一点的速度增长但是质量更好，包括生产内容及方式，那么是否其人均 GPI 会更高呢？也就是说，规模更小但质量更优的经济增长是否能够产生更高的福利收益，同时还会减少澳大利亚经济活动的社会与环境成本？

• 澳大利亚经济政策的首要目标是否还要继续追求实际 GDP 高速增长？澳大利亚的政策制定者能否确保未来经济增长的收益仍会和过去一样增加呢，特别是当经济增长的社会与环境成本持续上升，而且丝毫没有下降的迹象？

最后一个问题和此前两个问题同等重要,因为持续高速增长的政策最终能够导致澳大利亚的人均 GPI 显著下降。如果这样,则澳大利亚亟待转向追求放慢经济增速,寻求一些不必通过刺激经济产出高速增长而增进可持续福利的政策措施。

影响澳大利亚 GPI 的主要因素

为有助于回答上述问题,这部分重点剖析一些在考察期内影响澳大利亚 GPI 的主要因素。剖析潜在的影响因素能够提供决策参考,因为理解某些特定项目如何及为什么能够影响澳大利亚的 GPI,会使得各方关注实施一些必要的行动,扩大积极影响,又使负面影响降到最低。

图 5-3 既直观呈现了澳大利亚的人均 GPI,也揭示了表 5-2 中的主要收益类和成本类项目的人均值。从图 5-3 可知,两个主要的收益类项目——加权后消费和无偿劳动——对澳大利亚人均 GPI 的影响要远大于基础设施服务。

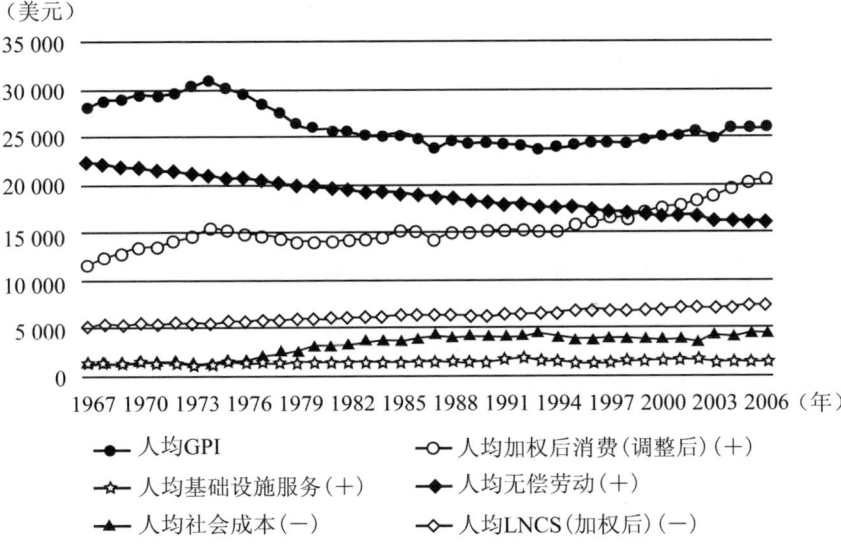

图 5-3 人均 GPI 及其主要组成部分:澳大利亚(1967—2006 年)

注:以 2004/05 年不变价计算。

虽然人均无偿劳动价值逐渐降低对澳大利亚人均GPI的普遍下降影响较大,如前所述,这种下降很大程度上反映了许多无偿的家庭服务转移到市场领域,由此可以预见加权后消费会持续面临上升压力,比如增加外卖食品、儿童护理、家庭保洁等方面的支出,实际上也的确如此。不过,人均加权后消费并非一直上升,事实上,若从考察期内较长尺度(20世纪70年代中期至90年代中期)来看的话,人均加权后消费处于相当稳定的水平,说明这20年间居民消费总额只是略微增加,而且收入分配状况有所恶化。

抛开这个不谈,人均加权后的消费显著影响澳大利亚人均GPI变化趋势。1967—1974年,澳大利亚人均GPI快速增加,人均加权后消费也是骤增。1974—1979年,人均加权后消费下降,相应地,澳大利亚人均GPI也出现了最大降幅。1979—1993年,人均加权后消费增长乏力,澳大利亚人均GPI也下降,固然降速有所减缓。

1994—2006年,人均加权后消费再次迅速增长,但有趣的是,其对促进澳大利亚人均GPI增长方面的积极作用,远没有1967—1974年表现得那样明显。看来可能是由于1994—2006年随着澳大利亚经济体量更大,社会与环境成本快速增加。换句话说,为了满足澳大利亚居民消费而需要实现的经济规模,1994—2006年较之1967—1974年,社会与环境成本都大大提高了。

现在转向社会与环境成本类项目。社会成本对澳大利亚人均GPI的影响是混杂不清的。例如,一直到1974年,人均社会成本几乎可以忽略不计,对澳大利亚人均GPI也几乎没有影响。然而,1974—1984年人均社会成本稳步增加。实际上,这一时期人均社会成本的上升对于澳大利亚人均GPI下降的影响要比人均环境成本还大——外债膨胀、犯罪和失业成本上升的结果。

考察期后半段(1987—2006年)人均社会成本波动较大,也是造成这一时期澳大利亚人均GPI波动的重要原因。波动由多方面因素引起:第一,20世纪90年代早期失业成本大幅上升,但此后直到考察期末持续下降;第二,就业不足的成本自20世纪90年代中期以来显得尤为突出;第三,1987—2001年犯罪成本上升,但在考察期最后5年有所下降；第四，1987—1993年超负荷工作成本上升，1993—1996年显著下降，2002年以后又大幅上升；第五，1987—1998年澳大利亚外债增幅放缓，但是此后一直到考察期末，又快速增加。

从环境角度来看，1974—1993年加权后人均自然资本服务损失成本的稳步上升一定程度上助推了澳大利亚人均GPI下行趋势。不过，环境成本与澳大利亚人均GPI的年度变化关系不大，如有例外的话也很有可能是考察期的最后3年，澳大利亚加权后人均自然资本服务损失成本连续2年保持最高增幅之后出现罕见下跌。

回到之前的问题，很难估计如果澳大利亚放慢经济增速而追求质量更优的话其人均GPI究竟可能会达到多少。不过，毫无疑问，澳大利亚的环境成本会大幅降低。外债同样也可能会大幅降低，因为更好而不是更多的生产会减少对高附加值产品的进口需求。而且，随着富裕国家对高科技产品和服务需求日益迫切，澳大利亚的出口收益还可能会增加。

同样，考察期内澳大利亚社会成本会朝哪个方向变化也很难确定。很有可能超负荷工作的成本会明显降低，犯罪和家庭破裂的成本也会降低，因为只需工作更少时间会减少家庭压力和工人们的精神负担。说到这里，此前章节中提到过，失业和就业不足的成本上升会导致社会成本增加。一定需要放慢增长速度或者最终转向稳态经济才能降低环境成本，甚至确保生态可持续吗？决策者显然面临这样的挑战与抉择，需要完善政策措施，保持良好就业水平同时又不必依赖GDP高速增长。在澳大利亚和其他地方，几乎都是依靠经济增长来维持就业水平，不依赖GDP增长维持就业的证据，即便有，也是很少。更糟糕的是，围绕这个问题开展的相关研究也屈指可数。因此，解决这个潜在的环境—就业困境，无论对于政策制定者，还是学者而言，都是一个挑战(Lawn，2004)。

关于收入分配及其对澳大利亚人均GPI的影响，同样如此。如果澳大利亚在考察期的中后阶段收入分配更公平而不是差距更大，或者说至少在20世纪70年代中期以后没有恶化，则消费的福利贡献很可能会大幅增加。

当然，有些观察家指出，尝试促进收入分配均等化最终会削弱市场经济中的激励效果，进而削弱生产率。因而，他们可能认为，一旦澳大利亚致力于使收入分配从富人向穷人转移，会导致经济收益锐减，凸显为消费支出水平大幅下降。所以，提高收入分配均等化的边际收益最终会小于其边际成本。① 然而，与1967—1974年收入分配状况改善相对应的，并不是消费下降，而是原始消费支出增加了41.2%。这本身就说明一旦澳大利亚在整个考察期内实行更公平的收入分配政策，未必会造成上述所谓生产率下降的情况。不过，可以肯定地说，如果澳大利亚收入分配状况维持在1974年的水平上，不会对其生产率产生负面影响。实际上，可能还会获得额外的再分配收益。最重要的是，如图5-3所示，20世纪70年代中期以来，随着澳大利亚经济持续增长，社会与环境成本越来越高，聚焦于公平分配的政策很可能会有力促进澳大利亚人均GPI增加，效果要好于标准的减贫方法——实际GDP高速增长。

关于最后一个问题，肯定无法保证澳大利亚经济继续增长所带来的边际收益会超过边际成本，以及澳大利亚人均GPI会按照1993年以来所保持的缓慢增速持续上升。事实上，考虑到当前澳大利亚社会与环境成本已经持续快速增加，如果政策制定者坚持高增长目标的话，很有可能会造成澳大利亚人均GPI再次开始下降。因此，澳大利亚看来需要开始转向追求低速增长，最终完全过渡到稳态经济。

说稳态经济，我并不是指单调乏味而又静止的经济，而是指经济体处于这样一种状态，即规模不再扩大，但却与支撑整个经济的生态系统保持动态均衡，首先也是最终要求，经济是生态可持续的。此外，第1章已经暗示过，这是一种质量更优的经济，表现为以下方面会大大改善：（1）经济中的产品（每种产品所带来的服务会增加）；（2）所有产品生产与维护的方法（既降低单位经济活动的超负荷工作、失业、犯罪和家庭破裂成本，也降低其对环境的影响）；

---

① 通常也需要介绍各种不公平的再分配形式。

(3)收入与财产分配(消费的福利贡献会增加);(4)产品存量储备。

遑论澳大利亚实际 GDP 增速究竟应该放慢多少,要想提高澳大利亚的 GPI,显然需要政策聚焦于高增加值产品的生产,提高资源利用效率,缩小收入差距,以及维护自然资本。① 但是,一定要维护自然资本,而不是任何其他因素,才能有效控制澳大利亚实际 GDP 必要的减速。

很快就会有批评意见强调指出,1974—1983 年滞胀期间,澳大利亚人均 GDP 每年仅以 0.9% 的速度缓慢增长,人均 GPI 则降速最快。他们因而主张退回到低增长时代很容易造成澳大利亚人的可持续福利下降。不过,滞胀环境下的零增长和质量明显改善的稳态经济环境下的零增长是有根本区别的。必须要说,前者是对失败经济增长模式的委婉表述,与功能齐备的稳态经济根本不可同日而语。②

5.4 政策含义

澳大利亚有必要重新反思其对高增长速度的痴迷并最终转向稳态经济,这有重要的政策含义。首先,澳大利亚的政策制定者必须确保物质和能源的吞吐比率——也就是说,资源投入和污染、废弃物排放——要控制在可再生自然资本的再生和废物同化处置能力范围以内。这不仅是满足可持续性的必然要求(即阻止可再生自然资本下降),也是澳大利亚扭转其土地退化、过度用水、渔业资源损耗、长期环境损害及固废污染等一系列成本上升势头的必然要求。

---

① 基于强可持续性情况(参阅第 4 章)。
② 戴利(Daly)曾将增长型经济和稳态经济的区别比作普通飞机和直升机的区别。要想良好运转(传统意义上),增长型经济必须以一定速度不断扩张,就像普通飞机飞行必须保持一定速度。如果增长型经济停止按其必要的速度持续扩张,则就会发生故障。类似地,如果普通飞机没有依据必要的速度向前飞行就会从天空跌落下来。但是稳态经济根本不需要增长就能运转良好(比如促进 GPI 增加),就像直升机一样,没有必要往前飞,或者根本不需要往高处飞。

5.4.1 维护自然资本、降低环境成本的政策

若要对物质和能源吞吐率给予一定数量限制，澳大利亚决策者最好引入可交易的资源使用许可证体系。[①] 庇古税（Pigouvian Taxes）无法保证可持续的吞吐率（Daly, 1991 and 1992; Lawn, 2007），而可交易的资源使用许可证与此不同，它会对某一特定时期所能允许开采利用的资源数量加以明确限制，可通过相关政府部门定期拍卖一定许可证数量得以实现。若有权规制资源投入流，相关政府部门就能够选择合适的许可证数量用于销售，从而确保吞吐率符合可再生自然资本存量的再生和废物同化处置能力。作为一种附加的红利，资源使用者为购买资源使用许可证支付的额外费用就起到了吞吐税的功能，有助于资源配置效率，进而鼓励生产更有效率，更多耐用品，以及更高的物质循环利用比率。为使该体系效率最大化，需要对澳大利亚境内不同区位、不同类型的可再生资源分别做出制度安排。

虽然可交易的资源使用许可证体系能够规制经济活动排放出的废物数量——热力学第一定律的结果——但它却不能影响这些废物的质量特性。[②] 因此，澳大利亚的政策制定者还需要引入污染税，或者更好的是，发行保证债券去抑制特定种类污染物的产生（Costanza and Perrins, 1990）。通过保证债券，排污企业需要支付在数量上等于其未来最糟情境下预期污染物排放量的成本。一旦该债券支付企业的所有者可以证明他们随后排放的污染物不会对自然环境产

[①] 关于可交易的资源使用许可证体系具体如何运行的更多内容，可参阅 Lawn(2007)，第11章。

[②] 由于热力学第一定律，体现在经济资源中的物质—能源数量一定等于体现在退出经济的废弃产品中物质—能源数量。因此，退回到自然环境中的废弃物数量可以简单地通过控制一开始进入经济中的资源数量来进行规制。从这个意义上来看的话，没有必要再专门引入可交易的资源使用许可证体系去限制污染物排放水平。由此可说，可交易的资源使用许可证不能影响废弃物的质量属性。

生有害影响，就可以从负责保管这些债券的政府部门那里连本带息收回债券。如果污染确实对自然环境产生不好的影响，债券就会被全部（污染损害等于最糟情境）或部分（污染损害略小于最糟情境）没收。如果最糟情境会带来无法承受的风险（比如包含高浓度有毒物质），则这类物质的生产就要被禁止或者仅限于非常严格的控制条件下才可以生产。

总之，为资源使用许可证支付的费用及被没收的债券金额，都应该被用于再分配目的和环境恢复项目。

若从考察期内澳大利亚的生态健康指数（EHI）下降 9.5% 来看，澳大利亚政策制定者有必要停止清除本地植被。此外，未来对澳大利亚自然资本的开发利用应该限定在那些已被人类修复不错的区域内。这会进一步促进很多关键生态系统的保护、恢复和复原。遗憾的是，当澳大利亚有些州的植被清除被严格控制的时候，可其他很多州没有这样做。对此，明智的政策反应就是从国家层面上建立一些植被清除控制的协调机制，更重要的是，对受影响的土地所有者进行补偿，联邦政府要比州政府负更大责任。无论是出于公平考虑，还是鼓励土地所有者更好保护和管理植被的角度考虑，这种补偿都是必要的。

澳大利亚还要采取政策鼓励开发利用可再生资源，应对不可再生资源的损耗。虽然澳大利亚严重依赖损耗不可再生资源获得的收入去资助其家庭商品的支出和人造资本（生产资料）的积累，但没有大幅增加其可再生资源存量，就意味着澳大利亚未能利用其损耗利润去保存自然资本总存量的完整性。第 3 章概述过伊·赛拉斐公式[式(3.12)]，本项研究中用于计算澳大利亚不可再生资源损耗成本，应该实际运行起来，强迫资源所有者建立"资本替代"账户，如同大部分企业经理要为其雇员建立退休金（superannuation）一样（Lawn，1998），这可以通过适度修正澳大利亚当前的会计立法来实现。

5.4.2 降低社会成本的政策

在社会成本方面，澳大利亚亟待采取政策使超负荷工作、犯罪及家庭破裂的成本降至最低。当前的很多激励因素和抑制因素——主要是由市场扭曲引起的，比如一般都没有为无偿家务劳动付以报酬——限制了澳大利亚人的选择空间，并且迫使他们做出一些并不总是能够提高福利的选择。例如，许多澳大利亚人被迫花费更多时间从事有偿劳动，导致花费于儿童护理、家庭保洁、花园服务及不健康的快餐等领域的消费支出大大增加了(Pocock, 2004)。澳大利亚的政策制定者因而需要考虑引入负所得税(negative income tax)。负所得税既包括对所有收入的增加征税，也包括再返还支付给每个公民(独立于任何其他形式的福利支付，比如退休金)。理想的是，所谓的全民式补助应该反映平均每个人对澳大利亚总福利的无偿贡献。这可能会纠正当前劳动力市场的扭曲，还可以引起实际劳动力供给缩减，进而减少为实现充分就业目标所需的实际 GDP 水平(Lawn, 2005)。

关于近期澳大利亚劳资关系的修正，也有一些批评意见。尽管这次修正从某些方面增加了劳动力市场的弹性，但也似乎削减了许多基本的就业条件，而这些条件对工人们的福利和家庭都非常重要(Denniss, 2003)。① 考虑到劳动力市场弹性对于提高劳动生产率非常重要，因此当前劳动力市场上的弹性不应盲目取消了。不过，澳大利亚决策者亟待重新定义当前的劳资关系，改善真正的劳动力市场弹性，同时还不会减少澳大利亚人多年艰难奋斗得到的最低奖励和就业条件。

要想减少失业、特别是日益增长的就业不足问题，澳大利亚决策者还需做得更多。持续接受高失业率，不仅从道义上来讲是不公平的，而且也是不必要的(Wray, 1998；Mitchell and Watts, 2002；

---

① 虽然澳洲劳资协议(Australian Workplace Agreements)，雇主与单个雇员之间签署的合同协议，似乎使得工人们在家工作的薪酬更高，但是也是有代价的，如加班费、请病假的权利及年假的权利。许多人可能会说，这是工人们自己选择的结果。还有人会说这是支持雇主的力量不对等的结果，有个似乎自相矛盾的调查显示，澳大利亚的工人强烈地偏好缩短工作时间，然而，奇怪的是，很少有澳洲劳资协议会为此降低工资以权衡工作周缩短和无薪酬奖项之间关系。

Tcherneva，2006)。如前所述，这需要采取一些能够消除失业和就业不足，同时又不依赖于经济产出增长的政策措施。有一种可能就是引入所谓"就业保障"(Job Guarantee)——一种需求端的政策，其中中央政府为缓冲型雇主，吸纳那些从私人部门退出来的所有失业劳动力(Mitchell and Watts，1997)。

尽管从表面上开看，就业保障项目似乎和往常一样，也会增加实际GDP，但如果辅以前文均已提到过的负收入税和可交易的资源使用许可证体系，则未必一定如此。如前所述，负收入税会减少实际劳动力供给，而可交易的资源使用许可证体系会将经济产出限制在生态可持续所允许的范围以内。一开始，一些人会丧失私人部门的就业机会，并进入就业保障计划中的职位，但是，最终由于可交易的资源使用许可证体系可能引致的节能技术进步速度加快，如果私人部门的就业人数没有整体增加的话，也应该会增长到就业保障项目实施以前的水平。

最后，澳大利亚的政策制定者也需要抑制国内日益扩大的贫富差距。无偿劳动的公共酬劳及通过就业保障项目承诺实现充分就业，都是较为有效的手段。此外，一些从销售资源使用许可证、污染税及没收保证债券等获得的收益也应该用于收入再分配。

5.4.3 扩大精益生产的政策

至于改善澳大利亚的生产质量，澳大利亚的税收系统帮助不大，主要表现为对收入、工资及利润征收的税收太高，无助于鼓励高附加值生产。更糟的是，它却鼓励投资于非生产性的"寻租"行为[①]。这是一种令人担忧的趋势，而且还缺乏对促进发展节能和污染减排技术的税收激励。显然，澳大利亚当前的税收体系需要修正和完善，确保合适的奖惩因素，鼓励有益的经济活动，缩小收入和财富差距，

---

① 寻租有很多种定义。本文中，它是指投资于金融资本，转化为能够为其所有者带来经济租金或稀缺性租金的资产，这些租金实际上是因资产稀缺性增加而不是资产本身的改善而获得的。

纠正目前因对家务和志愿者劳动未付报酬而引起的市场扭曲。

如果澳大利亚的决策者既削减收入、工资和利润税,也实行可交易的资源使用许可证体系和保证债券,那么他们本质上就是推进现在非常流行的生态税改革(Lawn,2007)。既然没收的保证债券和许可证销售收入可在一定程度上支持必要的税收削减以鼓励精益生产,那么,生态税改革就为实现澳大利亚可持续发展目标,提供了一种税收中性的政策手段。

生产经营关键依赖于澳大利亚工人的素质。澳大利亚和任何其他国家一样,必须高度重视教育和培训领域的投资,确保既能生产目前的高质量商品,也能生产未来优质商品的劳动力队伍。但是也必须确保基础设施资本,特别是政府提供的基础设施资产,数量充足且质量可靠。遗憾的是,澳大利亚基础设施资本的福利贡献持续下降,表明澳大利亚越来越倾向于当前过度消费,并以牺牲迫切需要的基础设施投资为代价,当然,也有可能反映了生产率更高、更有效率基础设施资本存量的积累,不过,近期有证据表明基础设施"瓶颈"阻碍了澳大利亚近年的生产率增长(Brown,2005)。因此,有可能前一种情况是正确的。假设这是事实,那么各级政府都要更加重视未来基础设施投资。

5.5 结 语

尽管我们把真实进步视作一个公平、有效及生态可持续社会的基础,但是澳大利亚自 20 世纪 70 年代中期以来好像没有取得明显的真实进步。1967—2006 年,澳大利亚一直接受并采纳追求高速增长的政策,这一期间澳大利亚人均 GDP 翻了 1 番。虽然这种增长确实带来了大量的经济收益,但社会与环境成本也急剧扩大,以至于到了这种程度,一旦追求 GDP 高速增长继续成为澳大利亚经济政策的首要目标,那么就无法确保未来澳大利亚人均可持续福利会增加。

所以,澳大利亚的决策者应该转向追求放慢增长速度,逐步向稳态经济过渡。若想放慢经济增速,政策目标必须转向高附加值生产、更高的资源使用效率、自然资本维护及更公平的收入和财产分配。其中，可能最重要的就是生态税改革了，因为它最有希望帮助澳大利亚实现三个关键的宏观目标——生态可持续、公平分配和配置效率，澳大利亚要想改善经济质量，减少单位经济活动的环境压力，则最后一个目标尤为重要。

若要最终成功，生态税改革需要澳大利亚决策者同时引入一些类似保证债券和可交易资源使用许可证的政策，至少有必要引入一种政策机制，可从数量上限制物质和能源消耗。考虑到很可能会出现一些政治方面的阻碍，澳大利亚决策者可能必须同意在初始阶段征收能源损耗和污染税（一种有缺陷的可持续性工具），最终要对澳大利亚经济及其公民施加更严厉的效率约束。

参考文献

Anderson, K. (1995), "Australia's changing trade pattern and growth performance", in R. Pomfret(ed.), *Australia's Trade Policies*, Melbourne: Oxford University Press.

Biodiversity Unit(1995), "Native vegetation clearance, habitat loss, and biodiversity decline: an overview of recent native vegetation clearance in Australia and its implications for biodiversity", Department of Environment, Sports, and Territories, Biodiversity Series Paper No. 6. AGPS, Canberra.

Boehm, E. (1971), *Twentieth Century Economic Development in Australia*, Melbourne: Longman.

Brown, R. (2005), "Reserve Bank buys into infrastructure debate", *Local Government Focus*, http://loc-gov-foucus.aus.net/editions/2005/march/resbank.html.

Butlin, N. (1962), *Australian Domestic Product, Investment, and Foreign Borrowing* 1861—1938/39, Cambridge: Cambridge University Press.

Centre of Full Employment and Equity(CofFEE)(2007), "CofFEE labour market indicators", http://el.newcastle.edu.au/coffee.

Common, M. and Stagl, S. (2005), *Ecological Economics: An Introduction*, Cambridge: Cambridge University Press.

Copland, D. (1934), *Australia in the World Crisis 1929—1932*, Cambridge: Cambridge University Press.

Costanza, R. and Perrings, C. (1990), "A flexible assurance bonding system for improved environmental management", *Ecological Economics*, 2, 57-76.

Daly, H. (1991), *Steady-State Economics: Second Edition with New Essays*, Washington, DC: Island Press.

Daly, H. (1992), "Allocation, distribution, and scale: towards an economics that isefficient, just, and sustainable", *Ecological Economics*, 6, 185-193.

Daly, H. and Cobb, J. (1989), *For the Common Good: Redirecting the Economy toward Community, the Environment, and a Sustainable Future*, Boston, MA: Beacon Press.

Denniss, R. (2003), "Annual leave in Australia: an analysis of entitlements, usage, and preferences", Australia Institue Discussion Paper Number 56, July, Canberra: Australia Institute.

El Serafy, S. (1989), "The proper calculation of income from depletable natural resources", In: Y. Ahmad, S. El Serafy, and E. Lutz, E. (eds.), *Environmental Accounting for Sustainable Development*, Washington, DC, World Bank, pp. 10-18.

Foster, R. (1996), "Australian Economic Statistics: 1949/50 to 1994/95", Reserve Bank of Australia Occasional Paper No. 8, Sydney: RBA.

Hamilton, C. (1999), "The genuine progress indicator: methodological developments and results from Australia", *Ecological Economics*, 30, 13-28.

INDECS(1992a), "Inflation", *State of Play*, Sydney: Allen & Unwin.

INDECS(1992b), "Money and Credit", *State of Play*, Sydney: Allen & Unwin.

Jackson, A. and Jackson, J. (2000), *Environmental Science: The Natural Environment and Human Impact*, 2nd edition, Harlow: Longman.

Lawn, P. (1998), "In defence of the strong sustainability approach to national income accounting", *Environmental Taxation and Accounting*, 3, 29-47.

Lawn, P. (2000), *Toward Sustainable Development: An Ecological Economics Approach*, Boca Raton: CRC Press.

Lawn, P. (2004), "Environment, workplace, and employment: an introduction", *International Journal of Environment, Workplace, and Employment*, 1, 4-39.

Lawn, P. (2005), "Full employment and ecogolical sustainability: comparing the NAIRU, Basic Income, and Job Guarantee approaches", *International Journal of Environment, Workplace, and Employment*, 1, 336-353.

Lawn, P. (2007), *Frontier Issues in Ecological Economics*, Cheltenham, UK and Northampton, MA, USA: Edward Elgar.

Lawn, P. and Clarke, M. (2006), *Measuring Genuine Progress: An Application of the Genuine Progress Indicator*, New York: Nova Science Publishers.

Mitchell, W. and Watts, M. (1997), "The path to full employment", *Australian Economic Review*, 30, 436-444.

Mitchell, W. and Watts, M. (2002), "Restoring full employment: the Job Guarantee", in E. Carlson and W. Mitchell (eds.), *The Urgency of Full Employment*, Sydney: University of New South Wales Press, pp. 95-114.

Pincus, J. (1995), "Evolution and political economy of Australian trade policies", in R. Pomfret(ed.), *Australia's Trade Policies*, Melbourne: Oxford Unviersiry Press.

Prcock, B. (2004), "Work and family futures: how young Australians plan to work and care", Australia Institute Discussion Paper Number 69, August, Canberra: Australia Institute.

Redefining Progress(1995), "Gross production vs genuine progress", *Genuine Progress Indicator: Summary of Data and Methodology*, San Francisco, CA: Redefining Progress.

Ryan, N., Parker, R. and Brown, K. (2003), *Government, Business, and Society*, Sydney: Prentice Hall.

Saddler, H., Diesendorf, M. and Denniss, R. (2004), *A Clean Energy Future for Australia*, Sydney: Clean Energy Future Group.

Sinclair, W. (1976), *The Process of Economis Development in Australia*, Sydney: Longman Cheshire.

Tcherneva, P. (2006), "Universal assurances in the public interest: evaluating the economic viability of basic income and job guarantees", *International Journal of Environment, Workplace, and Employment*, 2, 69-88.

Transparency International (2005), 2005 *Corruption Index*, Berlin: Transparency Internationla.

World Bank (2006), 2006 *World Development Indicators*, Washington, DC: World Bank.

Wray, R. (1998), *Understanding Modern Money: The Key to Full Employment and Price Stability*, Cheltenham, UK and Lyme, USA: Edward Elgar.

第6章 计算新西兰真实进步指标

维克·福吉(Vicky Forgie)　　加利·麦克唐纳德(Garry McDonald)
张艳娇(Yanjiao Zhang)　　莫里·帕特森(Murray Patterson)
德瑞利·哈迪(Derrylea Hardy)

6.1 简　介

与迄今为止大部分真实进步指标(GPI)的研究不同,这项关于新西兰 GPI 的研究项目得到了中央政府的资助。[①] 当前的新西兰政府致力于实现可持续发展,用新西兰总理的话说,"在可见到的将来,我们会深以为荣,即追求用可持续和碳中性定义我们的国家,就像过去 23 年中我们一直致力于追求无核化的世界一样"(Clarke,2007)。新西兰 GPI 的编制是新西兰探索更好、更有意义方式,努力平衡其可持续发展旅程中经济、社会、环境和文化要素的必然结果。

6.1.1 新西兰发展的历史背景

新西兰是位于太平洋南部的一个小型陆地,面积为 2 700 万公顷——大小与不列颠岛或日本差不多。这个国家地形狭长,高山遍布。三个最大的岛屿超过 1 600 千米长,但最宽的地方也只有 450 千

[①] 新西兰政府通过研究、科学和技术基金会对本项研究给予了资助(合同号:MAUX0306)。

米(Ministry of the Environment，1997)。约有三分之一的国土为保护区，大部分为高海拔地区。

孤立是新西兰生态与经济发展的主要特征。这个国家是历史上人类最后到达并居住的陆地之一。由于缺乏大量本土的哺乳动物(唯一的地方性哺乳动物就是两种小蝙蝠)和人类，所以造就了其独特的生物多样性，并在很长的历史时期中慢慢演化。这种生物多样性对于变化极度敏感(Department of Conservation and Ministry for the Environment，1997)。

以国际标准来看，新西兰属于人口密度低的国家，只有400万左右人口。尽管800~1 000年以前，人类才定居于此，但是，就在这相对短暂的时期中，人类却对新西兰独特的生物多样性带来显著影响。最早是原住民毛利人(Maori)引入了新的物种，比如波利尼西亚鼠及大量早已被猎杀灭绝的本地鸟类。以前的居民也引入了很多外来植物，比如番薯(Kumera)。

1800年早期欧洲定居者的到来预示着主要的经济与环境变革开始了。砍伐大量天然林用于发展农业，农业也成为并且一直是新西兰经济的支柱产业。经济进步和基础设施发展是由政府主导。公共机构有权使用资源提供服务，比如供水、道路、污水处理及电力(Wheen，2002)。农业被视为国民经济的命脉，受法律保护与鼓励。

从社会的角度来看，孤立就意味着新西兰可以设立自己的标准与规范。许多欧洲移民迫切希望摆脱他们自己国家传统的阶级体系和社会结构，抓住机会拥有他们自己的土地。这为新西兰社会体系的进步提供了动力。新西兰是世界上第一个赋予女性投票权的国家。1938年新西兰的社会保障法案首次提出，要为国家全部人口提供广泛的福利，包括养老、医疗、卫生及孕产等方面(King，2003)。

6.1.2 新西兰的经济、社会、与环境特征，1970—2005年

20世纪50年代和60年代，新西兰是世界上人均国内生产总值(GDP)最高的国家之一。以农业为主的经济体产品生产效率很高，也从英国稳定的黄油、肉类和羊毛市场中获益颇丰。自从英国于

1973年加入欧洲经济共同体以后，新西兰就丧失了进入英国市场的机会，赚取外汇的能力也下降了。

20世纪70年代和80年代，新西兰政府政策的首要目标就是力争使新西兰避免受到这种变化的冲击。货币政策旨在维持高就业水平、能源生产中的自我供应及控制通货膨胀。为此，政府保护国内产业，大量举借外债。这种政策归根结底是难以维持的，因为政府最终会因支付巨额贷款本金和利息成本而出现金融难题和财政负担。

因而，新西兰的宏观政策急需新的定位，这促成了1984年以后很多重要的经济改革，用新西兰财政部的话说：

> 改革包括实行浮动汇率制，解除对资本流动的控制，取消产业补贴，取消价格控制，放松对经济中大量部门的管制，国有资产私有化或混合经营，推进劳动力市场立法旨在使工资议价的形式更为灵活(The Treasure, 2007, p. 11)。

政府被迫从很多经济领域中撤出来，开放的自由市场使新西兰产业直面竞争压力和世界价格。经历20世纪80年代末的重新调整期以后，90年代新西兰GDP显著增长。

从国际标准来看，新西兰经济体的规模很小(2005年GDP仅为1 489亿美元)，经济对外开放使得国家遭受汇率大幅波动带来的影响，新西兰币值很高，减少了出口需求，但却以牺牲国内生产为代价增加进口。尽管目前政府仍有大量的预算盈余，但整体看来，新西兰经常账户仍处于赤字状态，并且还在持续扩大。

20世纪70年代和80年代早期，新西兰以下几个方面变化很小，即失业、就业不足和超负荷工作的状况，私人部门用于健康和教育方面的防御性支出，以及个人消费。这主要是因为新西兰经济所具有的强管制特征，比如大量政府补贴以控制物价和工资波动，政府为低收入群体发放的住房和抵押补贴，以及4%或者更低的失业率(Ajwani et al., 2003)。

1984年实施的经济改革，促使新西兰经济向全世界开放，带来了显著的社会影响。社会领域的影响主要有显著扁平化的税收体系，完全有针对性的收入支持计划，累退的消费税(GST)，住房租赁市场,主要公共设施私有化,健康、教育和其他政府服务方面的使用者付费,以及重构劳动力市场以增加其弹性(Mowbray,2001;Cited in Ajwani et al.,2003,p.50)。进一步,20世纪90年代削减社会福利使得过去一直能够获得福利收益家庭的可支配收入明显下降(Ajwani et al.,2003)。

这些改革把新西兰带入了剧烈变化的时期,特别对于就业类型方面也产生了重大影响。一个显著而影响广泛的后果就是收入差距明显扩大,同时由于社会经济因素,包括收入,被公认为健康的决定性因素,因而居民健康方面的差距也明显扩大。这些差距一直持续到今天。因而,这些冲击会被很多新西兰人感受得到,当然每个人的具体感受是不一样的。改革对于那些个人财富、收入和消费大大增加的人来说是有益的,但是对于其他人(例如面临着失业或者就业不足,相对实际收入持续下降)来说冲击又相当严重。

20世纪80年代末期,新西兰转向自由市场经济,此外,还重建了其环境法律,旨在使环境成本最小化,同时还设定环境底线。新西兰的环境法总是能够促进资源开发、助推GDP增长(Wheen,2002)。法律授权可以进入矿藏、化石燃料和水等资源行业。新西兰政府为了加强基础设施建设(如港口、交通网络和发电站),已经使环境出现巨大改变,土地被开垦并用于农业发展(农业和林业)。很多公共工程开始实施,利于提供就业、实现社会稳定及刺激经济。

重组后的法律——《资源管理法案》(Resource Management Act,RMA)1991——是由50多条法规构成,大部分关于空气、土地和水(关于王室的矿藏和渔业例外)的法规合并成一个法案。法案的目的就是"促进自然和物理资源的可持续管理"。"新法案的焦点旨在控制经济活动所产生的外部性,而不是控制经济活动本身(例如规制资源配置)"(Grundy,2000,p.70)。因而说RMA继续鼓励资源开发以促进GDP增长,只是略加约束,强调相关资源利用必须要确保可持续并且要符合环境底线要求。法案采纳了"弱可持续性"理念,只要求保护生态系统的生命支持服务功能,不要求保持自然资本存量的完整性。如同法案第5条第二部分表述:

(2)本法案中,可持续管理是指对自然和物理资源的使用、开发和保护要通过一种方式,或以一定速度,可以为人们提供社会、经济、文化福利,保护他们的健康和安全:

①维持自然和物理资源(不包括矿产品)的承载潜力,满足未来数代人可预见的、合理的需求;

②保护空气、水、土壤和生态系统的生命支持能力;

③避免、补救或减缓经济活动对环境产生的负面影响。

新西兰经济增长主要受人口增长刺激,这些人口通常具有更高的物质需求,RMA未能阻止由此带来的环境恶化。来自农业、交通、旅游和能源生产与消费方面的环境压力与日俱增(Organization for Economic Co-operation and Development,2007)。新西兰人为他们"清洁""绿色"和"100%纯净"的环境而自豪,但是关于环境状态的错觉数不胜数。当前的环境变化趋势并不理想,如高能源使用、高垃圾排放及老生常谈的水退化。

尽管存在这些趋势,新西兰人仍将环境和户外生活方式作为他们国家的重要特征:

2004年在一项旨在调查新西兰公众对于增长和创新关心度的研究中,受访者把经济增长列为对他们而言非常重要的12个因素中的第10位,生活质量、教育及环境位列前三。进一步追问表明,他们认为经济增长不应该以环境恶化或改变生活方式为代价(Growth and Innovation Advisory Board Cited in Pratt and Lowndes,2005,p.127)。

对于新西兰继任的各届政府而言,如同其他国家一样,GDP增长已经成为政策的驱动力。GDP从没要想成为福利的测度指标,但在缺乏更适合测度指标的情况下就被用于这个目的了。如果可持续性是重要的社会目标,那么就需要一套具有更宽视角的指标体系。

6.2 新西兰GPI的计算

新西兰GPI包括13个不同的社会和经济项目、10个不同的环境项目。这些项目，无论福利影响是正的或负的，其估算方法均已在表 6-1 中给出。

表 6-1　新西兰 GPI 计算中使用的项目及其估算方法，1970—2005 年

项目	福利影响	估算方法
个人消费	+	私人最终消费支出年度时间序列数据直接来自新西兰统计局(Statistics New Zealand, SNZ)。包括所有家庭用于消费品和服务的支出，也包括用于家庭服务类私营非营利性组织所提供的非资本项目上的支出
加权后个人消费	+	使用基于基尼系数的收入分配指数(IDI)调整个人消费，从而考虑收入差距。差距最小的年份(1973)被设定为基年，指数值设定为 100。每年个人消费除以 IDI，然后再乘 100 即可得到加权后个人消费
公共消费（非防御类）	+	使用一个时间序列的投入产出表，确定各类公共消费支出中非防御类的部分
家庭和社会工作的价值	+	用于家庭和社会工作的非休闲类时间。对 1999 年依据年龄—性别分组用于家庭和社会工作的时间进行分解，然后在依据不同时期年龄—组别的变化情况进行调整。使用家庭主妇中位数工资水平再将这些时间转化为美元
失业的成本	−	失业带来的非自愿性休闲时间的间接价值。用每周失业总时长乘每小时成本，然后再折算为年度值。每小时成本是用每小时最低工资减去失业救济金再除以 40，全职和兼职就业均予考虑
就业不足的成本	−	就业不足带来的非自愿性休闲时间的间接价值。用正在寻找工作的兼职雇员总数，乘每周希望工作的平均时长（23.8 小时），然后再乘平均小时工资，最后再把结果折算为年度值

续表

项目	福利影响	估算方法
超负荷工作的成本	−	是计算丧失的闲暇时间。每周超负荷工作时长(任一给定年份中,平均工时和最少工时之间的差额)乘就业总人数和平均工资水平,最后再把结果折算为年度值
健康和教育中私人防御性支出的成本	−	是指用于健康和教育领域私人防御性支出,直接源自SNZ时间序列数据。防御性支出中用于健康的部分,假定20世纪70年代为70%,80年代为75%,90年代以来为80%。整个考察期内,用于教育领域的防御性支出份额为10%。由于考虑到物价变化,所以使用消费者物价指数进行调整
公共资本提供的服务	−	是指国有资本存量产生的服务,包括非防御类(50%)和非市场类(80%)服务。用资本存量折旧值(考虑到非防御类和非市场类服务,并进行相应调整),再加上政府投资基金的机会成本(这些投资基金在别处可获得利息)
通勤成本	−	考虑上下班的直接成本(车辆购买与维护、公共汽车和火车费用等)和时间成本。直接成本包括私人及公务人员上下班的成本。时间成本是用就业总人数乘通勤时间,再乘每小时成本
犯罪成本	−	由保险公司承担的私人部门财产丢失、财产损坏及相应的管理成本。是用总犯罪数量乘每个犯罪的成本。需要根据有记录犯罪数进行一定比例地缩放,近似估计"实际"犯罪数量,这是使用新西兰警察局提供的"乘数"计算得出的
净资本增长/下降	+/−	是指两个相连年份中、净资本存量的差额。同时依据劳动力增长率的变化做相应调整

续表

项目	福利影响	估算方法
净外债	+/-	SNZ 记录新西兰国际投资状况中向国外借入和借出之间的差额。由于数据缺乏,1992 年之前将其近似视为 GDP 的一定比例进行计算
陆地生态系统的损失和破坏	-	该类成本项目中的主要组成部分是由外来有害生物入侵造成的破坏,这已被视为陆地生物多样性最大的威胁,甚至超过对生物栖息地的危害(Department of Conservation and Ministry for the Environment, 1998)。为计算陆地生态系统的损失与破坏,使用了中央政府与生物有关的年度支出。因制造业造成的生物多样性损失是基于锯木采伐量进行估值
湿地流失	-	用已经干涸的湿地公顷数,乘它们的生物多样性价值
土壤流失	-	新西兰土壤流失主要来自土壤被侵蚀。由于新西兰在地质方面有很多初期地形、构造作用、地势陡峭及海洋性气候,所以其自然受侵蚀现象一直比较严重。一些不适当的农业活动加剧了土壤侵蚀,并产生长期影响。据估计,这些被侵蚀的土地至少需要 100 年的时间才能恢复至其之前生产力的 80%(Parfitt, 2005)。侵蚀造成生产力损失与破坏需要经济中其他部门的防御性支出予以恢复和纠正。每年流失的土壤吨数已被估计出来,也使用 1998 年的成本对其进行货币赋值。因农业活动造成的侵蚀会对 GPI 造成负面环境影响,所以,由于城镇扩张致使农地流失的面积,已基于生物多样性损失和产量损失进行估值
空气质量损失	-	使用一个空气污染指数加权寿命减少年数及 2004 年减少的活动天数

续表

项目	福利影响	估算方法
固体废弃物污染	—	等于进入垃圾填埋场的废物吨数乘这些废物的完全处置成本。在新西兰，很多受到污染的场所都已核算了这类完全处置成本
气候变化的成本	—	这个项目和其他研究中"长期环境损害的成本"基本相似，涵盖全国所有温室气体排放，不仅仅是与能源相关。新西兰农业温室气体排放约占其全国总排放量的一半（2004年为49.4%），主要都是和农业生产有关。气候变化成本的估算，是用温室气体排放量估计值乘欧盟2005年12月对单位碳信用额的估值（折算为NZ$）
水质损失	—	新西兰淡水资源污染是其国内环境领域中的主要担忧（Ministry for the Environment, 1997; Parliamentary Commissioner for the Environment, 2005）。水质估值方法就是平原河周边沿岸种植与富营养化河流计划修复的成本。这种估算方法不同于其他国家GPI研究中使用的水质估值方法，但是与新西兰为阻止水质进一步恶化而实施《清洁河流协议》(Clean Stream Accord)中使用的方法是一致的
臭氧层损耗的成本	—	新西兰并不生产或消费大量会损害臭氧层的物质，但是其居民要比大部分其他国家都更易受到臭氧层损耗的影响。基于此，这里并不使用生产或消费的CFC数量，而是使用因为皮肤癌死亡造成的寿命减少年数，这种方法在很多其他相关估值中也多有使用
不可再生资源损耗	—	使用斯德哥尔摩关于不可再生资源的矿采"增加值"进行计算（该ANZSIC类别也包括石油和天然气）。为反映稀缺性，石油和天然气也用替代能源的生产成本予以估值

续表

项目	福利影响	估算方法
噪声污染	—	车辆使用大幅增加以及相应的噪声，通常用于表示持续暴露于环境噪声中而带来舒适性方面的损失。1995 年，交通运输部组织开展的一项关于车辆使用引致环境外部性问题研究中已用车辆行驶里程对此做过相关估算

6.2.1 社会和经济项目

GPI 社会和经济项目的主要贡献与其他国家 GPI 研究中包括的那些项目基本相似（请参阅第 3 章）。

6.2.2 环境项目

计算自然资本存量变化的实际价值，有必要引入一些符合新西兰特征的要素及其估算方法。为确保对环境变化的处理方法一致性，需要遵循如下基本原则。

(1) 如果支出服务于生产目的，则不需要对 GPI 做出调整（如肺结核病毒控制）。因某项资产损失（如土壤损失，因为土壤需要花费很长时间才能完成自我修复）而造成的长期生产率损失就被视为一项环境成本，相应需要做负向调整。短期损失，如可通过适当管理及技术予以纠正（要花费 20 年以上的时间）的土壤压缩或搅拌（pugging）而造成的产量损失，被认为会对 GDP 产生直接影响，因而已经被考虑进去了。所以，若要纳入 GPI 计算中去，环境损害必须是长期的，而不是短期的。

(2) 如果此前发生了一些旨在减少环境损害的预防性支出，并不需要为此进行调整，因为这些支出属于正常的生产行为，环境外部性已经内部化为生产者承担的成本。如果为了纠正环境损害而需要产生一些非自愿性支出（如为了改善本已富营养化湖泊的水质而开展的工作），就需要对 GPI 做一定的调整。类似支出包括防御性支出、损害成本、修复成本及健康成本。为了给 GPI 中一些非市场类的环境产品与生态服务进行货币赋值，有时会使用潜在的防御成本。

(3)对于环境类项目，只计算 20 世纪 70 年代以来的环境损害。这就意味着任何累积变化(如水土流失或者湿地流失)都是以 20 世纪 70 年为起点开始计算。这种方法不同于其他的 GPI 研究(如 Cobb et al.，1995；Anielski and Rowe，1999；Hamilton and Denniss，2000)，但可将其类比于京都议定书体系，即"在沙地上画条线"并及时从那点开始努力向前。

(4)新西兰的自然资本资产只需要保护总量(物理存量，并不是指价值)，不需要考虑人均问题。因而，自然资本存量不必随着人口增长而增加。这种处理方式不同于人造资本，GPI 的调整暗示着工人的人均资本数量保持不变(Lawn，2003)。

6.3 新西兰 GPI 结果

新西兰 GDP，以 2004/05 年不变价计算，从 1970 年的 57 674 百万美元增加到 2005 年的 148 912 百万美元，增长了 158.2%。相反，1970 年新西兰 GPI 约为 58 835 百万美元，2005 年仅增至 91 945 百万美元，考察期内仅上升了 55.5%。

如图 6-1 所示，在 1984 年主要经济改革之前，GPI 能够反映 GDP 的增长。这一时期，GPI 平均要比 GDP 高 2 个百分点，二者于 1983 年左右出现交叉点，此后新西兰 GPI 开始滞后于其 GDP。

人均来看，考察期伊始，新西兰人均 GPI 为 20 553 美元，此后逐渐增加，1981 年达到峰值，为 25 169 美元，但到了 1993 年又下降到 15 456 美元，然后又慢慢恢复，截至 2005 年，达到 22 715 美元；然而，这显然小于同期人均 GDP 水平，即 36 970 美元。2005 年的人均 GPI，除了低于 1981 年的峰值，也仅仅比 1970 年高出 10.5 个百分点，然而同期 GDP 却增长了 83.5%。

为便于分析，新西兰 GPI 可以分为三个不同的时间段：1984 年改革以前；改革期间，即 1984 年至 1994 年；后改革时期，即从

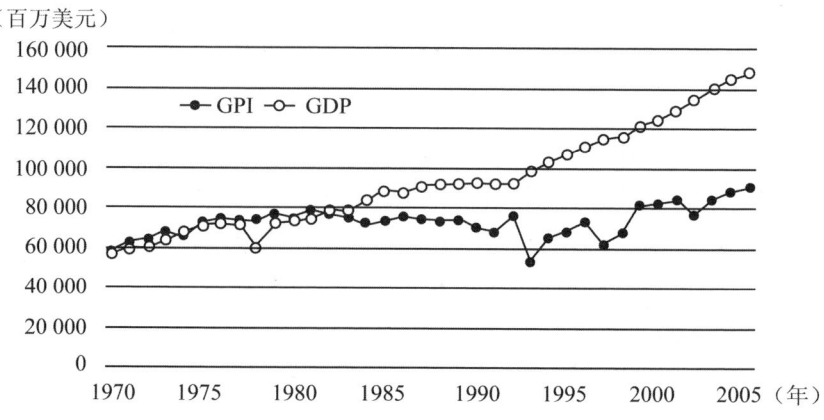

图 6-1　真实进步指标（GPI）和 GDP：新西兰，1970—2005 年

注：以 2005 年不变价估算，新西兰百万美元。

1995 年至 2005 年。表 6-2 还分别给出了各个组成部分的数据。

如早前所述，改革以前，新西兰经济被中央政府高度管制，严厉压制性的宏观经济政策盛行。新西兰在其作为英国传统殖民地时期并没有融入全球经济。不过，在石油输出国组织（Organization of Petroleum Exporting Countries，OPEC）第一次发起的石油价格冲击之后不久，英国于 1973 年加入欧洲经济共同体，新西兰无法进入英国这个传统的安全市场，经济严重受挫，此后不久，新西兰经济与世界隔绝的状况就开始改变了。

为应对贸易赤字，新西兰政府希望增加农业生产（尽管海外市场有限），投资一些雄心勃勃（think big）的工程旨在让新西兰实现能源自给。这两类政策都有助于大幅增加就业——因而经济保持充分就业——然而也助长了通货膨胀，特别是当保护本国经济免受外部竞争的时候。这一时期，就业保障很高，社会福利体系非常广泛，以及相对工资水平受到强有力的工会保护。新西兰人每周包括周末一共工作 40 小时，下班以后的时间都从事体育和家庭活动。例外的情况仅限于必要的服务部门（此时要付给工人很高的加班费）、街角商店及地方汽车修理厂。

20 世纪 70 年代，靠近城区及主要工业部门河流中的水质很糟糕。未经处理的污水、化工垃圾及来自城乡接合部、屠宰场、毛纺织厂、制浆造纸厂和其他工业部门的动物油脂等，直接排入河流。政府为了促进农业生产而发放补贴，造成越来越多的土地变为农业用途。今天依然能够感受到那些因湿地及大部分被原生灌木覆盖山地用途改变而给环境带来的冲击。

改革时期从1984年到1994年，在此期间，大规模重构旨在使新西兰经济更有弹性和效率，即便世界经济出现了大萧条。平均来看，在此期间新西兰GPI约占GDP的77%。在所有OECD国家中，新西兰的金融业从管制最多变成管制最少的部门（Kelsey，1999）。大规模的资本流激活了股票市场和房地产投机。用凯尔西（Kelsey，1999，p.149）的话说：

  这场投机狂欢掏空了国家的生产基础，许多实力雄厚的企业被破坏而成为掠夺者的战利品，还有很多公司负债累累，有的关闭，有的被贱卖，主要是卖给了海外买家，因为几乎没有本地资本了。投资者只剩下了毫无价值的股票及大量坏账。失业率飙升。

这段时期也见证了不可再生资源消费的增长。作为雄心勃勃的增产战略一部分，石油和天然气开发进展迅速。随着交通运输部门放松管制，温室气体排放量显著增加。新西兰进口大量廉价的二手车，公路上车辆数目明显增加，通过铁路运输的货物更少了。这些因素，再加上经济中的政府角色减弱、缺少出口市场、资本回报率下降及失业率飙升等，严重影响了新西兰人的福利，进而表现为这一时期GPI持续下降，新西兰人均GPI下降幅度更大。

后改革时期（即1995年至2005年），GDP和GPI进一步偏离，GPI平均增速更低（GDP年均增速为3.3%，GPI年均增速为2.8%）。毫无疑问，后改革时期，新西兰经济已经开始慢慢复苏，表现为GDP持续增长。结构性改革的成效之一就是金融资产被重新配置到具有更大竞争优势的产业中去，这使得新西兰成为全球经济中一个自由化程度更高，也更有竞争力的经济体。同样，这个时期GDP增速、就业数量及企业信心都大幅增加。不过，经济增长给环境带来了额外的压力,特别是温室气体排放量增加,水质变坏,后者主要是受农业活动加剧的影响。旅游业也对新西兰环境产生了很大影响,每年有超过 200 万游客重复参观同一个因其自然美景而享有盛誉的场所。

  2005 年 3 月 31 日,GPI 约占 GDP 的 61.5%。GPI 最大的正项目是个人消费支出(56.9%)、家庭与社会工作的价值(19.1%)及净资本增长(11%)。① GPI 最显著的负项目有收入差距(37%)、净外债(12.2%)、湿地流失(8.8%)及不可再生资源损耗(8%)。②

表 6-2 新西兰 GPI(1970—2005 年):各组成部分数据

年份	个人消费支出（2005 年百万美元）	分配指数(DI)（1973=100）	用 DI 调整后个人消费（2005 年百万美元）	公共消费支出（2005 年百万美元）	家庭与社会工作（2005 年百万美元）	公共资本服务（2005 年百万美元）
1970	40 280	101	40 021	3 341	16 136	4 724
1971	41 769	102	41 050	3 652	19 108	5 185
1972	42 911	103	41 719	3 658	19 080	5 802
1973	45 546	100	45 546	3 842	19 422	5 792
1974	47 908	107	44 695	4 066	20 229	6 088
1975	48 699	107	45 703	4 715	22 722	7 274
1976	48 168	109	44 178	4 966	22 715	8 132
1977	47 759	112	42 830	4 718	22 727	8 097
1978	46 555	110	42 476	5 111	21 843	8 430
1979	47 353	107	44 234	5 680	23 753	9 085
1980	47 786	116	41 275	5 755	24 190	9 378
1981	48 273	112	42 936	6 265	25 698	9 613
1982	49 057	113	43 447	6 673	26 662	9 807

---

① 截至 2005 年 3 月 31 日,所有收益项目总价值为 1 540 亿新西兰元。
② 截至 2005 年 3 月 31 日,所有成本项目总价值为 625 亿新西兰元。

续表

年份	个人消费支出（2005年百万美元）	分配指数（DI）（1973＝100）	用DI调整后个人消费（2005年百万美元）	公共消费支出（2005年百万美元）	家庭与社会工作（2005年百万美元）	公共资本服务（2005年百万美元）
1983	48 640	113	42 863	6 520	24 155	9 506
1984	50 400	111	45 453	6 603	23 628	9 938
1985	52 794	116	45 385	6 756	23 295	10 176
1986	54 142	118	45 894	7 074	24 106	10 123
1987	55 885	120	46 690	7 148	23 458	9 944
1988	56 143	121	46 576	7 056	23 062	9 635
1989	57 824	120	48 361	7 075	23 205	8 743
1990	58 197	125	46 518	7 368	23 085	8 236
1991	58 037	131	44 292	7 438	23 731	7 950
1992	56 891	128	44 415	7 404	24 240	7 591
1993	57 392	129	44 611	7 485	24 295	7 471
1994	59 216	127	46 703	7 593	24 542	7 317
1995	62 391	128	48 662	7 660	24 801	7 400
1996	64 354	132	48 796	8 064	24 999	7 395
1997	67 063	135	49 845	8 195	25 252	7 334
1998	69 194	129	53 502	8 853	26 157	7 459
1999	71 843	131	54 770	8 802	26 575	7 807
2000	74 491	133	55 992	9 305	27 758	8 132
2001	75 283	135	55 792	9 109	27 244	8 216
2002	77 153	135	57 158	9 491	27 000	8 548
2003	80 077	135	59 303	9 618	28 927	8 942
2004	84 005	135	62 189	9 938	29 554	9 134
2005	87 641	136	64 506	10 539	29 395	9 555

表 6-2 （续表 1）

年份	净资本增长（2005年百万美元）	净外债变化（+/−）（2005年百万美元）	失业成本（2005年百万美元）	就业不足成本（2005年百万美元）	超负荷工作成本（2005年百万美元）	私人用于健康和教育防御性支出（2005年百万美元）
1970	4 427	−1 480	−50	−98	−464	−1 035
1971	5 019	−1 730	−54	−111	−498	−1 074
1972	5 571	−1 229	−79	−114	−506	−1 103
1973	6 184	−2 187	−91	−121	−535	−1 171
1974	6 344	−3 710	−77	−135	−611	−1 231
1975	6 825	−2 241	−81	−138	−658	−1 252
1976	8 319	−968	−91	−128	−612	−1 238
1977	9 333	−44	−73	−124	−594	−1 228
1978	9 363	−1 610	−49	−122	−576	−1 197
1979	9 718	−1 697	−66	−124	−589	−1 217
1980	10 516	−1 499	−80	−120	−604	−1 307
1981	10 818	−648	−152	−112	−610	−1 320
1982	11 203	−2 993	−192	−121	−640	−1 342
1983	11 568	−410	−287	−120	−645	−1 330
1984	11 199	−4 291	−406	−117	−682	−1 378
1985	11 675	−2 390	−337	−117	−717	−1 444
1986	12 079	−611	−325	−121	−716	−1 481
1987	12 402	−1 774	−389	−133	−1 394	−1 528
1988	12 053	−1 162	−359	−161	−1 122	−1 473
1989	11 841	−1 186	−380	−226	−538	−1 533
1990	11 815	−99	−498	−234	−916	−1 573
1991	11 849	−96	−825	−367	0	−1 637
1992	12 081	9 014	−881	−502	−99	−1 816
1993	12 141	−13 264	−958	−544	−439	−1 908

续表

年份	净资本增长（2005年百万美元）	净外债变化（+/-）（2005年百万美元）	失业成本（2005年百万美元）	就业不足成本（2005年百万美元）	超负荷工作成本（2005年百万美元）	私人用于健康和教育防御性支出（2005年百万美元）
1994	12 187	-2 954	-774	-515	-1 162	-1 879
1995	12 622	-3 023	-513	-489	-1 780	-1 903
1996	13 232	-2 390	-462	-433	-1 511	-1 876
1997	13 622	-9 163	-665	-457	-876	-2 060
1998	13 923	-10 186	-657	-538	-809	-2 125
1999	14 163	3 106	-694	-607	-1 030	-2 206
2000	14 481	930	-604	-603	-1 456	-2 288
2001	14 862	2 490	-574	-505	-1 132	-2 312
2002	15 155	-6 491	-555	-509	-537	-2 369
2003	15 330	-4 273	-543	-456	-1 008	-2 459
2004	16 123	-6 239	-551	-443	-698	-2 580
2005	16 934	-7 634	-483	-439	-727	-2 692

表 6-2 （续表 2）

年份	通勤成本（2005年百万美元）	犯罪成本（2005年百万美元）	水质损失（2005年百万美元）	气候变化成本（2005年百万美元）	空气质量损失（2005年百万美元）	湿地流失（2005年百万美元）
1970	-1 470	-881	-1 144	-1 525	-333	-156
1971	-1 550	-948	-1 066	-1 473	-336	-315
1972	-1 552	-1 003	-1 117	-1 518	-340	-474
1973	-1 572	-1 024	-1 094	-1 493	-345	-635
1974	-1 718	-1 106	-1 103	-1 503	-350	-798
1975	-2 093	-1 203	-1 092	-1 518	-354	-962

续表

年份	通勤成本（2005年百万美元）	犯罪成本（2005年百万美元）	水质损失（2005年百万美元）	气候变化成本（2005年百万美元）	空气质量损失（2005年百万美元）	湿地流失（2005年百万美元）
1976	−1 976	−1 251	−1 087	−1 510	−356	−1 126
1977	−1 817	−1 308	−1 092	−1 546	−354	−1 292
1978	−1 769	−1 387	−1 090	−1 512	−352	−1 459
1979	−1 713	−1 457	−1 088	−1 457	−349	−1 627
1980	−1 717	−1 944	−1 131	−1 503	−347	−1 795
1981	−1 757	−1 993	−1 133	−1 512	−346	−1 963
1982	−1 778	−2 100	−1 132	−1 553	−347	−2 132
1983	−1 891	−2 278	−1 123	−1 571	−349	−2 301
1984	−1 968	−2 355	−1 133	−1 608	−349	−2 469
1985	−1 917	−2 513	−1 131	−1 613	−349	−2 637
1986	−1 989	−2 552	−1 150	−1 718	−347	−2 805
1987	−1 915	−2 499	−1 109	−1 667	−347	−2 972
1988	−1 901	−2 563	−1 111	−1 689	−346	−3 138
1989	−2 096	−2 609	−1 072	−1 693	−345	−3 303
1990	−2 228	−3 240	−1 063	−1 700	−346	−3 466
1991	−2 196	−3 530	−1 067	−1 777	−357	−3 627
1992	−2 145	−3 674	−1 078	−1 921	−358	−3 786
1993	−2 182	−3 657	−1 118	−1 964	−359	−3 943
1994	−2 182	−3 539	−1 148	−1 996	−361	−4 097
1995	−2 479	−3 677	−1 178	−1 973	−364	−4 247
1996	−2 664	−3 777	−1 190	−2 020	−367	−4 393
1997	−2 874	−3 744	−1 194	−2 044	−368	−4 535
1998	−2 918	−3 651	−1 210	−1 913	−369	−4 673
1999	−3 300	−3 464	−1 232	−1 955	−368	−4 807
2 000	−3 366	−3 784	−1 276	−1 991	−367	−4 935

续表

年份	通勤成本 （2005年 百万美元）	犯罪成本 （2005年 百万美元）	水质损失 （2005年 百万美元）	气候变化 成本 （2005年 百万美元）	空气质量 损失 （2005年 百万美元）	湿地流失 （2005年 百万美元）
2001	−3 275	−3 758	−1 312	−2 098	−367	−5 058
2002	−3 626	−3 864	−1 361	−2 087	−369	−5 175
2003	−3 841	−3 960	−1 380	−2 108	−372	−5 286
2004	−3 891	−3 774	−1 397	−2 003	−374	−5 392
2005	−4 337	−3 507	−1 433	−2 003	−374	−5 500

表 6-2 （续表 3）

年份	不可再生 资源损耗 （2005年 百万美元）	固体废弃 物污染 （2005年 百万美元）	臭氧层损 耗成本 （2005年 百万美元）	天然林 损坏 （2005年 百万美元）	土壤退 化成本 （2005年 百万美元）	噪声污 染成本 （2005年 百万美元）
1970	−497	−225	−31	−226	−102	−97
1971	−584	−228	−34	−221	−204	−105
1972	−635	−233	−48	−212	−308	−115
1973	−675	−237	−48	−204	−414	−127
1974	−732	−243	−22	−207	−520	−138
1975	−875	−247	−94	−205	−626	−147
1976	−1 486	−250	−151	−211	−733	−157
1977	−2 424	−251	−124	−204	−839	−163
1978	−2 516	−251	−75	−174	−946	−171
1979	−1 941	−250	−104	−160	−1 053	−192
1980	−1 687	−251	−102	−156	−1 161	−191
1981	−2 097	−252	−105	−158	−1 269	−196
1982	−3 118	−254	−127	−159	−1 377	−210
1983	−3 562	−269	−120	−159	−1 484	−217

续表

年份	不可再生资源损耗（2005年百万美元）	固体废弃物污染（2005年百万美元）	臭氧层损耗成本（2005年百万美元）	天然林损坏（2005年百万美元）	土壤退化成本（2005年百万美元）	噪声污染成本（2005年百万美元）
1984	−4 000	−283	−174	−161	−1 590	−233
1985	−5 292	−298	−143	−169	−1 695	−236
1986	−6 109	−313	−132	−172	−1 801	−246
1987	−5 833	−328	−136	−172	−1 905	−259
1988	−6 327	−343	−144	−137	−2 009	−270
1989	−6 689	−357	−125	−145	−2 113	−283
1990	−6 908	−372	−166	−154	−2 215	−294
1991	−7 393	−384	−171	−164	−2 389	−300
1992	−7 675	−388	−143	−174	−2 494	−305
1993	−7 656	−393	−157	−157	−2 603	−318
1994	−7 403	−398	−143	−173	−2 709	−338
1995	−6 675	−398	−159	−181	−2 814	−352
1996	−8 008	−395	−159	−188	−2 918	−362
1997	−9 005	−392	−151	−213	−3 017	−378
1998	−7 773	−390	−212	−257	−3 117	−387
1999	−8 079	−387	−191	−250	−3 219	−399
2000	−7 948	−384	−205	−265	−3 316	−404
2001	−7 992	−381	−185	−281	−3 409	−427
2002	−7 473	−378	−185	−297	−3 541	−441
2003	−5 903	−375	−210	−315	−3 669	−461
2004	−5 366	−379	−212	−333	−3 793	−475
2005	−4 958	−382	−217	−352	−3 912	−483

表 6-2 （续表 4）

年份	GPI（2005 年百万美元）	GDP（2005 年百万美元）	新西兰人口（千人）	人均 GPI（2005 年美元）	人均 GDP（2005 年美元）	GPI 占 GDP 比重（%）
1970	58 835	57 674	2 863	20 553	20 147	102
1971	63 485	59 816	2 914	21 785	20 527	106
1972	65 240	61 339	2 966	21 992	20 677	106
1973	68 815	64 048	3 020	22 788	21 209	107
1974	67 219	68 643	3 074	21 866	22 329	98
1975	73 450	71 419	3 129	23 471	22 822	103
1976	74 978	72 618	3 132	23 938	23 185	103
1977	74 231	72 672	3 135	23 679	23 181	102
1978	75 187	60 677	3 138	23 962	22 525	106
1979	77 387	72 780	3 141	24 642	23 174	106
1980	75 519	74 637	3 143	24 026	23 745	101
1981	79 708	75 439	3 167	25 169	23 821	106
1982	78 217	79 147	3 191	24 154	24 805	99
1983	76 497	79 654	3 215	23 795	24 778	96
1984	73 623	84 250	3 239	22 730	26 011	87
1985	74 286	88 656	3 263	22 764	27 168	84
1986	76 687	88 462	3 285	23 344	26 928	87
1987	75 283	91 374	3 307	22 764	27 629	82
1988	74 127	92 809	3 329	22 265	27 877	80
1989	74 531	92 972	3 352	22 238	27 740	80
1990	71 552	93 091	3 374	21 207	27 591	77
1991	68 981	92 072	3 421	20 161	26 910	75
1992	77 307	93 113	3 470	22 281	26 837	83
1993	54 381	98 917	3 518	15 456	28 114	55
1994	66 572	104 072	3 568	18 658	29 168	64

续表

年份	GPI （2005年 百万美元）	GDP （2005年 百万美元）	新西兰人口 （千人）	人均GPI （2005年 美元）	人均GDP （2005年 美元）	GPI占 GDP比重 （%）
1995	68 940	108 128	3 618	19 053	29 884	64
1996	74 151	111 581	3 642	20 361	30 639	66
1997	63 110	114 908	3 665	17 218	31 349	55
1998	68 709	116 229	3 689	18 624	31 505	59
1999	83 036	122 264	3 713	22 362	32 927	68
2000	83 407	125 293	3 737	22 317	33 525	67
2001	84 649	130 029	3 794	22 313	34 275	65
2002	78 092	135 840	3 851	20 279	35 274	57
2003	85 498	141 091	3 909	21 872	36 093	61
2004	89 039	145 927	3 968	22 439	36 775	61
2005	91 495	148 912	4 028	22 715	36 970	61

6.4 新西兰GPI结果剖析

因为新西兰国家很小，经济与社会的核算制度相对发达，故我们试图使用目前最严谨的方法估算GPI各组成项目值。然而，由于新西兰的现有数据信息量很大但不成体系，很多尝试未能奏效。结果可想而知，现行可获得的数据，特别是环境项目，要么是难以进行跨期比较，要么就不适合用于计算GPI。以往，一般都强调经济和社会领域的数据体系，很少要求环境核算。这也验证了那句格言——"我们只管理我们所测度的"。相应地，新西兰经济就一直成为政治及统计核算的焦点。

GPI中的社会和经济数据是用现存的数据系列计算得出，大部分直接来自新西兰统计局。跨期测度有时会要求把不同的数据系列合并在一起并进行指标构建。使用指标时，时间起点并不总是1970

年，如对于收入分配指数(Income Distribution Index，IDI)，就将有记录的差距最小的年份(1973年)选为基期，对应指数值设定为100.0。

任何国家GPI的构建都非常依赖于在该指标方法框架内所做的潜在假设，新西兰亦不例外，环境类项目尤其如此，如关于究竟是否要计算累计值、累计起始年份的假设，会对GPI最终数值产生重要影响。就新西兰GPI而言，土壤流失和湿地流失是从1970年开始累计，之所以这样做，是因为从个人消费中获得的效应是依据给定年份开始测度的，既然GPI的起始时间点就是1970年，因而我们就观察这个起始点以后的变化。自然资本资产流的损失需要进行历史同期比较。虽然其他的一些研究(Cobb et al., 1995；Hamilton and Denniss, 2000)是从人类定居以前就开始累计计算损失的，但我们在计算新西兰GPI时没有这样做。当然会在一些时间点上出现生态服务损失的边际社会成本大于其他替代活动的边际社会收益，但是，二者相交的时间是否就是通常所认为的1970年之前，仍未有定论。

长期环境损害的计算是基于年度温室气体排放量，定价是依据每吨二氧化碳排放量的交易价格，理论上，它能反映向大气中每排放1吨二氧化碳所造成的边际社会成本。因此，排放量没有计算累计值。

在估计不可再生资源损耗成本的时候，使用了多种方法。纽梅尔(Neumayer, 2003)建议，自然资产作为一种生产过程的投入要素，没有必要专门保护起来，因为一旦资源明显稀缺的时候，市场会找到合适的替代品。但这种经济解释对于生态系统提供的生命支持服务(没有替代品)就不适用了，因此，应该区别对待，这些观点主要是围绕弱可持续性和强可持续性的争论展开(详见第4章)。在计算新西兰GPI时，已经接受这种假设，技术已经设定好了不可再生资源的历史价值和现值，因而二者是可以相互替代的。使用增加值贡献法(Stockhammer et al., 1997)计算不可再生自然资产损耗的成本。伊·赛拉斐的方法(El Serafy, 1989)——通常对于自然资本真实折旧值的估计要低于斯托克汉默(Stockhammer)的方法——没有被使用是因为关于当前存量规模、未来使用及该用哪个最合适的贴现率等问题都充满着不确定性。这种不确定性要求我们必须对新西兰开采的40多种矿产品中的每一种都要做相关假设。例如，假使我们不清楚煤炭的未来使用状况，煤炭储量丰富但可能会由于影响气候变化而弃用，那么，看来还是避免做出相关假设是比较明智的。

把自然资产视为一种生产投入要素并认为它是可替代的观点仍有争议，除了它们的生命支持服务以外，有时还会听到一些关于石油和天然气储备的不同看法（Anielski and Rowe，1999；Hamilton and Denniss，2000）。不可再生的能源生产类资源应该被区别对待，因为技术本身会消耗能源。由于石油和天然气是主要的廉价能源资源，所以，它们的损耗会给后代带来显著的成本。过去及现在对石油和天然气的开采利用使得当前中等收入人口可以享受资源密集型的生活方式，但这绝对是不可持续的，一旦供应中断随后就会造成严重影响。基于此，估算不可再生自然资本价值的时候，就必须要额外增加一定数量可再生资源以反映新西兰天然气和原油开采的稀缺性价值。消费每帕焦天然气和原油，就添加1帕焦可再生风能的2005年替代成本。

GPI范围也通常被认为是"国家"的边界。不同于生态足迹（Wackernagel and Rees，1996），其他国家的自然资本进口及随后的资源损耗并不计入资源消费国的GPI。不过，一国的行为通常会严重影响到其他国家居民的福利。例如，臭氧层漏洞造成新西兰白皮肤居民中因患黑素瘤（melanoma）而出现多人死亡，估算美国含氯氟烃（chlorofluorocarbons，CFCs）的人均产量（可参阅Cobb et al.，1995）、瑞典CFCs的人均消费量（可参阅Jackson and Stymne，1996），以及其他臭氧损耗类物质的排放量，都无法反映出这种影响。因此，这个项目的估算是基于黑素瘤癌症患者丧失的生命年数。在专为估算臭氧层损耗使用的方法中，介绍了一国对于别国居民福利的影响究竟该负多大责任的问题。大气中温室气体排放量增加也通常会产生类似的福利转移影响。估计非洲很多已经非常易受干旱影响的国家将会因气候变化而要经常面对更干旱的气候状况。这种跨界核算的问题会在第 7 章中做更深入的讨论。

此刻，各界仍在探索正确的方法去估算水质变化。计算新西兰 GPI 一开始也尝试使用好几种不同的方法，但随后因为数据不足或者逻辑错误又放弃了。不过有数据表明，水质特别是湖泊和平原河流，正在下降（Vant and Smith，2004；Gibbard et al.，2006；NIWA，2006），定量测度每年下降的程度并且对此进行赋值，仍然困难重重。

6.5 结　论

GPI 虽然可能在测算过程中缺少精确性，不过它在测度福利方面仍要比 GDP 精确，因为 GPI 并不武断地将社会与生态资本赋予零值，而这些资本对于任何社会的福利都是至关重要的（Cobb et al.，1995）。新西兰 GPI 是建立在过去持续努力探索改善国民福利测度、提供合适评估体系的基础之上。缺乏数据是精确计算 GPI 的一大障碍，不过，要知道国民账户体系（从中得出 GDP）已经发展 50 多年了，这为完善传统国民核算体系提供了充足的时间。除此以外，收集国民账户数据的体系并不完备，还必须做很多调整。同样，也不可能精确估计 GDP，因为它是通过"直接加总多个来源混合数据而计算得出，但是其中有很多数据是需要调整才能放入国民账户数据库中的，还有很多数据需要再做进步调整以增强一致性，总之，对这些出处多门的数据通常使用了不科学的方法"（Lequiller and Blades，2006，p.36）。

国民核算数据多为近似值，但是被接受了，因为这些信息对于企业和决策者来说意义重大。同样，GPI 也不应该因为其计算过程中的数据质量而受到批评，因为它可以不断完善。相反，无论它是否能够发展成为一种可以更好协助决策的工具，GPI 都需要不断完善与发展。在这方面比较典型的例子就是联合国气候变化框架公约（United Nations Framework Convention on Climate Change）要求的温室气体存量。该框架公约设立的速度就表明有可能通过设计国际标准来测度环境资源。

构建一国 GPI 的优点就是，它突出了应该还测度哪些内容才能反映一国福利。它承认非经济类贡献对福利的重要性，并力争用最好的方式去把这些贡献测度出来。当前 GPI 方法的不足之处在于缺少标准体系，这就意味着缺乏国际可比性。研究人员必须决定哪些项目要算进 GPI 及最好使用什么估算方法，这些决策通常都要基于数据可得性。

布莱斯（Bleys，2007）提出了一个可持续经济福利简化指数（Simplified Index of Sustainable Economic Welfare，SISEW）的概念，它省略了那些数量上不重要或不显著的项目，鼓励使用更少的数据项目去管理可持续经济福利，当然，这些数据项目很容易通过更精确的估算方法进行估计。GPI 一旦发展成为被国际上广泛接受的指标，那么就可以和 GDP 统计数据一起报告出来，反映 GDP 增长或下降对社会和生态资本的影响。距离戴利和科布（Daly and Cobb，1989）首次提出有必要寻找可替代的测度指标已经 18 年了，这个目标仍未实现，也还困难重重。

参考文献

Ajwani, S., Blakely, T., Robson, B., Bonne, M., and Tobias, M. (2003), *Decades of Disparty: Ethnic Mortality Trends in New Zealand* 1980—1999, Wellington: Ministry of Health.

Anielski, M. and Rowe, J. (1999), *The Genuine Progress Indicator* 1998 *Update*, San Francisco, CA: Redefining Progress, www.rprogress.org.

Bleys, B. (2007), "A Simplified Index of Sustainable Economic Welfare for the Netherlands, 1971—2004", *Working Paper*, Vrije Universiteit Brussel.

Clarke, H. (2007), "Prime Minister's statement to parliament", www. beehive. govt. nz/viewdocument. aspx? DocumentID= 28357, 1 April.

Cobb, C., Halstead, T. and Rowe, J. (1995), *The Genuine Progress Indicator: Summary of Data and Methodology*, San Francisco, CA: Redefining Progress.

Daly, H. E. and Cobb, J. (1989), *For the Common Good*, Boston, MA: Beacon Press.

Department of Conservation and Ministry for the Environment (1997), *New Zealand Biodiversity Strategy: An Outline Stratedgy for Public Consultation*, Wellington: Department of Conservation & Ministry for Environment, http:www. biodiversity. govt. nz/picture/doing/nzbs/index. html.

Department of Conservation and Ministry for the Environment (1998), "Restoring the dawn chorus", Wellington.

El Serafy, S. (1989), "The proper calculation of income from depletable natural resources", In: Y. Ahmad, S. El Serafy, and E. Lutz(eds.), *Environmental Accounting for Sustainable Development*, Washington, DC: World Bank, pp. 10-18.

Gibbard, R., Roygard, J., Ausseil, O. and Fung, L. (2006), "Water quality trends in the Manawatu-Wanganui region 1989—2004", Horizons Regional Council.

Grundy, K. (2000), "Purpose and principles: interpreting Section 5 of the Resource Management Act", in P. Memon and H. Perkins(eds.), *Environmental Management and Planning in New Zealand*, Palmerston North: Dunmore Press, pp. 64-73.

Hamilton, C. and Denniss, R. (2000), "Tracking well-being in Australia: the Genuine Progress Indicator", Paper Number 35, Canberra: The Australia Institute.

Jackson, T. and Stymne, S. (1996), *Sustainable Economic Welfare in Sweden: A Pilot Index* 1950—1992, Stockholm:

Stockholm Environment Institute, The New Economics Foundation.

Kelsey, J. (1999), *Reclaiming the Future: New Zealand and the Global Economy*, Wellington: Bridget Williams Books.

King, M. (2003), *The Penguin History of New Zealand*, Auckland: Penguin Books.

Lawn, P. (2003), "A theoretical foundation to support the Index of Sustainable Economic Welfare(ISEW), Genuine Progress Indicator(GPI), and other related indexes", *Ecological Economics*, 44, 105-118.

Lequiller, F. and Blades, D. (2006), *Understanding National Accounts*, Paris: Economica.

Ministry for the Environment (1997), *The State of New Zealand's Environment 1997*, Wellington: Ministry for the Environment.

National Institute of Water and Atmospheric Research(NIWA) (2006), "National river water quality network national monthly median data 1989—2004", 8, March.

Neumayer, E. (2003), *Weak Versus Strong Sustainability*, 2nd edition, Cheltenham, UK and Northampton, MA, USA: Edward Elgar.

Organisation for Economic Co-operation and Development (OECD) (2007), *OECD Environmental Performance Review of New Zealand*, Paris: Organisation for Economic Co-operation and Development.

Parfitt, R. (2005), "The 100-year Manawatu flood event-one year on: a soils perspective", *Soil Horizons*, 11, 2.

Parliamentary Commissioner for the Environment (2005), *Growing for Good: Intensive Farming, Sustainability and New Zealand's Environment*, 2nd edition, Wellington.

Pratt, M. and Lowndes, T. (2005), "Regional economic development and sustainability", J. Rowe(ed.), *Economic Development in New Zealand*, Aldershot: Ashgate, pp. 127-148.

Stockhammer, E. and Hochreiter, H., Obermayr, B. and Steiner, K. (1997), "The index of sustainable economic welfare (ISEW) as an alternative to GDP in measuring economic welfare: the results of the Australian (revised) ISEW calculation 1955—1992", *Ecological Economics*, 21, 19-34.

The Treasure(2007), *New Zealand Economic and Financial Overview* 2007, http://www.treasure.govt.nz/economy/overview/2007/nzefo-07.pdf.

Vant, B. and Smith, P. (2004), "Trends in river water quality in the waikato region, 1997—2002", *Environment Waikato Technical Report* 2004/02, Hamilton, http://www.ew.govt.nz/publications/technicalreports/documents/TR04-02.pdf.

Wackernagel, M. and Rees, W. (1996), *Our Ecological Footprint: Reducing Human Impact on the Earth*, Philadelphia, PA: New Society Publishers.

Wheen, N. (2002), "A history of New Zealand environmental law", in E. Pawson and T. Brookings(ed.), *Environmental Histories of New Zealand*, Oxford: Oxford University Press, pp. 261-274.

第7章 日本真实进步及构建开放经济 GPI 的必要性

牧野松姚（Matsuyo Makino）

7.1 简 介

7.1.1 第二次世界大战后日本经济的发展

1956 年，经济白皮书宣告第二次世界大战以后的日本复苏已经彻底完成了。白皮书在开篇引言中就介绍了随后 20 多年里日本国内生产总值（GDP）增长的非凡成就。首相池田勇人（Hayato Ikeda）宣布了著名的"收入倍增计划"，目标是在未来 10 年中实现 GDP 年均增长 7.2% 或说总量翻倍。尽管增长目标似乎没有实现，不过它有助于汇聚力量，群策群力去完成目标。预期实际 GNP 翻一番，从 136 000 亿日元增加到 260 000 亿日元，实际上这个目标已早于预期提前实现了，截至 1967 年，日本 GNP 在 10 年规划期间的年均增长率为 11%。高度工业化和制成品出口是日本 GDP 增长的引擎。

20 世纪 60 年代，日本出口增长速度更快，年均增速约为 18.4%。一方面，从 20 世纪 50 年代早期到 70 年代中期，制成品出口一直占日本出口总额的 80% 以上，70 年代达到峰值，为 95%；另一方面，原材料进口约占日本进口总额的 60%（如果算上食品的话，就是 80%），然而机器和制成品的进口额不到日本进口总额的 20%。

与此同时，从中也能反映日本国内工业结构的变化，日本核心制成品出口从 20 世纪 50 年代的纺织业转到 60 年代的钢铁工业，再到 70 年代的机器和交通设备。

在高速增长时期，日本越来越依赖初级原材料和能源进口。然而，日本能够持续促进经济发展，通过提升其出口附加值，确保可以从国外获得廉价而稳定的原材料和能源供应。

家庭平均消费增加 4 倍，恩格尔系数（Engel coefficient）显著降低①，普通公众的生活方式迅速西化，截至 1975 年，超过 80％的家庭已经拥有 1 部电话，50％的家庭拥有一整套餐桌椅（dining set）和 1 台私家车。日本人的饮食习惯也很快从大米和其他传统的日本食物转向面包和富含高动物脂肪的食品。

然而，GDP 高速增长也不是没有成本。实际上，在 20 世纪 60 年代后半期，面对严重的工业污染、城市病、两位数的通货膨胀、大规模劳资纠纷及其他社会冲突和动荡，日本社会已经开始出现不少批评意见，反对以增长为核心的政策。20 世纪 60 年代中期至 70 年代中期，日本见证了严重的环境灾难，在此期间出现了"四次大型污染诉讼"或法庭判例，要求补偿熊本市（Kumamoto）和新潟市（Niigata）水俣病（Minamata）的受害者、富山市（Toyama）镉中毒（Itai-itai, or Ouch-ouch）的受害者和四日市（Yokkaichi）哮喘病（Asthma）的受害者。关于 GDP 增长的争议非常激烈，以至于开始寻求替代性的经济和社会政策。作为回应，1971 年，日本在经济理事会（Economic Council）内部成立了一个新国民福利发展委员会（New National Welfare Development Committee），该委员会 1973 年开发了一套叫作新国民福利（New National Welfare，NNW）的福利测度指数（Economic Council，1973）。

1973 年世界石油危机及其后续发展严重冲击了日本这个贸易依

---

① 恩格尔系数反映花费在食品上的支出占其收入的比重。恩格尔系数上升表明收入中的更高份额用于食品支出；恩格尔系数下降则表示收入中用于食品方面的支出比重下降。

赖型经济体。1974年，日本陷入第二次世界大战之后最严重的经济萧条，过去30年里第一次出现年度负增长（－1.8%）。最终日本经济重新得以复苏，不过增速已经从以前10%的水平放慢到1974—1979年期间的年均3.6%，20世纪80年代的年均4.4%。

尽管经济增速放慢，然而凭借制造业部门革新的、成本节约型生产技术及更高的能源效率，日本仍然保持很高的产业竞争力。不过，1979年第二次石油危机迫使日本产业转型从重工业转向技术和信息密集型产业，比如半导体和计算机。工业制成品出口方面长期良好的表现，消除了人们对日本高贸易依存度的疑虑和担忧。

1985年，广场协议（Plaza Accord）导致日元升值，迫使日本政府采取金融措施，提升国内需求，这最终造成了1987—1990年的"泡沫"经济，特别是1990年年底大爆发。后泡沫时代的经济萧条一直持续到20世纪90年代的后半段和21世纪早期。1993—2003年日本实际GNP的增长一直非常缓慢，年均增速约为1.19%。

2001年，首相小泉纯一郎（Junichiro Koizumi）推行了结构性改革的一揽子政策。在"唯有改革才能增长"（no growth without reform）的口号下，日本引入了各类措施，比如把许多公共资产私有化（比较明显的是日本邮政服务），放松管制，收紧政府对社会保障领域的预算。在小泉纯一郎的5年任期内，2006年结束，日本实际GNP下行的趋势得以缓慢扭转，日本经济再次开始高速增长。

然而，日本GNP再次开始强劲增长并不一定归功于小泉首相推行的结构性改革。实际上，有可能仅仅是因为日本企业有了充足时间进行自我调整，适应后泡沫时代日本经济的新变化以及崭新的全球经济。此外，日本经济近期所取得的一点成就，似乎只让经济中极为有限的部门受益（如为满足中国旺盛需求而蓬勃发展的汽车工业和其他工业部门）。证据表明，绝大部分日本民众的经济状况并未得到实质性改善。然而，此时在日本的社会历史中，主流声音还是一直呼吁"再度增长"（growth again）和"改革不后退"（reform without retreat）。

7.1.2 新国民福利(NNW)和测度 GPI 的尝试

1973 年首次提出(Economic Council,1973)的新国民福利是一个指标体系,在原理上与 1972 年诺德豪斯和托宾(Nordhaus and Tobin)提出的经济福利测量(Measure of Economic Welfare,MEW)非常相似。NNW 的突出贡献在于,它首次明确提出要在福利测量中包括环境成本——空气污染、水污染及工业和家庭废弃物。

继诺德豪斯和托宾(Nordhaus and Tobin,1972)之后,NNW 也将投资支出排除在外,是因为资本品属于"中间产品"。也就是说,资本品并不提供即时、直接的福利收益,而是以未来消费品的形式提供间接收益。考虑到 NNW 将消费支出列为正项,因而投资支出就会在随后年份的 NNW 中体现出来(也可参阅本书的第 2 章和第 3 章)。

NNW 还有两个进一步的发现:一是,NNW 强调资本存量和源自资本存量的服务流(也称之为服务损失的成本)之间的区别;二是,NNW 明确核算耐用消费品存量和公共社会间接资本所产生的福利收益(Economic Council,1973;Kanamori et al.,1977;Uno,1989,pp. 308-309)。NNW 总计包括以下 9 个项目:

(1)政府消费,不包括防御性支出[①];

(2)个人消费,不包括耐用消费品和防御性或不提高福利的支出[②];

(3)公共社会间接资本提供的服务[③];

(4)耐用消费品提供的服务;

(5)闲暇收益;

(6)市场以外的活动,如家务劳动;

---

① 防御性支出包括政府用于司法、警察及公共管理等方面的支出。

② 私人防御性支出方包括通勤上班成本(部分扣除)、自谋职业的成本及履行社会责任的成本。

③ 这个计算不包括提高福利的服务、收费服务,或者源自防御性政府投资的服务(如垃圾处理设施)。

(7)用于环境保护或维持的防御性支出；

(8)环境污染；

(9)城镇化的成本(通勤和交通事故的成本)。

日本 NNW 估计值最初覆盖 1955 年、1960 年、1965 年及 1970 年，后来由金森淳等人(Kanamori et al.，1977)更新到 1975 年，进一步又被宇(Uno，1989)延伸到 1980 年和 1985 年。他们发现，在这些年里，NNW 持续增加，并且在 1955 年和 1960 年，日本的 NNW 高于其 GNP。1960 年以来，日本 NNW 的增速均低于 GNP，1970—1975 年除外，因为这个时期发生了世界石油危机(1973 年)，所以才会出现 NNW 增长速度超过 GNP 增速。

继戴利和科布(Daly and Cobb，1994)完成非常有创造性的工作以后，有几次尝试去估计美国、欧洲和澳大利亚的可持续经济福利指数(ISEW)或真实进步指标(GPI)。直到 2003 年，几个研究人员包括当前作者，才形成了一个 GPI 研究团队，回顾过去的 GPI 国别研究并且估计日本 1955—2000 年的 GPI。这项研究是在 2002 年和 2003 年展开，并从住友(Sumitomo)基金会那里得到了一个环境研究类的项目资助。这项研究的结果最初发表于 2003 年(GPI 第 1 版)，后来又改进了部分方法，重新估计并形成了日本 GPI 的新版本(GPI 第 2 版)，并在 2003 年生态经济学加拿大学会会议上做了报告(Makino et al.，2003)。[①] 另外一个日本 GPI 研究是由井上水户(Toshikazu Mito)独立开展的，他计算了日本在 1985—2002 年的 GPI 值(Mito，2003)。

7.2　日本 GPI 研究中使用的方法

2003 年 GPI 研究团队在估计日本 GPI 时(GPI 第 1 版和 GPI 第

[①]　Yoshihiko Wada，Katsura Nakano，以及其他日本 GPI 研究人团队的成员对于日本 GPI 早期版本做出了重要贡献。我们感谢住友基金会对本项研究的慷慨资助。

2版),吸收了以前其他国家测算 GPI 和 ISEW 时使用过的方法,也借鉴了计算 1973 年日本 NNW 时用过的方法。最近,围绕 GPI 的方法发生过一些异常激烈的辩论,如纽梅尔(Neumayer,2000)和劳(Lawn,2003)。充分借鉴这些成果,当前研究使用艾特肯森指数(Atkinson index)考虑收入差距并调整个人消费,也采用更为谨慎的方法处理防御性支出、计算资本存量提供的服务。

7.2.1 收入差距

艾特肯森指数是一种为数不多、能规范判断(normative judgements)收入分配对社会福利影响的差距测度指数(Atkinson,1970)。基于收入或消费的边际效应(收益)递减假设,该指数定义如下:

$$I = 1 - \left[\sum_i \left(\frac{y_i}{\bar{y}} \right)^{1-\varepsilon} f(y_i) \right]^{\frac{1}{1-\varepsilon}} = 1 - \frac{y_E}{\bar{y}} \quad (7.1)$$

其中,y_i 表示第 i 个收入组的收入占总收入的比例,$\bar{y}$ 表示平均收入,f_i 是指第 i 个收入组人数占总人数的比例。

均等分配后的收入水平等于实际分配的均值,如下式①:

$$y_E = \left[\sum_i (y_i)^{1-\varepsilon} f(y_i) \right]^{\frac{1}{1-\varepsilon}} \quad (7.2)$$

关键变量是 ε,它测度社会对差距的厌恶程度或者说是社会对不同收入水平福利转移的相对敏感程度,它能反映一个社会对于公平分配或说均等分配的偏好程度(也可说是对差距的厌恶程度)。② 参数 ε 的值已经在关于消费者行为及税收的各类研究中被估计过。本项研究把 ε 的值设定为 1.59,这是用计量经济学方法研究日本符合平等牺牲原则(equal sacrifice principle)的累进税问题时所估计出的结果(Young,1990)。当然,1.59 这个估计值要比杰克森等人(Jackson et al.,1997)在研究英国 ISEW 时使用的 0.8 要高出很多。

---

① 式(7.1)和式(7.2)表示的艾特肯森指数是适用于 ε 不等于 1 的情况,如果 ε=1,则需使用不同的公式。

② ε 值的范围是 0 至无穷大,若 ε=0 表示社会对于收入分配问题不敏感或说无差异,若 ε 为无穷大,表示整个社会非常关注最低收入群组的状况。

艾特肯森指数旨在测度若要将一国收入在其全部人口中公平分配的话,则只需要目前国民收入的多大比例就可以实现与当下相等的社会福利水平。也就说,若艾特肯森指数值为0.3,就表明如果该国国民收入能够公平分配,这个国家只需要当前国民收入的(1-0.3)或者说70%就能实现与现在完全相等的社会福利水平。相应地,推进收入再分配至完全公平状态过程中的福利收益就相当于总收入提升了30%。

在美国及其他许多国家的GPI研究中,对于收入差距问题,通常用基尼系数调整个人消费。一般的做法是将考察期第1年视为基期,并将对应指数值设定为100,其余年份的指数值,依据这些年份中收入分配状况相对于基期的改善或恶化进行调整。有些学者认为,使用这种方法很难直接比较个人消费加权值和实际个人消费,也很难直接比较GPI最终结果的绝对值和GDP或GNP的绝对值,而只能对每个指标的相对变化做一些有意义的比较。

使用艾特肯森指数,可依据下式最终计算得出加权后的个人消费:

$$C_{GPI} = \bar{C}(1-I) \cong W = E(U) \times \left(\frac{y_E}{y}\right) \quad (7.3)$$

现在假定一个社会的福利直接源自它的平均消费水平,并依据社会对差距的容忍度进行适当的调整和修正。进一步假定,个人从消费中获得的满意度在数量上恰好等于消费额。

7.2.2 公共消费与资本

以往很多GPI研究中,多种形式的公共消费,由于它们在性质上属于防御性支出,因而在GPI计算过程中被剔除出去了。有一种公共消费属于例外情况,因为它被视为一种政府对能提供免费公共服务的"服务资本"投资形式。既然GPI并不包括投资,那么只能计算这种公共资本所产生的服务。戴利和科布(1994)、重新定义进步(1995和1999)对美国真实进步指标的研究只计算道路与高速公路提供的服务,因为其他类型公共资本提供的服务一般都是收费的。此项日本GPI研究中计算了其他形式公共基础设施所提供服务的估算值——公立学校、博物馆和图书馆。因为公共卫生设施的资产价值数据无法获得,因此就没有估算该项服务。①

教育和健康领域的公共支出对于一国福利而言也是非常重要的,因为它们能够产生显著的外溢收益。即便教育和健康领域的公共支出被视为是防御性的,很多 GPI 研究也是这样处理的,这种支出也仍然被看作是一种对人力资本的投资形式,因为,通过提供健康而又受到良好教育的人力资源的形式,它们能够产生额外的服务收益(迄今未被 GPI 核算)。因此,本项 GPI 研究中,就专门计算了公立学校、医院、教育、文化和社会保障领域的公共支出。其他无助于提高福利类的项目则没有计算在内。

7.2.3 自然资源损耗

联合国环境经济综合核算框架(The United Nations Handbook and Manual on the System of Intergated Environmental and Economic Accounting,SEEA)(United Nations,1993 and 2000)把与环境能力损失相关的环境支出和成本分为如下几类:

(1)为达到可持续目标而产生的恢复成本;

(2)修复过去活动造成的损耗与退化而产生的成本;

(3)修复当前活动造成的损耗与退化而产生的成本;

(4)为避免或阻止未来环境恶化而发生的实际环境支出。

在实践中,SEEA 一般只测算第 2 类至第 4 类,而不计算第 1 类环境成本项目。为核算"经济的"自然资本损耗,SEEA 推荐计算第 2 类和第 3 类,使用"统计方法去计算被损耗自然资本的收入创造能力、因其使用而被剥夺的其他舒适性价值等方面的永久性损失"。

如何找到合适的统计方法核算不可再生资源损耗的成本?第 3 章已解释过,伊·赛拉斐(1989)提出一种方法,解决了这个难题。伊·赛拉斐使用者成本法已经应用于早先关于美国 ISEW 的研究中,

---

① 原则上来讲,收费类公共资本的服务也应该算进 GPI,只要这些服务的估算值大于费用,超出本文与讨论范围。

然而，劳和克拉克(2006)进一步将其延伸应用到可再生资源的过度利用问题中。继劳和克拉克之后，此项日本 GPI 的研究也将使用者成本法用于计算不可再生矿产资源和可再生木材存量的资源功能损失的成本。

7.2.4 防御性支出

标准的 GPI 核算实践通常会从消费项中减去"防御性支出"。有时候，防御性支出的概念饱受批评，主要还是因为在判断究竟什么应该算作防御性支出的问题上相当武断。在核算环境恶化(污染)时，SEEA 推荐估计因当前经济活动造成环境恶化所需的补偿成本，以及为了避免或阻止将来进一步恶化而发生的实际环境支出。

当前经济活动导致损耗与恶化的补偿成本可以体现在维护类的成本核算中。维护成本是指经济主体一旦为了避免残渣排放及当前经济活动造成的其他负面影响而很有可能要发生的成本。既然这些属于假设类的成本，因此，就需要估算负面影响的市场价值。

另外，实际环境支出是指为了阻止或减少污染(循环利用或开发替代品方面的投资)，或者减少可再生资源的净损耗(如植树、河中补足鱼苗、堵住输配水管网中的漏洞)而实际发生的支出。由于 GPI 计算中不包括投资，所以，这些活动中仅与消费相关的支出(如空气净化器或水过滤器)应该被扣除。

本项研究主要计算了两类环境成本，第一个是为避免或预防环境恶化而发生的实际环境支出(例如狭义的防御性支出)，第二个是因当前活动造成环境恶化而估算的补偿成本，当然，活动之前也已经做了一些预防性的努力。弄清不同类成本项目间的区别非常重要，不仅是环境成本项目之间，也包括计算许多经济和社会类成本项目。原则上讲，这些成本项目至少必须包括防御性和维护性支出。1973年早先 NNW 中曾计算过类似成本。NNW 的确没有计算犯罪成本，因为，在 20 世纪 70 年代早期，司法与警察方面的实际支出可能只是当作防止社会公共安全恶化的必然要求，然而，这并不适应于环境恶化，预防性措施并不可能避免实际的环境恶化，在这种情况下，

NNW 既包括污染预防方面的支出，又包括实际排放污染物维护成本的估算值。本项研究就是使用这种方法，尽可能计算经济、社会和环境成本。

7.2.5　时间使用与工作成本

在估算休闲与工作的成本和收益时，大部分 GPI 国别研究项目都计算了闲暇损失和就业不足的成本。这种方法并非总是核算时间使用的价值。例如，虽然失业和就业不足都属于非自愿性闲暇，但是闲暇的损失并非总能反映非自愿性的时间损失（如超负荷工作），因而存在重复计算的可能性。

本项研究对于闲暇和工作的处理，沿用了汉密尔顿（Hamilton，1999）在研究澳大利亚 GPI 时使用的方法。汉密尔顿的研究把从事各类活动的时间分为两大类：（1）自愿性活动，包括有偿工作（除去非自愿性部分）、家务工作和抚养子女、自愿性工作及其他休闲活动；（2）非自愿性工作，包括非自愿性休闲（失业）、非自愿性工作及闲暇的非自愿损失，如用于通勤上的时间。虽然前一类项目有助于增进福利，但是后一类项目则会减少福利。

因而，工人和潜在的工人就被分为全职雇员（包括可能超负荷工作的工人）、完全失业或就业不足的兼职雇员（愿意工作更久的工人）及那些劳动力市场以外的人。因为工作的机会成本是闲暇的丧失，闲暇的机会成本是工作薪酬的丧失，所以，有偿工作的收益可以看成从事有偿工作的成本的补偿。有偿工作的价值反映在个人消费中，然而，家务工作、养育子女及自愿性工作的价值则在 GPI 其他地方进行估算。因而，日本 GPI 并不包括闲暇损失，但是包括失业、就业不足和超负荷工作的成本。

7.2.6　投资和资本存量提供的服务

GPI 核算，旨在测度所有相关的福利项目，而并不包括投资，因为资本存量的增加不应该视为有助于增进当前福利。劳（2003，p.106）已经指出，GPI 或 ISEW 中的可持续经济福利是指"考虑以往和当前活动的影响,任一给定时点上一国所享受的福利"。不过,依据惯例,GPI 研究中仍然包括两类与投资相关的项目——"净外债"和"净资本增长"。

净外债是指一国金融资产或债权的净增量,就其本身而言,它与净投资相关。的确,如果一个国家到了必须依赖外国基金才能资助其当前消费的程度,那么该国经济可持续性一定会受到净外债的影响。然而,净外债对当前消费的影响程度和净外债自身的数量并不相关,但是却和当年的"债务还本付息"(debt service)密切相关。换句话说,历史累积债务在当年需要偿还的部分、利息,以及其他红利或股息等形式的支付。

证据表明,债务还本付息通常数额很大,对于那些负债累累的发展中国家会产生严重不利的影响(如债务还本付息超过其 GDP 的 30%)。这会进一步削减该国必需品的当前消费,如教育和医疗。既然债务还本付息已经在国民账户中的消费或投资项目中予以核算,并且也体现在当前消费中,因此,我认为,这个项目不应该再算进 GPI 了。在现在这项研究中,也计算净外债了,主要是出于解释的目的,为了强调日本经济的特征。同时给出了有这个项目和没有这个项目时候的 GPI 结果。

净资本增长,在 GPI 研究中,并不是一般意义上资本存量的净增量,而是被定义为资本存量变化量减去为保持工人人均生产资料(人造资本)数量不变时所需投资量的差额。过去已经证明,GPI 中包括这个项目是有道理的,基于如下理由:可持续经济福利需要人造资本和自然资本保持完整,不应该减少,就人造资本而言,工人人均生产资料的数量绝对不能下降。

然而,这是否意味着一定要包括上述定义的净资本增长呢,仍未有定论。因而,似乎有必要定义 GPI 中的"投资"。迄今,以往的 GPI 研究中没有太多讨论资本和投资的问题。虽然 GPI 核算因耐用消费品和社会间接资本而对消费项目做了较为严谨的调整,但是没有对生产资料的投资做相应调整,也没有考虑人力资本和社会资本中可能包括的广义资本的概念。

7.3 日本 GPI 的构成

本项研究只计算日本 1970—2003 年的真实进步指标（GPI），所有计算使用公历年份。GPI 值及其各组成项目的值均使用相关缩减指标折算成 2000 年不变价。

7.3.1 与消费相关的福利

为表示消费支出的福利贡献，有两种不同的计算方法：第一种是加总国民账户中的私人消费和公共消费[CON(1)＝PCON(1)＋GCON(1)]。第二种是从个人和公共消费中减去防御性和/或不受欢迎性质的支出[CON(2)＝PCON(2)＋GCON(2)]。

表 7-1 中的 b 列和 c 列分别给出了未经调整的消费 CON(1) 和调整后的消费 CON(2)。如表 7-1 所示，考察期内，CON(1) 持续快速增长，例外的情形是 1996 年以后，日本经济衰退并进入萧条时期，GNP 增长处于滞胀阶段。CON(2) 的变化趋势与 CON(1) 基本相似，不过增速要低得多，而且在考察期最后几年里实际上为负增长。CON(1) 和 CON(2) 之间的差距越来越大了。

7.3.2 耐用消费品支出(ECD)、耐用消费品服务(SCD)和公共服务资本提供的福利(WPPSC)

GPI 核算通常要对消费进行两类调整：第一类是处理当前耐用消费品存量提供的服务(SCD)和公共服务资本提供的服务(WPPSC)。迄今，当前的国民核算体系在计算 GDP 和 GNP 时，实际上是把个人用于购买耐用消费品的支出和政府对社会间接资本的投资都归为一种"消费"，因为它假定这两类支出都在其发生当年就会直接提供福利。在 GPI 核算中，只有公共服务资本和耐用消费品存量（家庭拥有的资产）的增量所提供的服务才会有助于增进当前福利。GPI 核算重新把这些支出归类为投资，并且估算耐用消费品和公共社会间接资本当前存量提供服务的价值。

表 7-1　日本真实进步指标(GPI)，1970—2003 年

年份	CON(1)(亿日元)	CON(2)(亿日元)	ECD(亿日元)	SCD(亿日元)	耐用消费品校正后CON(1)(亿日元)	耐用消费品校正后CON(2)(亿日元)	分配指数
a	b	c	d	e	f	g	h
1970	136 382	102 217	2 235	2 823	136 970	102 805	0.632
1971	145 378	108 273	2 456	2 743	145 665	108 559	0.675
1972	160 734	120 093	3 019	2 798	160 514	119 872	0.737
1973	174 940	130 942	3 654	2 896	174 182	130 184	0.733
1974	174 334	129 165	3 212	2 500	173 622	128 453	0.73
1975	183 151	133 713	3 493	2 837	182 495	133 057	0.713
1976	187 988	138 029	3 873	3 172	187 287	137 328	0.732
1977	194 277	142 426	4 305	3 579	193 551	141 700	0.726
1978	204 358	150 790	4 754	4 012	203 616	150 048	0.746
1979	216 748	160 426	5 456	4 495	215 788	159 466	0.718
1980	218 991	148 393	5 223	4 672	218 440	147 842	0.744
1981	222 767	149 910	5 316	4 943	222 394	149 537	0.74
1982	231 775	155 579	5 868	5 357	231 264	155 068	0.719
1983	240 288	160 790	6 405	5 831	239 714	160 217	0.715
1984	247 127	165 615	6 908	6 229	246 448	164 935	0.712
1985	255 769	170 960	7 368	6 734	255 135	170 325	0.709
1986	264 833	176 297	8 476	7 028	263 385	174 849	0.705
1987	277 359	184 338	10 008	7 974	275 325	182 303	0.694
1988	290 472	192 529	12 336	9 290	287 425	189 482	0.676
1989	303 624	201 137	14 197	10 721	300 148	197 661	0.673
1990	316 136	209 018	16 484	12 529	312 181	205 063	0.678
1991	324 327	213 571	17 307	13 478	320 498	209 743	0.655
1992	333 300	219 139	17 042	14 700	330 958	216 797	0.662
1993	337 922	221 562	17 189	15 620	336 352	219 993	0.677
1994	347 014	225 805	17 692	16 595	345 917	224 709	0.641

续表

年份	CON(1)(亿日元)	CON(2)(亿日元)	ECD(亿日元)	SCD(亿日元)	耐用消费品校正后CON(1)(亿日元)	耐用消费品校正后CON(2)(亿日元)	分配指数
a	b	c	d	e	f	g	h
1995	354 957	230 095	19 148	16 010	351 819	226 957	0.669
1996	364 021	233 475	21 383	17 714	360 352	229 805	0.638
1997	364 424	232 191	21 330	17 928	361 023	228 790	0.635
1998	363 160	232 145	21 228	18 337	360 269	229 254	0.653
1999	364 893	234 413	20 952	18 644	362 585	232 105	0.635
2000	369 769	231 342	22 556	19 392	366 605	228 177	0.634
2001	375 010	229 134	26 436	20 422	368 996	223 120	0.642
2002	378 178	229 529	26 682	21 352	372 848	224 199	0.625
2003	377 838	227 170	28 369	22 876	372 435	221 677	0.642

表 7-1 （续表 1）

年份	加权后CON(1)(亿日元)	加权后CON(2)(亿日元)	WPPSC(亿日元)	无偿家务劳动(亿日元)	志愿者劳动(亿日元)	对外净债权(亿日元)	失业和就业不足的成本(亿日元)
a	i	j	k	l	m	n	o
1970	86 560	64 969	952	44 545	924	1 844	−85
1971	98 389	73 326	1 106	48 457	1 066	4 925	−246
1972	118 242	88 304	1 278	54 220	1 261	4 661	−165
1973	127 630	95 391	1 452	59 794	1 466	−68	−228
1974	126 683	93 726	1 654	62 581	1 613	−2 279	−506
1975	130 193	94 924	1 833	67 310	1 819	−320	−1 005
1976	137 141	100 558	1 988	69 540	1 968	1 596	−967
1977	140 581	102 920	2 205	71 735	2 121	3 945	−1 066

续表

年份	加权后CON(1)（亿日元）	加权后CON(2)（亿日元）	WPPSC（亿日元）	无偿家务劳动（亿日元）	志愿者劳动（亿日元）	对外净债权（亿日元）	失业和就业不足的成本（亿日元）
a	i	j	k	l	m	n	o
1978	151 885	111 926	2 479	74 792	2 306	4 619	−1 038
1979	154 888	114 461	2 741	76 352	2 451	−2 541	−982
1980	162 466	109 958	3 069	76 208	2 543	−3 152	−1 092
1981	164 667	110 722	2 789	77 881	2 699	1 348	−1 204
1982	166 244	111 471	3 037	79 635	2 861	2 049	−1 618
1983	171 504	114 627	3 286	82 105	3 055	5 631	−1 655
1984	175 483	117 442	3 521	84 195	3 241	9 231	−1 638
1985	180 801	120 701	3 735	86 243	3 431	12 474	−1 779
1986	185 752	123 312	3 969	89 566	3 679	15 081	−2 093
1987	191 187	126 592	4 262	93 171	3 947	13 325	−2 056
1988	194 326	128 107	4 524	95 524	4 171	10 762	−1 979
1989	201 961	133 000	4 811	99 255	4 463	8 122	−1 906
1990	211 703	139 061	5 074	101 579	4 699	5 263	−1 945
1991	210 025	137 446	5 310	104 579	4 974	8 878	−2 076
1992	219 010	143 464	4 924	107 156	5 237	13 619	−2 684
1993	227 546	148 828	4 122	110 843	5 562	13 960	−2 709
1994	221 753	144 052	4 414	114 165	5 879	12 632	−2 954
1995	235 248	151 757	3 412	117 566	6 208	9 828	−3 204
1996	229 725	146 501	3 376	119 460	6 466	6 632	−3 635
1997	229 101	145 188	3 523	121 576	6 741	10 630	−4 671
1998	235 177	149 653	3 669	121 682	6 907	13 463	−4 831
1999	230 377	147 473	3 811	121 128	7 037	10 979	−4 958
2 000	232 387	144 639	3 944	122 776	7 295	11 881	−5 375
2001	236 790	143 179	4 008	124 646	7 572	10 793	−5 990
2002	233 050	140 137	4 066	126 126	7 831	14 517	−6 127
2003	238 939	142 253	4 091	126 783	8 041	1 6407	−5 180

表 7-1 （续表 2）

年份	超负荷工作的成本（亿日元）	犯罪成本（亿日元）	家庭破裂的成本（亿日元）	不可再生资源损耗（亿日元）	农地流失（亿日元）	木材损耗（亿日元）	湿地流失（亿日元）
a	p	q	r	s	t	u	v
1970	−5 528	−272	−506	−297	−948	197	−240
1971	−2 940	−281	−532	−284	−1 127	292	−244
1972	−4 013	−298	−577	−259	−1 317	188	−249
1973	0	−305	−601	−269	−1 435	165	−253
1974	−7 518	−280	−609	−353	−1 539	114	−257
1975	−11 150	−279	−638	−360	−1 680	134	−260
1976	−11 553	−278	−645	−407	−1 797	183	−264
1977	−12 555	−278	−664	−422	−1 866	162	−267
1978	−13 029	−274	−668	−426	−1 935	149	−270
1979	−11 587	−275	−687	−444	−2 000	91	−274
1980	−11 211	−270	−694	−498	−2 042	1 557	−277
1981	−12 556	−276	−710	−494	−2 104	2 187	−280
1982	−13 810	−280	−741	−502	−2 157	2 705	−284
1983	−13 961	−284	−858	−500	−2 206	1 702	−287
1984	−12 060	−290	−844	−468	−2 255	1 477	−290
1985	−12 893	−294	−801	−467	−2 310	1 675	−293
1986	−14 070	−297	−845	−425	−2 379	1 459	−297
1987	−14 216	−304	−793	−357	−2 438	1 294	−300
1988	−14 651	−310	−763	−321	−2 513	840	−303
1989	−15 750	−207	−738	−316	−2 637	886	−306
1990	−16 541	−206	−717	−298	−2 755	828	−309
1991	−17 331	−206	−735	−304	−2 882	890	−313
1992	−19 186	−312	−776	−290	−3 010	896	−316
1993	−21 842	−318	−787	−268	−3 144	1 002	−319
1994	−22 224	−327	−809	−258	−3 278	970	−322
1995	−23 423	−335	−826	−243	−3 425	955	−326

续表

年份	超负荷工作的成本（亿日元）	犯罪成本（亿日元）	家庭破裂的成本（亿日元）	不可再生资源损耗（亿日元）	农地流失（亿日元）	木材损耗（亿日元）	湿地流失（亿日元）
a	p	q	r	s	t	u	v
1996	−20 513	−343	−857	−248	−3 568	859	−329
1997	−19 597	−352	−915	−221	−3 716	813	−332
1998	−20 866	−364	−1 121	−199	−3 859	811	−335
1999	−25 567	−372	−1 129	−191	−3 987	801	−339
2000	−26 099	−406	−1 134	−177	−4 104	−500	−342
2001	−26 178	−426	−1 159	−161	−4 222	598	−345
2002	−26 916	−446	−1 179	−137	−4 327	743	−348
2003	−25 098	−462	−1 210	−137	−4 412	765	−352

表 7-1　（续表 3）

年份	空气污染的成本（亿日元）	水污染的成本（亿日元）	长期环境损害（亿日元）	LNCS（亿日元）	GPI(1)（亿日元）	GPI=GPI(2)（亿日元）	未加权GPI（亿日元）
a	w	x	y	s to y	z	aa	ab
1970	−4 608	−23 563	−834	−30 293	98 140	76 549	114 385
1971	−4 219	−24 737	−890	−31 210	118 733	93 670	119 738
1972	−3 829	−25 912	−1 027	−32 404	142 206	112 267	134 786
1973	−3 440	−27 086	−1 251	−33 569	155 571	123 331	149 209
1974	−3 051	−28 260	−1 314	−34 660	146 679	113 721	139 684
1975	−2 662	−29 435	−1 348	−35 610	152 153	116 884	146 420
1976	−2 487	−31 108	−1 498	−37 377	161 411	124 829	152 993
1977	−2 311	−32 781	−1 601	−39 086	166 937	129 277	159 476
1978	−2 136	−34 453	−1 681	−40 754	180 319	140 360	169 960
1979	−1 961	−26 126	−1 821	−42 535	177 825	137 398	173 971
1980	−1 786	−37 799	−1 897	−42 743	185 124	132 616	162 192

第7章 日本真实进步及构建开放经济GPI的必要性 169

续表

年份	空气污染的成本（亿日元）	水污染的成本（亿日元）	长期环境损害（亿日元）	LNCS（亿日元）	GPI(1)（亿日元）	GPI=GPI(2)（亿日元）	未加权GPI（亿日元）
a	w	x	y	s to y	z	aa	ab
1981	−1 705	−33 811	−1 919	−38 127	196 511	142 565	174 351
1982	−1 623	−29 823	−1 938	−33 622	203 756	148 982	186 727
1983	−1 542	−25 835	−2 092	−30 760	218 063	161 186	202 000
1984	−1 461	−21 847	−2 217	−27 060	233 779	175 738	219 435
1985	−1 380	−17 859	−2 298	−22 932	247 984	187 884	234 594
1986	−1 353	−16 961	−2 324	−22 279	258 463	196 023	245 007
1987	−1 327	−16 064	−2 527	−21 718	266 806	202 211	255 707
1988	−1 300	−15 167	−2 791	−21 555	270 049	203 830	263 305
1989	−1 273	−14 269	−3 000	−20 916	278 996	210 035	273 088
1990	−1 247	−13 372	−3 233	−20 386	288 423	215 781	280 445
1991	−1 267	−12 447	−3 425	−19 748	293 570	220 991	292 200
1992	−1 187	−11 523	−3 596	−19 025	307 963	232 417	304 873
1993	−1 106	−10 599	−3 655	−18 088	318 290	239 571	310 046
1994	−1 148	−9 674	−4 032	−17 743	314 787	237 085	317 241
1995	−1 089	−8 750	−4 192	−17 070	327 404	243 914	318 724
1996	−1 058	−7 825	−4 390	−16 560	323 750	240 527	323 576
1997	−1 026	−6 901	−4 528	−15 911	330 124	246 211	329 671
1998	−995	−5 976	−4 500	−15 054	338 664	253 139	332 692
1999	−963	−5 052	−4 794	−14 254	326 781	243 877	328 533
2000	−931	−4 127	−4 990	−15 172	330 097	242 349	325 965
2001	−1 032	−3 203	−5 371	−13 737	336 318	242 708	322 768
2002	−1 001	−2 278	−5 692	−13 040	337 883	244 970	329 168
2003	−969	−1 354	−5 918	−12 377	349 935	253 249	332 806

表 7-1 (续表 4)

年份	GDP（亿日元）	人口（千人）	人均GPI(1)（千日元）	人均GPI(2)（千日元）	人均GDP（千日元）
a	ac	ad	ae	af	ag
1970	186 792	104 665	938	731	1 785
1971	194 525	106 100	1 119	883	1 833
1972	210 908	107 595	1 322	1 043	1 960
1973	227 915	109 104	1 426	1 130	2 089
1974	225 413	110 573	1 327	1 028	2 039
1975	232 142	111 940	1 359	1 044	2 074
1976	241 614	113 094	1 427	1 104	2 136
1977	252 254	114 165	1 462	1 132	2 210
1978	265 401	115 190	1 565	1 219	2 304
1979	279 954	116 155	1 531	1 183	2 410
1980	303 494	117 060	1 581	1 133	2 593
1981	311 195	117 902	1 667	1 209	2 639
1982	317 916	118 728	1 716	1 255	2 678
1983	322 844	119 536	1 824	1 348	2 701
1984	334 435	120 305	1 943	1 461	2 780
1985	353 036	121 049	2 049	1 552	2 916
1986	366 642	121 660	2 124	1 611	3 014
1987	379 510	122 239	2 183	1 654	3 105
1988	405 107	122 745	2 200	1 661	3 300
1989	426 922	123 205	2 264	1 705	3 465
1990	447 792	123 611	2 333	1 746	3 623
1991	463 661	124 101	2 366	1 781	3 736
1992	468 575	124 567	2 472	1 866	3 762
1993	467 493	124 938	2 548	1 918	3 742
1994	470 706	125 265	2 513	1 893	3 758
1995	480 118	125 570	2 607	1 942	3 824

续表

年份	GDP（亿日元）	人口（千人）	人均GPI(1)（千日元）	人均GPI(2)（千日元）	人均GDP（千日元）
a	ac	ad	ae	af	ag
1996	497 060	125 859	2 572	1 911	3 949
1997	505 764	126 157	2 617	1 952	4 009
1998	500 093	126 472	2 678	2 002	3 954
1999	499 728	126 667	2 580	1 925	3 945
2 000	511 462	126 926	2 601	1 909	4 030
2001	512 510	127 291	2 642	1 907	4 026
2002	511 188	127 435	2 651	1 922	4 011
2003	517 674	127 619	2 742	1 984	4 056

如前所述，美国 GPI 研究中，在计算公共资本产生的服务时，只考虑高速公路和街道。但在此项日本 GPI 的研究中，还包括公共基础设施提供的其他形式服务，当然是指免费或者低价提供的服务形式。

为了得到以耐用消费品校正后 CON(1) 的值（列 f）和以耐用消费品校正后 CON(2) 的值（g 列），要从个人消费 PCON(1) 和 PCON(2) 中加上耐用消费品服务的价值（e 列），然后再减去用于耐用消费品方面的实际支出。表 7-1 给出了这些项目以及公共服务资本提供的福利（k 列）。从表 7-1 可知，泡沫时期（1982—1992 年），ECD 和 SCD 显著增加，此后尽管有时略有波动，但总体上看仍然持续增加。这一时期，电子产品和汽车方面的大宗消费表现突出，但是同期 ECD 的增速要低得多。

表 7-1 也表明，公共服务资本产生的福利（WPPSC）（k 列）稳步增长，直到 1992 年。1992—1996 年下降，但是 1999—2003 年，WPPSC 的值始终在 38 110 亿～40 910 亿日元徘徊。

7.3.4 分配—加权后的消费

GPI中对消费的下一步调整就是用合适的分配指数加权以耐用消费品校正后CON(1)的值(列f)和以耐用消费品校正后CON(2)的值(g列)。尽管这里选择了艾特肯森指数作为理想的差距测度指标,但也同时计算了考察期内的基尼系数。

20世纪60年代和70年代,收入差距程度普遍较低,基尼系数介于0.33~0.36,艾特肯森指数介于0.25~0.29。20世纪70年代,日本经济高速增长,并且收入差距相对较小,在很多研究发展问题的文献中,将这一时期通常描述成"增长再分配"或者"共享增长"时期(World Bank, 1993)。然而,20世纪80年代和90年代,日本收入差距迅速扩大,基尼系数从1972年的0.33增加到2002年的0.40,同期,艾特肯森指数则从0.26增加到0.38。

表7-1中,分配指数(h列)等于(1—艾特肯森指数),并用分配指数作为权重对消费进行调整,以考虑收入差距的因素,进而得到加权后的CON(1)(i列)和加权后CON(2)(j列)。虽然整个20世纪80年代,CON(2)(已因防御性支出做了调整)(c列)快速增长并且在20世纪90年代前半段持续增长,但是90年代早期用分配加权后的CON(2)(j列)却几乎停滞,此后开始下降。这两个指数之间的差距在80年代和90年代扩大,但近年来相对稳定。

7.3.5 无偿劳动的价值

无偿家务劳动,比如家务管理、抚养及照看子女,一直是社会福利的重要组成部分。正是因为认识到它的重要性,在日本,已经有几次尝试估算无偿劳动的价值,包括经济计划署①也有一次类似尝试。研究表明,20世纪70年来以来,日本人均志愿者工作小时数并没有增加。2000—2005年,无偿家务劳动和志愿者工作总时长均

---

① 经济计划署经济研究所(现在叫经济与社会研究所,内阁办公室)1997年和1998年发表了两份报告,就是关于无偿家务劳动和社会活动的价值。

有所增加，但这是否表明已经扭转了此前的趋势，仍然有待确认。家务工作中，男性参与率很低，然而，志愿者工作中参与主体的性别差异并不明显。

从表 7-1 可以发现，无偿家务劳动(l 列)是日本 GPI 中第二大的正项组成部分，从 1970 年的 445 450 亿日元增加到 2003 年的 1 267 830 亿日元，相当于年均增长 3%～4%，几乎和总消费的增长速度一样快。志愿者劳动的价值(m 列)在 1970 年为 9 240 亿日元，此后持续增长，增速比无偿家务劳动还要高，2003 年最终达到 80 410 亿日元。

7.3.6 净外债

与其他的 GPI 国别研究不同，其他国家净外债这一项几乎总是负的或者说处于"净借入"的状态，但在日本则最好使用"净借出"(n 列)。除了第一次和第二次石油危机(1973 年和 1979 年)之后的少数几年外，此项年度值差不多都是正的，主要介于 50 000 亿日元和 150 000 亿日元之间(表 7-1)。尽管 1970—2003 年该项有些波动，但很显然，整个考察期内日本海外资产的存量大大增加了。

7.3.7 非自愿时间使用(失业、就业不足和超负荷工作)的社会成本

非自愿时间使用(失业、就业不足和超负荷工作)，以及犯罪和家庭破裂，都表示经济活动造成的负面社会影响。因拜凯恩斯经济学所赐，日本 GNP 持续高速增长，在 20 世纪 60 年和 70 年代早期的许多年中，日本都实现了充分就业，1973 年石油危机发生以后才开始出现失业，70 年代中后期及 80 年代，日本的失业率仍然很低，一般不超过 1%，但是 80 年代后期和 90 年代早期，日本泡沫经济破裂以后，失业率已经升至 4%。依据最新的劳工调查(Labour Force Survey)(Statistics Bureau)，1998 年失业率达到 4.1%，2001 年进一步增至 5%，2002 年为 5.4%，2003 年又微降至 5.3%。2003 年失业人数约为 350 万人——比 2002 年同期减少 9 万人。

可能比失业更严重的问题是就业不足及劳动力中不规律就业人

数(比如分派工作，dispatched work)增加。20世纪70年代中期，就业不足的问题以兼职工作的形式开始出现，当时女性劳动参与率开始上升。此后，兼职劳动力主要为女性。尽管日本于1985年颁布实施了均等就业机会法（Equal Employment Opportunities Law，1985），但是女性工人中的绝大多数继续从事兼职或者不规律的工作，同时，女性全职工作和其余女性工人之间在收入、工作条件等方面的差距进一步扩大了。即便到了2002年，典型女性劳动力的M型模式（M-shaped Pattern）依然适应——即早先为了结婚或者照顾孩子辞职，后来又重新找工作。近年来，中年男性和年轻人的失业也开始出现并持续增加，同时，日本年轻人中就业不足的人数也一直在增加。

日本另外一个比较严重的劳动力问题就是全职工人中大量（通常是隐性的）超负荷工作。官方劳动统计数据显示，20世纪80年代末期以来，预定工作时间和加班时间都已经稳步减少。不过，这并不反映真实情况，原因如下：(1)每周工作少于35小时的工人比例快速增长，掩盖了全职工人工作总时长的增加；(2)官方报道的工作时长并不反映"真实的"工作时间。

日本主要有两类月度平均工作时长的劳动力调查，这两类调查中的劳动时长统计数字有所差异：一类是基于月度劳动调查（Monthly Labour Survey）（Ministry of Health, Labour and Welfare）的数据；另一类是基于劳工调查（Labour Force Survey）（Statistics Bureau）的数据。日本社会经济发展生产力中心（Productivity Centre for Socio-Economic Development）的一份报告显示，前一类调查主要是每月要求企业上报其已经支付酬劳的劳动工时数，后一类调查主要来自工人对于问卷的直接反馈，可以反映出他们自称的、更实际的劳动工时数。平均来看，两类调查数据之间至少相差10个工时，自从1998年以来甚至多于15个工时。另外，企业层面的调查显示1997—2003年工时总数没有下降的迹象。这两类调查数据之间的差异可近似看成未曾报告、也未付薪酬的加班工时数。

失业和就业不足的成本（表7-1，o列）从1973年开始上升，当年该成本很小，几乎可以忽略不计。20世纪70年代和80年代也没有大幅增加，但是90年代及21世纪早期却加速增长，据估计2003年已经高达5.18万亿日元。另外，超负荷工作的成本（p列）也在20世纪90年代早期泡沫经济之后明显增加，1998年左右大萧条时期有所下降，21世纪初再次上升并趋于稳定，2003年超负荷工作的成本估计值高达25.1万亿日元。

7.3.9 犯罪和家庭破裂的社会成本

依据国民警察署（National Police Agency）(Criminal Statistics, annual issues)，20世纪70年代早期至中期，日本认定的犯罪案例数量和犯罪率处于第二次世界大战后时期最低水平，这一时期适逢日本最初的NNW研究成果刚刚发表。此后，犯罪数量和犯罪率均显著增加。

依据国民警察署对犯罪的分类，表7-1给出了犯罪成本（q列）。表7-1表明，1970—2003年，日本犯罪成本的估计值并不是很高，然而，整个考察期内它却持续增长，除1973—1979年的那些年份外，1970年的犯罪成本为2 720亿日元，2003年增至4 620亿日元。

用离婚和自杀的成本表示家庭破裂的成本（表7-1，r列）。离婚数量从1970年的95 937例增加到1984年的178 786例，1990年降至大约157 608例，此后又开始增长。总体来看，考察期内日本离婚率呈上升态势，2003年已经高达289 836例，是1970年离婚数量的3倍。与此同时，自杀事件出现了两个高峰期：第一个高峰期为1983—1986年；第二个高峰期发生在1997年以后。

1970—2003年，日本离婚成本从1970年的1 920亿日元增加到2003年的5 680亿日元。截至2003年，自杀成本为6 420亿日元。从表7-1可知，离婚和自杀的总成本——家庭破裂的成本（列r）——从1970年的5 060亿日元增加到2003年的12 100亿日元。

7.3.10 自然资本资源服务流失的成本：不可再生资源损耗、农地流失和木材损耗

自然资本可以从很多方面增进人类福利。典型的是，它为人类生产过程提供自然资源投入（资源服务），为垃圾吸收提供环境服务（渗透服务），以及承担生态功能，如栖息地及洪水和气候控制。自然资本也提供其他非经济类的舒适，如健康和审美价值。

矿产资源是比较有代表性的经济资产，为生产过程提供必要的投入。然而，使用那些资源的成本并没有在资源开采总收益（扣除开采成本）中得到很好的体现。可持续福利和消费要求这种所谓的"使用者成本"或"损耗要素"应该作为资本投资（当前国民收入统计中没有核算此项）的形式留存下来。既然 GPI 的目标是测度当前的可持续福利，因而需要剔除当前的净投资，经济资产的使用者成本必须从当前消费中予以扣除，所以，在计算 GPI 时，它也必须要予以扣除。

如前所述，日本 GPI 计算过程中沿用了伊·赛拉斐提出的计算不可再生矿产资源的使用者成本法。日本 GPI 研究中计算的不可再生矿产资源有：金属类和非金属类矿石、煤炭、原油及天然气。

日本不可再生资源损耗成本很低（表 7-1，s 列），1970 年为 2 970 亿美元，2003 年为 1 370 亿美元。尽管不可再生资源损耗成本很低，不过说日本矿产资源稀缺也是错误的，以煤炭开采为例，一度是日本经济的支柱产业，在日本经济的战后重建中扮演了关键角色。20 世纪 60 年代后期和 70 年代早期，煤炭产量显著下降，2002 年产量几乎降至 0，这是日本政府政策转向的结果，即日本能源资源从国内采煤转向进口更为廉价的石油。由于 1973 年的石油危机，日本慢慢从进口原油转向利用核能发电。然而，核电站使用的铀，也是完全依靠从国外进口。因而，国内不可再生资源损耗的成本一直很低，仅仅是因为日本严重依赖进口的不可再生资源。

农地非常重要，不仅因为它能提供必要的农产品，而且还能发挥很多宝贵的生态功能。城镇化通过削减农地面积，剥夺了农地的生产能力。在此项日本 GPI 研究中，农地流失是用农产品损失的成

本和农地渗透与生态服务损失的成本这两大项进行估算。① 把 1961 年农地面积设为基期（当年日本农地面积达到第二次世界大战以后的峰值），农产品损失的年度成本用农地资源功能服务损失的成本估算。农产品损失成本估计值从 1970 年的 5 480 亿日元增加到 2003 年的 25 520 亿日元。农地流失的环境成本虽然这里并没有算进来，但作为一项生态服务损失也最终算进 GPI 中了，具体会在下一部分进行讨论。

1970—2003 年，日本木材存量逐年增加，因而需要计算木材存量增加所带来服务的收益（表 7-1，u 列），而不是成本。1970—2000 年间每 5 年期的木材存量数据来自国家森林计划（National Forest Plan）。三类主要树种的年度价格数据来自《木材供求报告》(*Report on Demand and Supply of Timber*)。1970 年木材存量增加的收益为 1 970 亿日元，2003 年增至 7 650 亿日元，1982 年木材存量增加的收益达到峰值，为 27 050 亿日元。

7.3.11 农地和湿地渗透与生态服务功能损失的成本

农业、林业和渔业部（The Ministry of Agriculture, Foresty, and Fisheries, MAFF）近期在规划初级产业和农村社区未来发展过程中将"多功能农业"（multi-fucntionality of agriculture）视为非常重要的概念。国家农业研究中心（The National Agriculture Research Centre, NARC, 1998）指出农地具有 8 种功能：

- 防汛
- 水培
- 预防土壤侵蚀
- 预防泥石流
- 吸收有机废物
- 空气净化
- 稳定气候
- 娱乐休闲

---

① 农地流失成本与湿地流失成本的估算归功于野田（yoshihiko wada）。

NARC 估计日本多功能农业价值约为每年 68 790 亿日元，以 2000 年不变价计算，相当于每年每公顷农田的价值约为 137.7 万日元。本项研究中，多功能农业价值被视为一种农地渗透和生态服务功能所产生的无偿收益。

把 1961 年农地面积设为基期，考察期内农地渗透功能损失和生态服务功能损失的年度成本在 2003 年分别为 4 000 亿日元和 18 600 亿日元，再加上资源功能损失（农产品损失）的成本，农地流失的总成本（表 7-1，t 列）1970 年为 9 480 亿日元，2003 年增至 44 120 亿日元，相当于考察期内增长了 365.5%。

本项日本 GPI 的研究在计算湿地流失成本（v 列）过程中，既包括湿地（沼泽地），也包括了潮淹区。本项研究之所以包括湿地流失的成本，是考虑到湿地在水净化、防汛及提供野生动物栖息地等方面具有重要功能，湿地流失成本的估算方法是基于科斯塔兹等人（Costanza et al. 1997）使用过的方法。1970 年，湿地流失成本估计值为 2 400 亿日元，2003 年增至 3 520 亿日元（表 7-1）。

美国 GPI 研究中包括了一个关于原生林损失的项目，旨在强调森林对于维护生物多样性、提供敏感性物种栖息地及实现其他重要生态功能的重要性。2003 年日本 GPI 报告也计算了原生林损失的成本，不过，计算使用的数据是基于区域，而不是存量，关于森林损失单位成本的假设也不太严谨。

20 世纪 50 年代和 60 年代，原生林木材的损失持续增加，并于 60 年代后半期达到峰值。不过，此后随着木材和林业产品进口越来越多，原生林木材的损失明显下降。由于缺乏更好的数据信息，即便可以计算的话，总成本也会很小，因此，本项研究省去了原生木材损失的成本计算。

7.3.12 空气和水污染的成本：自然资本的渗透功能损失

如简介中所述，20 世纪 60 年代中期至 70 年代早期，日本环境恶化问题严重。正是由于 NNW 委员会认识到这个问题，事实上环境恶化很大程度上也是 GNP 高速增长的机会成本，也有了后来日本

NNW 中对污染的估算。新国民福利(NNW)的报告聚焦与工业活动相关的污染(Economic Council，1973)。

根据联合国环境经济综合核算体系(United Nations，1993 and 2000)，污染成本被形容为"防御性支出"，包括为消除或防治污染而发生的实际支出再加上排污成本的估算值，实际支出包括：(1)家庭污染治理支出，如净水器、瓶装水等；(2)政府社会间接资本投资，如污水处理厂；(3)企业对水处理设施、设备领域的投资。由于很难找到合适的数据，没有计算家庭污染治理支出。此外，后两项支出也属于投资形式，它们也没有算进 GPI 中。

空气污染成本(表 7-1，w 列)的计算，是用硫氧化物(SO_x)和氮氧化物(NO_x)排放量表示空气污染程度，空气污染物排放量乘相应的边际成本计算得出总成本。关于水污染(表 7-1，x 列)，主要使用生物需氧量(BOD)和化学需氧量(COD)指标。其他类水污染，比如磷酸盐(P)、氮(N)及重金属，尽管也非常重要，有待于未来研究中进一步深化完善。水污染成本计算方法与空气污染成本计算方法基本相同。

表 7-1 阐明了空气与水污染成本的变化趋势。1970 年日本空气污染成本估计值为 46 080 亿日元，不过此后逐年下降，2003 年仅为 9 690 亿日元。1970 年日本水污染成本估计值为 235 630 亿日元，但是 1980 年增至 377 990 亿日元，然后又显著下降，2003 年为 13 540 亿日元。

7.3.13 长期环境损害的成本

大部分 GPI 研究都会包括长期环境损害的成本(表 7-1，y 列)，比较典型的是计算臭氧损耗和气候变化的成本。GPI 中这个项目在性质上与其他项目有所区别，因为它实际上是在处理全球环境成本。考虑到 GPI 很大程度仍限定于计算国内环境资源和渗透功能损失的成本，因此有不少人质疑，是否一定有必要计算这个全球环境损害的成本项目。

在日本 GPI 的计算过程中，长期环境损害的成本是用全球公共产品损失内生化过程中的日本份额进行估算——这里主要是指大气层的渗透功能。虽然以前日本 GPI 研究中既包括臭氧损耗又包括全球气候变化，不过当前的 GPI 研究只考虑气候变化。以前 GPI 研究估算臭氧损耗成本所使用的日本氯氟烃生产与销售数据也并不太完整和精确。当前的研究也不可能及时准备好更优质的数据。①

为了估计日本对气候变化影响的成本，用累计 CO_2 排放量乘每年排放量的边际社会成本（Marginal Social Cost，MSC），1990 年 MSC 设定为以 1990 年价格计算的 20 美元/吨或说是以 2000 年价格计算的 3 070 日元每吨（Cline，1992 and 1995）。② 进一步假定，1990 年以来，每吨 CO_2 排放的 MSC 逐年增加。之所以这样假定，是因为考虑到每吨 CO_2 排放的 MSC 是大气中碳累积存量的增函数。为此，1990 年以来任一年份中的 MSC 假定与 1990 年至核算年 CO_2 累积排放量变化量成比例（即 1995 年 MSC＝3 070 日元×1995 年累积 CO_2 排放量/1990 年累积 CO_2 排放量）。

日本 CO_2 累积排放量从 1970 年的 2 715 百万吨碳单位增加到 2003 年的 7 344 百万吨碳单位。从表 7-1 的 y 列可知，日本长期环境损害成本从 1970 年的 8 340 亿日元持续增加到 2003 年的 59 180 亿日元。

7.4 日本 GPI：结果与讨论

7.4.1 人均 GDP 和人均 GPI 的长期趋势

日本 GPI 是上文描述过的各组成项目的加总。GPI 是基于因防

---

① 既然可以通过 AFEAS(可替代的碳氟化合物环境接受度研究，Alternative Fluorocabons Environmental Acceptability Study)获得世界、区域层面与氯氟烃相关物质的排放、生产和销售数据，那么，臭氧损耗的成本，即使相关物质的生产和销售被管制以后影响依然存在，就应该在未来 GPI 研究中考虑进来。

② 克莱因(Cline)估计中的假设包括：(1)损害时期最多到 2276 年；(2)全球气温上升 2.5℃；(3)气候变化损害占发达国家 GDP 的 1.4%～2.5%，占发展中国家的 1.8%～4%；以及(d)社会的时间偏好率(贴现率)为 1.5%。

御性和/或并不必要的支出而调整后的消费支出——因耐用消费品校正后的CON(2)(g列)。因此,本部分讨论的GPI,除非特殊说明,均指GPI(2)或表7-1中的aa列。GPI(1),为了更好阐述,是一种基于耐用消费品校正后CON(1)的GPI(f列),也在表7-1中z列给出。同时,表7-1也给出了日本GPI(1)、GPI(2)和GDP的人均值——人均GPI(1)(ae列)、人均GPI(2)(af列)和人均GDP(ag列)。

图7-1展示了整个考察期,1970—2003年,日本人均GPI和人均GDP的变化趋势。这一时期,人均GPI从73.1万日元增加到198.4万日元,同时人均GDP从178.5万日元增加到405.6万日元。如图7-1所示,这两个指标的增长模式差异不大,不过,人均GPI的增速要远低于人均GDP。特别是,1973—1980年及1993—2003年,日本人均GPI增长迟缓或没有增长,但整个考察期日本人均GDP却持续增加,包括1990年之后的萧条时期,虽然增速要慢得多。有两个时期——20世纪70年代早期和80年代早期——人均GPI增速快于人均GDP。尽管如此,考察期内这两个指标之间的差距扩大了。

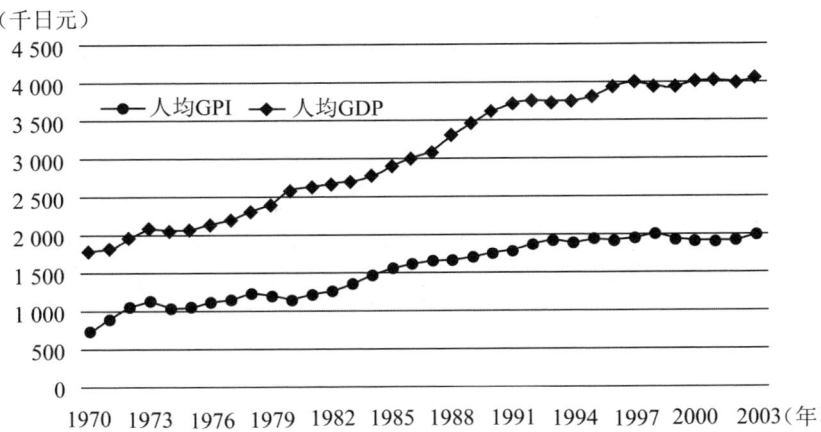

图7-1 人均GPI和人均GDP:日本,1970—2003年

注:以2000年不变价计算。

7.4.2 GPI正向组成部分

图7-2阐明了日本GPI正向组成部分的相对贡献。用收入差距加权后的CON(2)(j列),是GPI计算的基础项目。1970年,它占正向组成项目总和的57%(GPI值的85%),这一份额后来有所降低,2003年降至47.5%(GPI值的56%)。

家务劳动和志愿者劳动合在一起的价值是日本GPI第二大组成部分,贡献了整个考察期GPI值的40%~45%。虽然家务劳动价值的份额从1970年的66.2%略有下降,1993年仅为46.4%,但随后又开始上升,2003年为50%。此外,整体来看,志愿者劳动的份额是最小的,尽管其从1970年的1.4%逐渐增加到2003年的3.2%。

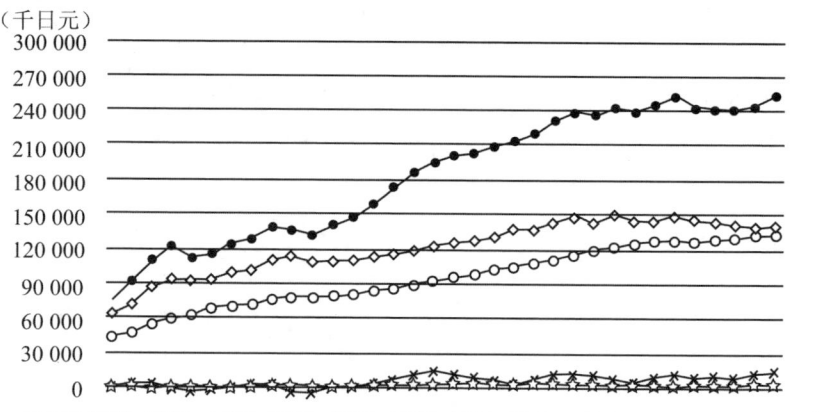

图7-2 日本GPI的正向组成部分,1970—2003年

注:以2000年不变价计算。

对于很多国家而言,虽然净外债一直是其GPI的主要负向组成部分(如美国、澳大利亚、新西兰及印度),但净借出(n列)一直是日本GPI重要的正向组成部分。考察期内日本净借出的数量持续上升,其在GPI正向组成部分总和中的份额从1970年2.4%增加到2003年的6.5%。

7.4.3 消费调整的影响：无助于提高福利的支出和收入差距

扣减无助于提高福利的消费和用分配指数加权（h 列）对于 GPI 最终结果具有重要影响。例如，扣减无助于提高福利的消费使得 GPI 值减少——也就是说，GPI(1)vs GPI(2)——考察期内每年平均下降 24.6%。此外，依据收入分配变化加权消费支出使得 GPI 值每年平均又下降 22.1%。

7.4.4 GPI 的负向组成部分

图 7-3 揭示了日本 GPI 负向组成部分的相对影响。1970—1980 年，空气和水污染的总成本（w 列和 x 列）是最大的负向组成部分。1970 年，这些成本构成了日本 GPI 负向组成部分总和的 81%，1983 年降至 60%，此后开始迅速降低，2003 年仅为 4.9%。

空气和水污染成本较之于经济活动总成本持续下降，是受很多因素影响，包括产业层面的能源节约（尤其是 1973 年石油危机之

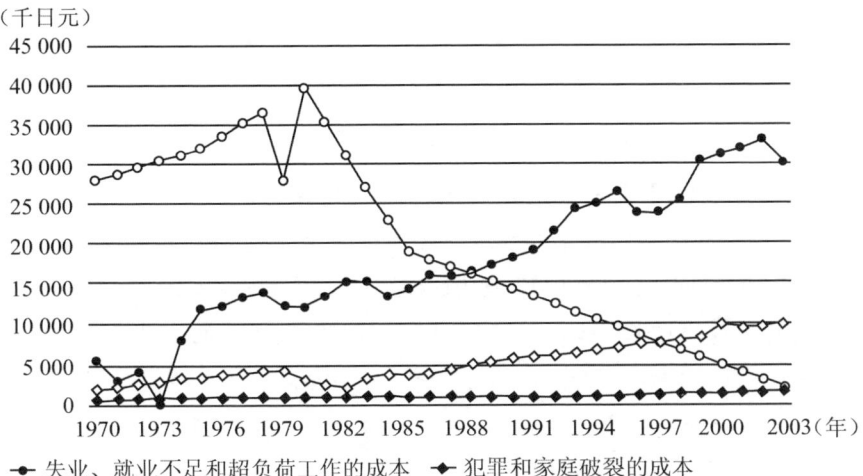

图 7-3 日本 GPI 的负向组成部分，1970—2003 年

注：以 2000 年不变价计算。

后),经济结构从工业为主向服务业为主转变,环境意识提高,以及引入更严格的环境标准。

1987年以后,失业、就业不足和超负荷工作的成本(o列和p列)成为抑制GPI上升的最大因素。虽然20世纪50年代日本几乎不存在失业和就业不足现象,到了20世纪60年代和70年代,失业、就业不足和超负荷工作的总成本开始缓慢增长,70年代中期以后开始大幅上升,截至2003年,其构成了日本GPI负向组成部分总和的67%。此外,超负荷工作的成本占其劳动相关总成本的80%以上。

考察期内,长期环境损害的成本(y列)逐渐增加,截至2003年,其约占负向组成部分总和的13%,如果该项目在估计过程中没有使用更为保守的CO_2每吨仅20美元边际社会成本,该项所占份额本应该会更高。

自然资本损耗的成本一直很低,尽管其在GPI负向组成部分总和中的份额于2003年达到了11%。如此前部分所述,这并不能说明日本在资源节约方面的努力和成效,而是由于日本主要依赖进口廉价外国自然资源。

7.5 结 论

大部分GPI研究表明,一国GDP和GPI差距持续扩大,后者自20世纪80年代早期开始出现停滞或下降的趋势。本章表明,日本GPI的时间序列趋势与其他国家基本相似。日本GPI在泡沫经济时期几乎没有增长(1984—1991年),在1973年石油危机之后的10年中(1973—1983年)也大部分处于停滞状态。1991年之后,日本GPI值小幅下降,20世纪80年代和90年代收入差距持续扩大是造成日本GPI下降的重要因素。

从正向组成部分来看,除了总消费(调整后)和无偿工作(家务劳动和志愿者劳动)之外,净借出是日本GPI的第三大正向组成部分。从负向组成部分来看,环境恶化和自然资本损耗的影响并没有预期的那么严重,特别是考察期末。这主要得益于日本在减少其国内或地区污染方面相对成功,日本的污染问题在 20 世纪 60 年代和 70 年代早期一度非常严重。考察期内,日本的自然资源,特别是不可再生资源损耗一直非常低。

日本虽然最初主要依赖其国内自身的煤炭储备支撑战后工业化进程,但是它成功实现了从依赖国内煤炭向使用进口石油满足国内能源需求的转变。但是日本仍然资源贫乏,未来很可能仍会主要依赖进口自然资源。

净借出对日本 GPI 的重要性及随后的外部金融资产积累,凸显了工业制成品出口增加对日本真实进步所扮演的关键角色,这都大大抵消了资源进口上升对日本 GPI 所造成的负面影响。至于社会成本,非自愿时间使用的成本(比如失业、就业不足和超负荷工作的成本)一直很高,以至于它成了日本 GPI 所有成本项目的重头。因此,需要采取更多措施去平衡劳动力需求和供给,大幅减少失业及日本全职雇员中越来越多的超负荷工作现象。

建立一个开放经济的 GPI

日本 GPI 研究引申出来一个需要进一步探讨的重要问题,它与国际贸易、跨界资源损耗与环境恶化对 GPI 核算的影响有关。日本用于自然资源进口(或自然资源密集型商品)的巨额花费是以其工业制成品和服务大量出口为支撑,从这个意义来看,日本是独特的。不过,如同戴利和科布(1994)指出的那样,"某一个国家有可能会用人造资本替代自然资本(自然资源和服务流),当然主要是从其他自然资本保护更好的国家那里获取自然资本。换句话说,互补性需求有可能在国家的层面上规避掉,但必须在国际层面上得到遵守"。日本恰好就是这种情况。

在一个自然资源越来越稀缺的世界中,可以设想这样的情形,一个国家越来越依赖对外国食品、能源和其他自然资本的进口,这在长期肯定是不可持续的。抛开文化和伦理道德层面的问题不谈,还有一个更主要的原因,即未来贸易条件的变化最终会反映资源相对稀缺性,类似可能会影响日本的例子,包括用于乙醇生产的玉米价格飙升及资源租金（使用者成本）上涨，这最终可能会增加日本资源进口的成本。

过去，GPI 核算试图在单一国家范围内测度可持续经济福利，主要的例外是计算净借入/借出和长期环境损害。在对待长期环境损害问题时，CO_2 排放的成本是从全球视角进行分析的，即把总成本分配给每个排放国。另外，自然资源损耗的成本则是仅从国家视角进行分析的。特别是，在发生自然资源贸易的情况下，无论是不可再生还是可再生自然资源的损耗成本，包括未来价格变化，都是完全由开采国（出口国）来承担，而不是消费国（进口国）。知道这点以后，如果开采国（出口国）没有把使用者成本加到出口价格中，进而把这项成本转移给消费国，则是极不明智的。

未来 GPI 核算有可能会进一步完善，通过：(1)让资源开采国承担损耗资源中用于国内部分的成本；(2)让所有资源进口国承担与国际资源贸易相关的资源租金（使用者成本）。联合国环境经济综合核算体系（SEEA）（United Nations，1993）谈及此点及其他跨界问题，原文如下：

> 出口不仅包括跨界产品进入国外经济体（如同 SNA 中一样），还表示国内经济使用并影响其他国家的自然环境。从世界其余地区流入国内经济的部分只计算了产品进口，实际上只是总使用的一个子项目而已（United Nations，1993，p.77. Paragraph 211）。

SEEA 日本版曾尝试使用伊·赛拉斐使用者成本法计算日本从世界其余地区进口石油对不可再生资源损耗成本的影响。1995 年，日本石油进口的使用者成本约为 5 137 亿日元或说 54.7 亿美元（以 1995 年价格和汇率计算）。使用者成本很有可能会更多，因为日本也进口了数量庞大、种类繁多的工业金属（比如铁矿石）。一旦这些使用者成本也算进 1995 年日本 GPI 估计值中，无疑会使 GPI 大大降低。

出于未来核算需要，我们显然都应该由此而有所收获，并要构建开放经济版本的 GPI。说到这里，当前 GPI 核算仅限于估算臭氧损耗和气候变化成本，未来应该进一步延伸，估算其他一些重要的全球公共物品，诸如生物多样性和海洋鱼存量。

参考文献

Atkinson, G, (1970), "On the Measurement of inequality", *Journal of Economic Theory*, 2, 244-263.

Cline, W. (1992), *The Ecnomics of Global Warming*, Washington, DC: Insititute for International Economics.

Cline, W. (1995), *Pricing Carbon Dioxide Pollution*, Victoria, BC: Ministry of Transportation and Highways.

Costanza, R., d'Arge, R., de Groot, R., Farber, S., Grasso, M., Hannon, B., Limburg, K., Naeem. S., O'Neill., R., Parvelo, J., Raskin, R., Sutton, P. and van den Belt, M., (1997), "The value of the world's ecosystem services and natural capital", Nature, 15 May, 253-260.

Daly, H. and J. Cobb, Jr. (1994), *For the Common Good: Redirecting the Economy toward Community, the Environment, and a Sustainable Future*, 2nd edition, Boston, MA: Beacon Press.

Economic and Social Research Insititute, Cabinet Office(ESRI) (1998), "Social Infrastruture in Japan", Tokyo: ESRI.

Economic Council (1973), *New Indicator of Welfare NNW*, Tokyo: Ministry of Finance Printing Bureau.

El Serafy, S. (1989), "The proper calculation of income from depletable natural resources", In: Y. Ahmad, S. El Serafy, and E. Lutz(eds.), *Environmental Accounting for Sustainable Development*, Washington, DC: World Bank, pp. 10-18.

Hamilton, C. (1999), "The genuine progress indicator: methodological developments and results from Australia", *Ecological*

Economics, 30, 13-28.

Intergovernmental Panel on Climate Change (IPCC) (1996), *Climate Change* 2005: *Economic and Social Dimensions of Climate Change*, Cambridge: Cambridge University Press.

Intergovernmental Panel on Climate Change (IPCC) (2001), *Climate Change* 2001: *Impacts, Adaptation, and Vulnerability*, Geneva: World Meteorognical Organisation.

Jackson, T. and Stymne, S. (1996), *Sustainable Economic Welfare in Sweden: A Pilot Index* 1950-1992, Stockholm: Environment Institute, The New Economics Foundation.

Jackson, T., Laing, F. and MacGillivray, A. (1997), "An Index of Sustainable Economic Welfare for the UK, 1950-1996", University of Surrey Centre for Environmental Strategy, Guildford.

Kanamori, H., Takase, Y. and Uno, K. (1997), "Japanese economic growth and economic welfare", Centre Paper No. 31, Japan Economic Research Centre.

Lawn, P. (2003), "A theoretical foundation to support the Index of Sustainable Economic Welfare(ISEW), Genuine Progress Indicator(GPI), and other related indexes", *Ecological Economics*, 44, pp. 105-118.

Lawn, P. and Clarke, M. (2006), *Measuring Genuine Progress: An Application of the Genuine Progress Indicator*, New York: Nova Science Publishers.

Makino, M., Nakano, K. and Wada, Y. (2003), "Genuine Progress Indicator(GPI) for Japan: a long term estimation 1955—2000", Paper presented at 2003 Biannual Conference of Canadian Society of Ecological Economics(CANSEE).

Mito, T. (2003), Toward a new indicator to show genuine welfare: investigation of the Genuine Progress Indicator through a case study of Japan, Masters research paper presented to University of

Waterloo, Ontario, Canada.

National Agriculture Research Centre (NARC) (1998), "Estimation of multi-fuctionality of agriculture and rural area using replacement cost approach", *Nogyo sogo kenkyu*, 52(4) (in Japanese)

Neumayer, E. (2000), "On the methodology of ISEW, GPI, and related measures: Some constructive suggestions and some doubt on the threshold hypothesis", *Ecological Economics*, 34, 347-361.

Nordhaus, W. and Tobin, J. (1972), "Is growth obsolete?", *Economic Growth*, New York: National Bureau of Economic Research.

Redefining Progress (1995), *The Genuine Progress Indicator, Summary of Data and Methodology*, Oakland, CA: Redefining Progress.

Redefining Progress (1999), *The Genuine Progress Indicator: 1998 Update*, Oakland, CA: Redefining Progress.

United Nations (1993), *Integrated Environmental and Economic Accounting*, New York: UN.

United Nations (2000), *Integrated Environmental and Economic Accounting: An Operational Manual*, New York: UN.

Uno, K. (1989), "Economic Growth and Environmental Change in Japan: Net National Welfare and Beyond", in F. Archibugi and P. Nijkamp (eds.), *Economy and Ecology: Towards Sustainable Development*, Dordrecht, Kluwer, chapter 17.

World Bank (1993), *The East Asian Miracle*, London: Oxford University Press.

Young, H. Peyton (1990), "Progress taxation and equal scarifice", *American Economic Review*, 80(1), 253-266.

统计数据来源

Agency of National Resources and Energy, *Statistical Survey of Estimated Mining Amount*, published every five years.

Bank of Japan, *Long-Term Time Series Data*, http://www.boj.or.jp/en/type/stat/dlong/index.htm.

Economic and Social Research Insititute(ESRI), Cabinet Office, *Annual Report on National Accounts*.

Economic and Social Research Insititute(ESRI), Cabinet Office, *On New Integrated Environmental and Economic Accounting*, http://www.Esri.Cao.go.jp/jp/sna/sateraito/041012/kankyou.html.

Economic Planning Agency(1955, 1970), *National Wealth Survey*.

Ministry of Agriculture, Forestry and Fisheries(MAFF), *Statistical Yearbook of Ministry of Agriculture*, Annual issues.

Ministry of Agriculture, Forestry and Fisheries(MAFF), *Report on Demand and Supply of Timber*, Annual issues.

Ministry of Economy, Trade and Industry(METI), *Trend of Mining Industry in Japan*, published every five years.

Ministry of Health, Labour and Welfare(MHLW), *Basic Survey on Wage Struture*, Annual issues.

Ministry of Health, Labour and Welfare(MHLW), *Vita Statistics*, Annual issues.

Ministry of Health, Labour and Welfare(MHLW), *Basic Survey on Wage Struture*, Annual issues.

Ministry of Health, Labour and Welfare(MHLW), *Monthly Labour Survey Handbook*, Annual issues.

Ministry of Health, Labour and Welfare(MHLW), *Comprehensive Survey of Living Conditions*, Large-scale surveys: every three years since 1986; small-scale surveys in interim.

Ministry of Justice, *White Paper on Crime*, Annual issues.

National Police Agency, *Criminal Statistics*, Annual issues.

National Police Agency, *Crimes in Japan*, Annual issues.

Statistics Bureau, Ministry of Internal Affairs and Communications, *Japan Statistical Yearbook*, Annual issues, http://www.Stat.go.jp/English/or http://www.Jstat.or.jp/English/index.html.

Statistics Bureau, Ministry of Internal Affairs and Communications, *Survey on Time Use and Leisure Activities*, Published every five years since 1976.

Statistics Bureau, Ministry of Internal Affairs and Communications, *Annual Report on the Labour Force Survey*.

第 8 章 印度真实进步：近期仍需增长但要尽快稳定人口

菲利普·劳(Philip Lawn)

8.1 简 介

迄今为止，本书中的 GPI 研究主要都是针对早已经完成工业化进程的国家。接下来的研究会包括一些直到近期都主要依赖一次产业提供国民收入和就业岗位的国家。实际上，在泰国和越南(第 10 章和第 11 章)，农业、林业和渔业一直是国民经济的支柱产业。另外，在印度和中国经济(本章和第 9 章)中，制造业和服务业部门已经越来越重要，虽然很多城外居民的收入来源仍然主要依靠初级生产形式。

一开始就应该强调，本章中印度 GPI 研究限于 1987 年至 2003 年，之所以对考察期进行如此严格的时间限制，完全是因为数据匮乏，特别是 GPI 构成项目中许多社会与环境项目。虽然这阻碍了印度经济发展不同增长阶段之间的比较，但它并不阻碍评估印度近期经济繁荣对真实进步的影响。本章结论部分会对印度近期经济发展绩效进行评估，也会简要归纳和讨论很多关于印度未来经济发展的政策建议。

8.2 印度经济发展：历史背景与近年发展

8.2.1 英国殖民统治之前

今天提起印度，人们会想到第一个长期、也是大规模城镇化定居形式要追溯到印度河流域文明（Indus Valley Civilization）①。公元前2800—前1800年，基于农业、畜牧业，以及使用青铜、黄铜和锡制成的工具，该流域文明建立了先进的经济体系，实现了大繁荣。精致的城镇规划是这个古代文明的突出特点，同时，它还与其他类似高度有组织的社会进行频繁贸易（Chopra et al.，1974，Vol. 1）。

出于很多至今仍未被完全弄清的原因，印度河流域文明迅速衰落，截至公元前1700年已经不复存在了。接下来的2 000年里，来自中亚的印度雅利安人（Indo-Aryans）形成了婆罗门文明（Brahmanic Civilization），在此基础上后来又慢慢演化成印度教（Hinduism）(Chopra et al.，1974，Vol. 1)，也是印度雅利安移民建立了一直持续到今天的种姓制（caste system），虽然当时的形式仍非常原始和松散。② 婆罗门文明从旁遮普（Punjab）省缓慢向东蔓延，旨在利用恒河流域肥沃的冲积平原。截至公元前800年，婆罗门文明已经在比

---

① 印度河流域文明存在于公元前3300年至公元前1700年。
② 印度种姓制是一种传统的社会分层体系，在这种体系下，各类社会阶层依据大量世袭、同族结婚的群体加以区分，也就是一般所说的阶级或种姓。阶级通常又会进一步在分为四个瓦尔纳（Varnas，印度的姓）或阶层。瓦尔纳通常就定义了一个人的社会位置和职业。此外，在一个阶级内部，存在同族结婚的群体，称之为戈特罗（gotras，印度种姓中的家系分支）——用于描述一个人的家系分支。印度种姓制，尽管主要是在印度教内时兴，也可见于其他信仰的追随者中。基于姓氏的歧视已经在印度通过制度改革被宣布为非法，这有助于进一步削弱种姓制，特别是在一些大中型城市。然而，种姓歧视在很多私人部门仍然很常见，而且农村地区一直恪守种姓习俗。因而，印度社会中的社会流动性仍非常有限，这在很多人看来，能够很好解释印度根深蒂固的收入和财产差距。

哈尔(Bihar)、贾坎德邦(Jharkhand)及孟加拉(Bengal)等地形成繁衍(Das，2006)。在此过程中，规模庞大且很有影响的摩揭陀王国(Magadha Kingdom)出现了。

公元前327年至前325年，在钱德拉古普塔(Chandragupta)击败马其顿(Macedonian)入侵以后，孔雀王朝(Mauryan Empire)正式建立(Edwardes，1961)。截至公元前3世纪，孔雀王朝已经覆盖了现代印度除了南部偏远地区之外的绝大部分国土。这一时期，南部印度远比北方更富裕，部分原因在于南部地区海外贸易繁荣，主要是说泰米尔语(Tamil)的潘地亚(Pandya)和朱罗(Chola)地区与罗马帝国之间的贸易(Das，2006)。

孔雀王朝最终被各类外部入侵带来的骚乱和动荡压垮，大约在公元前185年，孔雀王朝完全崩溃。接下来几百年中，政权当局一直在中央集权与分散控制的形式之间更迭。笈多(Gupta)王朝期间(350年至550年)，政权从恒河流域得以重建，然后扩张到西至旁遮普、东至孟加拉、北至克什米尔(Kashmir)及南至德干(Deccan)(Das，2006)。这是印度历史上的一段特殊时期，主要是因为印度与中国和东南亚国家之间的海上贸易及与中亚国家之间的陆上贸易(Khanna，2005)。

8—13世纪，许多独立王国接连涌现。不过，1206年土耳其成功入侵才导致了其在德里(Delhi)确立成为伊斯兰教君主的领地，终于开启了一段漫长的伊斯兰政治统治时期(Chopra et al.，1974，Vol. II)。

16世纪早期，蒙古首领巴布尔(Babur)在帕尼帕特(Panipat)击败了最后一个德里苏丹国(Delhi Sultans)，从而产生了莫卧尔帝国(mughal empire)，统治时期从1526年一直到1707年。早期莫卧尔帝国君主们极其关注普通民众的经济繁荣，这一时期商业与贸易迅速发展，艺术和文化也欣欣向荣(Das，2006)。除此以外，伊兰斯没有能够取代印度教成为印度的主流信仰。

8.2.2 1757—1947 年：英国殖民统治

18 世纪，随着王朝战争、阿富汗入侵及各类印度教王国持续不断的叛乱，印度的政治环境发生了剧烈变化。莫卧尔帝国逐渐衰弱，英国东印度公司(成立于 1600 年)已经卷入了与法国之间长期痛苦的战争，因为两个国家都希望利用它们的军事力量增加贸易并掠夺印度的财富。最终英国取得了对法战争的胜利，不过同时也遇到了来自孟加拉的莫卧尔王室权贵的军事挑战。1757 年，在罗伯特·克莱夫(Robert Clive)的领导下，英国军队在普拉西(Plassey)战役中取得了决定性的胜利(Chopra et al.，1974，Vol. Ⅲ；Metcalf and Metcalf，2006)。通过东印度公司的代理，英国取得了对孟加拉国家财政的控制权，后来又通过 1763 年的《巴黎条约》延伸了其领土权利(Dutt，1956)，英国在印度的殖民统治开始正式确立。

截至 1818 年，英国几乎全部控制了印度，并且在这个过程中，已经彻底消除了其印度国内强敌的影响力。英国政府的印度办公室——指导东印度公司商业活动——统治着大城市和其他印度富庶的地区，而把其余的地区交由印度各邦国首领治理，当然这些邦国首领也是由那些遴选出来、居住在印度国内的英国人有效控制之下(Das，2006)。

虽然创建起现代法制体系及发达的铁路系统和电报网络，英国建立起来的基础设施很大程度上是服务于英国自身利益的。这些基础设施网络目的就是让英国去剥削和利用印度，将其既作为廉价自然资源供应地，也作为产品倾销市场(Metcalf and Metcalf，2006)。事实上，虽然印度仍然持续大量出口丝绸和棉纺织品，但是它已经开始受到英国国内棉布产量大幅上升的冲击——一种新兴工业革命的产品(Dutt，1956；Chopra et al.，1974，Vol. Ⅲ)。

截至 19 世纪中期，东印度公司管理层开始不断受到社会动荡及社会抗议的威胁——主要是穆斯林贵族们对于印度英国总督征收的高额税负的抗议。终于在 1857 年爆发了第一次独立战争(Metcalf and Metcalf，2006)。所谓"印度暴动"被残酷镇压下去了，随后，政府当局实行了一系列改革措施，旨在预防类似起义再次发生。

印度人民并未完全丧失信心，印度国民议会于1884年成立，为印度人民争取在公共事务与管理中更多的参与权(Metcalf and Metcalf，2006)。1905年，英国当局决定，在孟加拉省内把信仰印度教和信仰伊斯兰教的地区分开时，印度的民族主义情绪高涨。这个决定激发了大量民族主义者的反动情绪，促使好战的民族主义者发起越来越多的运动，影响也越来越大。作为回应，莫莱-明托(Morley-Minto)改革于1909年开始实施，印度人民参与政府事务的权限范围进一步延伸，同时也在各类不同信仰的社群中形成了很多单独的选区(Metcalf and Metcalf，2006)。

20世纪最初几十年中，在一段国内反抗时期以后，英国政府于1935年开始在省级层面引入了有限的民选责任政府形式。印度国民议会最初同意，但于1939年又表示反对参加第二次世界大战，也抗议英国宣布印度参战的决定(Metcalf and Metcalf，2006)。此后不久，1942年8月，甘地(Gandhi)发动了退出印度运动，试图把英国完全赶出印度。随后爆发了大规模的抗议，但被英国当局控制住了。然而，第二次世界大战结束以后，印度人民的民族主义情绪高涨，此时的英国政府已经开始着手准备全面撤出印度，印度必会走向独立。1947年8月15日，印度成为一个独立的国家，贾瓦哈拉尔·尼赫鲁(Jawaharlal Nehru)成为印度第一任总理。

英国殖民统治结束以后，印度继承的是一个大部分没有实现工业化且以农耕形态为主的经济，也是世界上最穷的国家之一，国内工业发展长期处于停滞或者下降状态。更糟的是，它的农业部门经常无法养活国内快速增长的人口。在很多人心目中，英国统治完全是为了剥夺利用印度的自然资源，同时耗费印度巨大的经济潜力。为了便于阐述，印度的人均国内生产总值(GDP)在1600年比美国还高，但在英国统治早期，截至1820年已经下降到美国人均GDP的42%，大约在1947年印度独立前后，印度的人均GDP已经下降到只有美国的6%(Maddison，2002)。

8.2.3 1947年独立以后至1979年

从印度独立时国内糟糕的经济状况来看，普遍认为需要采取政策措施促进印度经济增长，提高印度社会中大部分弱势群体的收入和消费水平。1950年，印度成立了一个由8人组成的计划委员会，开始实施一系列五年计划（Misra，1986；Roy and Tisdell，1992）。该委员会的目的是要以一种让所有印度人、而不是仅仅少数群体都受益的方式统筹指导印度经济发展全过程。虽然印度政府的目标是确保大部分工业、金融和贸易业务由私人部门开展，但却试图使用强力干预的官僚手段去引导经济发展，并且随时保留使产业国有化的权利，如果认为这样做可维护国家利益的话（Das，2006）①。

考虑到印度对于饥饿问题非常敏感，第一个五年计划（1951—1956）优先考虑农业部门，启动实施了许多灌溉与发电项目。第二个五年计划（1956—1961）旨在大幅提高工业化水平，使实际GDP增加25%，以及抑制收入和财产差距扩大。虽然20世纪50年代印度实际GDP增速显著提高，但是印度经济绩效并未达到印度政治领导人的预期。实际上，印度实际GDP增速仍然低于许多亚洲国家的增长速度（Das，2006）。

工业化仍然是第三个五年计划（1961—1966）的中心内容，大量金融资本投资于交通和通信领域。三五计划也旨在加速开发和利用印度丰富的矿藏财富。20世纪60年代中后期，印度不断增加的贸易赤字成为其经济发展的主要约束之一，而且印度政府也开始面临财政赤字难题，再加上印度经济本来就很脆弱，政府很难从国外借到资金。为了继续资助执行三五计划中的基础设施支出，印度政府大量增发货币，最终导致了高通货膨胀率，与此同时，一系列干旱及与邻国巴基斯坦还爆发零星的战争，这些都使印度经济雪上加霜（Metcalf and Metcalf，2006）。

直到20世纪60年代中期，流入印度的国外援助客观上造成印

---

① 丹斯是指政府计划干预色彩过浓，把对私人部门毫无根据的管理和控制看作是政府有效引导资源配置。

度卢比升值。第 7 个五年计划(1985—1990)和第 6 个五年计划差不多。每年 GDP 增长要实现 5.2% 的目标明确写进了第 7 个五年计划当中。在此期间，印度的工业和农业产值每年分别平均增长 8% 和 4%，这就意味着，实际上，已经超过了 GDP 增速的目标，这一时期，也成为印度自独立以后，经济增速最快的时期。

然而，1990 年年底至 1991 年年初，全球萧条开始伤及印度经济。1991 年，印度人均 GDP 开始下降(Brahmbhatt et al.，1996)。此外，印度还面临着新出现的债务危机(印度政府，2002)。为此，印度总理在第 8 个五年计划(1992—1997)中着重强调经济自由化和结构调整政策。该计划主要目的是刺激私人部门，进而缓解政府资源负担，使得公共投资主要流向一些根本性的基础设施资产。第 8 个五年计划还包括征税、外汇改革、关税和减少进口限制。从促进印度实际 GDP 增长方面来讲，第 8 个五年计划是非常成功的。事实上，除了实现 GDP 年均增长 6% 的目标，第 8 个五年计划还抑制住了通货膨胀，大大提高印度出口总值，并且减少了贫困程度(Das，2006；Metcalf and Metcalf，2006)。

虽然 1996 年印度出现了政府换届，但经济改革的步伐并未停止，也体现在第 9 个五年计划(1997—2002)中，比如第一次强调推进公共资产私有化。外国投资水平依然很高，印度实际 GDP 仍以年均 5.4% 的速度持续增长，考虑到 1997—1998 年亚洲金融危机造成了极为广泛的影响，这已经算是相当了不起的成就了(Ahluwalia，2002)。印度之所以在这一时期仍能保持较高的经济增速，部分原因在于，许多跨国公司希望开发利用新技术以适应新的信息时代，而印度在这个领域具有突出优势，故成为这些跨国公司投资的首选目的地。

尽管第 9 个五年计划期间经济增速已经很高，但是印度政府公布的第 10 个五年计划(2002—2007)目标仍然定位于实际 GDP 年均增长 8%，本来希望是通过这种 GDP 增长目标，可以让印度在 2007 年之前贫困率下降 5%，到 2012 年再减少 15%。第 10 个五年计划还考虑了大量环境保护类的目标——截至 2007 年，森林覆盖率增加到 25%(1996 年为 20.5%)；为所有印度人民持续供应安全饮用水；修复所有被严重污染的河流。在第10个五年计划接近尾声的时候，尽管 GDP 增长目标有望实现，但印度能否够实现其环境保护目标，值得怀疑。

8.2.4 摘　要

印度经历了旷日持久的经济发展过程。许多世纪里，印度的国民收入约占全球总收入的 25%（Maddison，2004），但是，1757 年英国在印度的殖民统治开始以后，其在世界收入中份额迅速下降。实际上，截至 1978 年，印度的国民收入已经降至约占全球 GDP 的 3.4%（Maddison，1998）。

过去 16 年里（1991—2006 年），印度经济绩效突然好转，实际 GDP 增长 158%，人均 GDP 增长 97%，这相当于年均增速分别达到了 6.5% 和 4.6%。因此，近年来印度的绝对贫困水平大幅下降，同时人均预期寿命明显上升，也就不足为奇了。此外，新兴中产阶级开始出现，特别是在一些主要的城市中心区。

印度人口依然有增无减（2007 年估计约有 11.4 亿人口）。尽管近年来取得了一些成就，但大部分印度人民依然过着极端贫困的生活，主要是因为人口数量庞大，公共福利体系总体上存在缺陷，收入、财产和机会差距悬殊并且有进一步扩大的趋势。虽然有不少人可以接受良好的教育，但许多人不能，因而，让所有人都能得到良好的教育，仍是摆在印度政府面前的巨大挑战。

对于印度来说，比较有利的是，它目前政治上相对稳定。然而，大量的官僚主义壁垒，继续阻碍印度经济发展。这就大大限制了印度获得效率提升的能力，而千方百计提升效率，是印度提高生产力、提高工资及减少环境压力的必然要求。此外，有大量证据表明，基础设施瓶颈已经开始出现，特别是在能源和交通领域。这是因为，为支撑印度未来经济发展，私人与公共部门所能提供基础设施的潜力，早已经被近年来印度经济发展耗尽了（Luthra et al. 2005）。与此同时，印度很可能还会面临越来越大的压力，要求改善其环境绩效。这些压力，既来自更富裕、辨识能力也更强的印度人民，也来自那些越来越关注 CO_2 排放量上升、生态系统超载与破坏可能带来灾难性影响的国家。很明显，印度在实现长久、可持续真实进步过程中所面临的挑战，不亚于世界任何其他地方所面临的任何困难，更不要说亚太区域的国家了。

8.3 印度真实进步指标，1987—2003 年

该部分会简要描述 GPI 计算过程中所使用的一些方法，也会给出 1987—2003 年的 GPI 测度结果，以及那些显著影响印度 GPI 趋势变化的项目。鉴于考察期已被大大缩短，本项关于印度的研究仅仅涵盖第 7 个五年计划后半段、第 8 个和第 9 个五年计划，以及第 10 个五年计划的初始阶段。它也涵盖了印度政治相对稳定、实际 GDP 增长最快的历史时期。基于此，本部分最后会简要述评印度近年的经济腾飞对其真实进步水平乃至未来前景的影响。

8.3.1 印度 GPI 的测算

和本书目前为止所开展的 GPI 研究一样，印度 GPI 测算过程中所使用的方法，也是基本沿用第 3 章中所归纳的方法。不过，由于受数据所限，很多项目就没有计算在内，或者说被大大简化了。除此以外，估算印度防御性和恢复性支出时所用的方法，类似于澳大利亚 GPI 研究（第 5 章）中采用的方法。因此，它对于防御性和恢复性支出，采取了一种更为广泛而综合性的处理方式，而不是标准 GPI 研究过程中所使用的方法。

为协助解释印度 GPI 的测算方法，表 8-1 提供了完整的项目清单及各个项目测算过程中所使用的估值方法。为简洁起见，余下部分仅限于讨论有别于标准 GPI 研究方法的内容，或者有些情况下，为计算印度 GPI 某些构成项目所使用的独特方法。

8.3.2 防御性和恢复性支出

如上文所述，第 5 章中用于计算防御性和恢复性支出的方法，大部分都直接沿用于本项印度 GPI 研究。区别在于教育服务，或者保险和其他金融服务领域中的家庭支出，都没有被予以扣除。之所

以要对这种方法略作修正,主要是因为这些形式的支出已经被其他消费项目包含了。① 所有其他类防御性和恢复性支出的估算,和澳大利亚的研究完全相同。

8.3.3 无偿劳动的价值

在大部分 GPI 研究中,无偿劳动的价值,既包括志愿者劳动,也包括未付酬劳的家务劳动。本项印度 GPI 研究中没有计算志愿者劳动的价值,主要是因为关于志愿者劳动的数据,要么不够广泛,要么就缺乏跨期一致性。因此,只考虑了无偿家务劳动的价值。

虽然在大部分国家中,志愿者劳动具有重要的福利含义——可能在贫困国家中尤为重要——但不管怎样,在这两类形式的无偿劳动中,肯定是无偿家务劳动的价值更大。因而,省略志愿者劳动,不可能会对 GPI 值或者它的跨期变化趋势,产生颠覆性的影响。

表 8-1 印度 GPI 的构成项目与估算方法,1987—2003 年

项目	福利贡献	估算方法
项目 a:消费支出的福利贡献(CON)	+	CON=私人+公共部门的消费支出－所有烟草支出－0.25×酒水饮料支出
项目 b:防御性和恢复性支出(DRE)	－	DRE 主要包括如下减项: • 0.25×食品支出(防御性) • 0.25×房租和水服务支出(防御性) • 0.25×燃料和电力支出(防御性) • 0.5×健康领域的消费支出(防御性和/或恢复性) • 0.25×车辆运营支出(防御性) • 0.25×交通服务支出(防御性) • 0.25×通信支出(防御性) • 0.125×宾馆和餐馆的支出(防御性) • 0.25×政府一般性消费支出(防御性和/恢复性)

---

① 不可能准确判定这些形式的支出被算进哪个具体的消费项目中了。很有可能是,家庭用于教育、保险和其他金融服务的支出,被包含进各式各样的商品和服务中去了。鉴于这种模糊性,故没有扣减此类支出。

续表

项目	福利贡献	估算方法
项目 c：耐用消费品支出（ECD）	—	ECD 等于所有家庭购买耐用消费的支出总和
项目 d：耐用消费品服务（SCD）	＋	等于所有耐用消费品存量的折旧值（假定存量可以使用 7 年；折现率为 7%） • SCD＝0.186×耐用消费品价值
项目 e：调整后的消费		消费收益的跨期调整 • 调整后的 CON＝CON－DRE－ECD＋SCD
项目 f：分配指数（DI）	＋/－	基于考察期内收入分配变化的 DI，用基尼系数测度（考察期第 1 年的指数值设定为 100.0）
项目 g：调整后的消费（加权后）(＊＊)	＋	用分配指数（DI）加权调整后的 CON • 100×调整后 CON/DI
项目 h：公共基础设施提供的福利（WPPI）(＊＊)	＋	公共基础设施提供的福利假定等于公共基础设施资本存量的折旧值
项目 i：无偿劳动的价值(＊＊)	＋	无偿劳动是用净机会成本法进行估值 • 等于无偿劳动小时数乘假定的、以 1993 年不变价计算的工资水平（卢比）
项目 j：失业成本(＊＊)	—	失业总人数乘平均工时数，再乘平均每失业 1 小时的成本估计值（ILO，历年）
项目 k：犯罪成本(＊＊)	—	用犯罪指数（主要基于暴力和财产犯罪）乘这两类犯罪的成本估计值
项目 l：外债变化(＊＊)	＋/－	年度成本（收益）等于净债权年度变化量
项目 m：不可再生资源损耗的成本(＊)	—	用伊·赛拉斐等（1989）"使用者成本"法决定资源开采收益中需要留存多少比例，用于维持收入流 • 等于不可再生资源开采价值×0.89

续表

项目	福利贡献	估算方法
项目 n：农地流失的成本（*）	—	要反映因过去和当前农业活动累积影响而对居民的补偿金额 • 年度成本等于每年农业产值的 1%。各年累积成本满足强可持续性条件：(1) 人造资本不是自然资本的替代品；(2) 农地找不到自然资本替代品
项目 o：木材损耗的成本（*）	—	当木材采用率超过其自然再生与重新种植时造成木材存量下降的机会成本等于木材损耗价值×0.89
项目 p：空气污染的成本（*）	—	反映空气污染吸收能力损失 • 等于实际产出因素×污染减排技术因素（假定该类技术每年进步速度为 2%）。实际产出因素等于 0.025×实际 GDP
项目 q：城镇废水污染的成本（*）	—	反映每年废水污染成本的估计值 • 等于实际产出因素×污染减排技术因素（假定该类技术每年进步速度为 2%）×取水因素。实际产出因素等于 0.025×实际 GDP
项目 r：长期环境损害的成本（*）	—	要反映因能源消费长期环境影响而对居民的补偿金额
项目 s：自然资本服务损失（LNCS）（**）	—	（*）项目的加总：LNCS 汇总项反映了自然资本提供的某些资源、渗透和生命支持功能损失的成本
项目 t：真实进步指标（GPI）	+	自经调整后的 CON（加权后）项开始，所有标注（**）项目的加总
项目 u：人口		印度总人口
项目 v：人均 GPI	+	GPI/人口

8.3.4 失业和就业不足的成本

许多 GPI 研究中既包括失业成本，也包括就业不足的成本。在本项印度 GPI 的研究中，就业不足的成本则被省略了。同样主要也是因为受数据所限。

8.3.5 家庭破裂的成本

家庭破裂的成本是 GPI 研究中一般都包括的项目，旨在测度经济活动对家庭单元所产生的不利影响。通常使用离婚率作为家庭不和谐的代理变量，去测度家庭破裂的成本。在印度，官方并不总是记录和发布离婚率数据，此外，由于在印度社会中，离婚通常是不被允许或不被赞成的，所以离婚率就不能像西方社会一样，作为家庭破裂的代理变量。鉴于没有其他的方式，可以测度经济活动对家庭单元的影响，因而，在本项印度 GPI 研究中，家庭破裂的成本也被忽略了。

8.3.6 印度 GPI 研究的结果

GPI 单个项目

表 8-2 概括了印度 GPI 研究的结果（以 1993 年不变价估值）。A 列给出了用分配指数（DI）加权以后，耐用和非耐用消费品的年度福利贡献。加总表 8-1 中项目 a 至项目 f 的福利影响，A 列说明，在整个考察期内，印度加权后的消费逐年增加。从 1987 年的 41 802 亿卢比，增加到 2003 年的 79 052 亿卢比，这相当于总共增长了 89.1%，或说平均每年增长 4.1%。从人均来看，加权后消费增长了 38.8%，从 5 332 卢比，增加到 7 402 卢比，或说平均每年增长 2.1%。

表 8-2 的 B 列给出了基础设施资本提供的服务。和其他 GPI 研究一样，B 列表明基础设施资本对印度的福利贡献，要明显少于耐用和非耐用消费品。1987 年，印度基础设施资本提供的服务为 3 772 亿卢比，仅相当于耐用和非耐用消费福利贡献的 9%。1987—

1991年，基础设施资本相对福利贡献基本保持不变——这也反映了1985—1990年第7个五年计划期间的基础设施投资状况。然而，1992年基础设施资本提供的服务，无论是绝对量，还是相对量，都显著下降，这是因为，当年印度经历了严重的经济萧条及相应的债务危机。

幸运的是，1992—1994年随着第8个五年计划的实施，基础设施服务迅速恢复，但是由于受第9个五年计划中的私有化政策影响，随后又很快再次下降。截至2003年，基础设施资本的福利贡献已经增加到4 180亿卢比，但是，从相对意义上来看，其已经降至仅相当于消费品福利贡献的5.3%。

表8-2中C列揭示了印度无偿劳动（项目i）的价值。就像大部分其他GPI研究一样，无偿劳动是GPI总值的主要组成部分。它在考察期内也持续增加，从1987年的32 290亿卢比，增加到2003年的39 355亿卢比。相反，无偿家务劳动的人均值，从1987年的4 119卢比，降到2003年的3 685卢比。无偿劳动人均值下降的背后因素，和其他国家的情况类似，虽然程度略轻。这是因为，对于很多印度女性而言，根本无法获得带薪就业，然而绝大部分家务劳动却仍有待慢慢渗透到市场领域。

持续增长的印度经济产生了很多经济和社会效益，同时不可避免地也带来了许多社会成本，后者反映在表8-2的D列中。该列数值，等于表8-1中项目j至项目l值的加总。考察期内，印度的社会成本出现波动，1987年为8 742亿卢比，1991年达到峰值12 321亿卢比，1996年跌至最低点4 480亿卢比，2003年又再次增加到6 604亿多卢比。

社会成本的变化很大程度上归因于社会成本项目中印度外债状况（项目l）的变化。这种方法，在澳大利亚GPI研究中也被采纳了，主要是因为，整个考察期内，除了有1年以外，其他年份的外债都持续增加。不过，印度的情况却并非如此，准确地说，1987—2003年的这17年中包括1987年和2003年，只有10年，印度外债增加。考虑到外债时常让印度人民遭受巨大社会影响，外债变化应该被视为一个社会成本类项目。

在其他两类社会成本项目中,即失业成本(项目 j)和犯罪成本(项目 k),考察期内,一方面,前者稳定增加,从 1987 年的 3 582 亿卢比增加到 2003 年的 4 763 亿卢比(增长了 33%);另一方面,犯罪成本于 1987 至 1994 年持续下降(从 2 516 亿卢比到 1 723 亿卢比),然后又增加到 2003 年的 2 521 亿卢比(1994—2003 年增长了 46.3%)。

随着印度经济持续增长,比社会成本更明显的,是印度自然资本服务损失的成本(表 8-2 中的 E 列)。自然资本服务损失,从 1987 年的 19 813 亿卢比,飙升至 2003 年的 34 027 亿卢比,这相当于在整个考察期内增长了 71.7%,或说年均增长 3.2%。人均意义上来看,印度自然资本服务损失的人均成本,从 2 527 卢比增加到 3 186 卢比,相当于年均增长 1.4%。

印度环境成本大幅上升,其中最主要的因素是不可再生资源损耗的成本(项目 m)、农地流失的成本(项目 n)、空气和城镇废水污染(项目 p 和项目 q),以及长期环境损害的成本(项目 r)。由于缺乏合适数据,大量环境成本项目被忽略了,也没有生态健康指数(EHI)可用于加权自然资本服务损失的总成本,所以说,印度的自然资本损耗成本,可被视为一种保守估计值。实际上,它可能要比表 8-2 中 E 列给出的数据要高得多。

印度的 GPI 和 GDP

表 8-2 的 F 列给出了印度 GPI 的年度值,在数量上等于 A 至 E 列数值的加总。从表 8-2 可知,印度 GPI 从 1987 年的 49 309 亿卢比增加到 2003 年的 81 956 亿卢比。这相当于从 1987—2003 年增长了 66.2%,或说平均每年增长 3%。虽然如此,但在考察期的 17 年中,有 6 年 GPI 出现了下降的情形。最明显的下降发生于 1991 年,再加上 1989 年的下降,导致 1991 年的印度的 GPI 值略高于 1987 年。尽管 1993 年、1997 年、2000 年和 2002 年,印度的 GPI 都出现了小幅下降,但总体来看,1991—2003 年印度的 GPI 还是上升的。

第 8 章　印度真实进步：近期仍需增长但要尽快稳定人口　207

表 8-2　印度真实进步指标(GPI)和实际 GDP,1987—2003 年

年份	加权后 CON(调整后) A	WPPI B	无偿劳动 C	社会成本 D	LNCS E	GPI F	实际 GDP G	印度人口(百万人) H	人均 GPI(卢比) I	人均 GDP(卢比) J	人均 GPI 指标值 (1987=100) K	人均 GDP 指标值 (1987=100) L
1987	4 180.2	377.2	3 229.0	−874.2	−1 981.3	4 930.9	6 233.7	784	6 289.4	7 951.2	100.0	100.0
1988	4 357.0	371.1	3 271.5	−815.5	−2 073.4	5 110.8	6 848.3	801	6 380.5	8 549.7	101.4	107.5
1989	4 501.5	342.6	3 313.2	−1 094.0	−2 149.6	4 913.7	7 289.5	818	6 007.0	8 911.4	95.5	112.1
1990	4 628.0	336.0	3 353.9	−768.7	−2 235.2	5 313.9	7 713.0	835	6 364.0	9 237.1	101.2	116.2
1991	4 648.5	394.0	3 393.7	−1 232.1	−2 267.9	4 936.2	7 782.9	852	5 793.6	9 134.8	92.1	114.9
1992	4 715.2	337.4	3 432.6	−635.2	−2 352.7	5 497.3	8 193.2	869	6 326.0	9 428.3	100.6	118.6
1993	4 947.8	372.9	3 478.4	−975.5	−2 425.4	5 398.2	8 592.2	888	6 079.1	9 675.9	96.7	121.7
1994	5 094.4	452.0	3 515.5	−572.2	−2 527.7	5 961.9	9 233.5	905	6 587.8	10 202.8	104.7	128.3
1995	5 388.2	344.3	3 555.5	−461.4	−2 627.2	6 199.5	9 939.5	923	6 716.7	10 768.6	106.8	135.4
1996	5 728.7	348.8	3 598.4	−448.0	−2 735.0	6 493.0	10 674.4	942	6 892.7	11 331.7	109.6	142.5
1997	5 968.0	358.4	3 636.6	−758.6	−2 834.1	6 370.4	11 152.5	960	6 635.8	11 617.2	105.5	146.1
1998	6 387.7	392.8	3 673.9	−797.1	−2 899.7	6 757.6	11 820.2	978	6 909.6	12 086.1	109.9	152.0
1999	6 828.5	386.5	3 710.3	−686.4	−3 005.1	7 233.8	12 662.8	996	7 262.9	12 713.7	115.5	159.9
2000	6 949.5	386.2	3 775.1	−851.5	−3 081.8	7 177.4	13 162.0	1 015	7 071.3	12 967.5	112.4	163.1
2001	7 305.7	387.7	3 830.3	−641.0	−3 182.0	7 700.7	13 837.1	1 033	7 454.7	13 395.0	118.5	168.5
2002	7 427.0	377.0	3 885.0	−855.5	−3 292.2	7 541.3	14 406.3	1 051	7 175.4	13 707.3	114.1	172.4
2003	7 905.2	418.0	3 935.5	−660.4	−3 402.7	8 195.6	15 646.0	1 068	7 673.8	14 650.0	122.0	184.2

注：除非特别标明，所有估值都是以 2003 年不变价计算，单位为 10 亿卢比。

在比较 F 列和 G 列时，还需要注意的是，印度 GPI 和实际 GDP 之间的差距越来越大。1987 年，印度的实际 GDP 只比其当年 GPI 值高出 13 028 亿卢比，但是到了 2003 年，这两个指标之间的差距已经扩大到 74 506 亿卢比。

为了确定每个印度居民的可持续福利水平，表 8-2 的 I 列和 J 列，分别给出了印度 GPI 和实际 GDP 的人均值，图 8-1 也做了形象直观地描述。I 列和 J 列表明，考察期的 17 年中有 10 年，印度的人均 GPI 是增加的。

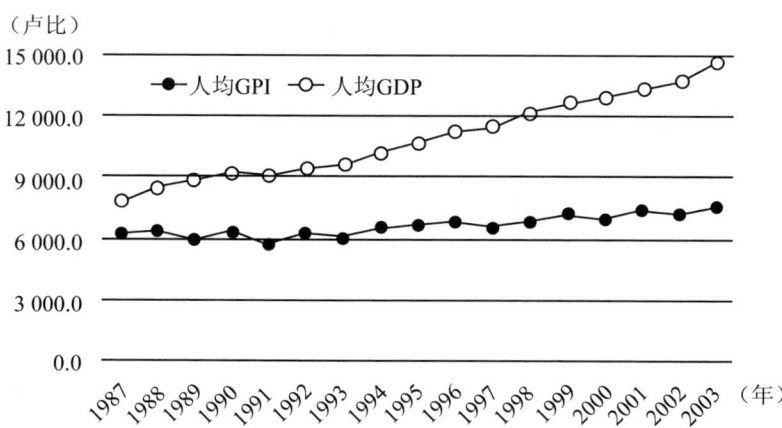

图 8-1　人均 GPI 与人均 GDP：印度，1987—2003 年

注：以 2003 年不变价计算。

总体来看，印度的人均 GPI，从 1987 年的 6 289.4 卢比增加到 2003 年的 7 673.8 卢比。相反，印度的人均 GDP 则除了 1991 年以外，在其他年份中均持续上升。就像 K 列和 L 列中的指数值所表明的那样，考察期末，印度的人均 GDP 增长了 84.2%，然而，印度的人均 GPI 则只增长 22%，二者的年均增速依次为 3.9% 和 1.2%。图 8-2 也刻画了这两个指标增长率之间的差异。

考虑到印度人均 GDP 增速要远快于人均 GPI，并且 2003 年二者之间的差距高达 6 976.2 卢比，所以，人们可能会推断说，整个考察期内，印度的人均 GDP 会严重夸大印度所取得的真实进步程度。

第8章 印度真实进步：近期仍需增长但要尽快稳定人口　209

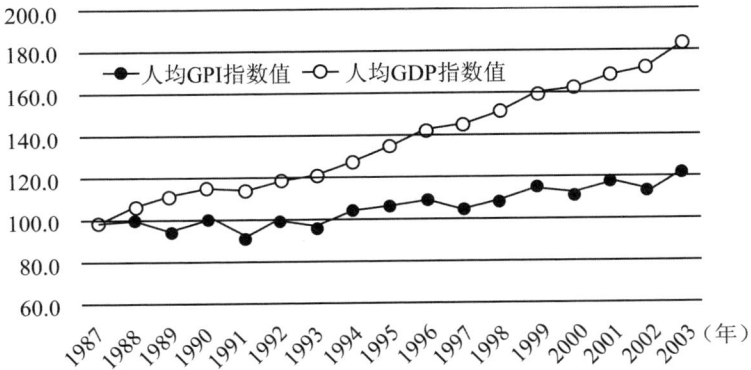

图 8-2　人均 GPI 指数值和人均 GDP 指数值：印度，1987—2003 年

注：1987＝100。

不过，毫无疑问，进步是肯定的，特别是在 1993 年以后，当时印度的人均 GPI 只比 1987 年略低一点（1987 年为 6 289.4 卢比，1993 年为 6 079.1 卢比）。1993—2003 年，印度人均 GPI 以年均 2.4% 的速度增长。

通过对比分析印度的人均 GPI 和人均 GDP，就会发现一系列问题，包括：

• 根据印度人口的预期增幅，未来印度任何实际 GDP 的增长，还能转化为就像 1993 年至 2003 年的真实进步增长吗？

• 如果印度的产出质量更好，它的人口增幅更低，并且印度政府更致力于为穷人提供基本的产品和服务，那么，是否印度的人均 GPI 本来会更高？

• 如果前一个问题的答案为是。现在难道不正是时候，去立刻采取措施稳定人口规模、提高资源使用效率、限制自然资本损耗，并且确保经济产出增长能够惠及最穷困的人口？

• 最后，考虑到印度的社会与环境成本迅速增加（前者自 20 世纪 90 年代中期开始增加），是否有可能在不远将来的某个阶段，印度最好转向追求速度更低的经济增长？

这些问题的答案，最好是通过剖析那些在考察期内对印度 GPI

影响最大的因素来获得。此外,从这种对比分析过程中,还可以产生很多政策措施,进一步促进印度 GPI 正向组成部分的增长和/或抑制负面组成部分。这些政策措施,应该为印度未来经济发展,实现长久而可持续的真实进步,打下坚实基础。

8.3.7 印度 GPI 的主要影响因素

图 8-3 揭示了印度的人均 GPI,还有表 8-2 中主要成本、收益项目的人均值。在三个主要收益项目中,公共基础设施对印度人均 GPI 的贡献最低,此外,由于这个项目的人均值基本不变,其年度间的变化可以忽略不计,所以这个项目对于考察期内印度人均 GPI 的趋势变化几乎没有什么影响。抛开这个不谈,公共基础设施的人均福利贡献于 1994—2003 年持续下降,值得关注。这不仅仅是因为 1994 年以来如果公共基础设施能够逐年适度增长,截至 2003 年本有可能使得印度人均 GPI 再增加 3%~4%,也是因为它提供了实际证据表明,印度当前的公共基础设施已经成为制约未来经济发展的潜在约束。

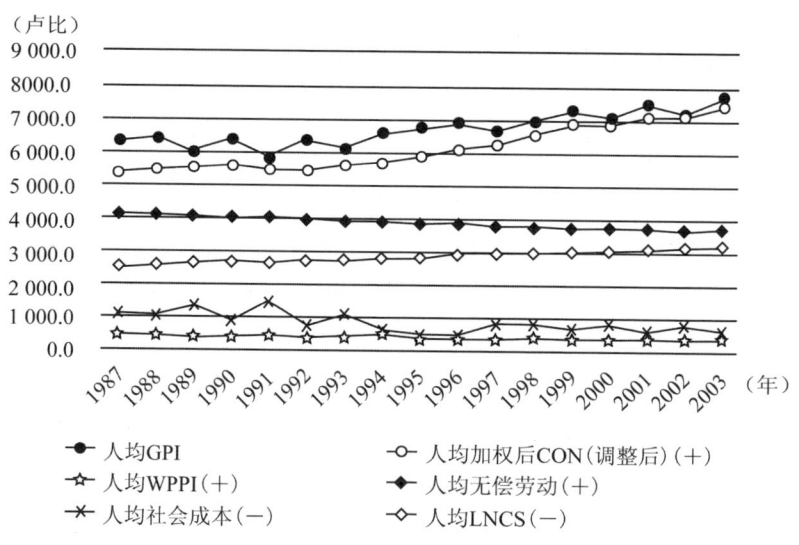

图 8-3 人均 GPI 及其主要组成项目:印度,1987—2003 年

注:以 2003 年不变价计算。

同样，印度人均无偿劳动的价值逐渐下降，对于印度人均 GPI 的年度波动几乎也没有什么影响。不过，它对于缩小印度人均加权后消费和人均 GPI 之间的差距起到了一定作用。这表明了什么？表明了两种可能性：其一，考察期内，印度无偿家务劳动的任务越来越重，越来越多，以至于已经渗透到市场领域，但这并没有从人均加权后消费额的上升而反映出来。很显然，这只是对于 20 世纪 90 年代中期以来是正确的，因为在考察期的最后 10 年中，印度的人均加权后消费快速上升。其二，20 世纪 90 年代中期以来，印度加权后人均消费显著增加，对于可持续福利的正面影响，被这一时期印度人均社会与环境成本上升的负面影响抵消了。看看这两个主要成本项目的人均值就一目了然，尽管印度人均社会成本的值要更低。例如，1996—2003 年人均社会成本从 476 卢比增加到 618 卢比，然而，同一时期，印度人均环境成本则从 2 903 卢比增加到 3 108 卢比。

尽管印度的社会与环境成本会带来负面影响，但是人均加权后消费还是显著影响印度人均 GPI 的总体趋势。例如，1987—1993 年印度人均加权后消费并没有增长，印度人均 GPI 也未普遍上升。1993 年以后，人均加权后消费和人均 GPI 都开始缓慢增加，除了 1997 年以外。印度人均加权后消费对人均 GPI 年度波动的影响，仅限于 1997 年以后。在 1997 年以前的 10 年中，人均加权后消费和人均 GPI，有四次呈反向变化。1997 年以来的 6 年中，人均加权后消费和人均 GPI 仍然同向变化，包括 2000 年和 2002 年，二者都同时小幅下滑。

然而如果认为，20 世纪 90 年代中期以后印度人均加权后消费对人均 GPI 之所以产生更大的正向影响是因为印度人均社会与环境成本的影响下降了，则是错误的。因为，已经强调过，在考察期后半段，这两类主要的环境成本项目都上升了。但是，毫无疑问，1993 年以来印度真实进步水平持续上升背后的根本因素是人均加权后消费的正面影响占据压倒性优势。因而只能说，印度近年来取得了积极的发展。不过，考虑到未来印度的人均社会成本与环境成本还可能会进一步增加，这种积极影响能够持续多久还有待观望。未来几十年中，肯定需要更为审慎地监督与管理。

现在具体转向社会与环境成本项目，印度社会成本对其人均GPI的影响非常有趣。因为社会成本项目包括外债变化。而印度的外债在1987—1994年剧烈波动，有时外债数量巨大，所以一开始印度的人均社会成本与其人均GPI之间的联系非常紧密。事实上，在这7年当中的每一年，二者都呈明显的反方向变化。

1994—1996年，印度的犯罪和外债成本下降——后者尤为明显。因而，20世纪90年代中期，印度的人均社会成本对其人均GPI几乎没有影响。1996年以来，随着外债增加，犯罪成本飙升，印度的人均社会成本再次上升。结果可想而知，1994年之前印度社会成本对人均GPI的减震效应(dampening effect)又出现了。此外，考察期最后4年(1999—2003年)，印度人均社会成本的年度变化对于印度人均GPI的波动产生了一定影响，虽然程度较小。

至于印度的环境成本，已经强调指出，自然资本服务损失的人均加权值稳步增长，抑制了印度人均GPI的总体上升趋势，特别是1993年以后。但是，环境成本的增加对于印度人均GPI的年度变化影响不大。

如果我们现在考虑本部分此前列举的那些问题，考虑到许多印度人的当前状况，很有可能是，下一个或下下个10年中，印度实际GDP的增长将会进一步提升印度的真实进步水平。但是，进步的速度不可能像印度实际GDP目前及预期的增速。更糟的是，即便是在可见到的将来也无法保证印度人均GPI仍能够以1993—2003年实现的年均2.4%的速度持续增长。

考虑到在印度，收入分配差距持续恶化，人口依然快速增长，所以，一旦印度若能成功控制人口规模，生产更好而不是更多的产品，让印度经济增长惠及全国所有人口，那么，印度的人均GPI肯定会更高。印度环境成本上升的负面影响也表明，如果承诺如提升资源使用效率，特别是和能源使用和污染控制有关的，采取政策措施去减少其自然资本损耗，那么，印度的状况亦会更好。这将不仅有助于提升印度的人均GPI，还将会大大提升印度可持续进步的能力，尤其是考虑到近年来印度的不可再生资源损耗、农地流失、空气污染及生态破坏等问题，都非常严峻。

至于最后一个问题，我认为，可能在未来的20年或30年中，印度没有别的选择，只能转向追求更低一点的GDP增速。假设这个已经实现了，那么下一步，印度就必须要在2050年前后完全过渡到稳态经济，当然，具体时机很大程度上仍然取决于印度控制其人口增长的成效。① 可能要花费更长时间才可稳定人口，需要更多增长才可满足大量印度人民的需求。因为这会拖延稳态经济的进程，所以就不可避免地造成人均GPI更低，也将会留给未来印度人民一个更为脆弱的社会生态系统，面对外部危机时明显更缺乏弹性或说可复原性，也更易于出现生态崩溃和社会失调。

8.4 政策含义

8.4.1 人口稳定

前一部分的最后一点，强调了一个亟待重视的关键领域，如果印度想要拥有长久并且可持续的真实进步，当然需要稳定人口。不管讨论哪个国家，人口稳定永远是个颇具争议的问题。复杂的地方在于，事实上对于人口稳定而言，从实施手段到最后目标成就，任务都不简单。但是，未能有效解决人口增长问题的成本——实际上，人口过多会减少经济与社会自由——原因已经讲过了，最终一定会超过经济与社会自由度降低而带来的成本。

自独立以来，印度尽管已经实施了一系列人口稳定项目，但是目前印度亟待改善其避孕节育知识的推广及升级家庭计划项目。目前，印度现存健康基础设施总量严重不足，这会持续造成许多避孕

---

① 稳态经济的概念，在第1章和第5章中都已经讨论过。重申一下，稳态经济是指一个国家的经济物理规模并不扩大，但质量改善，主要包括经济体中物理产品的质量、其生产与保持方式及这些产品生产的目的。

节育服务需求无法得到有效满足。健康护理中心也在超负荷运转，许多情况下，受困于设备与合格人员短缺(National Commission on Population，2000)。

避孕节育知识推广和家庭计划项目未达到预期效果，有很多原因，最关键的因素之一就是资金支持。依据印度家庭福利部，政府用于人口稳定的预算开支中，只有50%直接用于相关活动，包括设备采购与供应(National Commission on Population，2000)。虽然政府支出耗费于很多官僚机构运作是很普遍的现象，但是显然需要进一步改善这个领域的支出效率。除此之外，在印度，可用于人口稳定政策的经费明显不足。这又产生一个问题，即印度政府是否有财力去资助这么多迫切需求的项目呢？如果没有，那么国际社会义不容辞——特别是富裕的国家——资助支持这些政策措施。毕竟，在越来越富裕的印度，过量人口将会对全球造成显著的环境影响。

除了消费支出的福利贡献越来越多以外，更均等的收入分配也会有助于减少印度的人口增长。有证据表明，足够公平的收入分配可在长期降低一个国家的出生率，这也是人口大国中人口增长背后的主要驱动因素(Kuznets，1974；Peterson，1975；Pakrasi and Halder，1981；Todaro，1994；Daly，1996)。毫无疑问，印度人均GDP的增加，在印度总体出生率从1951年为6‰减少到2005年3.1‰的过程中，扮演着关键角色。① 然而，在印度的贫困人口当中，出生率仍然很高。因而，更均等化的收入分配，将有助于显著降低印度的总体出生率，从而接近或达到2010年及以后所期望的出生率目标。②

8.4.2 分配公平

上述这点，又要让我们讨论为实现分配公平而需采取实施的政

---

① 总体出生率(Total Fertility Rate，TFR)，是指平均每个女人一生中所生养的婴儿数量。TFR数据源自世界资源研究所数据库(WRI，http://earth-trends.wri.org)。

② 2010年的目标出生率为2.1‰，现在看来是遥不可及了。

策。显而易见的公平政策之一就是建立和完善一套受到更好资助、覆盖范围更为广泛的福利体系。此时此刻,要想让印度一下就建立起富裕国家目前实行的那种福利体系(比如,所有公民都享有最低收入保障)是不公平的。修正后的福利体系,应该至少可以保障每一位印度公民都可以获得必要的产品和服务。① 这可以通过向所有急需的印度人民提供食物和公共住房来实现。

目前,印度使用公共分配体系(Public Distribution System,PDS)向穷人供应各种食物。遗憾的是,在所有政府补贴的食物中,只有25%通过PDS送到目标人群(Shah,2004)。因而,应该对PDS进行改革,或者更好的是用一套粮票或食物救济券体系代替它。② 依据潘娜格瑞亚(Panagariya,2002),一套设立良好的粮票体系,不仅可以让更多的粮食送到印度那些迫切需要的人手中,还能减少食物必需品的收集、储存和分配成本,亦能减少当前PDS体系中的腐败现象。③

假使印度政府可以稳定其人口增长,提高其自然资本和生产性资本,那么,在未来的20年至30年中,印度一定会提供更多、更好的福利服务。这会大大降低印度的绝对贫困水平,提高印度人民的安全感,改善收入和财产分配。

福利援助同样非常重要,它主要是解决总体收入差距的结果或症状问题,而不是其背后的潜在原因。若想让穷人从贫困陷阱中解放出来,最好的方式莫过于给他们提供机会并参与经济生活中去。为此,就必须让教育和健康医疗服务惠及更广泛的人群。这对于印

---

① 虽然1950年印度宪法中提出了要保障人们享有工作和受教育的权利,以及在失业、年老、疾病和残疾情况下获得公共援助的权利(例如第41篇)。但是,它们在指导印度福利政策方面,形同虚设。印度政府之所以未能建立一套综合广泛性的福利体系,很大程度上源自第41篇的附带条件或说限制性条款,即国家的责任要受到该国经济能力和发展的限制(Aspalter,2003)。

② 若想了解一套经由很好设计的粮票体系可能会如何在印度施行,可参阅 Shah(2004)。

③ Panagariya(2002)概括出三条原因,解释了在收入向印度穷人再分配方面,为何粮票体系要优于当前的PDS体系。

度政府来说，显然负担很重，可能需要国际援助。幸运的是，若能成功实施这类政策，当前穷人依赖政府施舍的情况就会大大缓解。这既可以减轻福利体系给政府带来的财政负担，也可以尽快脱离外部金融援助。

另外一个影响居民收入分配的领域就是国家的劳资关系，也就是劳动力和资本所有者之间的关系。通常而言，如果某个国家，在其现行劳资关系制度下允许自由结成工会，并且保护工人权利和就业条件，那么收入分配状况会更均等。和许多发展中国家不同，关于劳资关系，印度确实拥有悠久的历史。不过近年来却有大量因素导致雇主权力进一步强化的不对等现象。

首先，印度全体劳动力中只有3%属于相关工会的成员（Sodhi and Plowman，2001）。其次，工会运动的财力基础持续下降，缺少群聚效应也导致它在支持成员方面越来越力不从心。最后，印度政府自从20世纪90年代颁布实施一系列经济自由化政策以后，对于工会运动就不太支持了（Sodhi and Plowman，2001）。

考虑到一国劳资关系在促进公平分配中的重要作用，因此迫切需要修正当前制度，让工人和雇主们之间的力量对比达至新的均衡。但是，在建立新型劳资关系、更好保护工人权利和就业条件的过程中，改革主义者必须要确保，新制度下要鼓励更灵活、更富合作意识的工作场所安排，以进一步提高劳动生产率。

最后，本章早先提到过，印度拥有种姓制，是在好几个世纪以前、最初由印度雅利安移民引入的。尽管已经实施了诸多制度性改革，试图弱化种姓体系，但是直到今天，在印度农村地区和许多私人部门，种姓歧视依然非常突出。种姓歧视，阻碍社会中经济与社会流动性的速度和程度，也是造成印度居民收入财产差距长期悬殊的基础性原因。因而，印度政府亟待引入新的改革举措，进一步取消种姓制，与此同时，稀释它对就业机会和收入水平的负面影响。

8.4.3 进口替代，而不是出口增长

考虑到外债会对印度人均GPI造成显著影响，所以印度应该采

纳实施进口替代政策。这听起来似乎是颇有争议性的政策建议，主要是因为国际贸易的标准方法通常是出口增长。抛开争议不谈，不能否认，进口支出减少100万卢比，和出口收入增加100万卢比，对于印度的贸易账户余额，应该产生完全相同的正面影响。因此，就印度的经常账户而言，出口替代政策，百利而无一害。

首先，进口替代政策并不是，像某些人认为的那样，"反贸易"的。它也不需要实行什么进口关税或者配额去保护国内无效、落后的产业。当一个国家减少其进口需求，国内可以通过提高生产效率，以至于本地生产的产品较之于进口产品更具成本优势的时候，进口替代就发生了。因为进口替代政策可以让一个国家生产产品的种类更多，提升本国的自给率，同时还可以让自身更少暴露于多变的全球市场。①

其次，为了千方百计增加出口收入而过度专业化——也就是说，生产的产品种类更少而数量更多——会造成一个国家更依赖出口作为其国民收入来源，进一步导致"非贸易领域越不自由"。考虑到外债对于印度政府提供服务、维持基础设施领域支出等能力方面的影响，那么，如果面对全球市场的脆弱性降低，则从整体上来讲，对印度而言，利大于弊。但这对于那些最易受印度贸易条件恶化影响的群体——也就是穷人——来说，是最有利的。

最后，既然印度生产的产品接下来主要是在国内消费，那么，注意力就该转到印度公民的购买力上。这将立刻会让印度决策者开始关注国内就业水平、最低工资及印度国内的收入分配。虽然这样有可能会让印度精英们赚取更少的出口收益，进而用于购买进口奢侈品的钱更少了，但是，他们有可能会在国内找到更好的投资机会，进而产生更多的收益，并且惠及印度。

8.4.4 资源使用效率和生产附加值

考虑到印度还需要进一步实现GDP增长，因而，效率提升对于

---

① 联合国关于世界可持续发展峰会（在约翰内斯堡举行）的报告当中，就把自给率视为一种很好的国家发展目标（United Nations, 2002）。

减少单位经济活动的资源使用强度，抑制印度持续恶化的污染和温室气体排放，进而减缓印度自然资本服务损失成本的上升态势，是绝对必要的。效率提升也会使生产产品的质量更高（比如生产出来新产品的使用附加值更高），增加劳动生产率，提高真实工资，提升一个国家的国际竞争力，而且这种国际竞争力，并不是依赖于低工资和弱环境标准而获得的比较优势。当然，后者也是成功实施上述进口替代的政策建议的必然要求。

那么，在印度以及整个资源配置过程中，需要怎么做才能增加资源使用效率呢？首先，如果可行的话，需要征收损耗和污染税，阻止资源浪费使用和过度污染。我之所以说"可行的"，是因为以印度目前的情况，损耗和污染税可能会对现存产业及未来的产业发展造成很大损害。那并不是说，印度工业就应该可以随心所欲地损耗和排放污染物。相反，对于那些开发并应用资源节约型技术的企业，予以税收返还或者补贴可能会更为有效。无论哪种方式，关键在于印度的中央和地方政府需要实施奖惩分明的措施，引导资源密集程度更低的产业活动。

在实施损耗和污染税的领域，征缴上来的收益应该部分用于环境修复，并资助资源节约技术和可再生能源的研发、应用。引以为豪的是，印度是这个世界上为开发非传统能源资源而专门成立政府部门的为数不多的国家之一。它也制定实施了较为广泛的项目，促进太阳能的使用和推广。同样，也可通过有针对性的税收和/或补贴政策来促进可再生能源替代和发展。

为鼓励高附加值生产，相对于资本收益税而言，印度政府应该减少收入、工资和利润所得税。这将抑制投机行为，鼓励生产性投资行为。减少增值税（Value-Added Tax，VAT）税率有利于促成这种税基的转变，因为通常而言，VAT不利于优质产品的生产，迫使这类产品的市场价格更高。然而，税收减免也应该适用于那些为了改善资本资产的支出。如此一来，印度政府就会获得那些源自稀缺租金的资本收益，但会奖励那些源自资本维护与改善的收益。

最后但并不是最不重要的是，印度迫切需要废除官僚束缚，减少腐败，进一步提高在印度经济中开办、经营企业的便利程度。就后者而言，印度排在世界上第 134 位——不仅是由于官僚束缚，也是由于私人和公共部门在基础设施领域的投资无法满足快速增加的需求（Word Bank，2006）。在官僚主义低效率方面，自独立以后，印度采取了带有强力行政色彩的官僚主义方式干预经济，这也伤及了印度。虽然自 20 世纪 90 年代以来制定实施了许多经济自由化政策，但是仍有很大的空间去放松经济管制，让许多经济活动不再只能由公共部门开展。大多数情况下，那些有助于提升效率的放松规制形式，要求把过去仅限于公共部门的活动对外部竞争性力量放开，尽管这并不必然总是要求公共资产私有化。①

8.4.5 自然资本维护

第 4 章已经概括指出，本书主要基于强可持续性思想流派，即考虑到人造资本不能完全替代自然资本所提供的所有重要服务，所以可持续性要求维护自然资本。具体需要多少自然资本，需要哪类自然资本，这些问题依然存有争议。不过，考虑到在印度、亚太地区，乃至整个世界，大量自然资本已经被损耗或者严重衰退了。许多观察人士认为，我们绝不能再进一步损耗自然资本总体存量了，特别是关键生态系统的存量（Ehrlich，1993）。

从表 1-10 可知印度目前为生态赤字，约合人均 −0.4 公顷。生态赤字恰好相当于清除自然资本存量。通过改善环境与资源管理，扩大一国的生态容量，从而减少生态赤字，尽管这在技术上是可行的，但这个过程要服从生物物理学约束（Norgaard，1984）。此外，根据印度预期的人口增长和人均资源消费，其生态赤字状况有可能会进一步恶化。

很显然，印度决策者眼下的目标必须是使印度自然资本进一步

---

① 人们通常把通过放松管制暴露于竞争和私有化混为一谈。一些观察人士认为，放松管制的同时，只有把公共资产卖到竞争性市场，才会是有效的。但事实并不必然如此，实际上，如果政府以某种方式调控市场，让价格维持在确保正常经济利润水平和/或维持制度中的公平，亦是有效的。

损耗最小化。在最近的将来，印度自然资本的数量和质量都必须受到保护，这可以通过上文已经归纳过的损耗和污染税，以及上文也已提出的人口稳定等措施来实现。最终，印度政策制定者将会需要引入实施一种可交易的许可证体系去管理可再生资源使用，类似于第 5 章对澳大利亚提出的建议措施。① 考虑到税收和补贴可能无法保证印度的有效产出率，限于印度可再生自然资本的再生和垃圾吸收能力范围内，所以需要许可证体系(Daly，1992；Lawn，2007)。② 许可证体系可以明确把可再生资源数量限制在确保生态可持续或任何时候认为合适的水平上，从而克服这种困境。

许可证体系还有两方面好处。首先，资源购买者为了获得许可证而产生的花费，本质上相当于吞吐税，从这个意义上来看，许可证体系亦能产生损耗税的好处。这将进一步促进印度可再生资源的有效配置，也会引致资源节约型技术的研发和应用。其次，通过管理定期卖给资源购买者的许可证数量，许可证体系可以促使印度政府开始放慢实际 GDP 增速，留待合适的时机，完全转向稳态经济。

至于不可再生资源，印度需要培育开发额外的可再生资源存量，补偿那些此前持续快速增长的资源耗费。事实上，1987—2003 年印度不可再生资源损耗的年度成本增长了 164.7%，或者说平均每年增长 6.3%。印度可再生资源存量并没有实现类似的增长率，再次印证了印度自然资本总存量是在下降。印度政策制定者，应该强迫资源经营者建立"资本替代"账户，从而使伊·赛拉斐(El Serafy)对于不可再生资源利润的处理方式[式(3.12)]应用到操作层面。通过改变会计核算准则，这些账户中留存的利润将被用于建立合适的替代资产(例如植树造林)和/或去提升现存可再生资源的生产力。

---

① 关于可交易资源使用许可证体系如何运行的更多细节，可参阅劳(Lawn 2007)，第 11 章。

② 同样，许可证只能控制污染物数量(热力学第一定律)，而不能控制它的质量(热力学第二定律)。因此，污染税仍然是需要的。关于高度有毒物质，需要对其生产、储存、使用和处置，都要进行严格的控制。还有某些物质，需要直接禁止生产。

至于农业用地——若考虑其再生速度很低，也应该是一种不可再生资源，应该对印度农民给予税收减免、补贴及小额资助，从而实行土壤保持措施并且鼓励他们采用破坏程度更低的农业实践。在像印度这样的国家中，相当比例的土壤恶化与贫穷紧密相关（Daly，1996，第8章）。由于印度大量贫困现象发生于农村地区，因此，旨在削减绝对贫困和改善印度收入分配的政策建议，也将会对减少农地流失成本非常关键。

最后，保护区仅占印度土地总面积的5.1%（表1-7），这远低于亚洲平均水平9.9%，也远低于世界平均水平11.4%。尽管印度人口上升所带来的压力也与日俱增，但是印度当局必须采取更多实施，提高生态系统的保护和修复力度，特别是增加国家公园和保护性公园的面积。

8.5 结　语

虽然近年来印度已经取得了一定成就，但是本章解释的GPI测算结果表明，印度真实进步程度并未跟上其人均GDP的增幅。对此有个简单的解释，虽然印度经济收益大幅增加，反映为消费支出的人均福利贡献快速上涨，但是印度的社会与环境成本也是如此——后者主要源于不可再生资源损耗成本、农地流失成本、空气污染成本及生态系统破坏成本的持续增加。

并不否认，印度仍然需要促进其实际GDP进一步增长，以减轻持续居高不下的绝对贫困程度，特别是考虑到印度预期的人口增幅。然而需要的强调是，这种增长要具有如下特征：生产改善（更优质的产品）、更公平的收入分配、资源使用效率增加及自然资本损耗程度最小化。也需要辅以有效的政策措施，尽快稳定印度的人口规模。即便实现了"更好"形式的增长，印度真实进步程度也不可能赶得上印度近年或预期实际GDP的增幅。

但在不远的将来，它至少可以阻止印度人均GPI继续下降。展望下一个10年到20年，将会完全不同。印度，像所有国家一样，需要过渡到 GDP 增速更低的模式。然而，印度最终需要认真考虑完全过渡到稳态经济。之所以说印度需要如此，是因为如果没有做到这点，就会导致源自精益生产、效率提升及分配公平的额外收益都将被飙升的经济成本所抵消和超过，这些成本将会不可避免地、灾难性地增长，超过保持经济可持续发展所能允许的最大规模。

为使印度顺利转向低速增长、最终过渡到稳态经济，我们建议了许多政策措施。这些措施均旨在遥远的将来可以持续提升印度人均 GPI。除了这些政策建议以外，印度政府还面临着一个巨大的任务，就是努力为其公民带来长久、可持续的真实进步。尽管这可能需要一些来自世界上最富裕国家的外部援助，但这是可以实现的。关于这点，世界上最富裕的国家也有责任向印度提供金融和道义支持，因为它们应该永远不要忘了，它们已经享受以往增长的战利品，该有多么幸运。

参考文献

Ahluwalia, I. (2002), "Economic Reforms in India since 1991: has gradualism worked?", *Journal of Economic Perspectives*, 16, 67-68.

Aspalter, C. (2003), "The Welfare state system in India", in C. Aspalter(ed.), *The Welfare State in Emerging-Market Economies*, Hong Kong: Casa Verde Publishing, Chapter 7.

Brahmbhatt, M., Srinivasan, T. and Murrell, K. (1996), "India in the global economy", Washington DC: World Bank Policy Research Working Paper No. 1681.

Chopra, P., Puri, B. and Das, M. (1974), *A Social, Cultural and Economic History of India*, Volumes Ⅰ-Ⅲ, Delhi: Macmillan.

Daly, H. (1992), "Allocation, distribution, and scale: towards an economics that is efficient, just, and sustainable", *Eco-

logical Economics, 6, 185-193.

Daly, H. (1996), *Beyond Growth: The Economics of Sustainable Development*, Boston, MA: Beacon Press.

Das, D. (2004), *Financial Globalization and the Emerging Market Economies*, London: Routledge.

Das, D. (2006), *China and India: A Tale of Two Economies*, Abingdon: Routledge.

Dutt, R. (1956), *The Economic History of India*, London: Routledge & Kegan Paul.

Edwardes, M. (1961), *A History of India: From the Earliest Times to the Present Day*, London: Thames & Hudson.

Ehrlich, P. (1993), "Biodiversity and ecosystem function: need we know more?", in E.-D. Schulze and H. Mooney (eds.), *Biodiversity and Ecosystem Function*, Berlin: Springer-Verlag, pp. Ⅶ-Ⅺ.

Government of India (2002), *Economic Survey* 2002, New Delhi: Ministry of Finance.

International Labour Office(ILO)(Various), *International Labour Office Yearbook of Labour Statistics*, Geneva: ILO.

Khanna, V. S. (2005), "The economic history of corporate form in ancient India", University of Michigan Paper.

Kuznets, S. (1974), "Fertility differentials between less developed and developed regions: components and implications", Discussion Paper No. 217, New Haven, CT: Yale University Economic Growth Centre.

Lawn, P. (2007), *Frontier Issues in Ecological Economics*, Cheltenham, UK and Northampton, MA, USA: Edward Elgar.

Luthra, S., Mangaleswaran, R. and Padhi, A. (2005), "When to make India a manufacturing base?", *Mckinsey Quarterly*, September, 19-28.

Maddison, A. (1998), *Chinese Economic Performance in the Long Run*, Paris: OECD Development Centre.

Maddison, A. (2002), "Growth and Interaction in the world economy: the West and the rest AD 1000—2000", in B. de Macado, C. Jorge and C. Oman(eds.), *Development Is Back*, Paris: OECD Development Centre.

Maddison, A. (2004), *The World Economy: History Statistics*, Press: OECD.

Metcalf, B. and Metcalf, T. (2006), *A Concise History of Moden India*, 2nd edition, Cambridge: Cambridge University Press.

Misra, B. (1986), *Government and Bureaucracy in India 1947—1976*, Delhi: Oxford University Press.

National Commission on Population(2000), *National Population Policy 2 000*, New Delhi: Government of India.

Norgaard, R. (1984), "Coevolutionary development potential", *Land Economics*, 60, 160-173.

Pakrasi, K. and Halder, A. (1981), "Fertility in contemporary Calcutta: a biosocial profile", *Genus*, 37(3/4), 201-219.

Panagariya, A. (2002), "Stamping in nutrition", *Economic Times*, 24 April.

Peterson, W. (1975). *Population*, New York: Macmillan & Co.

Roy, K. and Tisdell, C. (1992), "Planned development: Strategies, instruments and processes and the place of environment in Indian planning", in K. Roy, C. Tisdell and R. Sen(eds.), *Economic Development and Environment: A Case Study of India*, Calcutta: Oxford University Press, pp. 17-41.

Shah, P. (2004), *Food Stamps: A Model for India*, New Delhi: Centre for Civil Society.

Sodhi, J. and Plowman, D. (2001), *Economic Change and Industrial Relations: India and Australia*, Nedlands: Scholastic Press Australia.

Todaro, M. (1994), *Economic Development*, 5th edition, New York: Longman.

United Nations(2002), "Report of the world summit on sustainable development", Final report on the World Summit on Sustainable Development held in Johannesburg, 26 August-4 September.

World Bank (2006), "Doing business: explore econmies", www.doingbusiness.org/ExporeEconomies/? economyyid=89.

World Resources Insititue(WRI), "Population, health and human well-being-demographics: total fertility rate", http://earthtrends.wri.org.

第 9 章 从 GDP 到 GPI：量化中国 35 年的发展

温宗国(Zongguo Wen)　杨艳(Yan Yang)
菲利普·劳(Philip Lawn)

9.1 简　介

9.1.1 中国经济特征

过去 35 年，中国经济快速发展，突出表现为国内生产总值(GDP)持续增长(图 9-1)。尽管在 20 世纪 60 年代中期仍然是以农业为主的社会，但是中国已经成功转变为以工业为主的社会，基于购买力平价(purchasing power parity，PPP)、以实际 GDP 测算，中国已经成为世界第二大经济体。更重要的是，人均 GDP(GDP 总量除以总人口)也增速惊人。实际上，1970—2005 年，中国人均 GDP 已经增长了 12 倍，从 1 163 元增加到 13 944 元。这相当于年均增速高达 8.6%，并且丝毫没有出现下降的迹象。

即便如此，中国仍被视为中低收入国家，有超过 1.3 亿人口的收入低于国际贫困线。① 因而，中国有必要继续促进实际 GDP 增长

---

① 2007 年，中国人均 GDP 排在世界第 109 位(Central Intelligence Agency，2007)。

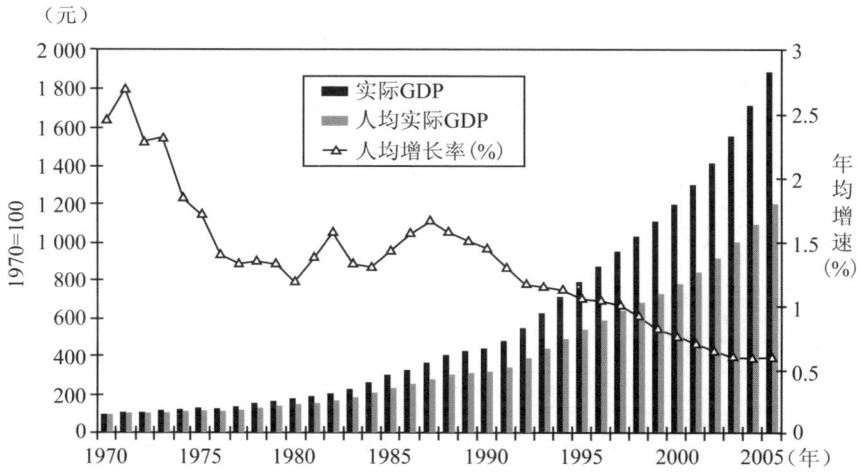

图9-1　实际GDP指数、人均GDP指数和人口增长率：中国，1970—2005年

一段时期，进一步提高人民生活生平。我们将会明白，未来真实进步程度，将取决于中国增长的性质及由此产生的收益在国内居民之间的分配。

实际上，作为世界经济新的制造业基地，中国已经成为跨国公司的首选目的地，在这里生产产品，然后销往世界各地。例如，整个世界范围内，超过50%的照相机、30%的空调和电视机、25%的洗衣机，几乎20%的冰箱，目前都产自中国(Wen，2005)。随着产品清单和种类持续增加，污染和资源损耗对自然环境的压力与日俱增。结果，中国政府被迫要面对环境保护和可持续发展领域新的政策挑战。

自20世纪80年代中期以来，中国制造业持续增长，以至于江(Jiang，2003)推断认为，中国已经开始了工业化的"转变时期"(metaphase)。如图9-2所示，1978—2005年中国初级产业在总产值中的份额，持续下降。1978—1990年，中国二次产业的份额也略微下降(1990年约为41.3%)，但此后基本保持稳定，该份额预期在未来也不大可能会下降。

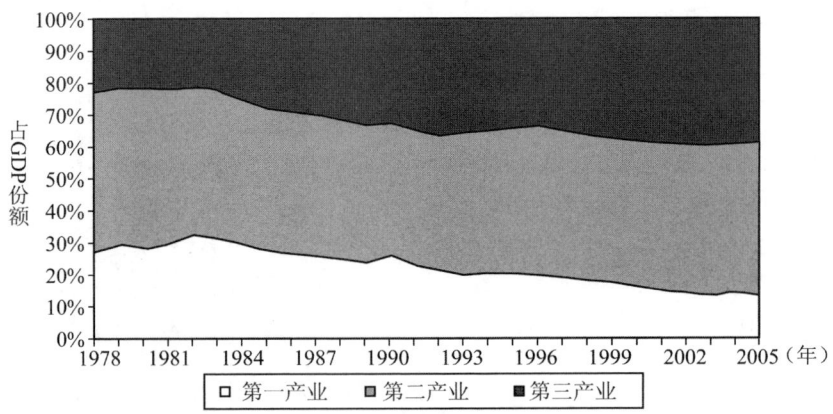

图9-2 各产业部门在实际GDP中的份额：中国，1978—2005年

中国经济的最大变化，就是中国服务业的飞速发展。1978—2005年服务部门增长了2/3，2005年约占中国经济总产出的40%。尽管自20世纪80年代中期以来，中国人口城镇化水平稳定增加，但是已有研究表明，服务部门的进一步发展，将会受到中国城镇化水平相对较低的限制和束缚，和大部分工业化国家相比，中国的城镇化水平仍然较低(Li，2002)。

9.1.2 中国的自然环境和资源存量

历史表明，经济发展通常会带来严重的工业污染，中国亦不例外。近年来，中国经济增长已经导致严重的资源与环境问题，考虑到未来仍需进一步促进实际GDP增长，这些问题在可见到的将来会仍然持续。

此外，中国面临严重的资源短缺问题，许多资源的人均拥有量远低于世界平均水平。例如，2005年中国人均水资源存量为2 145立方米，这相当于世界平均水平8 549立方米的四分之一(World Resources Institute，2005)。照此，中国被列为世界上遭受严重水资源短缺的13个国家之一。更糟的是，在中国，水资源使用效率很低。2002年，中国用水总量达5 397亿立方米，其中61.4%用于农业灌溉(Ministry of Water Resources，2003)。2001年中国灌溉效率仅为

43%，2004年为45%，显然，大量水资源被浪费掉了（Ministry of Water Resources，2004）。

对中国有利的是，中国人均煤炭、石油和天然气拥有量，当前依次约占世界平均水平的55.7%、11.1%和4.4%。不过，自然资源的消费率太高了，而且仍在稳定增加。例如，2002年虽然中国实际GDP约占世界实际GDP总量的13.5%，但其主要产品的能源消费比世界上所有其他国家的总和还要高出40%（Wen，2005）。此外，2004年中国能源消费强度（即每单位实际GDP的能源使用量）为8.4吨标准油当量/1 000美元实际GDP，相当于世界平均水平的3.36倍，美国的4倍，日本、英国、德国和法国的8倍（Wen，2005）。

中国经济活动的高能耗、高投入特征，现在已经造成大量的污染物排放，并且影响到了中国公民的健康状况及中国经济的生产效率。世界银行近期的一份报告中估计，2003年中国水污染和空气污染的总成本大约相当于中国GDP的5.78%（World Bank，2007）。仅仅空气污染的成本就相当于GDP的3.8%，几乎相当于中国所有服装纺织品全年出口总量对中国GDP的贡献了，后者只是略高一点点而已。

造成全球温室气体排放增长的主要因素之一就是煤炭消费，主要是用于发电。2005年世界煤炭消费量增长5%，是20世纪90年代中期年度增速的2倍。中国，作为世界上最大的煤炭消费国，2005年国内煤炭消费量增加11%。此外，中国当年煤炭消费量占世界煤炭消费增加量的份额，高达惊人的80%。因此，并不奇怪，中国是温室气体的主要排放国之一，未来在控制国内排放量方面很可能会面临越来越大的国际压力。

除了煤炭以外，中国不可再生资源损耗普遍较高，而且在过去5年来显著增长。此外，农地退化现象也明显增加。这非常值得关注，2006年中国人均农地面积为4 245平方米，然而，世界平均值为7 741平方米，要比中国人均水平高出82.4%（World Bank，2006）①。因而，

---

① 本数值由作者计算得出。

无论是农地退化，还是工业化带来的农地彻底流失，预计都将会削弱中国粮食供应能力，进而对中国的国民财富造成负面影响（Wen，2005）。

至于中国的木材存量，用于出口和国内消费的木材采伐率仍然很高。考察期初（1970—1975年），原木增量（林业增长）要么超过、要么大致等于木材采伐量，因而可以确保木材存量不存在净流失。然而，自1975年以来，木材采伐速度慢慢超过了林业增长的自然速度，进而造成了中国木材存量持续下降。1996年，中国木材采伐和增长之间的差距到达峰值为6 300万立方米。幸运的是，自20世纪90年代中期以来，中国木材采伐总量开始下降，再加上植树造林，木材消费量和再生量之间的差距已经大大缩小。以目前趋势来看，中国木材存量有望在不远的将来实现稳定。

9.1.3　中国社会

人口增长对稀缺资源带来的压力持续增加。中国稳定人口的措施也取得了很好的成效。虽然中国出生率已经明显下降，但是，由于人口增长存在惯性，这将使得未来数年中国人口绝对数量仍会快速增加。

中国面临的另外一个社会问题就是地区发展不平衡。中国西部，约占国土面积的70.1%，仍然存在极度贫困现象。资源短缺、资源利用效率低下、管理不善等因素，持续阻碍地区发展。此外，关于经济发展的问题及其对环境的影响也很突出。

考虑到中国经济发展的这种不均衡性，所以，国内居民的收入差距持续扩大，就并不令人感到奇怪了。对本项研究而言，分配指数（DI）是用现期的基尼系数除以1970年的基期值（即1970年=100）计算得出。DI从1970年的100增加到2005年的191.5，这表明，考察期内，中国的收入分配恶化程度为91.5%。李等人（Li et al.，2003）的研究表明，基尼系数可能要比实际值更小，因为官方统计数据无法获得许多隐秘的收入来源。因而，本项研究是用的DI，可被视为一种保守的估计值。

9.1.4 概 要

本部分简介已经刻画了在 35 年左右的时间里，一个国家已经从农业经济体成功转型为制造业巨人。考虑到中国地理范围很广，人口规模很大，这只能被视为一种特殊现象。1970—2005 年，中国人均 GDP 增长了 12 倍，毫无疑问，这大大提高了中国人民的生活水平。

不过，这种惊人增速所带来的收益，并未得到公平分配，无论是在地区内部（中国基尼系数增加），还是地区之间（由于地区发展不平衡所致）。此外，中国的经济转型是以巨大的自然环境为代价。虽然已经面临严重的自然约束，中国实际 GDP 的快速发展进一步减少了其资源存量，以至于很多重要资源必须依赖进口。污染也是中国经济转型另外一个负面影响。许多公民的健康，特别是那些大城市中心区的人受到严重影响。为了应对这些污染加重所带来的负面影响，防御性和恢复性支出已经明显增加，然而，只要污染排放量的增长仍然持续，这些支出项目可能还会增加数倍。

知道这些以后，问题就来了：1970—2005 年，中国取得了多大程度的真实进步？我们由衷希望，本章中给出的真实进步指标结果，会对这个问题提供一些有益的答案。虽然我们知道，我们的结果并不提供明确的方法和途径，不过我们相信，这些结果会让政策制定者重新评估和看待中国经济增长的性质。如此一来，我们希望，它们可以让中国决策者认真考虑一些替代性方法，为每一位中国公民创造持久而繁荣的未来。

9.2 中国 GPI 研究使用的方法

表 9-1 概括了中国 GPI 研究的构成项目。同样，使用的方法框架也基本和第 3 章归纳的相同。不过，也有许多地方做了微调。我们现在归纳一下，本项研究中每个 GPI 组成项目测算过程中所使用的估值方法，从中可以看出各自在哪些地方做了微调。

表 9-1　中国 GPI 研究的构成项目概览

GPI 构成项目	福利贡献
消费支出	正向
耐用消费品支出	负向
耐用消费品服务	正向
分配指数	正向/负向
公共基础设施提供的福利	正向
无偿家务劳动的价值	正向
志愿者劳动的价值	正向
失业成本	负向
犯罪成本	负向
家庭破裂成本	负向
净外债变化情况	正向/负向
不可再生资源损耗的成本	负向
过度灌溉用水的成本	负向
木材损耗的成本	负向
城镇废水污染的成本	负向
空气污染的成本	负向
长期环境损害的成本	负向

9.2.1　消费支出

作为 GPI 的基础项目，关于消费支出的数值直接来自公开发表的《中国统计年鉴》(China Statistical Yearbook)(NBSC，various)。

9.2.2　耐用消费品支出(Expenditure on Consumer Durables，ECD)和耐用消费品服务(Service from Consumer Durables，SCD)

耐用消费品支出(ECD)来自家庭消费支出的数据。然而中国城镇居民的人均耐用消费品支出数据可以从《中国统计年鉴》中直接获得，可以利用这个数据计算城镇耐用消费品总支出，但是关于农村居民的类似信息并不存在。中国农村居民人均耐用消费品支出是采用如下方式进行估计：(1)假定城镇和农村居民耐用消费品支出占各自总消费支出的比重相同；(2)用人均城镇居民耐用消费品支出乘农村人均家庭用于"家庭设备、车辆和服务"的支出和城镇居民相应支出的比重(NBSC，Various)。

耐用消费品总支出可以使用如下两个公式计算得出：

$$ECD=(E_U \times P_U)+(E_R \times P_R) \tag{9.1}$$

其中，E_U＝城镇居民人均耐用消费品支出；P_U＝中国城镇人口；E_R＝农村居民人均耐用消费品支出；P_R＝中国农村人口。此外，

$$E_R = E_U \times \frac{F_R}{F_U} \tag{9.2}$$

其中，F_U＝城镇居民人均用于家庭设备、车辆和服务的支出；F_R＝农村居民人均用于家庭设备、车辆和服务的支出。

关于耐用消费品存量产生的服务，假定平均每个耐用消费品的使用周期是10年(即耐用消费品以10%的速度进行折旧)，服务价值(SCD)假设就等于折旧值，计算公式如下：

$$SCD_l = \frac{1}{10}\sum_{k=l-9}^{l} ECD_k \tag{9.3}$$

9.2.3 分配指数(DI)

DI的计算是参照1970年，即考察期的第1年，对基尼系数进行标准化，其年度值计算公式如下：

$$DI_l = \frac{G_l}{G_{1970}} \times 100 \tag{9.4}$$

其中，G＝基尼系数，由温和陈(Wen and Chen, forthcoming)根据《中国统计年鉴》中个人收入数据(NBSC，Various)计算得出。

9.2.4 公共基础设施产生的福利(Welfare from Publicly-Provided Infrastructure, WPPI)

随着时间推移，公共基础设施(如道路、医院、学校、大学和港

口)通过其被使用可以提供福利收益,假定它等于所有固定资产折旧率乘公共基础设施折旧和固定资产折旧的比率,由此可以计算得出 WPPI。即:

$$WPPI = W_{fl} \times R_w \quad (9.5)$$

其中,$WPPI$＝公共基础设施产生的福利;W_{fl}＝固定资产折旧率;以及 R_w＝公共基础设施折旧和固定资产折旧的比率。为了使用式(9.5)估计年度值,还需要有两个假定。一是,假定固定资产折旧是国民总收入(Gross National Income,GNI)的一个特定比率①。因此:

$$W_{fl} = P_{fl} \times GNI \quad (9.6)$$

其中,P_{fl}＝固定资产折旧,它被算作中国 GNI 的一个特定比率〔折旧百分比直接引自中国国家统计局和世界银行联合组织开展的一项调查(Hamilton,2005)〕。

二是,假定公共基础设施折旧和固定资产折旧的比率(R_w),等于基础设施领域的政府投资占固定资产总投资的比重(R_l),换句话说,($R_w = R_l$)所以有:

$$R_l = \frac{\sum_{i=4} l_l}{I_i} \quad (9.7)$$

其中,I_l＝固定资产总投资额(NBSC,Various);I_i＝基础设施投资。后者等于以下项目的投资加总:

- 交通、储运、邮政和通信服务
- 公共服务
- 健康、体育和社会福利
- 文化艺术、教育、广播、影视

每个投资部分的数据均来自《中国统计年鉴》(NBSC,Various)。

9.2.5 无偿家务劳动的价值

1999 年有一项调查认为,无偿家务劳动平均时长为 2.35 小时/

---

① 考察期内,该比率介于 8%～12%。

天·户(Lu and Peng, 1999)。考察期其余年份,假定体现在家庭设备中的技术进步可以减少家务劳动时长,如每年减少 0.5%(Lu and Peng, 1999; Wen, 2005)。因此,对于 1999 年之前的家务劳动,即 1970—1999 年就在 2.35 小时基础上每年增加 0.5%,此后,即 1999—2005 年每年减少 0.5%。①

然后,把每天无偿家务劳动时长乘 365 天,然后再乘考察期内中国家庭数量,就得到了每年无偿家务劳动总时长,然后再乘用 2005 年不变价计算的居民服务平均小时工资(8.30 元/小时)。

9.2.6 志愿者劳动的价值

志愿者劳动可以是照顾老人或是从事社区服务,是一种宝贵的福利创造类活动。遗憾的是,如同无偿家务劳动一样,志愿者劳动在测算 GDP 时也被忽略了。一般来说,估算志愿者劳动价值时,是估计如果雇人来从事相同工作则需要花费多少钱。本项研究中,志愿者工作的基准价值,是通过估计法律要求的无偿社区服务工作的贡献(比如在植树节种树)计算得出。

我们假定,中国所有雇员中,70%的人都从事"志愿者劳动",也是法律规定的,一年 2 次——植树节和雷锋学习日。基于这些假设,志愿者劳动的基准价值可以通过下式计算得出:

$$V = 0.7 \times 2 \times W_s \times N_w \tag{9.8}$$

其中,V=志愿者劳动的价值;W_s=从事社区服务员工或工人的平均工资(元/天);以及 N_w=年终时员工或工人数量。

然后进一步假设志愿者劳动的价值是基准价值的 10 倍。这项假定是基于近期的一项证据,该证据显示,中国现在拥有 75 000 家社区志愿者组织,超过 1 600 万成员(www.worldvolunteerweb.org)。

9.2.7 失业成本

之所以说失业是一种社会成本,是因为它可能带来挫败感、更

---

① 作为指导,这种调整的最后结果是,1970 年无偿家务劳动平均时长为 2.72 小时,2005 年为 2.28 小时。

低的自我认同、自杀、暴力犯罪、精神疾病(如果失业被一拖再拖)、酗酒及其他形式的药物滥用(Anielski and Rowe,1999)。考察期内,中国失业人口数量普遍增加。例如,1978 年 530 万人失业,截至 2005 年,失业人数已经飙升至 840 万。

针对本项研究,失业成本,假定等于这些失业人口全部就业而可能创造的经济价值,再加上政府可能会因此而削减的福利支出。因此,失业成本(U)可以通过如下公式计算得出:

$$U = \left[\sum(W_{MINi} \times P_{Ui}) \times \frac{12}{10\,000}\right] - E_{MIN} \quad (9.9)$$

其中,U=失业成本;W_{MINi}=最低保障工资(元/月);P_{Ui}=每省城镇登记失业人数(万人);以及 E_{MIN}=中央政府为保障失业人口最低生活条件而产生的福利支出。

各个省份的最低保障工资由中国省级政府制定,全国各地差异很大。2005 年,北京是 580 元/月,但辽宁省只有 450 元/月。2005 年,中央政府福利支出已经达到了 191 亿元[引自《中国统计年鉴》(NBSC,various)]。

9.2.8 犯罪成本

因为犯罪会使得社会福利下降,间接阻碍发展进程,所以它被视为一种重要的社会成本,在可持续福利计算过程中不应该被忽略了。本项 GPI 研究中,犯罪成本是基于支付给财产保险公司的保费及关于法律制度和法律执行的支出。所有数据源自《中国保险年鉴》或者《中国统计年鉴》(NBSC,various)。

9.2.9 家庭破裂成本

家庭单元的破裂,会在很大程度上给个人和社会带来显著成本。这些成本通常表现为法律诉讼费、医疗开支及心理伤害,后者尤其适用于受影响的儿童(Anielski and Rowe,1999;Xu and Ye,2001)。一国实际 GDP 的计算通常把家庭单元破裂的成本也加进去了,这是不合理的。这会给人一种错误的印象,如果出现家庭破裂,反而会使一国福利上升。

本项研究中,家庭破裂的成本是通过四个步骤的计算得出。第一步,用离婚数量乘平均离婚诉讼成本,后者假定等于 50 元人民币/每对夫妇。第二步,用受到影响的儿童数量乘因为家庭离婚给他们造成间接影响的成本估计值。基于一项研究(Xu and Ye, 2001),假定 86% 的离婚家庭育有 1 个孩子,另外 14% 的家庭没有孩子。第三步,把两项成本加总(第一步和第二步),计算得到家庭破裂的直接总成本。第四步,家庭破裂的间接成本——因离婚而产生的产权转让费——加到直接成本中去,就得到了家庭破裂的总成本。总之,家庭破裂成本计算公式如下:

$$FB = \left[\frac{N_D \times C_{DL} + N_C \times C_{IMP}}{10\ 000}\right] + C_{PA} \quad (9.10)$$

其中,FB=家庭破裂成本;N_D=离婚数量(万对),1980 年为 340 998 对,2005 年为 1 785 000 对;C_{DL}=平均离婚诉讼成本;N_C=受影响的儿童数量(万人);C_{IMP}=离婚对 1 个受影响儿童带来的成本(元/每个受影响儿童),1992 年为 4 597 元;以及 C_{PA}=因离婚而产生的产权转让费。①

另外还有:

$$N_C = 0.86 \times N_D \quad (9.11)$$

以及

$$C_{PA} = 0.01 \times S_D \times \frac{N_D}{N_t} \quad (9.12)$$

其中,S_D=年终储蓄额;N_t=家庭总数;以及 0.01=假定产权转让费占储蓄额的比例。

9.2.10 净外债变化情况

第三章已解释过,一国福利的可持续性,不仅取决于可用生产资本数量,也取决于该国必须要在多大程度上依靠从国外借款来支

---

① 1992 年值是用 2005 年不变价进行计算调整。

撑当前消费支出（即意味着国内资本不足以支撑当前消费）。对于某个特定年份，如果一国净外债增加或者说相当于国外净资产下降，则该项为负。一国净外债减少或说其国外净资产上升，则该项为正。

该项目计算所用到的数据直接引自《中国统计年鉴》（NBSC，various），并乘美元对人民币的汇率变化。由于汇率大幅波动会加剧净外债对一国可持续福利的影响，所以我们使用了五年移动平均法，剔除年度之间的极端波动现象。

9.2.11 不可再生资源损耗的成本

中国不可再生资源损耗成本，一共考虑了14种不同资源的开采利用情况，即4类不可再生能源资源（原油、天然气、硬煤和褐煤），还有10类矿物质（铝矾土、铜、金、铁、铅、镍、磷酸盐、银、锡、锌）。每类资源损耗成本，都是基于第3章介绍的伊·赛拉斐（El Serafy，1989）的使用者成本公式计算[式(3.12)]得出。为了便于使用伊·赛拉斐公式，假定各类资源的平均矿藏寿命为50年（即 $n=50$），替代资产的再生速度为每年1%（即 $r=1\%$）。这意味着，不可再生资源开采净收益的40%要预留下来。根据市场价格低估了不可再生资源的绝对稀缺性，大约低估了一半，因此，使用者成本要翻倍，达到80%。

对于每类不可再生资源，每吨价值假定等于其国际市场价格与其平均开采成本（即平均生产成本）之间的差额。该数值再乘产量，就得到本项研究中所涉及每类不可再生资源的净收益，即：

$$R = (P_{INT} - AC) \times Q_{NR} \quad (9.13)$$

其中，$R=$不可再生资源开采的净收益；$P_{INT}=$国际市场价格（每吨）；$AC=$平均生产成本（每吨）；以及 $Q_{NR}=$产量（吨）。总之，每类不可再生资源损耗成本（NR），可以通过如下公式计算得到：

$$NR = \left[2 \times \left(1 - \frac{1}{(1.01)^{51}} \right) \right] \times (P_{INT} - AC) \times Q_{NR} \quad (9.14)$$

或者

$$NR = [0.8 \times (P_{INT} - AC) \times Q_{NR}] \quad (9.15)$$

9.2.12 农地流失(土地退化)成本

农地流失成本包括农业生产率下降、因为修复被破坏的农地而发生的恢复性支出成本及生态服务损失(Liu and Yang, 1999; Bolund and Hunhammar, 1999; Wen, 2005)。为了反映出这种成本，本项目计算就要反映由于农地流失累计面积而需要对中国公民补偿的金额。

为此，假定农地价值——其生产率和生态服务的综合值——在1995年为每公顷15 000元(Liu and Yang, 1999)，这是基于2005年不变价调整计算的结果。每年农地流失的数据源自《国家资源公报》(国土资源部)。最后的农地流失成本计算公式如下：

$$A_g = C_{AG} \times L_C \tag{9.16}$$

其中，A_g＝农地流失总成本；C_{AG}＝农地流失单位成本(元/公顷)；以及 L_C＝农地累积流失面积(公顷)。每年农地流失面积数据可以从《国家资源公报》中获得。

9.2.13 过度灌溉用水的成本

本章早先提到过，中国水资源严重短缺，总体水利用效率低下。结果，灌溉用水数量大大超过实际需求量，进而给本已稀缺的水供应造成更大压力。具体到本项研究，过度灌溉用水成本假定等于因低效和过度灌溉而浪费掉的水资源价值，是用灌溉用水平均价格，乘灌溉用水总量，然后再乘因为低效而浪费的水资源百分比。即：

$$I = P_W \times V_W \times (1-\eta) \tag{9.17}$$

其中，I＝过度灌溉用水总成本；P_W＝灌溉用水平均价格(元/立方米)；V_W＝灌溉用水总量；以及 η＝灌溉效率。依据《水资源统计公报》(水利部)，2001年、2005年的灌溉效率分别为43%和45%，间隔年份的效率数据采用直线插补法计算获得。

9.2.14 木材损耗的成本

任何时候，只要木材采伐量超过木材存量的再生能力，木材资源就会减少。与不可再生资源不同，木材存量通过自然再生或者植树造林工程可以进一步增加。1970—1975年，中国木材存量实际上持续增加。自此以后，中国木材存量开始下降，尽管2005年的减少量明显小于1996年的峰值水平6 300万立方米。

为计算木材损耗的真实成本，每立方米木材的平均价格（租金），乘木材产量（圆木产量）和木材存量自然再生量之间的差额。对于木材存量下降的年份，就使用伊·赛拉斐的使用者成本公式（1989）。① 和不可再生资源损耗成本计算时使用的假设相同，木材存量的使用者成本估计值就等于木材损耗总价值的80%。余下的20%是合理收入。关于木材价格的数据直接引自《中国林业统计年鉴》，然而木材价格转引自世界银行②。

然后使用如下公式计算木材损耗的成本：

$$TIMB = \left[2 \times \left(1 - \frac{1}{(1.01)^{51}}\right)\right] \times Q_{RWOOD} - Q_G \times P_{TIMB} \quad (9.18)$$

或

$$TIMB = [0.8 \times [(Q_{RWOOD} - Q_G) \times P_{TIMB}] \quad (9.19)$$

其中，$TIMB$＝木材损耗的成本；Q_{RWOOD}＝圆木生产总量（立方米）；Q_G＝林业增长量；P_{TIMB}＝木材平均价格（租金）（元/立方米）。

9.2.15　城镇废水污染的成本

尽管中国许多城镇的现代化程度快速提高，特别是在东部沿海城市，但是城镇废水管理体系却远不足以解决废水排放越来越多的问题。因而，城镇废水污染的成本就是通过加总市政与工业废水治理支出、城市污水下水道系统建设成本及水污染对人类健康的影响（比如过早死亡的成本、牺牲工作日，以及为治疗肝炎、痢疾和水污染引致癌症的医疗支出）。

既然很多城镇废水污染成本已经在其他GPI项目中有所反映（如

---

① 对于存量上升的年份，就加上全部价值。
② http://faostat.fao.org/site/381/default.aspx.

牺牲工作日和健康状况恶化会减少生产率,以及进而减少消费支出),因此为了避免重复计算,假定城镇废水污染的直接成本是总成本的 50%,即:

$$0.5 \times WWP \tag{9.20}$$

$$WWP = WW_I + WW_H \tag{9.21}$$

其中,WWP＝城镇废水污染成本;WW_I＝废水治理实施的投资成本;以及 WW_H＝对人类健康的影响成本。决定城镇废水污染各类成本的重要参数,可以从温和陈那里(Wen and Chen)找到。

9.2.16 空气污染成本

本章此前已经提到过,世界银行有份报告显示,中国空气污染成本估计值约为其 GDP 的 3.8%(World Bank,2007)。本项研究中,考察期内每年空气污染成本的估计值也是使用这个百分比。然而,和水污染相同,空气污染总成本包括了对劳动生产率的间接影响及其他 GPI 项目中已经反映过的影响。因而,假定空气污染的直接成本是其总成本的 50%。

9.2.17 长期环境损害的成本

近年来,很多国家的政府,越来越强调管理好气候变化排放源(如 CO_2 排放)的必要性和紧迫性。这种紧迫性之所以与日俱增,很大程度上是因为有许多强有力的证据可以表明,气候变化会带来长期环境影响(IPCC,2007),以及如果不立即采取行动可能造成的经济成本(Stern,2006)。中国规模庞大、以煤炭为主要能源支撑的经济,肯定排放了大量温室气体。为了估计中国经济活动的长期环境成本,主要考虑了两类污染物:CO_2 和臭氧消耗物质(Ozone-Depleting Substance,ODS)。

在该项目计算过程中,首先,假定 CO_2 排放的长期成本等于一国国民总收入(GNI)的特定比例,汉密尔顿(Hamilton,2005)已经阐述过这种方法。其次,假定臭氧消耗的损害等于每产生 1 千克

ODS 为 15.26 美元（Anielski et al.，1999）。并用 2005 年人民币不变价进行定基处理。

同样，假定环境损害的长期成本已经部分反映在其他 GPI 项目中，故长期环境损害的直接成本假定为总成本的 50%，随后用如下公示即可估计得出：

$$LTED = 0.5 \times [(C_{CO_2} \times GNI) + (C_{ODS} \times Q_{ODS})] \quad (9.22)$$

其中，$LTED$＝长期环境损害的成本；C_{CO_2}＝CO_2 排放的成本，作为 GNI 的一个固定比例；GNI＝国民总收入；C_{ODS}＝每千克抽样消耗物质（ODS）的损害成本；Q_{ODS}＝ODS 产生的累计数量。

9.3 中国 GPI 研究的结果

9.3.1 构成项目分析

表 9-2 给出了中国 GPI 研究的结果。为了简化对结果的解释，一些 GPI 构成项目的值被加总到某些特定类别当中。因而，一开始 A 列（加权后消费）表示用分配指数（DI）加权后的耐用和非耐用消费品所做的福利贡献。A 列表明中国加权后消费的福利贡献显著增加，从 1970 年的 3 123 亿元，增加到 2005 年的 36 804 亿元。这相当于考察期内，总量增长了 1 078.5%，或者说，平均每年增长 7.3%。说到这里，2005 年消费的福利贡献仅占加权后消费值的 52.2%，是因为整个考察期内，收入分配状况恶化程度达 91.2%。

表 9-2 中的 B 列揭示了公共基础设施资产提供的福利（WPPI），其增长接近 32 倍，从 1970 年的 74 亿元，增加到 2005 年的 2 363 亿元。实际上，整个考察期内，WPPI 对 GPI 的贡献度，从 0.5% 增加到 5.5%。这反映出中国政府在公共基础设施的投资大幅增加。考虑到中国经济的预期增长目标，在未来相当长的一段时期内，中国政府在基础设施领域的支出，即便不是进一步扩大，也至少会维持在目前的水平上。

表 9-2 中国真实进步指标（GPI）和实际 GDP，1970—2005 年

年份	加权后CON（调整后）A	WPPI B	无偿劳动 C	社会成本 D	LNCS E	GPI F	实际GDP G	中国人口（百万人）H	人均GPI（元）I	人均GDP（元）J	人均GPI指数值 K	人均GDP指数值 L
1970	312.3	7.4	1 486.1	−87.7	−176.0	1 542.1	965.4	829 920.0	1 858.1	1 163.2	100.0	100.0
1971	344.6	7.5	1 510.3	−85.7	−187.9	1 588.7	1 033.0	852 290.0	1 864.0	1 212.0	100.3	104.2
1972	372.4	8.1	1 529.5	−84.8	−186.7	1 638.4	1 072.2	871 770.0	1 879.4	1 229.9	101.1	105.7
1973	424.3	8.8	1 549.2	−82.9	−197.6	1 701.8	1 156.9	892 110.0	1 907.6	1 296.8	102.7	111.5
1974	436.9	8.6	1 575.5	−82.6	−239.8	1 698.6	1 183.5	908 590.0	1 869.5	1 302.6	100.6	112.0
1975	486.6	11.9	1 609.3	−80.8	−298.9	1 728.2	1 286.5	924 200.0	1 869.9	1 392.0	100.6	119.7
1976	488.8	10.2	1 640.5	−81.8	−324.7	1 733.0	1 265.9	937 170.0	1 849.2	1 350.8	99.5	116.1
1977	536.4	10.2	1 666.9	−80.8	−351.7	1 781.0	1 362.1	949 740.0	1 875.2	1 434.2	100.9	123.3
1978	629.1	18.2	1 697.3	−86.0	−453.5	1 805.0	1 521.5	962 590.0	1 875.4	1 580.6	100.9	135.9
1979	679.7	21.7	1 731.9	−88.9	−526.2	1 818.2	1 637.1	975 420.0	1 864.0	1 678.4	100.3	144.3
1980	743.6	23.4	1 757.3	−90.7	−578.2	1 855.4	1 764.8	987 050.0	1 879.8	1 788.0	101.2	153.7
1981	802.4	17.8	1 802.0	−91.9	−635.5	1 894.8	1 856.6	1 000 720.0	1 893.4	1 855.3	101.9	159.5

续表

年份	加权后CON（调整后）A	WPPI B	无偿劳动 C	社会成本 D	LNCS E	GPI F	实际GDP G	中国人口（百万人）H	人均GPI（元）I	人均GDP（元）J	人均GPI指数值 K	人均GDP指数值 L
1982	869.9	20.4	1 830.4	−87.6	−655.0	1 978.2	2 025.6	1 016 540.0	1 946.0	1 992.6	104.7	171.3
1983	942.3	24.0	1 871.0	−91.6	−557.9	2 187.7	2 246.3	1 030 080.0	2 123.8	2 180.7	114.3	187.5
1984	992.7	27.6	1 917.9	−102.2	−594.9	2 241.1	2 587.8	1 043 570.0	2 147.5	2 479.7	115.6	213.2
1985	1 106.3	34.9	1 965.5	−106.5	−658.9	2 341.4	2 937.1	1 058 510.0	2 211.9	2 774.8	119.0	238.5
1986	1 081.6	35.7	2 021.1	−125.0	−606.7	2 406.7	3 195.6	1 075 070.0	2 238.7	2 972.5	120.5	255.5
1987	1 203.4	34.4	2 075.8	−144.9	−718.5	2 450.1	3 566.3	1 093 000.0	2 241.6	3 262.8	120.6	280.5
1988	1 384.2	31.4	2 127.0	−152.2	−743.3	2 647.2	3 969.3	1 110 260.0	2 384.3	3 575.1	128.3	307.3
1989	1 318.1	31.8	2 176.6	−169.8	−804.9	2 551.9	4 132.0	1 127 040.0	2 264.2	3 666.3	121.9	315.2
1990	1 367.9	37.8	2 226.6	−190.6	−900.9	2 540.9	4 289.0	1 143 330.0	2 222.4	3 751.4	119.6	322.5
1991	1 414.3	47.9	2 281.9	−187.4	−915.4	2 641.3	4 683.6	1 158 230.0	2 280.4	4 043.8	122.7	347.6
1992	1 480.8	49.0	2 337.9	−193.1	−961.5	2 713.2	5 348.7	1 171 710.0	2 315.6	4 564.9	124.6	392.4
1993	1 505.9	70.0	2 389.6	−200.5	−998.8	2 766.2	6 097.5	1 185 170.0	2 334.0	5 144.9	125.6	442.3
1994	1 631.0	71.5	2 446.5	−231.9	−988.1	2 929.1	6 896.3	1 198 500.0	2 443.9	5 754.1	131.5	494.7

第 9 章　从 GDP 到 GPI：量化中国 35 年的发展　245

续表

年份	加权后CON（调整后）	WPPI	无偿劳动	社会成本	LNCS	GPI	实际GDP	中国人口（百万人）	人均 GPI（元）	人均 GDP（元）	人均GPI指数值	人均GDP指数值
	A	B	C	D	E	F	G	H	I	J	K	L
1995	1 918.5	80.0	2 515.2	−231.3	−1 075.3	3 207.1	7 648.0	1 211 210.0	2 647.8	6 314.3	142.5	542.8
1996	2 294.5	92.9	2 573.9	−224.2	−1 161.4	3 575.7	8 412.8	1 223 890.0	2 921.6	6 873.8	157.2	590.9
1997	2 463.7	115.2	2 620.4	−240.5	−1 165.3	3 793.7	9 195.2	1 236 260.0	3 068.7	7 437.9	165.2	639.4
1998	2 568.1	154.7	2 642.3	−230.1	−1 098.4	4 036.6	9 912.4	1 247 610.0	3 235.4	7 945.1	174.1	683.0
1999	2 604.1	174.1	2 680.1	−267.9	−1 121.8	4 068.5	10 665.8	1 257 860.0	3 234.5	8 479.3	174.1	729.0
2000	2 753.9	191.4	2 721.2	−260.3	−1 352.9	4 053.4	11 561.7	1 267 430.0	3 198.1	9 122.1	172.1	784.2
2001	2 911.9	214.1	2 738.9	−307.9	−1 336.6	4 220.4	12 521.3	1 276 270.0	3 306.8	9 810.9	178.0	843.4
2002	3 047.4	230.2	2 756.5	−331.0	−1 436.0	4 267.1	13 660.7	1 284 530.0	3 321.9	10 634.8	178.8	914.3
2003	3 145.1	231.6	2 776.6	−381.5	−1 614.5	4 157.5	15 026.8	1 292 270.0	3 217.2	11 628.2	173.1	999.7
2004	3 512.4	233.9	2 802.5	−493.1	−1 775.9	4 279.7	16 544.5	1 299 880.0	3 292.4	12 727.7	177.2	1 094.2
2005	3 680.4	236.3	2 828.9	−557.2	−1 920.9	4 267.6	18 232.1	1 307 560.0	3 263.8	13 943.6	175.7	1 198.7

注：A 到 G 列单位为十亿元，2005 年不变价计算；I 至 J 列为元，2005 年不变价计算；K 至 L 列为始于 1970＝100 的指数值。

表9-2中的C列给出了无偿劳动的价值，是把无偿家务劳动的价值和志愿者劳动的价值加总计算得出。考察期内，主要是因为中国人口数量持续上升，所以无偿劳动的价值也逐年稳步增加，从1970年的14 861亿元增加到2005年的28 289亿元。然而，它的相对重要性却有所下降。例如，在1970年无偿劳动所带来的福利是加权后消费所带来福利的4.8倍，但是到了2005年，却仅占加权后消费福利贡献的76.9%。从占中国GPI的百分比来看，考察期内无偿劳动的贡献从96.4%下降到66.3%。

表9-2中的D列表示社会成本，包括失业成本、犯罪成本、家庭破裂成本及外债变化成本①。从D列可知，中国的社会成本大幅增加，从1970年的877亿元增加到2005年的5 572亿元，相当于考察期内增长了635.3%，或者说年均增长5.4%。份额最大、也是最显著的社会成本就是犯罪成本，考察期内从734亿元增加到3 392亿元。至于净外债的变化，20世纪80年代及2000—2005年均显著增加。失业成本几乎变化不大，但是2005年也高达310亿元，这也仍是颇有压力的一个社会问题，无疑会进一步扩大中国本已悬殊的收入差距状况。

最值得关注和担忧的就是中国环境成本的增长幅度和程度。在表9-2中(E列)，中国环境成本是以自然资本服务损失的成本(LNCS)形式呈现。② 从E列可知，1970—1981年中国的环境成本稳步增加；1981—1986年基本处于停滞状态；1986—1993年又再次稳步增长；1993—1999年小幅增加；1999—2005年则快速增长。总体来看，中国环境成本增长了11倍，从1970年的1 760亿元增加到2005年的19 209亿元，相当于考察期内平均每年增长7.1%。有趣的是，这个增速几乎正好等于考察期内中国人均GDP的增速(平均每年增长7.4%)。

---

① 之所以包括外债变化成本，是因为1970—2005年中国的外债每年都增加，因而，考察期内该项值是负的。

② E列等于不可再生资源损耗成本、农地退化成本、过度灌溉用水成本、木材损耗成本、城镇废水污染成本、空气污染成本及长期环境损害成本的总和。

在中国环境成本中占比较大的项目依次是，不可再生资源损耗的成本(尤其是 1970—1981 年)、农地退化(整个考察期内稳步增加)、城镇废水污染成本(20 世纪 70 年代早期是最显著的环境成本)、空气污染及长期环境损害的成本(尤其是自 1995 年以来)。对于中国快速增加的环境成本而言，木材损耗几乎没有什么太大影响。

9.3.2 人均 GPI 和人均 GDP

为了评估中国的真实进步程度，图 9-3 给出了中国人均 GPI 和人均 GDP 的对比状况(表 9-2 中的 I 列和 J 列)。图 9-3 中最令人惊奇的地方在于，中国人均 GDP 几乎呈指数形式的增长，而人均 GPI 整体只呈温和上升态势。实际上，如表 9-2 的 K 列和 L 列显示，考察期内中国的人均 GPI 一共增加了 75.7%(平均每年增长 1.6%)，然而同期人均 GDP 却增长了 1 098.7%(平均每年增长 7.4%)。

图 9-3 另外一个比较有意思的特征是，它呈现了考察期内中国人均 GPI 是如何被人均 GDP 开始超过且最后超出很多的过程。如 1970 年，人均 GPI 高出人均 GDP 159.7%，但是到了考察期末，却仅为人均 GDP 的 23.4%。图 9-3 显示，中国人均 GDP 超过人均

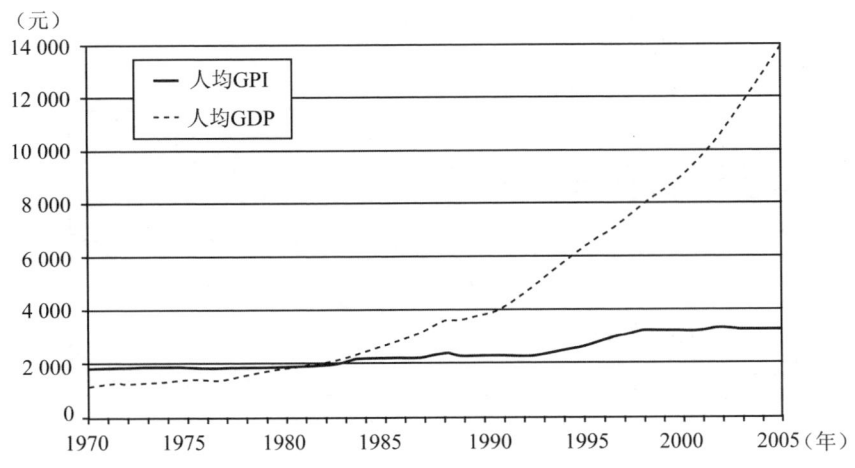

图 9-3　人均 GPI 与人均 GDP：中国，1970—2005 年

注：以 2005 年不变价计算。

GPI 的时间介于 1981—1982 年，我们很快会明白，这个时期是中国经济发展的关键时期之一。

1970—2005 年中国人均 GPI 波动很大，可以将整个考察期分为 5 个关键的发展时期。这样就可以剖析 GPI 构成项目和中国人均 GPI 之间的关系，然后解释具体每个时期的真实进步程度。这不仅可以有助于研究过去 35 年中哪些因素对中国真实进步影响最大，而且也有助于为未来提供政策指导。

为协助评估，图 9-4 给出了中国人均 GPI 和表 9-2 中主要成本和收益项目的人均值。仔细分析人均 GPI 曲线和表 9-2 中 I 列的值，就可以发现下列 5 个发展时期：

(1) 人均 GPI 稳定阶段（工业化开始阶段）：1970—1981 年；
(2) 人均 GPI 适度增长阶段（工业化起飞阶段）：1982—1988 年；
(3) 人均 GPI 总体稳定但略有波动阶段（经济全球化开始阶段）：1989—1993 年；
(4) 人均 GPI 快速增长阶段（经济全球化起飞阶段）：1994—1998 年；
(5) 人均 GPI 恶化阶段（高负外部成本阶段）：1999—2005 年。

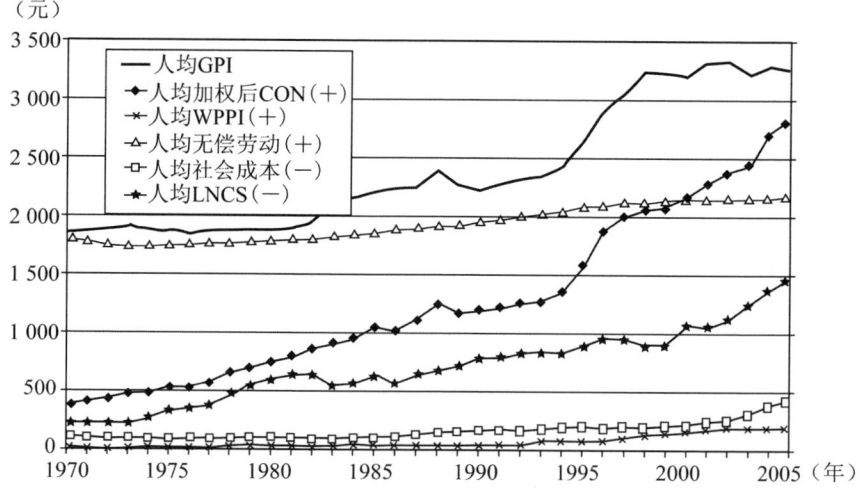

图 9-4　人均 GPI 及其主要构成项目：中国，1970—2005 年
注：以 2005 年不变价计算。

人均 GPI 稳定阶段(工业化开始阶段)：1970—1981 年

第一个时期被视为是中国工业化开始阶段，因为就是在 20 世纪 70 年代中国开始了从农业经济向以工业为基础的经济转型。这一时期，中国人均 GPI 相对稳定，没有什么大的波动。例如，1970 年中国人均 GPI 是 1 858.1 元，到了 1981 年，只是略涨了一点，为 1 893.4 元。此外，人均 GPI 从没跌到 1 849.4 元以下，也没有超出 1 907.6 元。

1970—1981 年的工业化过程，反映在图 9-4 中，主要表现为人均加权后消费的增长——消费品产量大幅增加的结果——以及人均环境成本快速上升。此外，也能够明白，为何中国人均 GPI 没有增长。事实上，环境成本的增长抵消了额外消费所创造的福利收益。

在这个工业化阶段，尽管城镇废水污染问题较为显著，但最重要的环境成本因素是不可再生资源损耗的成本，从 1970 年的 64 亿元，增加到 1981 年的 4 003 亿元。这反映出为了支持基础设施及任一工业化过程的典型资本扩张，不可再生资源损耗大幅增长。

这一发展时期人均无偿劳动价值变化很小，因而对于人均 GPI 的变化几乎没有影响。说到这里，无偿劳动的绝对值意味着它对于 20 世纪 70 年代中国人均 GPI 的整体值是有帮助的。之前已经解释过，整个考察期内无偿劳动的相对贡献显著下降。因而，关于无偿劳动人均值，这里所说的也几乎适用于剩余其他发展时期，故随后就没有意义再讨论无偿劳动的影响了。

人均 GPI 适度增长阶段(工业化起飞阶段)：1982—1988 年

第二个发展时期，我们将之形容为工业化起飞阶段。截至 20 世纪 80 年代早期，中国已经建立起较强的工业基础，由此可以享受巨大的经济利益。进而，1982—1988 年中国人均 GPI 适度增长，从 1982 年的 1 946 元，增长到 1988 年的 2 384.3 元。

这个短期的真实进步具有一系列关键特征。首先，如图 9-4 所示，中国的人均加权后消费大幅增加，虽然因这一时期收入分配状况显著恶化而受到不同程度地抑制。其次，中国人均环境成本基本没有增加，如果有的话也是很少。虽然土地恶化、城镇废水污染、空气污染和长期环境损害的成本有一些增长，但是不可再生资源损耗成本则大幅下降。实际上，后者减少量几乎可以抵消其他环境成本项目的增加量。

但是不可再生资源损耗成本的下降一定得有代价，到底是什么情况呢？这个时期的第三个特征就是人均社会成本上升，而人均社会成本在初始工业化阶段已经略微下降了。这个成本项目包括净外债变化。1982—1988年中国净外债显著增长，主要是因为中国不可再生资源进口大幅增加引起的。换句话说，国内生产的矿产品和能源资源，无法满足中国经济高速发展的资源需求。

总体来看，在这个发展时期，中国人均GPI出现了适度增长，因为中国人均加权后消费的福利贡献超过了人均社会与环境成本总和的上涨。不过，随着中国进入下一个发展时期，这种情况很快就结束了。

人均GPI总体稳定但略有波动阶段（经济全球化开始阶段）：1989—1993年

这个时期是从1989—1993年，是中国经济全球化开始阶段。无论是有意设计，还是受客观条件影响，20世纪90年代早期，中国开始全面融入全球化经济。由于此时世界经济处于萧条时期，一开始经济全球化并没给中国带来太多积极的影响。① 经历了接近10年的持续增长以后，中国的人均GPI在1989年和1990年都出现了下降（图9-4），1991年、1992年、1993年又分别开始增长，但是幅度不大。1988年，即上一个发展时期末，中国人均GPI为2 384.3元。到了1993年，中国人均GPI略微降低，为2 334元。

在这一发展时期，中国人均加权后消费增速是迄今为止所讨论

---

① 从实际GDP增长的角度来看，这绝不表明，萧条就易于造成一国人均GPI增速下降，也不表明需要实际GDP增长来提升人均GPI。

的三个发展时期中最低的，1989年也是降幅最大的一年。这是因为中国居民的消费支出放缓，收入贫富差距进一步扩大。从积极的一面来看，公共基础设施提供的福利(WPPI)翻了一倍以上，然而，当时它的总量还是太小了，不足以对中国的人均GPI产生显著影响。

关于中国的人均社会与环境成本，在这一发展时期，前者增加了23.4%，后者增加了25.9%。人均社会成本的上升同样有时主要因为净外债增加，虽然在考察期内犯罪成本首次开始引人关注。该发展时期，中国人均环境成本上升，部分原因在于1989年和1990年的不可再生资源损耗成本上升，但更主要是受长期环境损害、空气污染和城镇废水污染成本骤增的影响。

人均GPI快速增长阶段(经济全球化起飞阶段)：1994—1998年

我们现在开始进入可能被视为中国的经济全球化起飞阶段。正是在这个较短的时期，中国融入全球经济一体化，导致人均GDP在短短5年内就增长了54.4%。如图9-4所示，相应地，中国人均GPI也大幅上升。实际上，同期中国人均GPI增加了38.6%，或者说相当于年均增长6.7%。

这一时期，中国人均GPI的显著上升，可以归功于以下几点：首先，消费支出增加及收入分配状况略微改善，这造成人均加权后消费骤增。公共基础设施提供的福利(WPPI)，虽然仍然太小以至于不足以对中国的人均GPI产生主要影响，但也需要指出，其又翻了1倍以上。其次，中国人均社会成本增长并不明显，几乎主要归功于中国净外债的增幅下降。说到这里，犯罪和失业成本则显著增长。最后，中国的人均环境成本在这5年时间里几乎没变——不可再生资源损耗成本大幅下降，主要抵消了农地退化、城镇废水污染、空气污染及长期环境损害成本的上升。

人均GPI恶化阶段(高负外部成本阶段)：1999—2005年

考察期的最后一个发展时期是高负外部成本阶段。虽然中国经济高度融入全球化，有助于促进消费持续增长，但是GDP增长的许多社会与环境成本——可能被视为与规模相关的外部性——也显著增加。此外，收入分配状况再次恶化。

以上一个发展时期末中国的人均 GPI 为起点，人均 GPI 从 1998 年的 3 235.4 元增加到 2005 年的 3 263.8 元，增幅几乎可以忽略不计。不过，如图 9-4 所示，人均加权后消费的增速几乎要超过 1994 年之前的任何时期（即全球化起飞阶段之前）。因而，全球化带来的经济收益，仍然有增无减。

遗憾的是，犯罪、家庭破裂和净外债的社会成本以前所未有的速度增长。土地衰退、空气污染及长期环境损害的环境成本亦是如此。虽然不可再生资源损耗成本的增幅，比不上工业化初始阶段（1970—1981 年），但仍然非常显著。

总体来看，中国快速完成了从农业经济到全球化工业巨人的转型。现在看来，中国经济规模的进一步扩张，给社会与自然（环境）资本带来了巨大压力。现在中国的政策制定者需要采取一些果断措施，减轻这种与规模相关的压力。万一做不到这点，可能会将中国自 1970 年以来所铸就的真实进步，最终置于非常危险的境地。

9.4 结　语

中国经济转型的速度超过世界上任何一个国家。一开始，在 20 世纪 70 年代，农业生产在经济中占据支配地位，此后，中国经济在短短 35 年中经历了我们认为是 5 段发展时期。此外，人均 GDP 增加了近 12 倍。

虽然中国经济转型带来了巨大的经济利益，但本项研究的结果表明，真实进步程度（传统上都用人均实际 GDP 增长来表示）被严重高估了。此外，中国实际 GDP 的快速增长，正在造成与规模有关的外部性大量增加，表现为近年来社会与环境成本大幅上升。

因而，毫无疑问，中国必须再经历一个新的发展阶段，在实际 GDP 增长过程中更加重视质量提升。和印度一样，中国未来的增长还必须同时具有以下特征：收入分配更均等；生产过程中创造更高的附加值（更好而不是更多的产品）；资源使用效率大幅上升；开发应用可再生能源和资源节约型技术；尽可能使得自然资本存量（包括重要生态系统）损耗最小化。

中国已经采取措施处理人口稳定问题，在这一方面，情况好于印度。究竟应该采取哪些措施能够进一步优化经济增长质量，这里并不予以讨论。可以说，和第 8 章印度的情形大致相似，尽管有些政策措施根据不同的制度背景稍做调整。和印度相似，中国也不可避免地要考虑最好何时才能向稳态经济过渡，虽然这有可能是几十年以后。考虑到中国人口峰值有可能出现在 2030 年左右，而印度人口预计在 2050 年还会继续增加（WRI，earthtrends），所以，对于这种转型而言，中国也会更有优势。

然而目前，中国政策制定者需要集中全部精力，在未来数十年中改善增长质量。至于工业化世界中的其他国家，毫无必要担心一个富裕而强大的中国，而应该是尽可能帮助它去实现与发展可持续、公平公正和有效的经济。

参考文献

Anielski, M. and Rowe, J. (1999), *The Genuine Progress Indicator—1998 Update*, San Francisco: Redefining Progress.

Bolund, P. and Hunhammar, S. (1999), "Analysis of ecosystem services in urban areas", *Ecological Economics*, 29, 293-301.

Central Intelligence Agency (2007), *The World Fact Book 2007*, https://www.cia.gov/cia/publications/factbook/rankorder/2004rank.html.

El Serafy, S. (1989), "The proper calculation of income from depletable natural resources", in Y. Ahmad, S. EI Serafy and E. Lutz(eds.), *Environmental Accounting for Sustainable Development*, World Bank, Washington, DC: World Bank, pp.10-18.

Hamilton, K. (2005), Testing Genuine Saving, World Bank Policy Research Working Paper 3577, April.

International Panel on Climate Change(IPCC)(2007), *IPCC Fourth Assessment Report: Climate Change* 2007, Geneva: World Meteorological Organisation.

Jiang, A. L. (2003), "The basic judgment of China's industrial development state", *Journal of Shantou University (Social Science Edition)*, 19(2): 1-11.

Li, H. T., Shang, R. B., Zhai, Q. (2003), "The Calculation and Application of the GINI Coefficient Based on the Lorenz Curve", *Journal of Gansu Science*, 15(1), 89-94.

Liu, L. and Yang, T. (2000), "Case study on the economic cost evaluation on farmland loss Hebei Province", *Agriculture Technological Economics*, 5, 51-53.

Lu, J. R. and Peng, C. (1999), "The trend and state of lifetime of urban residents in China", *China Soft Science*, 6, 90-93.

Ministry of Forestry(various), *National Forest Resource Statistics*, Beijing: Ministry of Forestry.

Ministry of Land and Resources(MLR)(various), *National Resource Communiqué*, Beijing: MLR.

Ministry of Water Resources(MWR)(2003), *The Report on China's Water Resources*, Beijing: MWR.

Ministry of Water Resources(MWR)(2004), *The Statistical Report of China's Water Resources*, Beijing: MWR.

Ministry of Water Resources(MWR)(various), *Water Resource Statistic Communiqué*, Beijing: MWR.

National Bureau of Statistics of China(NBSC)(various), *China Statistical Yearbook*, Beijing: China Statistical Publishing House.

Stern, N. (2006), *Stern Review on the Economics of Climate Change*, London: HM Treasury.

Wen, Z. G. (2005), "Capital Extension Methodology: the Simulation Study into Policy Alternatives towards Sustainable Development", Dissertation Submitted to Tsinghua University in partial fulfillment of the requirement for the degree of Doctor of Engineering. Library of Tsinghua University.

Wen, Z. and Chen, J. (forthcoming), "A cost-benefit Analysis for the Economic Growth in China", *Ecological Economics*.

World Bank (2006), *Little Green Data Book*, Washington. DC: World Bank.

World Bank (2007), *Cost of Pollution in China: Economic Estimates of Physical Damages*, Washington, DC: World Bank.

World Resources Institute (2005), *World Resources* 2005: *The Wealth of the Poor-Managing Ecosystems to Fight Poverty*, in Collaboration with United Nations Development Programme, Washington, DC: United Nations Environment Programme and World Bank.

World Resources Institute (WRI) (various), *Earthtrends* (http://earthtrends.wri.org).

World Volunteer Web, "China strengthens national volunteer campaign", www.worldvolunteerweb.org, accessed 7 August 2007.

Xu, A. Q. and Ye, W. Z. (2001), "The impact of family breakdown on children and the constraint factors: a survey in Shanghai", *China Social Science*, 6, 137-149.

第10章 泰国真实进步：
一个多系统分析方法

马修·克拉克（Matthew Clarke） 居迪斯·肖（Judith Shaw）

10.1 简 介

泰国和所有其他国家一样，也有自己明显的历史特征、地理位置、政治经历与社会互动。泰国从来没有被殖民统治过，是一个佛教国家，城镇化水平较低，国土面积辽阔。然而，即便有这些鲜明的特征，泰国可能仍被认为是众多发展中国家的一员：拥有二元经济、大量乡城移民、贫富收入差距很大及政治不稳定。尽管其历史独特，但泰国也仍是中低收入国家大军中的一员，这些国家都在千方百计增加国民收入，旨在减贫和提高人民生活水平。

如果用实际GDP年均增幅来看的话，泰国近年来的经济发展被普遍认为是非常成功的，已经明显超过了许多发展中国家（甚至是发达国家）（World Bank，2006）。实际上，有些观察家认为，泰国对于大部分第三世界国家而言是个潜在的范例（Watkins，1998；World Bank，1999；Vines and Warr，2000）。不过，在得出这种结论之前，必须要注意到，泰国经济增长有利有弊。本章主要研究1975—2004年泰国的真实进步指标（GPI），将会帮助大家梳理澄清，泰国究竟在多大程度上取得了真实进步。

为此，本章结构安排如下：首先，会简单介绍泰国经济的主要特征及近年来的经济发展状况。其次，描述泰国 GPI 测算过程中使用的方法，这部分也会解释泰国 GPI 中加入一些特殊项目（例如腐败与性服务工作的成本）的依据。接下来，会给出 GPI 测算结果。最后一部分会就泰国 GPI 结果进行相关讨论。

10.2 泰国经济

过去 30 多年，泰国实际 GDP 增长一直非常强劲。20 世纪 70 年代，人均 GDP 的年均增速为 7%。由于 1973 年和 1979 年的石油价格冲击，随后世界经济开始衰退，美国军事力量撤出东南亚，泰国国内出现剧烈的政治动荡，"1971—1978 年这一时期，泰国经济增长成效显著"（Dixon，1999，p.108）。

也就是在 20 世纪 70 年代，泰国经济像中国经济一样（见第 9 章），至少在泰国实际 GDP 的构成方面，从以农业为主转型到以工业为主。有趣的是，这种转型，并不是由于什么明显的政府政策和干预引起的。20 世纪 70 年代的泰国，以关税或燃料补贴的形式对国内产业予以过度保护，再加上旷日持久而又异常激烈的政治动荡，丝毫不能增强投资者信心。与此同时，泰国经常账户赤字飙升且数额巨大，通货膨胀率很高，并且政府支出增加引致财政赤字也逐渐增长，况且，海外债务（虽然相对比较低）也显著增加（Dixon，1996）。

虽然出现了这些负面的经济因素，但是泰国经济简直太幸运了。20 世纪 70 年代，日本和其他新兴工业化国家（Newly Industrializing Countries，NICs）为了应对国内劳动力成本上升，开始逐渐把低水平的加工制造业转移出去。而泰国的劳动力成本相对较低，受到良好教育的劳动力也比较多，而且劳动力流动（尽管以前很频繁）受到政府严控，所以，泰国在承接这些产业转移方面就比较有优势。

20 世纪 80 年代前半段，泰国实际 GDP 年均增速放慢到只有 3% 多一点。不过，这种增速和当时亚太地区大部分国家正在经历经济萧条的状况相比，已经算是相当高了。然后，在 20 世纪 80 年代后期，泰国经历了所谓的"黄金时代"，1987年，泰国实际GDP增速高达11%。1982—1993年泰国实际GDP翻倍，进而成为这一时期世界上经济增速最快的国家之一（Jansen，1997；Vines and Warr，2000）。

由于20世纪80年代早期亚太地区和世界经济出现了经济萧条，泰国继续吸引和承接很多NIC因劳动力成本相对较高而转移出来的产业（Dixon，1999）。初级产品出口扩张、旅游业快速发展，以及劳动力移民（随后把收入寄回他们国家）等，这些因素都巩固并推动了泰国制造业的快速增长。但是，同样，泰国的经济扩张，好像并不是经济政策有意设计而为之。迪克森（Dixon，1999，p.128）解释道：

> [T]有一系列全球、区域、国家层面上的优越条件，可供泰国充分利用，而非依靠任何孤立、并且也可用于其他地区的特殊政策或者战略。

截至20世纪90年代中期，所谓的黄金时代已经结束了。1996年，泰国经济的主要特征有：出口收入零增长，国际收支赤字增加，私人部门的债务上升，以及更关键的是，短期投机性资本流动加剧伴随着房地产和金融市场过热。1997年金融危机，重创了许多亚洲经济体，也使得泰国实际GDP快速增长的十年戛然而止（Dixon，1999）。幸运的是，泰国经济迅速从金融危机中恢复过来，并且于1999—2004年再次实现了较高的经济增速，年均5%左右。

考虑到泰国近年来和其主要贸易伙伴已经签署或正在协商诸多自由贸易协定，泰国实际GDP在可见到的将来仍然有望持续增长。对于很多外国投资者而言，泰国仍是有利可图的国家和投资目的地，即便是2006年的政变似乎也未改变他们的这种看法。

过去30多年中，经济增长（传统上表现为实际GDP增长）一直是泰国政府明确优先追求的目标（NESDB，1996 and 2000）。遗憾的是，这种狭隘的政策焦点通常排斥了其他经济、社会和环境目标。实际上，冯帕奇蒂和贝克尔（Phongpaichit and Baker，1995）已经指出，20世纪90年代早期，泰国政府实际上放弃了很多政策，就是为了把全部注意力放在引导经济增长的方向和结果。如此一来，就有很多担忧，GDP增长优先，要以牺牲更广泛的福利和社会公平为代价(Parnwell，1996；Schmidt，1996)。

例如，虽然泰国实际GDP增长带来更高的税收收入，也允许政府大幅增加公共支出，但是许多观察家认为，额外增加的政府支出，投向不太对。他们之所以会这样认为，主要是有些统计证据表明，泰国的政府项目显然没有能够减轻许多低收入公民的极端贫困状况(Kakwani and Krongkaew，1997)。

与此同时，很多环境方面的担忧也未得到足够重视和解决。1985—2002年泰国人均CO_2排放大幅增加，从0.88吨增加到3.25吨，然而，更值得警惕的是，泰国的生态足迹已经超过了它的生态容量(WRI，2005)。① 2003年，泰国生态足迹为1.4公顷，生态容量为1公顷(Global Footprint Network，2006)。泰国以前是处于生态盈余状态，现在已经受困于生态赤字状态，为−0.4公顷。这个统计数据令人不安的方面在于生态赤字被认为是一国自然资本正在遭受侵蚀或说大幅减少。在泰国，凸显为土地退化现象严重，木材存量持续下降。

考虑到泰国对更广泛社会与环境担忧的政策关注已经显著减少，所以剩下的问题就是：虽然泰国经济取得巨大成就，实现了GDP长期高速增长，但这有无相应带来真实进步的高速增长？也就是说，最近几十年来，平均每位泰国公民的可持续福利究竟增加了多少？

10.3 测度泰国的真实进步

从多系统分析的角度来看，真实进步可被看作是一个更大生态系统中诸多彼此相互影响的领域或说子系统的函数(可参阅Clarke，2006)。这些领域可以描述成经济、社会、政治、精神和环境系统，

---

① 若想了解更多关于一国生态足迹和生态容量的构成内容，均可参阅第1章中的解释。

综合起来方成为一国可持续福利的要义。① 进而，确定泰国真实进步程度，就需要估计经济产出增加对各类系统所带来的正面和负面影响。因此，对大量经济活动造成的收益和成本项目进行货币估值，就是必要的。表10-1主要也是沿用第3章所介绍的GPI估算方法，列出了这些构成项目，并对其计算过程中使用的估算方法有做了简要描述。这些GPI构成项目，也会在各相互影响的领域中归类分组，以便于本章最后对泰国真实进步做进一步讨论分析。

表10-1 泰国GPI的构成项目和估算方法，1975—2004年

项目	福利贡献	估算方法
经济领域(A)		
项目a：消费支出的福利贡献(CON)	＋	CON＝私人＋公共部门的消费支出－所有烟草支出－0.5×酒水饮料支出
项目b：耐用消费品支出(ECD)	－	ECD等于所有家庭购买耐用消费的支出总和
项目c：耐用消费品服务(SCD)	＋	等于所有耐用消费品存量的折旧值(假定存量可以使用10年) • SCD＝0.1×耐用消费品价值
项目d：调整后的消费	＋	消费收益的跨期调整 • 调整后的CON＝CON－ECD＋SCD
项目e：分配指数(DI)	＋／－	基于考察期内收入分配变化的DI，用基尼系数测度(1975＝100)
项目f：调整后的消费（加权后）	＋	用分配指数(DI)加权调整后的CON • 100×调整后CON/DI

---

① 虽然经济、政治、社会和环境领域，不言自明，但是需要对精神领域做进一步解释。精神领域，并不关注某类神灵中的所谓宗教信仰或信念，而是主要关注人类之间的互动。它可以易于理解为道德领域或说人性领域。一个健康的精神领域，应该至少包括相互尊重和人性的共同纽带。一个失败的精神领域，则会出现其他人丧失人性和剥削。社会崩溃，就像近年来出现在巴尔干半岛(Balkans)、卢旺达(Rwanda)的相关事件，以及美国和东南亚地区的恐怖主义袭击，其主要特征都是其他很多人丧失了人性。精神可持续性需要依靠这种共同人性去抵制诸如生态破坏、政治动荡和经济崩溃之类的外部压力。

续表

项目	福利贡献	估算方法
项目 g：公共服务资本提供的福利（WPPSC）	+	公共服务资本提供的福利假定等于私人部门、国有公司和政府提供的非居住类资本资产存量的折旧值
社会领域（B）		
项目 h：公共健康支出产生的福利	+	等于公共健康支出的75%（即25%被认为是防御性的）
项目 i：公共教育支出产生的福利	+	等于公共教育支出的75%（即25%被认为是防御性的）
项目 j：通勤成本	—	在曼谷每年每辆新注册汽车通勤成本为219美元（Tanaboorboon，1990），再折算为泰铢
项目 k：城镇化的成本	—	等于曼谷居民收入的18%，用以治理由城镇消费增长带来的空气污染以及获得安全饮用水
项目 l：噪声污染的成本	—	等于实际GDP的1%（World Health Organisation，转引自Daly and Cobb，1989）
政治领域（C）		
项目 m：公共道路与高速公路支出产生的福利	+	等于公共道路与高速公路支出的50%
项目 n：腐败的成本	—	腐败成本 = $GDP_{1975-81}(0.0088) + GDP_{1982-88}(0.0074) + GDP_{1989-99} \times (0.0007) + GDP_{2000-04}(0.0007)$
项目 o：净外债变化	+/−	年度成本（收益）等于净债权年度变化量
精神领域（D）		
项目 p：无偿家务劳动的价值	+	无偿家务劳动的收益 = $CW_{1975}*(0.75) + CW_{1976}*(0.74) + \cdots + CW_{2004}*(0.46)$，其中CW表示对无偿家务劳动的补偿性工资

续表

项目	福利贡献	估算方法
项目 q：商业性服务的成本	—	等于实际 GDP 的 3%（Phongaichit et al.，1998）
环境领域(E)		
项目 r：木材损耗的成本	—	当木材采用率超过其自然再生与重新种植时，木材存量下降的机会成本 • 使用伊·赛拉斐等(1989)"使用者成本"法，木材损耗的成本等于木材损耗价值×0.44
项目 s：土地退化的成本	—	年度成本等于每年农业产值的 1%。各年成本要进行累加，以反映必须保持自然资本完整性的强可持续性条件
项目 t：空气污染的成本	—	等于 CO_2、CO、SO_x 和 SPM 等污染减排的成本
项目 u：城镇废水污染的成本	—	等于将已被污染的城镇废水恢复清洁水所需花费的成本。假定每千克生化需氧量（BOD）为 7.5 泰铢（Department of Industrial Works，1986），然后考虑到还存在非点源废水污染，再乘 2
项目 v：长期环境损害的成本	—	每吨碳排放的损害成本约为 21.59 泰铢。这些成本会被累积，但考虑到恢复因素，每年权重下降 1%

10.3.1 经济领域

消费支出(CON)

私人部门消费支出（项目 a）直接引自国家统计办公室（National Statistics Office，NSO）的统计年鉴。本项关于泰国的 GPI 研究中，关于烟酒饮料消费支出的福利贡献做了适度调整，但对防御性支出和恢复性支出则未做调整。之所以未做调整，是考虑到数据限制及泰国在这方面的消费支出很低。

耐用消费品支出(ECD)和耐用消费品当前存量提供的服务(SCD)

在 GPI 测算方法中，当前的耐用消费品支出(ECD)(项目 b)被认为是并不增加当前福利，因而应该被减去。耐用消费品支出，可从国家统计办公室(NSO)统计年鉴中包括的各类消费支出项目中分析计算得出。

耐用消费品提供的服务(SCD)(项目 c)，计算 GPI 时是个加项，通常被认为是耐用消费品当前存量的折旧值。本项研究中假定，折旧值为所有耐用消费品总价值的 10%（即假设耐用消费品平均服务寿命为 10 年）。

调整后消费

调整后消费(项目 d)是用第 3 章中式(3.6)计算得出。

分配指数(DI)

过去 30 年中，泰国居民收入分配状况出现了很大波动(Krongkaew, 1993)。我们并没有就理想的收入差距水平做任何假设，只是把考察期第 1 年，即 1975 年的贫富差距视为给定的，也就是基期水平。然后假定，在 1975 年基础上收入差距的改善或恶化，会对调整后消费项目的福利贡献产生正面或负面影响。为了确定收入分配变化的福利影响，我们基于考察期内泰国基尼系数的变化而准备了一个分配指数(DI)(项目 e)。然后再用 DI 去加权调整后的消费项目。

考察期初，DI 对泰国的 GPI 几乎没有什么福利影响。但是 20 世纪 90 年代泰国收入差距扩大导致与消费相关支出的权重下降了 5～10 个百分点。1996 年以后截至考察期末，泰国收入分配的状况改善，最终又导致了与消费相关支出的权重小幅上升。

公共服务资本产生的福利(WPPSC)

福利不仅来自政府消费支出，也来自政府资助的资本品，比如道路、桥梁、学校、医院和博物馆。这些基础设施资产能够提高福利，在方式上与耐用消费品存量能够提供服务并无差异。不过，和耐用消费品一样，把当前公共服务资本领域的支出算作提高当前福利则是错误的。

说到这里，就有必要估算以往公共服务资本支出所提供的福利(项目g)。为此，我们假定所有政府投资支出的75%用于服务资本，而不是生产资料(工厂、机械和设备)。因而，公共服务资本产生的福利，就等于公共固定资本消费(即现存资本品的折旧)，再乘政府投资支出用于服务资本积累的份额(即75%)。该项目计算所用数据源自国家统计办公室(NSO)统计年鉴。

10.3.2 社会领域

公共健康支出的收益

普遍认为，当公共健康支出水平一开始很低的时候，额外增加一点支出就能显著提高福利(项目h)。有个非常明显的指标，可以反映这方面公共支出增加对健康状况带来的收益，即预期寿命的增加。在泰国，1975—1999年人均预期寿命从60岁增加到70岁。由于泰国医疗支出的增加：(1)起点很低；(2)产生显著的福利收益，计算泰国GPI时，假定75%的公共健康支出都应被算进来(即25%为防御性支出)。

公共教育支出的收益

在发展中国家，由于大量劳动力缺乏教育和必要技能经常阻碍经济发展(OECD，2001)，所以人力资本投资非常关键。虽然政府资金向高等教育倾斜，往往对一些更重要的中等教育发展不利，但是，在发展中国家，进一步增加教育支出的福利影响，通常还是要远高于发达国家(即防御性支出的份额更少)。

在戴利和科布(Daly and Cobb，1999)最初对美国的研究中，假定教育领域中50%的公共支出应该作为福利收益加入GPI中去。但在泰国GPI计算过程中，该比例进一步提升至75%(项目i)。

通勤成本

通勤成本上升，是实际GDP增长的一个典型负面影响。随着经济增长，城市人口越来越拥挤，尝试转移大量人口的私家车与公共车辆也越来越多，道路拥堵现象自然也就越来越严重。最后造成的结果就是，因为上下班而浪费掉的时间越来越多。

根据塔娜波布(Tanaborrboon，1990)的一项研究估计，曼谷通勤成本大约为每年4亿美元，以1988年不变价计算。这相当于曼谷每年每辆新注册汽车的通勤成本为219美元。然后将此转化为泰铢，再乘每年新注册的汽车数量，就可以计算得出考察期内的通勤成本(项目j)。① 使用这种方法计算，通勤成本从1975年约占GDP的0.49%增加到2004年的0.59%。这也与迪克森(Dixon，1991)、马丁和舒曼(Martin and Schuumann，1997)及赫蒙那摩(Khomnamol，1999)的相关估计结果是基本一致的。

城镇化的成本

城镇化的成本，有时候也被认为是经济增长的主要成本之一(Mishan，1977；Dhiratayakinant，1993)。城镇化可以被定义为"在超过一定规模社区中居住的该国人口比重持续增加，其中，社区是指在某个较小区域中的人口集聚"(Kuznets，1968，p.97)。出于本项GPI研究目的考虑，城镇化的成本(项目k)是基于世界银行(1999)的一项研究，其估算认为由于城镇化水平上升，平均每个曼

---

① 本项研究中，通勤成本仅限于计算曼谷市的，因为泰国其他城市的城镇化水平相对很低，进而其通勤成本将会非常小，对GPI的影响有限(Dixon，1999)。

谷市民需要花费 8% 的收入用于应对空气污染，10% 的收入用于获得安全饮用水。

噪声污染的成本

在戴利和科布（Daly and Cobb，1999）最初对美国 GPI 的研究中，计算了噪声污染的成本，但很多其他 GPI 的研究却并没有将其包括在内。在曼谷，考虑到人口密度很高，在有限的空间里和狭窄的道路上，行驶着成千上万辆小轮摩托车和机动脚踏车，噪声污染的问题较为严重。基于此，泰国 GPI 研究中包括了噪声污染的成本（项目 l）。

不同于空气污染，噪声污染无法在健康成本中得到合适地反映。因此，对噪声污染成本的估计必须聚焦于舒适性的损失，而不是其健康影响。本项研究估算噪声污染成本所使用的方法，是基于大约 30 年前世界卫生组织（WHO）针对美国所发布的一份报告（参阅 Daly and Cobb，1999）。虽然这项研究已经明显过时了，但它对于估计泰国目前的噪声污染成本仍有一定参考意义。因为随着经济活动增加，交通量和工业活动均显著增加，所以假定噪声污染与泰国实际 GDP 上升同比例增加（Dhiratayakinant，1993；Hamilton，1998）。因此，考察期内噪声污染成本估计为实际 GDP 的 1%。

10.3.3 政治领域

公共道路与高速公路支出产生的福利

考虑到泰国大部分道路的状况都比较糟糕，而道路与高速公路对于一国发展来说又非常重要。假定用于新建道路（包括维护成本）公共支出的 50% 为福利收益（Diefenbacher，1994），因而加入泰国 GPI 计算（项目 m）。

腐败成本

几乎所有国家各个层级的公共机构都会存在腐败（Elliott，1997）。

不过，在第三世界当中，现代政治制度被引入实施，并和基于家长制和爱国主义的传统制度相融合，腐败往往更为盛行。由于这些政治制度通常都是匆忙构思设计，而且理解也并不充分，并不是依靠自然演化发展而来，所以它们难以杜绝腐败。此外，随着经济快速增长，源自腐败的收益也会越来越多。因此，官员之间会争相攫取这种腐败收益。如同冯派奇蒂和皮瑞亚瑞森（Phongpaichit and Piriyarasan，1994，p.5）所观察到的那样，"高级政府部门的领导竞相攫取腐败收益，是泰国政治中的一个关键问题"。

为了计算与腐败活动有关的福利成本（项目n），我们把腐败分为两类：(1)官僚腐败（包括军队和警察）；(2)政客腐败。两类情况下，都估算腐败成本占GDP的百分比。然后再把这两个估计值加总，大致表示腐败总成本占GDP的比例。

为计算第一类腐败成本，冯派奇蒂和皮瑞亚瑞森（Phongpaichit and Piriyarasan，1994）回顾了许多公开的腐败案例，并从泰国当前的两类主要机构——审计署（Office of Auditor General，OAG）和反腐委员会（Counter Corruption Commission，CCC）——去调查研究所谓的腐败活动。基于已知并被检举告发的腐败案例，假定所有用于物资采购或资助政府基建项目部门预算的20%都通过腐败被私自占有了。这可能还算是较为保守的估计，因为有的研究还认为应该高达50%（Morell，1975；转引自Phongpaichit and Piriyarasan，1994，p.3）。

使用这个20%的假设，就有可能大致估算考察时间范围内、三段执政期间的官僚腐败成本。转化为GDP占比：从讪耶至江萨（Sanya-Kriangsak）执政期间（1974—1981年）平均年度腐败成本约占每年GDP的0.48%；炳（Prem）执政期间（1982—1988年）约占每年GDP的0.34%；差猜（Chatchai）执政期间（1989—1999年）约占每年GDP的0.3%。由于三段执政期并未覆盖整个考察时间范围，所以假定2000—2004年（即自1999年差猜执政结束以来）的官僚腐败成本也约占每年GDP的0.3%。

关于第二类与政客直接相关的腐败成本，则主要是基于他们离职以后被查封的资产进行估计。2000—2004年及上文列出的三段执政期间，这类腐败成本假定约为 GDP 的 0.4%。和第一类腐败类似，这也很可能是较为保守的估计，因为它没有考虑挪用的财富，而这类挪用财富从未被当局查封过。总之，腐败总成本占实际 GDP 的份额假定为：

- 年度 GDP 的 0.88%，汕耶至江萨执政期间(1974—1981 年)；
- 年度 GDP 的 0.74%，炳执政期间(1982—1988 年)；
- 年度 GDP 的 0.70%，差猜执政期间(1989—1999 年)；
- 年度 GDP 的 0.70%，2000—2004 年。

净外债变化

外债一直被视为国家可持续发展的主要障碍(George, 1999; Watkins, 1998)。这是因为，从长期来看，一国通过经济活动创造并维持福利的能力，主要取决于其使用的自然和人造资本在多大程度上为国内所有？

与标准的 GPI 核算方法保持一致，净外债增加就作为成本予以扣减，然而，净外债减少则被视为一种收益。计算本项目(项目 o)所需数据直接源自《泰国国民收入》(NSO, Various)。依据 5 年移动平均计算，1975—1999 年泰国净外债逐年增加，但是 2000—2004 年则下降。

10.3.4 精神领域

无偿家务劳动的价值

在一项关于家务劳动价值的研究中，奇斯维克(Chiswick, 1983)发现，1975 年，如果把无偿家务劳动(包括家庭生产)也考虑在内，实际上家庭总收入要比单纯从货币工资赚取的家庭收入高 70% 至 80%。考虑到自 1975 年起泰国经济的现代化使得居民货币工资增加，进而泰国人从事更多家庭生产的动力不足，所以，有理由假定考察期内家庭劳动力创造的家庭收入每年下降 1 个百分点。因而，我们估计 1975 年无偿家务劳动的价值(项目 p)为等量工资补偿的 75%，2004 年则下降为等量工资补偿的 46%。

商业性服务的成本

商业性服务现在已经被视为泰国文化的一部分（Packard-Winkler，2000；Lyttleton，2000）。在泰国，性旅游几乎成为官方的政府旅游产业组成部分（Phongpaichit and Chiasakul，1993）。遗憾的是，大部分性服务工作者被迫忍受像奴隶一样的条件，很多儿童和少数民族群体也越来越多地遭受剥削（Paul，1995；Phongpaichit et al.，1998；Clarke，2001）。另外，商业性服务的负面影响进一步扩大，已不仅仅是顾客与工人带来的成本。除了不忠（infidelity）的社会影响之外，由于很多疾病可以通过性进行传播，比如艾滋病，进而造成很多健康成本。

冯派奇蒂等人（Phongpaichit et al.，1998）已经对此进行了估计，1993—1995 年泰国商业性服务的价值约占 GDP 的 3%。考虑到泰国商业性服务的成本（项目 q），将其视为一种精神成本，而不是收益，应该每年扣减 GDP 的 3%。

10.3.5　环境领域（自然资本服务损失：LNCS）

木材损耗的成本

在许多发展中国家里比如泰国，大部分人口仍然依赖于农业和自然经济养家糊口（Dixon，1996）。随着时间推移，经济活动越来越频繁，一国对土地的需求增加，进而给湿地和森林造成的压力越来越大。以泰国的森林为例，每年都有更大面积森林消失（Tingsabadh，1989）。

基于帕那尤托和帕拉苏克（Panayotou and Parasuk，1990）的研究，每公顷森林损失的价值约为 886 泰铢。① 使用伊·赛拉斐

---

① 除了木材损耗以外，森林退化还会引致土壤遭受侵蚀和区域性洪水，亦会加剧洲际和全球气候变化。由于该估计值仅考虑土壤侵蚀的成本，因此，可以将其视为一种保守估计。

(1989)使用者成本方法，假定折现(再生)率为2%，以当年采伐速度可持续开采40年，每年森林流失的总价值，再乘0.44，就得到了泰国每年木材损耗的成本(项目r)。

土地退化的成本

土地退化会严重威胁泰国未来的福利。一个健康的农业部门，对于巩固和支撑泰国加速扩张的制造业和服务业部门非常必要。基于前人研究(可参阅 Lawn and Clarke，2006)，假定每年非可持续性农业实践的成本等于当年农业总产值的1%。因为土地退化的成本(项目s)需要补偿未来人口，再加上我们接受强可持续性的概念，即必须保持自然资本的完整性，所以需要把年度成本进行累加。①

空气污染的成本

空气污染反映生态系统吸收功能的损失，会对社会福利产生负面影响(NESDB，1996 AND 2000)。有人测度和评估了曼谷五类超过世界卫生组织标准的主要污染物(Tiwari，1997)，包括二氧化碳(CO_2)、一氧化碳(CO)、氮氧化物(NO_x)、硫氧化物(SO_x)和悬浮颗粒物(Suspend Particulate Matter，SPM)。每种污染物都是因消费需求增加而进行生产过程和其他人类活动的副产品。

估计空气污染成本的一种方法就是，测度把污染物水平降到WHO最低标准所需要耗费的成本。安歌蒂尼与科尔(Agotini and Col，1992；被引于 Guenno and Tiezzi，1998)此前做过这方面研究。转化成泰铢(1988年不变价计算)，上述5类污染物各自减排成本为：

- 0.033 35 泰铢，每克 CO_2 和每克 CO
- 2.84 泰铢，每克 NO_x
- 7.4 泰铢，每克 SO_x
- 4.15 泰铢，每克 SPM

---

① 和木材资源不同，农业土地没有替代品，所以，有必要累计加总土地退化的成本。

关于这5类污染物中每种污染物的具体排放水平,能源发展与推广部(Department of Energy Development and Promotion,DEDP,1990)关于交通运输、电力、工业、家庭及商业服务部门——这些都是泰国主要污染部门——的数据都被仔细研究过。然后用每类污染物的排放量乘每克该污染物的减排成本,就得到了空气污染的成本(项目t)。

城镇废水污染的成本

经济活动增长会对水资源造成越来越大的压力,既包括水资源使用,也包括水污染问题。20世纪80年代中期的一项研究发现,1986年泰国的河流和水渠中增加了514 381吨生化需氧量(Biochemical Oxygen Demand,BOD)(Phansawas,1987)。该项研究还揭示出,泰国的食品、饮料、造纸、化工和纺织工业,"贡献"了全部水污染的99.6%。计算每类产业占实际GDP份额的增长,就有可能推断1986年之前和之后BOD负荷,从而估计考察期内每年废水污染总量(TESCO,1993)。

至于城镇废水污染成本(项目u)的计算:首先,用每年BOD负荷乘把每千克水修复至可接受状况时的成本估计值。基于工业工程部(Department of Industrial Works)发布的一份报告,这里也使用了每千克BOD 7.5泰铢(1988年不变价)。其次,再考虑非点源废水污染(即1986年废水污染调查中未能包括的废水污染源)的情况,直将把上述成本翻倍计算。

长期环境损害的成本

在大部分GPI研究中,一般都计算长期环境损害的成本(项目v),进而算是以某种方式考虑自然环境生命支持功能损失的问题。为此,我们估算了温室气体排放量增加及全球气候模式预期变化的长期环境影响。

泰国温室气体排放量逐年增加,主要有三大来源:森林退化、水稻种植和化石燃料消费(Chongpeerapien et al.,1990)。关于森林退化，据估计，每破坏 1 公顷森林将会释放 246 吨 CO_2。关于水稻种植，每年每耕种 400 平方米稻田就将释放 9 216 千克甲烷。后面这个甲烷估计值依据伊桑卡坤（Israngakurn，2001）使用的方法转化为碳当量。每年由于化石燃料消费而排放的 CO_2 数量，可以直接基于泰国每年化石燃料消费量计算得出。

把来自每个排放源的碳排放量加总以后，则可得到年度排放水平，然后再乘每吨碳排放 21.59 泰铢的成本估计值。该成本估计值是基于诺德豪斯（Nordhaus，1991）1981 年对美国的一项研究，并依据 1981 年两国的通货膨胀、实际 GDP 相对差距及影子汇率，把美国成本转化为泰铢。

与土地退化成本一样，长期环境损害的成本也是逐年累加，以符合本项研究中采纳并坚持的强可持续性原则。不过，就这个项目而言，考虑到不同程度的恢复因素，累积成本的权重每年下降 1 个百分点。

10.4 泰国 GPI 结果，1975—2004 年

10.4.1 泰国人均 GPI 和人均 GDP 的对比状况

表 10-2 给出了泰国 GPI 研究结果（均以 1988 年不变价计算）。该表既揭示了每个 GPI 新构成项目的值，也给出了每个相互作用领域的整体值。泰国人均 GPI 和人均实际 GDP 的货币值和指数形式，也都在表中予以呈现。以这种方式给出研究结果，就可以清晰看出，各个领域或子系统对于泰国真实进步速度的影响及其变化。

图 10-1 形象、直观地呈现了泰国人均 GPI 和 GDP 的货币值（表 10-2 中的 I 列和 J 列）。如图 10-1 所示，考察期内，泰国人均 GPI，不仅增速更低，而且有些年份中还出现了下降，但同时人均 GDP 却持续增加。此外，1975—2004 年虽然人均 GDP 增加了 3.7 倍（从 14 662 泰铢到 54 671 泰铢），但人均 GPI 增速却温和得多，只增加了 94.3%（从 10 511 泰铢到 20 426 泰铢）。1981—1990 年泰国人均 GPI 几

第10章 泰国真实进步：一个多系统分析方法　273

乎没有任何增长，继 2001 年人均 GPI 达到峰值 22 476 泰铢之后，考察期最后 3 年，人均 GPI 下降。在考察期最后 10 年(1994—2004 年)中，人均 GPI 有 4 年是下降的，并且 2004 年的水平还略低于 1997 年。与此相反，泰国人均 GDP 只有 2 年出现下降——1997 年和 1998 年——2004 年水平较之 1994 年，要高出 20%。

表 10-2　泰国真实进步指标(GPI)与实际 GDP，1975—2004 年

年份	经济领域					
	CON	ECD	SCD	调整后 CON (a−b+c)	DI(1975=100)	调整后 CON (加权后，d/e/100)
	a	b	c	d	e	f
1975	480 741	65 248	42 491	457 984	100.0	457 984
1976	523 101	70 082	46 418	499 437	99.9	499 826
1977	563 732	79 979	50 607	534 360	99.8	535 194
1978	604 069	85 244	55 308	574 133	99.8	575 477
1979	647 883	95 477	60 250	612 656	99.7	614 570
1980	714 164	109 392	66 213	670 985	99.6	673 608
1981	743 453	115 810	72 529	700 172	99.5	703 459
1982	758 931	120 485	79 181	717 627	100.6	713 626
1983	813 628	134 995	86 119	764 752	101.6	752 792
1984	854 543	139 274	93 823	809 092	102.6	788 459
1985	874 451	139 434	101 599	836 616	103.6	807 195
1986	899 104	147 616	109 017	860 505	104.7	822 090
1987	964 420	172 097	116 771	909 094	102.2	889 353
1988	1 041 718	197 822	125 982	969 878	99.8	972 150
1989	1 145 006	234 471	137 240	1 047 775	105.3	995 445
1990	1 282 879	280 615	151 140	1 153 404	110.7	1 041 470
1991	1 353 753	296 497	168 262	1 225 518	102.3	1 197 538
1992	1 467 307	336 115	186 331	1 317 523	105.1	1 253 110
1993	1 584 415	344 218	207 894	1 448 091	106.2	1 363 658

续表

年份	经济领域					
	CON	ECD	SCD	调整后 CON (a−b+c)	DI(1975=100)	调整后 CON (加权后, d/e/100)
	a	b	c	d	e	f
1994	1 707 043	368 675	228 816	1 567 184	107.2	1 461 339
1995	1 834 150	414 972	251 756	1 670 934	107.7	1 551 323
1996	1 954 914	435 299	279 310	1 798 925	108.2	1 663 002
1997	1 924 278	398 537	308 071	1 833 812	105.8	1 732 608
1998	1 741 747	308 924	330 715	1 763 538	103.5	1 703 825
1999	1 813 528	329 105	341 825	1 826 248	104.2	1 752 543
2000	1 896 366	350 705	351 289	1 896 950	104.7	1 812 264
2001	1 974 670	353 303	358 298	1 979 665	99.8	1 984 301
2002	2 068 707	384 544	363 978	2 048 141	100.4	2 040 988
2003	2 085 846	428 655	368 821	2 026 012	99.3	2 040 794
2004	2 143 917	460 475	377 265	2 060 707	98.2	2 098 459

表 10-2 （续表 1）

年份	社会领域					
	WPPSC	经济领域 (a to g)	公共健康	公共教育	通勤成本	城镇化成本
	g	A	h	i	j	k
1975	6 814	464 798	2 407	12 240	−3 066	−18 084
1976	9 878	509 704	3 457	13 372	−3 466	−20 164
1977	10 336	545 530	3 753	13 683	−3 829	−22 255
1978	11 759	587 236	4 003	16 883	−3 939	−24 634
1979	12 461	627 031	4 530	18 427	−3 787	−25 712
1980	9 622	683 230	4 708	21 455	−3 560	−27 382
1981	9 868	713 327	5 217	21 614	−4 704	−29 172

续表

年份	WPPSC	经济领域 (a to g)	社会领域 公共健康	公共教育	通勤成本	城镇化成本
	g	A	h	i	j	k
1982	11 581	725 207	6 252	26 855	−5 441	−31 258
1983	12 546	765 338	7 153	28 274	−6 171	−30 869
1984	15 731	804 190	7 673	31 239	−7 192	−32 420
1985	19 286	826 481	8 555	32 788	−9 141	−33 843
1986	20 649	842 739	8 584	34 871	−9 710	−35 177
1987	19 088	908 441	8 686	34 274	−10 012	−37 963
1988	17 109	989 259	8 765	34 634	−10 164	−41 374
1989	19 400	1 014 845	9 788	38 198	−9 133	−48 611
1990	21 120	1 062 590	10 372	42 148	−10 218	−53 538
1991	26 980	1 224 518	11 045	44 793	−9 947	−62 459
1992	34 787	1 287 897	13 297	52 041	−10 647	−70 775
1993	39 200	1 402 858	16 749	59 305	−11 497	−70 927
1994	48 100	1 509 439	17 914	60 327	−12 107	−70 560
1995	53 415	1 604 738	21 208	69 457	−12 406	−81 507
1996	69 771	1 732 773	22 562	73 176	−13 289	−90 561
1997	105 707	1 838 315	25 904	74 579	−17 099	−93 200
1998	130 571	1 834 396	26 532	79 595	−22 264	−87 740
1999	145 703	1 898 246	25 868	81 549	−22 495	−98 231
2000	123 523	1 935 787	25 817	81 713	−18 959	−99 008
2001	114 504	2 098 805	27 005	85 014	−19 730	−103 068
2002	106 975	2 147 963	28 193	88 314	−20 501	−107 128
2003	98 133	2 138 927	29 382	91 615	−21 273	−111 189
2004	94 763	2 193 222	30 570	94 915	−22 044	−115 249

表 10-2 (续表 2)

年份	噪声污染成本 l	社会领域（h to l）B	公共道路 m	腐败成本 n	外债变化 o	政治领域（m to o）C
1975	−6 216	−12 719	3 216	−5 470	−1 944	−4 198
1976	−6 808	−13 609	4 114	−5 991	−3 131	−5 008
1977	−7 501	−16 149	2 412	−6 600	−5 705	−9 893
1978	−8 247	−15 934	4 157	−7 257	−10 776	−13 876
1979	−8 678	−15 220	3 824	−7 637	−13 391	−17 204
1980	−9 138	−13 917	4 091	−8 041	−15 891	−19 841
1981	−9 674	−16 719	4 523	−8 513	−19 123	−23 113
1982	−10 201	−13 793	3 845	−7 549	−17 774	−21 478
1983	−10 759	−12 372	3 692	−7 962	−15 684	−19 954
1 984	−11 383	−12 083	3 884	−8 424	−13 307	−17 847
1985	−11 911	−13 552	4 546	−8 814	−14 847	−19 115
1986	−12 565	−13 997	4 354	−9 298	−11 544	−16 488
1987	−13 770	−18 785	4 554	−10 190	−12 548	−18 184
1988	−15 598	−23 737	4 970	−11 543	−11 187	−17 760
1989	−17 520	−27 278	5 387	−12 252	−11 734	−18 599
1990	−19 462	−30 698	6 351	−13 623	−14 129	−21 401
1991	−21 117	−37 685	6 757	−14 782	−28 389	−36 414
1992	−22 830	−38 914	7 841	−15 981	−31 285	−39 425
1993	−24 947	−31 317	8 560	−17 463	−46 931	−55 834
1994	−26 696	−31 122	9 123	−18 687	−64 933	−74 497
1995	−28 845	−32 093	10 126	−20 191	−112 797	−122 862
1996	−30 953	−39 065	11 041	−21 667	−114 919	−125 545
1997	−30 520	−40 336	10 752	−24 514	−101 262	−115 024
1998	−27 874	−31 751	10 544	−19 512	−74 791	−83 759
1999	−28 234	−41 543	11 082	−19 764	−39 930	−48 612

续表

年份	噪声污染成本	社会领域（h to l）	政治领域 公共道路	腐败成本	外债变化	政治领域（m to o）
	l	B	m	n	o	C
2000	−30 047	−40 483	11 509	−21 033	43 961	34 438
2001	−30 736	−41 515	11 958	−21 515	83 057	73 500
2002	−32 370	−43 493	12 406	−22 659	88 081	77 828
2003	−34 647	−46 112	12 855	−24 253	91 070	79 672
2004	−36 785	−48 593	13 303	−25 750	78 630	66 184

表 10-2 （续表 3）

年份	精神领域 无偿家务劳动	性工作的成本	精神领域（p to q）	环境领域 木材损耗	土地退化	空气污染
	p	q	D	r	s	t
1975	93 148	−18 646	74 502	−62 013	−1 616	−4 117
1976	104 024	−20 371	83 653	−58 844	−3 370	−4 509
1977	113 173	−22 430	90 743	−113 162	−5 160	−4 913
1978	126 698	−24 558	102 140	−113 162	−7 116	−5 515
1979	140 806	−25 774	115 032	−33 949	−9 133	−5 758
1980	165 639	−27 190	138 449	−33 949	−11 257	−6 046
1981	174 027	−28 562	145 465	−33 949	−13 323	−6 069
1982	192 132	−30 133	161 999	−33 949	−15 214	−6 302
1983	204 889	−32 043	172 846	−30 327	−17 374	−6 774
1984	210 818	−33 754	177 064	−30 327	−19 374	−7 382
1985	216 101	−35 137	180 964	−29 875	−21 258	−7 930
1986	219 921	−36 950	182 971	−11 316	−23 227	−8 030
1987	229 481	−40 599	188 882	−11 316	−25 393	−9 299
1988	243 711	−46 051	197 660	−11 316	−27 916	−10 508

续表

年份	精神领域			环境领域		
	无偿家务劳动	性工作的成本	精神领域 (p to q)	木材损耗	土地退化	空气污染
	p	q	D	r	s	t
1989	262 429	−51 838	210 591	−11 316	−30 555	−12 146
1990	289 588	−57 650	231 938	−25 348	−32 986	−14 244
1991	311 564	−62 420	249 144	−25 348	−35 658	−16 144
1992	344 906	−66 967	277 939	−24 869	−38 465	−17 521
1993	393 552	−72 808	320 744	−25 348	−40 963	−19 479
1994	420 811	−79 645	341 166	−24 869	−43 806	−21 880
1995	470 155	−86 771	383 384	−25 348	−47 032	−24 307
1996	493 609	−91 513	402 096	−24 869	−50 444	−27 105
1997	493 280	−89 590	403 690	−25 348	−53 347	−29 257
1998	445 100	−79 414	365 686	−24 869	−56 310	−31 657
1999	458 715	−82 165	376 550	−4 526	−59 010	−34 056
2000	472 612	−90 140	382 472	−4 526	−61 731	−31 816
2001	466 880	−92 280	374 600	−4 526	−64 539	−33 340
2002	481 672	−97 111	384 561	−4 526	−67 593	−34 865
2003	504 807	−103 941	400 866	−4 526	−71 145	−36 390
2004	524 556	−110 355	414 201	−4 526	−74 849	−37 914

表 10-2 （续表 4）

年份				GPI 结果		
	城镇废水污染	长期环境损害	环境领域 (LNCS, r to v)	GPI	实际 GDP	人口 (千人)
	u	v	E	F	G	H
1975	−4 067	−4 960	−76 773	445 610	621 555	42 393
1976	−4 454	−10 873	−82 050	492 690	680 778	43 213

续表

年份	GPI 结果					
	城镇废水污染	长期环境损害	环境领域（LNCS, r to v）	GPI	实际 GDP	人口（千人）
	u	v	E	F	G	H
1977	−4 956	−17 697	−145 888	464 343	750 053	44 271
1978	−5 362	−31 097	−162 252	497 315	824 706	45 223
1979	−5 503	−47 682	−102 025	607 644	867 796	46 113
1980	−6 143	−67 297	−124 692	663 228	913 733	46 961
1981	−6 854	−89 806	−150 001	668 960	967 706	47 876
1982	−7 151	−115 087	−177 703	674 233	1 019 501	48 846
1983	−7 583	−142 202	−204 260	701 598	1 076 432	49 516
1984	−8 336	−171 138	−236 557	714 767	1 138 353	50 582
1985	−8 033	−201 872	−268 968	705 809	1 191 255	51 796
1986	−8 364	−234 371	−285 308	709 917	1 257 177	52 968
1987	−8 833	−267 703	−322 544	737 809	1 376 847	53 874
1988	−10 213	−302 815	−362 768	782 654	1 559 804	54 962
1989	−11 533	−338 798	−404 348	775 210	1 749 952	55 888
1990	−12 145	−377 357	−462 080	780 350	1 945 372	56 303
1991	−13 528	−418 469	−509 147	890 416	2 111 862	56 961
1992	−14 443	−461 373	−556 671	930 800	2 282 572	57 790
1993	−15 060	−505 999	−606 849	1 029 602	2 470 908	58 336
1994	−16 733	−552 258	−659 546	1 085 441	2 692 973	59 096
1995	−18 422	−600 250	−715 359	1 117 807	2 941 736	59 460
1996	−19 493	−650 513	−772 424	1 197 835	3 115 338	60 116
1997	−20 033	−702 282	−830 267	1 256 378	3 072 615	60 816
1998	−18 296	−755 798	−886 930	1 197 642	2 749 684	61 465
1999	−18 533	−811 042	−927 167	1 257 475	2 871 521	61 662
2000	−20 797	−867 510	−986 380	1 325 834	3 004 659	63 937

续表

年份	GPI 结果					
	城镇废水污染	长期环境损害	环境领域(LNCS, r to v)	GPI	实际 GDP	人口（千人）
	u	v	E	F	G	H
2001	−21 589	−925 596	−1 049 590	1 455 799	3 073 601	64 774
2002	−22 380	−985 284	−1 114 648	1 452 210	3 237 042	65 611
2003	−23 172	−1 046 560	−1 181 793	1 391 560	3 464 701	66 448
2004	−23 963	−1 109 405	−1 250 657	1 374 356	3 678 511	67 285

表 10-2 （续表 5）

年份	GPI 结果			
	人均 GPI(F/H)（泰铢）	人均 GDP(G/H)（泰铢）	人均 GPI 指数值	人均 GDP 指数值
	I	J	K	L
1975	10 511	14 662	100.0	100.0
1976	11 401	15 754	108.5	107.5
1977	10 489	16 942	99.8	115.6
1978	10 997	18 236	104.6	124.4
1979	13 177	18 819	125.4	128.4
1980	14 123	19 457	134.4	132.7
1981	13 973	20 213	132.9	137.9
1982	13 803	20 872	131.3	142.4
1983	14 169	21 739	134.8	148.3
1984	14 131	22 505	134.4	153.5
1985	13 627	22 999	129.6	156.9
1986	13 403	23 735	127.5	161.9
1987	13 695	25 557	130.3	174.3

续表

年份	GPI 结果			
	人均 GPI(F/H)(泰铢)	人均 GDP(G/H)(泰铢)	人均 GPI 指数值	人均 GDP 指数值
	I	J	K	L
1988	14 240	28 380	135.5	193.6
1989	13 871	31 312	132.0	213.6
1990	13 860	34 552	131.9	235.7
1991	15 632	37 076	148.7	252.9
1992	16 107	39 498	153.2	269.4
1993	17 650	42 356	167.9	288.9
1994	18 367	45 569	174.7	310.8
1995	18 799	49 474	178.8	337.4
1996	19 925	51 822	189.6	353.5
1997	20 659	50 523	196.5	344.6
1998	19 485	44 736	185.4	305.1
1999	20 393	46 569	194.0	317.6
2000	20 737	46 994	197.3	320.5
2001	22 475	47 451	213.8	323.6
2002	22 134	49 337	210.6	336.5
2003	20 942	52 142	199.2	355.6
2004	20 426	54 671	194.3	372.9

注：除了 I 列和 J 列单位为泰铢及其他特殊说明之外，表中所有数值单位均为百万泰铢。

尽管 GPI 和 GDP 都是货币度量，但它们在性质上有根本区别。从这两类指标的时间序列，可以研判它们趋势线的变化和差距。图 10-2 更为直观地比较了考察期内泰国人均 GPI 和人均 GDP 的指数值（表 10-2 中的 K 列和 L 列）。

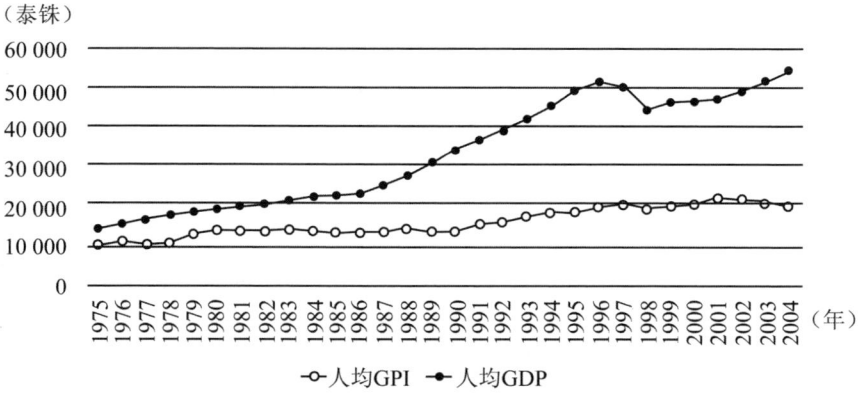

图 10-1　人均 GPI 与人均 GDP：泰国，1975—2004 年

注：以 1998 年不变价计算。

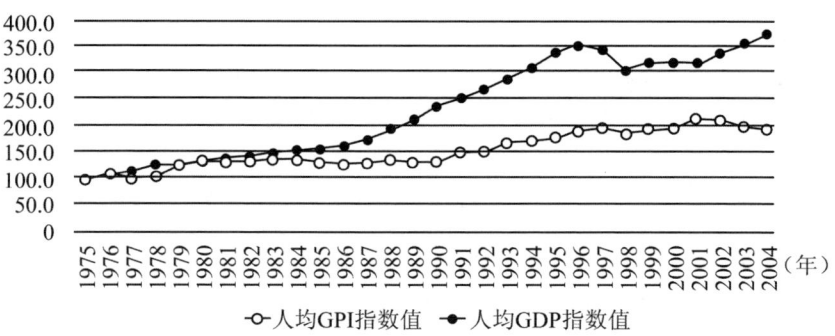

图 10-2　人均 GPI 指数值与人均 GDP 指数值：泰国，1975—2004

注：1975＝100。

图 10-2 中人均 GDP 的趋势线可以分为四个主要阶段：从开始到 1986 年，为初始稳定增长阶段；1987—1996 年，为加速增长阶段；1997—1998 年，为骤降阶段；1999—2004 年，为恢复阶段。虽然人均 GPI 也可以分为四个主要阶段，但是它们各自变化方式差别很大。和人均 GDP 一样，也都有初始增长阶段，但是要弱得多，时间也更短（1975—1980 年）。第二个阶段为停滞时期，介于 1981—1990 年。随后就是加速增长时期，介于 1991—1997 年，但必须要说，远没有人均 GDP 增长那么强劲。最后，1997—2004 年人均 GPI

普遍下降,尽管这一时期泰国的人均 GDP 快速回复。

1997 年亚洲金融危机之后,两个指标之间的差距持续扩大,这非常引人关注,因为从好的方面来看,它意味着泰国人均 GDP 和人均 GPI 之间的关系随时间推移而逐渐弱化,但是从坏的方面来看,它意味着人均 GDP 的增加正开始损及泰国可持续福利。虽然有可能是考察期最后 3 年中泰国人均 GPI 的下降更多是和泰国 GDP 增长质量有关,而非 GDP 自身的增长。这里给出的证据表明,有理由质疑把 GDP 增长作为泰国发展政策首要目标的长期合理性。此外,它也揭示了第 1 章中提出的与"门槛假设(或说阈值假说)"相关的重要问题。

回想一下,麦克斯-尼夫(Max-Neef,1995)剖析了欧洲和北美许多富裕国家中人均 GPI 和人均 GDP 之间的关系,结果发现一旦某个国家人均 GDP 达到一定的"门槛"水平,经济活动进一步提高而带来的成本似乎超过它所带来的收益,结果可想而知可持续福利出现下降。更糟的是,麦克斯-尼夫建议只有可能通过收入再分配、提高资源使用效率、优化制度安排及更好而不会更多的生产等,才能增加可持续福利。

人们后来发现,考虑某些接近实际 GDP 门槛水平的问题,在发展研究类文献中并不新鲜(Hicks,1940;Pigou,1962;Ng and Ng,2001)。事实上,许多国家很可能已经越过门槛水平,这都讨论 30 多年了(可参阅 Daly,1971 and 1999;Barkely and Seckler,1972;Zolatas,1981;Hamilton,1998)。这些主张也都有经验证据的支持。相对普遍的发现就是,20 世纪 70 年代中期和 80 年代中期,许多富裕国家人均 GDP 超过 20 000 美元至 25 000 美元水平时,其人均 GPI 一直处于下降状态(可参阅 Daly and Cobb,1989;Diefenbacher,1994;Jackson and Marks,1994;Stockhammer et al.,1997;Lawn and Sanders,1999)。

考虑这里给出的泰国 GPI 研究结果,对一些发展中国家而言,人均 GPI 开始下降的门槛值是否可能会在更低的人均 GDP 水平上?也就是说,随着全球经济一体化进一步扩张,人均 GDP 的门槛水平有无可能正在收缩,进而惩罚经济增长的"后来者"?因为它们很难达到当前富裕国家的人均 GPI 水平。第 12 章会进一步详细探讨这个问题。可以说，泰国明显更低的门槛水平表明，可能需要全新的经济发展方式。

10.4.2 GPI 结果的政策含义

如前所述，可持续福利是各种互相作用领域的函数，这些领域在影响其可持续性的生态系统内部共同演化(Dopfer，1979；Capra，1982；Norgaard，1988；Clayton and Radcliffe，1996；Clarke and Islam，2004；Clarke，2006)。图 10-3 描绘了这种适用于可持续福利的所谓系统分析方法，从图 10-3 可以发现，各个领域或说子系统，不仅直接影响人类福利，而且还会产生间接影响，因为每个领域都会反作用于并且影响整个系统。

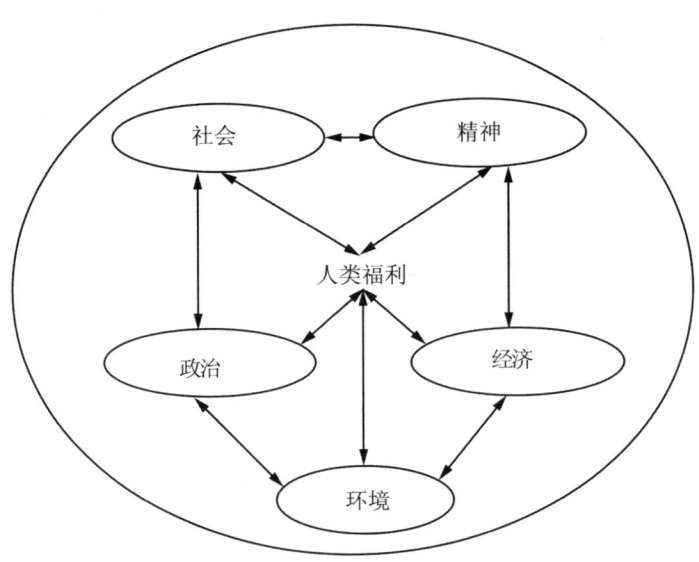

图 10-3　影响可持续福利的子系统(领域)之间的相互作用

表 10-2 详细列出了 GPI 测算结果，从中可以揭示出图 10-3 中所描绘各个领域的货币价值。因此，本项泰国 GPI 研究是和可持续福利的系统分析观点相一致的。所以，这有助于更好理解各个领域之间的相互作用，从而为进一步优化和完善政策建议奠定基础。例如，由于五个领域相互作用，某个特定领域中的一个方面(比如社会领域

中的公共健康支出），可能会对另一个领域（比如在经济领域，通过提高劳动生产率而增加消费）产生积极影响。这可能会导致人们对公共健康支出影响的看法发生改变，随后可能会重塑政府卫生健康政策。同样，很多方面也可能会有反作用，对其他领域产生负面影响。

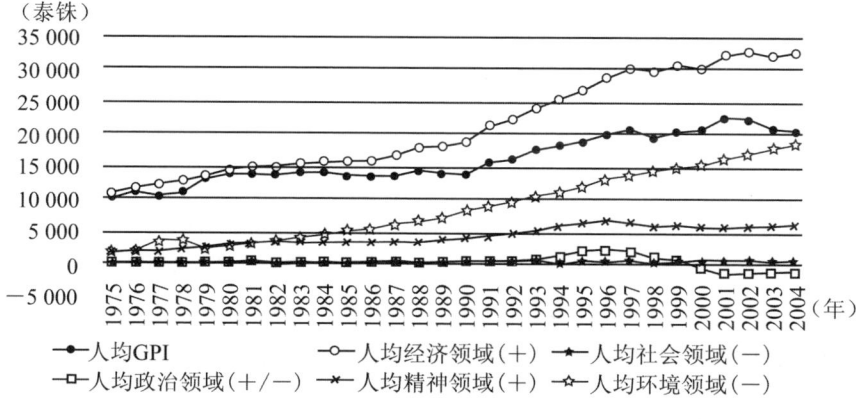

图 10-4　人均 GPI 与主要子系统（领域）：泰国，1975—2004 年

注：以 1998 年不变价计算。

10.4.3　与经济领域相关的政策

为了在政策评估过程中进一步发挥作用，图 10-4 直观展示了泰国人均 GPI 和五个相互作用领域的人均值。从图中可以明显看出，经济领域的人均值——由消费支出和公共服务资本的福利贡献构成——是泰国人均 GPI 的主要加项。尤其需要注意的是，20 世纪 80 年代早期人均 GPI 和经济领域人均值之间的差距就已经开始出现了，此后一直到 1990 年，二者差距继续扩大，但 1990—1995 年二者之间的差距基本保持不变。1997 年以来，差距又显著扩大。1997 年以后的发展中断，一开始主要是因为亚洲金融危机之后年份中的消费支出下降，到了 1999 年以后，则主要是因为公共服务资本产生的福利大幅下降。这表明泰国政府需要采取措施努力维持，如果不进一步增加的话，其对重要基础设施资产的投资。

对于泰国可持续福利而言，经济领域主要的阻碍因素之一就是绝对贫困水平居高不下（大约20%泰国人口每日生活支出不到2美元）。尽管泰国已经通过更广泛的税收和转移支付体系进行收入再分配，让贫困状况有所缓解，但是泰国明显还需要亲贫（pro-poor）式的GDP增长。所谓亲贫，我们意思是GDP增长直接惠及最穷的人及绝对贫困现象最为集中的区域（比如泰国东北部地区）①。

亲贫式增长政策的主要好处之一就是，通过缩小收入差距，有助于降低未来增长的贫困弹性。换句话说，在未来，它减少了由于减贫而需要的GDP数量（World Bank，2000；Deolalikar，2002）。

我们觉得，在建议亲贫式增长政策时，还需要强调，经济增长还必须尽可能重视资源效率和生态环境保护。既然GDP增长直接与经济领域相关，所以亲贫式政策也必须考虑增长对其余领域的影响。只有这样，增长形式才能与可持续福利的系统分析观念保持一致。并且也只有这样，它才能有助于促进泰国真实进步持续增长。

10.4.4 与社会领域相关的政策

社会领域和经济领域的区别之一就是它包括了许多成本和收益。虽然公共健康和教育支出的社会收益大幅增加，但是通勤、城镇化率增加及噪声污染的社会成本却实在是太高了，从而致使考察期内社会领域的人均值为负。可用很多方式解释这项负值。比如，它反映出泰国政府专注于实际GDP增长，但却牺牲了更广泛的社会关怀。

为了增加社会领域的积极贡献，应该更为强调经济活动的社会成本最小化，特别是城镇化的成本。应该考虑采取某些政策措施，包括疏散或分散许多政府部门，采取激励措施鼓励企业重新选址及产业向非城镇地区扩张，改善农村地区的服务和基础设施类资本，对于居住在泰国偏僻遥远地区的居民给予更多现金补贴和税收减免。

---

① 泰国东北部地区一直是最贫困的地区，有点像撒哈拉以南非洲（Watkins，1998）。过去30多年来，在泰国很多农村地区，绝大部分人口基本没有从GDP增长中获益，但却承担了许多本不应该由他们承担的成本（Dixon，1999；Warr，2001）。

从系统分析的角度来看，改善农村服务和收入分配，可以促进农村减贫，进而有助于使土地退化和其他形式环境损害的程度最小化。有证据表明，农村贫困是不可持续土地利用实践背后的主要驱动因素(Daly，1996，第8章)。如此说来，旨在改善经济和社会领域的政策，如果设计好的话，很可能也会让环境领域受益。

10.4.5 与政治领域相关的政策

政治领域主要涉及政府用于道路与高速公路公共支出的福利收益、腐败和净外债变化的成本。1990—1997年泰国腐败成本持续增加，净外债骤增，故1975—1999年泰国政治领域人均值为负。然而，2000—2004年这个领域的人均值变为正的了，这种由负值到正值的转变，主要是因为净外债下降、腐败成本稳定，以及道路和高速公路领域政府支出的福利收益小幅上升。

对于政治领域而言，这种数值的变换是再理想不过的了，毫无疑问，如果采取某些改革措施，减少政客与官僚腐败的负担，未来这个领域的积极贡献会更大(Phongpaichit and Piriyarangsan，1994；Parnwell，1996；Linter，1998)。当然，这可能也是最难实施的政策了，因为，这些反腐败改革，实际上必定是由那些会因改革而损失最大的人来设计和执行。外部组织，如透明国际，可能需要来协助监管反腐败倡议的效率问题。

10.4.6 与精神领域相关的政策

精神领域内包括的两个项目对泰国人均GPI有显著影响。第一个就是无偿家务劳动的价值——第二大加项项目——代表着家庭单元所做的道德承担(moral commitment)，但牺牲了相应的货币工资。第二个精神领域的项目，就是商业性服务的成本。从非常实际的意义上而言，这个项目反映了相互尊重和社区亲属关系的丧失。虽然在考察期的大部分时间里，商业性服务的成本数量很大而且持续增加，但是它仍远小于无偿家务劳动的价值。

考虑到精神领域对GPI所做的最大积极贡献，泰国的政策制定者需要采取更偏向于家庭友好式的制度安排,抑制商业性服务产业的进一步增长。主要通过改善收入分配,以及为那些最迫切需要的人提供基本的政府服务,通常可以实现后一个目标。这再次表明,聚焦于某个特定领域(比如经济和社会领域)的政策,可能会对另外一个领域(如精神领域)带来主要的福利收益。反之亦然。

10.4.7 与环境领域相关的政策

环境领域包括自然资本提供的资源、吸收和生命支持功能因经济持续增长而损失的成本。图10-4表明,1978年以后,泰国环境领域人均值稳步增加。为何会这样呢?虽然在考察期后半段,木材损耗成本大幅下降,但是其余领域的环境成本显著增加。事实上,在考察期最后,环境领域对泰国人均GPI的下降负有不可推卸的责任。

这和大多数国家GPI的研究发现是一致的,环境成本上升对于一国人均GPI下降产生了支配性的影响。原因非常明显,在所有影响可持续福利的领域中,环境领域对图10-3所描绘其余四个领域的积极影响,可能是最不被理解的。人们通常持有一种信念,"发展"需求和维护健康自然环境的需求之间是一种互为消长或说权衡的关系。但实际上,与此相反,健康的环境领域有助于巩固、加强一国福利的可持续性,也是经济和社会领域能够产生福利收益的基础。

因此,决策者亟待采取一些环保类政策措施,依据强可持续性原则,保持自然资本存量的完整性。我们因而强烈建议,这些政策应该旨在:(1)进一步提高资源利用效率;(2)鼓励资源节约型技术的研发和应用,从而减少单位经济活动带来的环境压力;(3)最小化并且最终停止自然资本和关键生态系统的退化;(4)鼓励自然资本和人造资本领域的投资。也建议泰国政府认真考虑本书第8章中关于印度GPI研究的政策建议部分。

10.5 结 论

本章研究了泰国过去30年中(1975—2004年)的GPI状况。研究结果表明，过去 30 年来，泰国人均 GDP 高估了其可持续福利水平及所取得的真实进步程度。实际上，在考察期后半段（1997—2004年），很明显，人均 GDP 增加对泰国的可持续福利产生了负面影响。

这就带来三个方面的担忧：首先，泰国可能已经达到了人均 GDP 的门槛水平；其次，假定第一条担忧是正确的，那么，泰国人均 GDP 的门槛水平，明显要比富裕国家在 20 世纪 70 年代和 80 年代所达到的门槛水平要低得多；最后，有理由质疑泰国政府把实际 GDP 增长作为发展政策中心目标的做法。

虽然我们有三个方面的担忧，但是我们并不否认泰国 GDP 仍需进一步增长。我们所建议的是，亲贫式的增长政策直接瞄准和惠及泰国最贫穷的居民和地区，同时也能提高资源效率，最小化自然资本退化程度。为此，我们提出一系列政策建议，既有助于改善经济领域，也有助于改善对泰国可持续福利具有重要影响的其他四个领域（或子系统）。可能有人不太认同我们的政策建议，然而从本章 GPI 研究结果来看，人们应该不会否定泰国亟待践行新的发展模式。对此，泰国政府如何构思和回应，无疑将会决定其未来所能享受的可持续福利水平。不过，适度回应必须越快越好，因为不能再浪费时间了。

参考文献

Barkley, P. and Seckler, D. (1972), *Economic Growth and Environmental Decay: The Solution Becomes the Problem*, New York: Harcourt Brace Jovanovich.

Capra, F. (1982), *The Turning Point*, London: Fontana.

Chiswick, C. (1983), "Analysis of earnings from household enterprises: methodology and application to Thailand", *Review of Economics and Statistics*, 65(4), 658-662.

Chongpeerapien, T., Sungsuwan, S., Kritiporn, P., Buranasajja, S. and Resource Management Associates (1990), "Energy and environment: chosing the right mix", Research report presented at the 1990 TDRI Year-End Conference, 8-9 December, Chon Buri.

Clarke, M. (2001), "Case studies: learning from experience, Thailand", in D. Brandt(ed.), *The Approaching Storm*, Monrovia: World Vision International, pp. 25-30.

Clarke, M. (2006), "Policy implications of the ISEW: Thailand as a case study", in P. Lawn(ed.), *Sustainable Development Indicators in Ecological Economics*, Cheltenham, UK and Northampton, MA, USA: Edward Elgar. pp. 166-185.

Clarke, M. and Islam, S. (2004), *Economic Growth and Social Welfare*, Amsterdam: North Holland.

Clayton, A. and Radcliffe, N. (1996), *Sustainability: A Systems Approach*, London: Earthscan.

Daly, H. (1971), "Towards a new economics-questioning growth", in W. Johnson and J. Hardesty(eds.), *Economic Growth Versus the Environment*, Belmont, CA: Wadsworth Publishing.

Daly, H. (1996), *Beyond Growth: The Economics of Sustainable Development*, Boston: Beacon Press.

Daly, H. (1999), *Ecological Economics and the Ecology of Economics*, Cheltenham: Edward Elgar.

Daly, H. and Cobb J. (1989), *For the Common Good*, Boston, MA: Beacon Press.

Deolalikar, A. (2002), "Poverty, growth, and inequality in Thailand", ERD Working Paper Series No. 8, Asia Development Bank, Manila.

Department of Energy Development and Promotion(1990), *Industry Survey*, Bangkok: DEDP(in Thai).

Dhiratayakinant, K. (1993), "Urbanization, inefficient urban management and income inequality", papers presented at the "Fifth

International Conference on Thai Studies", School of Oriental and African Studies, University of London, 5-12 July.

Diefenbacher, H. (1994), "The index of sustainable economic welfare in Germany", in C. Cobb and J. Cobb (eds.), *The Green National Product*, New York: University Press of America, pp. 215-245.

Dixon, C. (1991), *South East Asia in the World Economy*, New York: Cambridge University Press.

Dixon, C. (1996), "Thailand's rapid economic growth: causes, sustainability and lessons", in M. Parnwell (ed.), *Uneven Development in Thailand*, Aldershot: Averbury, Chapter 2.

Dixon, C. (1999), *The Thai Economy: Uneven Development and Internationalism*, London: Routledge.

Dopfer, K. (1979), *The New Political Economy of Development: Integrated Theory and Asian Experiment*, Melbourne: Macmillian.

El Serafy, S. (1989), "The proper calculation of income from depletable resources", in Y, Ahmad, S. EI Serafy and E. Lutz (eds.), *Environmental Accounting for Sustainable Development*, Washington, DC: World Bank, pp. 10-18.

Elliott, K. (1997), *Corruption and the Global Economy*, Washington, DC: Institute for International Economics.

George, S. (1999), *The Debt Boomerang*, London: Pluto Press.

Global Footprint Network (2006), *Ecological Footprint and Biocapacity*, Oakland, CA: Global Footprint Network.

Guenno, G. and Tiezzi, S. (1998), "An Index of Sustainable Economic Welfare for Italy", Working Paper 5/98, Milan: Fondazione Eni Enrico Mattei.

Hamilton, C. (1998), "Measuring changes in economic welfare", in R. Eckersley (eds.) *Measuring Progress*, Melbourne: CSIRO Publishing, pp. 69-92.

Hicks, J. (1940), "The valuation of social income", *Economica*, 7: 104-124.

Israngakurn, A. (2001), personal communication, July.

Jackson, T. and Marks, N. (1994), *Measuring Sustainable Economic Welfare*, Stockholm: Stockholm Environmental Institute in cooperation with The New Economic Foundation.

Jansen, K. (1997), *External Finance in Thailand's Development*, London: Macmillan.

Kakwani, N. and Krongkaew, M. (1997), "Thailand's generational accounts", Discussion Paper 14, *School of Economics*, University of New South Wales, Sydney.

Khomnamol, N. (1999), "A vision of new Bangkok in the next century", Office of the Commission for the Management of Land Traffic, Bangkok.

Krongkaew, M. (1993), "Poverty and income distribution", in P. Warr (ed.), *The Thai Economy in Transition*, Cambridge: Cambridge University Press, pp. 401-437.

Kuznets, S. (1968), *Toward a Theory of Economic Growth*, New York: W. W. North and Co.

Lawn, P. and Clarke, M. (2006), *Measuring Genuine Progress: Application of the Genuine Progress Indicator*, New York: Nova Science.

Lawn, P. and Sanders, R. (1999), "Has Australia surpassed its optimal macroeconomic scale? Finding out with the aid of benefit and cost accounts and a sustainable net benefit index", *Ecological Economics*, 28(2), 213-229.

Linter, D. (1998), "Thailand's illicit GNP", *Far Easter Economic Review*, 161(45), 48-49.

Lyttleton, C. (2000), *Endangered Relationships*, Amsterdam: Harwood Academic Publishers.

Martin, H. and Schuumann, H, (1997), *The Global Trap*, London: Zed Books.

Max-Neef, M. (1995), "Economic growth and quality of life: a threshold hypothesis", *Ecological Economics*, 15(2), 115-118.

Mishan, E. (1977), *The Economic Growth Debate*, London: George Allen & Unwin.

National Economic and Social Development Board (NESDB) (1996), *Eighth Five Year Plan*, Bangkok: NESDB.

National Economic and Social Development Board (NESDB) (2000), *Ninth Five Year Plan*, Bangkok: NESDB.

National Statistical Office(NSO)(various), *National Income of Thailand*, Bangkok: NESDB.

National Statistical Office(NSO)(various), *Statistical Yearbook of Thailand*, Bangkok: NESDB.

Ng, S. and Ng, Y. (2001), "Welfare-reducing growth despite individual and government optimalisation", *Social Choice and Welfare*, 18, 497-506.

Nordhaus, W. (1991), "To slow or not to slow: the economics of the Greenhouse Effect", *Economic Journal*, 101, 920-937.

Norgaard, R. (1988), "Sustainable development: a co-evolutionary view", *Futures*, December, 606-620.

Organisation for Economic Co-operation and Development (OECD)(2001), *The Well-being of Nations: The Role of Human and Social Capital*, Paris: OECD.

Packard-Winkler, M. (2000), *Knowledge, Sex and Marriage in Modern Bangkok: Cultural Negotiation in the Time of AIDS*, Ann Arbor, MI: University of Michigan Press.

Panayotou, T. and Parasuk, C. (1990), *Land and Forest: Projecting Demand and Managing Encroachment*, Bangkok: TDRI.

Parnwell, M. (1996), "Conclusion: future paths toward development in Thailand" in M. Parnwell (ed.), *Uneven Development in Thailand*, Aldershot: Avebury, pp. 282-291.

Paul, D. (1995), *Child Labour in Context*, Melbourne: World Vision Australia.

Phansawas, T. (1987), *Community Wastewater Pollution in the Bangkok Metropolitan Area*, Bangkok: ONED(in Thai).

Phongpaichit, P. and Baker, C. (1995), *Thailand: Economy and Politics*, Oxford: Oxford University Press.

Phongpaichit, P. and Chiasakul, S. (1993), "Services", in P. Warr (ed.), *The Thai Economy in Transition*, Cambridge: Cambridge University Press, pp. 151-171.

Phongpaichit, P. and Piriyarangsan, S. (1994), *Corruption and Democarcy in Thailand*, Chiang Mai: Silkworm Books.

Phongpaichit, P., Piriyarangsan, S. and Treerat, N. (1998), *Guns, Girls, Gambling, Ganja: Thailand's Illegal Economy and Public Policy*, Chiang Mai: Silkworm Books.

Pigou, A. (1962), *The Economics of Welfare*, 4th edition, London: Macmillan.

Schmidt, J. (1996), "Paternalism and Planning in Thailand: facilitating growth without social benefits", in M. Parnwell (ed.), *Uneven Development in Thailand*, Aldershout: Avebury.

Stockhammer, L, m Hochrieter, F., Obermayer, B. and Steiner, K. (1997), "The Index of Sustainable Economic Welfare: the results of the Austrian (revised) ISEW calculations 1955－1992", *Ecological Economics*, 21, 19-34.

Tanaborrboon, Y. (1990), "Recommendations for relieving traffic problems in Bangkok", *Proceedings of the First Conference on Environment and Natural Resources Conservation in Thailand*, Bangkok: TDRI.

TESCO(1993), "Environment plan for development in Bangkok and central areas", presented to the Pollution Control Department, Ministry of Science, Technology and Environment, Bangkok (in Thai).

Tingsabadh, C. (1989), "Economic systems and the environment in Thailand", *Culture and the Environment in Thailand*, Bangkok: Siam Society.

Tiwari, D. (1997), *Economic Valuation of the Health Effects of Air Pollution and Implications for Environmental Tax Reform in the Bangkoj Metropolitan Area*, Singapore: EEPSEA.

Vines, D. and Warr, P. (2000), "Thailand's investment-driven boom and crisis", Working Paper No. 00/11, Asia Pacific School of Economics and Management, Australian National University, Canberra.

Warr, P. (2001), "Poverty reduction and sectoral growth: evidence from southeast Asia", Paper presented for the WIDER Development Conference on "Growth and Development" in Helsinki, 25-26 May.

Watkins, K. (1998), *Economic Growth with Equity: Lessons from Asia*, Oxford: Oxfam.

World Bank(1999), *Thailand Social Monitor: Challenge for Social Reform*, Bangkok: World Bank.

World Bank (2000), *World Development Report* 2000/2001: *Attacking Poverty*, New York: Oxford University Press.

World Bank(2006), *World Development Indicators*, Washington, DC: World Bank.

World Resources Institute(WRI)(2005), *Climate Analysis Indicators Tool(CAIT)Version* 3.0, Washington, DC: WRI.

Zolotas(1981), *Economic Growth and Declining Social Welfare*, New York: New York University Press.

第 11 章 越南真实进步：革新开放的影响

阮洪武轩（Vu Xuan Nguyet Hong） 马修·克拉克（Matthew Clarke）
菲利普·劳（Philip Lawn）

11.1 简　介

　　本章为越南真实进步研究，和前一章中的泰国一样，越南也是近期才开始工业化过程的。然而，与泰国不同，越南是继 1947—1975 年的两次毁灭性战争之后被迫改变其发展路径的。

　　长期以来，越南经济是以按照共产主义原则组织起来的农业为主。近年来，越南实施了一系列经济自由化政策，逐渐强调市场在资源配置过程中的作用。这种经济改革的结果就是，大量外国投资者纷纷涌入，充分利用越南生产成本较低的优势。事实上，周边许多经济体由于其生产成本相对较高，一直被迫转移其中间制造业，所以，越南才得以成功吸引众多外国投资资本流入。经济改革措施的主要结果就是，过去 20 年来越南实际国内生产总值（GDP）显著增长。然而，我们很快就会发现，这并不必然等同于真实进步。

　　为了深入剖析越南的真实进步，本章安排如下：第一部分主要简单介绍越南的历史背景，包括简略介绍 1986 年引入的革新开放措施。第二部分，重点归纳并解释越南真实进步指标（GPI）计算过程中所做的一些调整。接下来会分析 GPI 研究结果，最后会详细讨论越南 GPI 研究结果的一些政策含义。

11.2 越南的经济发展：历史背景与近期成效

11.2.1 越南早期历史

越南最初范围仅限于红河三角洲地区，随后逐渐向南扩张，截至 18 世纪，已经涵盖了湄公河三角洲大部分地区。

虽然欧洲人来到越南可以追溯到公元前 166 年罗马商人的到来，但是直到 17 世纪欧洲才开始对越南产生直接影响（Tucker, 1999）。也就是在这个时候，随着传教士活动越来越频繁，大量天主教社区纷纷建立，主要是法国人建立的。也正是在 17 世纪，郑阮纷争（Trinh and Nguyen Lords）为欧洲商人提供了机会，向战争双方都予以武器和新技术支持。葡萄牙支持南方的阮氏，荷兰人则支持并用武器装备北方的郑氏（Watt, 1968）。

1784 年，一位法国天主教派的主教，名为皮诺·德·贝尔内（Pigneau de Béhaine）回到法国，为协助阮福映（Nguyen Anh）——阮氏家族的继承人——争取到了军事援助，支持其在同西山朝（Tay Son Dynasty）的战争。对于贝尔内而言，遗憾的是，随着法国大革命的爆发，这种军事援助战略受到了阻挠。但是贝尔内并不气馁，他获得了两艘舰艇，并从法国在本地治理市（Pondicherry）的领地获得了一群印度士兵（Vinh, 1992），1788 年再次回到越南，支持重新组织起来的阮福映海军，西山朝最终于 1792 年在归仁市（Qui Nhon）被击败，几年以后阮福映的军队最终控制了河内（Watt, 1968）。

11.2.2 西方对越南的殖民统治

1802 年阮氏王朝建立以后，阮福映为了感谢贝尔内的援助，同意默许天主教在越南境内传播。然而，作为一个保守的儒教徒，阮福映反对和抵制越南欧洲化。阮氏王朝继任者们不会像其前人那样包容，而是公开残酷镇压天主教。成千上万越南人及国外出生的信徒遭受宗教迫害，同时，继越南推行反西方政策以后，越南对欧贸易开始显著下降(Vinh，1992)。法国人以这些行动为借口，开始武装入侵越南。

1859年，法国军队控制了西贡市(Saigon，现称胡志明市)，1867年占领全部越南南部地区。此后很快，在获得越南北部的河内(Hanoi)、安南(Annam)和东京(Tonkin)以后，法国事实上已经控制了越南，并于1887年建立起了法国的印度支那(Tucker，1999)。在法国总督的组织安排下，法国创建了铁路和公路网络，并将越南北部和南部地区首次联结起来。

直到1916年，越南皇室成员及越南华人阶层领导的、反对越南控制的抗争，均以失败而告终。20世纪20年代，一系列地下民族主义组织开始出现。1930年，胡志明(Ho Chi Minh)成立越南共产党(Indo Chinese Communist Party)(Tucker，1999)。同样，也就是在1930年，东京(Tonkin)地区出现了民族起义，紧跟着就是越南共产党领导下的农民起义(Williams，1992)。这两类反抗都被法国成功镇压了(Vinh，1992)。

第二次世界大战期间，日本夺取了对法属印度支那的控制权。最终，1945年3月，日本取代法国当局，在此前安南的皇帝——保大(Bao Dai)名下建立了傀儡政权(Vinh，1992)。1945年8月，日本投降以后，越南独立同盟(Viet Minh)——胡志明1941年建立的一个独立社团——很快就接管了河内和西贡二市。保大皇帝于1945年8月25日退位，越南民主共和国(Democratic Republic of Vietnam, DRV)于9月2日宣布成立，胡志明为主席，河内为首都(Watt，1968)。

11.2.3 第二次世界大战以后

1946年3月，法国和越南政府之间签署了一个折中协定，承认越南民主共和国(DRV)，但作为法兰西联邦下的一个自由邦省(Tucker，1999)。不过，这只是让法国和越南军队之间暂时停火。1946年12月，法国和越南独立同盟之间又爆发了大规模的战争(Williams，1992)。

法国最后建议成立一个受保大皇帝领导的新联合政府——交趾支那(cochin-china)，安南接受了这个提议，但遭到胡志明本人和越南独立同盟的一致反对。法国人无所畏惧，1948年6月成立了"越南国"(State of Vietnam)，保大作为该国国家元首(Vinh，1992)。1950年，新的国家被西方世界所承认，但是共产主义阵营则选择官方承认越南民主共和国(DRV)。之后，越南独立同盟武装力量迅速发展壮大，截至1954年，已经控制了东京和安曼(Amman)的绝大多数农村地区及交趾支那的大部分地区。继东京西北部地区奠边府(Dien Bien Phu)的一次决定性战役之后，1954年5月7日，法国部队向越南独立同盟投降(Tucker，1999)。同年7月，法国与越南独立同盟之间签署《日内瓦协议》，这为日后法国撤出越南奠定了基础。

该协议将越南分为北方的胡志明政府和南方的保大政府当局，计划是在1956年7月的选举当中让双方统一起来。遗憾的是，承诺的选举和越南的统一最终都没有实现(Williams，1992)。由于相信共产主义会阻挠合法选举，吴廷琰(Ngo Dinh Diem)1955年废黜保大，随后宣布越南南部为自治共和国(Tucker，1999)。因而，越南仍然处于分裂状态，共产主义的北方和美国支持的南方。新政府采取大量压制性安全措施迅速确立起其权威(Tucker，1999)。截至1959年，新政府的高压措施进一步加剧，导致共产党领导下的游击战争大幅增加。为了增强军事力量和打击，1960年，南方各个游击队联合起来，形成了民族解放阵线(National Liberation Front，NLF或称越共)(Tucker，1999)。由于担心北方NFL活动进一步加剧，1961年，美国增加了对南部新政府的经济和军事援助(Vinh，1992)。

1963年年底，南部新政府和受迫害的佛教团体之间的冲突加剧，进而导致越南南部爆发了严重的政治危机，并于同年11月，随着出现军事政变及新政府被取代而到达高潮。直到1965年2月成立了新的军事政权，越南政治动荡造成15个月之内出现了12次政府更迭(Tucker，1999)。

与此同时，1964年，美国先是声称越南北部人民攻击了其正在东京湾巡航的舰艇，随后对越南北部发动了空袭。美国国会通过了一项决议，支持美国军力在该地区的使用，进而美国官方开始正式介入了漫长的越南战争。1965年早期，美军主要是对越南北部进行炸弹攻击（Williams，1992），截至年底，美军在越南一共部署了18.5万人的兵力，此后，派驻越南的美军部队人数持续增加，1969年早期，最多一度达到54.3万人（Tucker，1999）。有时，美国军队还能得到来自韩国、泰国、菲律宾、澳大利亚及新西兰的小部分武装队伍的进一步支持。

1973年1月，经过多年的流血冲突和政治动荡以后，越南北方和南方及其各自盟友一致同意停火（巴黎和平协定）。然而，斗争仍在继续。最终，越南南方部队在北方大规模攻击下妥协屈服，越南战争以西贡的陷落为标志而彻底结束，1975年4月30日，越南实际上已经实现了南北统一（Tucker，1999）。至此，越南共死亡数十万人民，上百万人民流离失所，整个越南经济支离破碎。

11.2.4 越南战争之后

1976年，越南实现官方正式统一，重新取名为越南社会主义共和国（Socialist Republic of Vietnam，SRV），河内为越南首都。从前的越南南方地区按照共产主义原则重新组织，新的SRV政府，在范文同（Pham Van Dong）的领导下，强调发展重工业和农业集体化。随后几年，私营企业被政府接管，农户并入国有合作社（Tri，1990）。除了政府活动以外，跨省之间的商品流动是被禁止的。再加上自然灾害，越南遭受严重粮食短缺，湄公河三角洲以前是大米主产区，也面临严重的饥荒威胁。

在对外关系方面，越南被迫卷入和邻国柬埔寨的边界纠纷，最终演化为1977年年底的公开战争。1978年年底，越南推翻了波尔布特（Pol Pot）的红色高棉政权（Khmer Rouge Regime），建立了一个亲河内的政府。此外，对美关系正常化但却没有实现物质化，进而否决了对越南而言非常重要的美国贸易联系和发展援助。不过，20世纪80年代早期，越南能够从苏维埃联盟那里获得大量经济和军事支持。而且，它现在也能够通过 USSR 及许多东欧国家开展自身的国际贸易(Tucker，1999)。

11.2.5　1986年革新开放

1986年越共领导人黎笋(le Duan)死后，越南各界努力重建仍深受战争蹂躏的经济，提升国有企业效率。在新领导人阮文灵(Nguyen Van Linh)带领下，实现革新开放，刺激经济增长，放宽外国投资法律，给予私营企业一定程度的自由，鼓励发展教育和技术(Williams，1992；Than and Tan，1993；Masina，2006)。

1991年，随着苏联和东欧共产主义的瓦解，越南政府更加肯定和重视革新开放，坚决支持国营市场经济的模式(State-Controlled market economy)，类似中国模式(Masina，2006)。换句话说，越南仍然是一个共产主义国家，但是私营企业主的权限更大，国营农场慢慢去集体化，价格管制越来越少，政府雇员的数量也大幅削减，公私合营的出口加工区迅速发展。

自革新开放实施以来的20年中，越南实际GDP快速增长。1992—2004年，越南人均实际GDP增加了99.3%，或者说年均增长5.9%。这种增长一直得益于近年来流入越南的外国直接投资(FDI)持续增加。1990—2005年的15中，FDI存量从16亿美元增加到311亿美元(UNCTAD，2006)。仅2005年，就有超过20亿美元——在2003年14亿美元的水平基础上进一步增加——投资于越南经济。

由于FDI大量涌入，越南制造业和服务业部门快速增长。结果，越南经济中主要部门的相对份额出现了显著变化。例如，1986年革新开放伊始，农业几乎贡献了越南实际GDP的一半，绝大部分人口从事农业生产。20年后，制造业和服务业的增长已经远远超过农业增长，目前，农业部门仅占越南实际GDP的20%左右，而制造业、服务业分别约占国民总产出的40%左右(WRI，http：earthtrends.wri.org)。说到这里，越南仍然是世界上第二大大米出口国及主要依赖农业产品作为出口收入来源的国家。此外，尽管越南经济中每个关键部门的相对贡献份额变化很大，但是大多数劳动力仍然从事农业生产，只有不到 10%的劳动力受雇于服务部门（Abrami and Henaff，2004）。

革新开放较为明显的负面影响之一就是，造成居民收入分配状况进一步恶化，从穷人向富人转移。1992—2004 年开展的越南生活水平调查显示，以基尼系数来衡量，这一时期的收入差距程度扩大近 30%。1992 年，基尼系数值为 0.330，无论依据何种标准，这个数字都表示国家收入分配状况已经较为均等了，但到了 2004 年年底，基尼系数已经扩大到 0.423。造成居民收入分配差距扩大的主要原因在于国有资产向私人部门流失，以及国家福利支持的减少。越南穷人的状况进一步恶化，亦表现为如下事实，2002 年贫困率（每天生活支出小于 1 美元的人口占比）仍然高达 29%（UNDP，2006）。

如果依据千年发展目标（Millennium Development Goals，MDGs）来评判的话，那么革新开放的净收益含糊不清（Feeny and Clarke，2006）。MDGs 由已经达成国际共识的 8 大目标组成，这些目标是在 20 世纪 90 年代举行的一系列与发展有关会议上经由充分讨论而形成的。MDGs 包括：(1)消除极端贫困与饥饿；(2)普及小学教育；(3)促进两性平等；(4)降低儿童死亡率；(5)改善产妇保健；(6)对抗艾滋病病毒、疟疾及其他疾病；(7)确保环境的可持续能力；(8)全球合作促进发展。除了这 8 大类 MDGs 以外，还有 18 个子目标及 48 个具体指标，也都汇总用于评估国家发展绩效。

越南取得的积极进展主要有：营养不良人数的比重明显降低，从 1991 年的 31%降至 2001 年的 19%（UNDP，2005）。此外，5 岁以下的儿童死亡率从 1990 年的 53/1 000 下降到 2003 年的 23/1 000。中小学中的性别比例也接近均等。不过，以目前趋势来看，越南不可能把产妇死亡率降至理想的水平，1990 年越南的产妇死亡率为每 10 万人中有 160 死亡，到了 2000 年，为每 10 万人中有 130 人死亡。在清洁饮用水和公共卫生方面，越南也不可能实现目标。因为，自 1990 年以来，越南大概有四分之一人口仍然基本无法获得清洁饮用水和公共卫生。

从人类发展指数（HDI）反映出的进步来看，越南 HDI 值从 1990 年的 0.617 稳步增加到 2006 年的 0.709，同期的相应排名也从世界第 120 提高到第 108 位（UNDP，2006）。但是，随着越南政治高压状况明显减缓，腐败状况进一步恶化，后者无疑对越南经济的生产率和可持续性产生了负面影响（Beresford，2004）。

很明显，过去 20 年中，越南经济虽然快速增长，但是与之相伴的社会与环境成本并没有被完全考虑。第 2 章已经解释过，GDP 未能考虑经济增长带来的许多外部性，这些外部性可能会对经济、社会和/或环境领域产生负面影响，或者有时会是正面影响，进而涉及一国的可持续福利。因此，有必要估算越南的 GPI，研判近年来越南的经济增长是否提高了其可持续福利水平，如果是的话，究竟提高了多少。

11.3 越南真实进步指标，1992—2004 年

11.3.1 简 介

本章主要计算 1992—2004 年越南的 GPI[①]，仅限于后革新开放时期，因而很难推断出这些改革措施对越南真实进步的全部影响。之所以对考察期有所删减，完全是因为受数据所限。虽然可以得到关于宏观经济指标的数据，但是更细化的分解数据很难获得。至于社会和环境领域的数据，很多情况下根本就不存在，特别是 1990 年以前的。

为了计算越南的 GPI，数据主要引自政府统计办公室（Government Statistics Office，GSO）与自然资源和环境部（Ministry of Natural Resources and Environment，MNRE）。对于无法从这些官方渠道获得的数据，就使用替代性的独立研究结果。表 11-1 给出了越南

[①] 感谢 CIEM 的阮芳边（Nguyen Phuong Pien）女士协助收集数据和修正估计。

GPI 测算过程中使用的项目和其各种估算方法。GPI 构成项目、估算方法及其原理，本质上和第 3 章归纳解释内容是相同的。

表 11-1　越南 GPI 计算中使用的项目及其估算方法，1992—2004 年

项目	福利贡献	估算方法
项目 a：消费支出（CON）	+	CON＝私人部门＋公共部门的消费支出
项目 b：防御性和恢复性支出（DRE）	－	DRE 假定等于所有消费支出的 10%
项目 c：耐用消费品支出（ECD）	－	ECD 等于所有家庭购买耐用消费的支出总和
项目 d：耐用消费品服务（SCD）	+	等于所有耐用消费品存量的折旧值（假定存量可以使用 10 年；折现率为 7%） • SCD＝0.142×耐用消费品价值
项目 e：调整后的消费		消费收益的跨期调整 • 调整后的 CON＝CON－DRE－ECD＋SCD
项目 f：分配指数（DI）	+/－	基于考察期内收入分配变化的 DI，用基尼系数测度（考察期第 1 年的指数值设定为 100.0）
项目 g：调整后的消费（加权后）(＊＊)	+	用分配指数（DI）加权调整后的 CON • 100×调整后 CON/DI
项目 h：公共基础设施产生的福利（WPPI）(＊＊)	+	假定等于公共部门固定资本消费的 75%
项目 i：无偿家务劳动的价值(＊＊)	+	无偿家务劳动是用净机会成本法进行估值 • 等于无偿家务劳动小时数乘 1994 年不变价计算的平均工资
项目 j：志愿者劳动的价值(＊＊)	+	志愿者劳动是用净机会成本法进行估值 • 等于志愿者劳动小时数乘为避免参加义务社区服务而需缴纳的免责费

续表

项目	福利贡献	估算方法
项目 k：失业和就业不足的成本（**）	—	适用于失业和就业不足人口的未工作小时数乘最低工资（GSO，various）
项目 l：腐败成本（**）	—	腐败的直接成本假定为越南实际 GDP 的 2.5%（即实际 GDP×0.025）
项目 m：净外债变化（**）	+/−	年度成本（收益）等于前五年中净债权的年均变化量
项目 n：不可再生资源损耗的成本（*）	—	用伊·赛拉斐等（1989）"使用者成本"法决定资源开采收益中需要留存多少比例，用于维持收入流 • 等于不可再生资源开采价值×0.89
项目 o：农地流失的成本（*）	—	要反映因过去和当前农业活动累积影响而对居民的补偿金额 • 年度成本等于农业产出的 7%（Khor, n.d.）。每年累积成本满足强可持续性条件：(1)人造资本不是自然资本的替代品；(2)农地找不到自然资本替代品
项目 p：木材损耗的成本（*）	—	用伊·赛拉斐等（1989）"使用者成本"法计算，反映当木材采用率超过其自然再生与重新种植时造成木材存量下降的机会成本 • 等于木材损耗价值×0.64（基于以下假设，以当前采用速度计算，木材存量会在 50 年内完全耗尽，木材存量的年再生速度为 2%）
项目 q：空气污染的成本（**）	—	假定等于每年空气污染治理支出的 5 倍
项目 r：城镇废水污染的成本（*）	—	假定等于每年城镇废水污染治理相关成本的 5 倍
项目 s：长期环境损害的成本（*）	—	要反映因能源消费长期环境影响而对居民的补偿金额

续表

项目	福利贡献	估算方法
项目 t：自然资本服务损失（LNCS）（**）	—	（*）项目的加总：LNCS 汇总项反映了自然资本提供的某些资源、渗透和生命支持功能损失的成本
项目 u：真实进步指标（GPI）	+	自经调整后的 CON（加权后）项开始，所有标注（**）项目的加总
项目 v：人口		越南总人口
项目 w：人均 GPI	+	GPI/人口

11.3.2 GPI 项目的计算

消费支出（私人支出和公共支出）与防御性和恢复性支出（DRE）

私人和公共消费支出的加总数据（项目 a）直接引自越南政府统计办公室发布（GSP，various）的国民账户。防御性、恢复性及非福利贡献类支出（DRE）（项目 b）假定为消费支出总额的 10%。与大多数 GPI 研究相比，这个数字算是较为保守的估计了。①

耐用消费品支出（ECD）和当前耐用消费品存量提供的服务（SCD）

耐用消费品支出（ECD）（项目 c）的估计，是引用越南生活水平调查（Vietnam Living Standards Surveys，VLSS，various）的数据。近年来，越南一共开展 4 次这种调查，分别是 1992—1993 年、1997—1998 年、2002 年及 2003—2004 年。由于考察期内一共只有 4 次调查，因此，在估计空缺年份的每类消费支出时，假定在这些年份里，相应商品结构的份额和距其最近的调查年份完全相同。

当前耐用消费品存量提供的服务（SCD）（项目 d），是用起始年份的存量值乘 0.142。这种方法是基于 7% 的折现率的假设，并假定平均每个耐用消费品的使用周期为 10 年（详细解释可参阅第 2 章）。

---

① 大部分 GPI 研究中，防御性和恢复性支出接近于总消费支出额的 20%。

分配指数(DI)

越南分配指数(DI)(项目 f)的估计,是使用越南生活水平调查(Vietnam Living Standards Surveys,VLSS,various)中基尼系数的数据。由于考察期内只有 4 次调查,假定调查年份间隔时期的收入分配状况(基尼系数)保持不变。

基于第 3 章归纳的方法,考察期第一年,即 1992 年的 DI 值被设定为 100,然后使用基尼系数的变化对其加权,因此 DI 上升或下降,表示越南国内贫富差距增大或减小。

公共基础设施提供的福利(WPPI)

估算公共基础设施提供的福利(WPPI)(项目 h),首先用固定资本消费(即人造资本的折旧)乘公共投资和私人投资的比率。之所以使用公共投资和私人投资的比率,是因为假设该比率能够大致反映人造资本中为公共、私人所有的份额之比。然后再把第一步得到的数值乘 0.75,即假设所有政府投资支出中有 75% 用于基础设施资本,其余 25% 用于生产资料。

社会收益:无偿家务劳动和志愿者劳动的价值

估算无偿家务劳动的价值(项目 i)分为四个步骤。第一步是估算平均每人一周当中从事无偿家务劳动的时间,这个数据可以直接引自越南生活水平调查(Vietnam Living Standards Surveys,VLSS,various)[1]。第二步是用人均每周无偿家务劳动小时数乘 52,得到平均每人每年从事无偿家务劳动的时间。由于大部分无偿家务劳动是由成人做的,所以,第三步是用平均每人每年从事无偿家务劳动的时间乘越南 15 周岁以上的人口数。最后一步用每年无偿家务劳动总时数乘平均工资。

---

[1] 因为考察期内只有 4 次调查,故这里假定调查间隔年份中的无偿家务劳动小时数呈线性变化(straight-line change)。

为了估算志愿者劳动的价值(项目 j),使用了一个新方法。在越南,所有公民都必须依法履行一定时长的志愿劳动。在这种通常被理解为"为公共利益工作"的体系下还有一种选择,就是你还可以通过支付年费的方式,使自己免于从事这种强制性的社区服务。"免责费"因而可被看作近似测度志愿者劳动的价值。为了估算越南志愿者劳动的年度值,用需要为公共利益工作的人数,按照规定符合要求的,再乘免责费。

社会成本:失业、就业不足和腐败的成本

失业成本(项目 k),是用失业工人数量(基于 GSO 定义的官方失业率)乘最低工资水平。关于就业不足成本的计算——员工希望工作的时间与实际工作时间的差额,计算方法同失业成本,即用失业工时数乘最低工资。

GPI 中通常还包括其他成本项目,即犯罪成本和家庭破裂的成本。遗憾的是,越南没有关于这两类社会成本的统计数据。这两项都被一个反映腐败成本的项目(项目 l)间接代替了。之所以包括这个项目,此前也解释过,是因为腐败在越南是个日益严重的社会问题,对越南经济的生产效率和可持续性具有重要影响。

为合理估算该项数值,假定腐败总成本为越南实际 GDP 的 10%。不过,也应看到,腐败总成本,很大程度上也在很多其他 GPI 项目中有所反映。例如,腐败对越南经济效率和生产能力的影响,一定会造成实际消费水平要比预期的更低。类似,腐败行为还会造成默许很多污染性和生态破坏性的生产活动,必然造成环境成本要比预期的更高。为避免重复计算,假定腐败总成本的 75% 已经在其他 GPI 项目中得到了体现,这就意味着,腐败直接成本等于实际 GDP 的 2.5%(即等于实际 GDP×0.025)。

净外债变化

越南净外债状况的变化(项目 m)直接引自国民统计数据(GSO, various)。

不可再生资源损耗的成本

不可再生资源损耗的成本(项目n),使用第3章中伊·赛拉斐的"使用者成本"公式[式(3.12)]进行计算。为此,假定合适的折现率为2%(基于强可持续性),每类不可再生资源的平均可采寿命为40年。也假定,市场对资源实际价格低估了一半,因此,不可再生资源损耗的成本等于所有矿采产量总价值的88.8%。矿采产量数据源自GSO年度统计年鉴(GSO,various)。

农地流失和木材损耗的成本

在越南,每年由于工业化、城镇化及不可持续的土地利用方法,都会造成大量农地流失。遗憾的是,迄今为止,关于越南土壤侵蚀的成本,一直缺乏高质量、可信赖的研究。不过,许(Khor,未注明日期)认为,东亚地区年度土地退化的损失大约等于每年农业产出的7%。因此,我们使用这项研究来估计考察期内越南农地流失的成本(项目o)。

假定遵循强可持续性,农地没有替代资源,年度成本进行累积计算。假定1991年年底(考察期的第一年为1992年)的累计成本为5万亿越南盾(VND),然后再加上年度成本,就得到考察期内每年的累计成本。

越南木材损耗的成本(项目p),是用每年由于森林退化而造成木材产量损失的年度值再乘0.64。这个0.64的数值是依据伊·赛拉斐的"使用者成本"公式推导计算得出的,同时假定:(1)木材的年度折现率或说再生率为2%(强可持续性原则);(2)未被限制的木材存量,依照当前采伐速度,会在50年之内完全用光,尽管近期采取了一些植树造林类的措施。①

---

① 我们这里说未被限制的木材,主要是指位于国家公园和其他保护区以外的所有木材存量。

空气污染和城镇废水污染的成本

越南缺乏关于空气污染的信息，所以无法进行任何关于空气污染成本的直接测算。作为替代，这里使用年度私人和公共部门用于空气污染治理的支出来近似表示空气污染的成本。基于一些GPI研究中使用的方法，假定空气污染总成本是空气污染治理成本的5倍。

使用同样方法测算城镇废水污染的成本。不过，考虑到关于城镇废水污染支出的基准数据仅限于1996—2004年，所以，还得需要一个步骤，为估计1992—1996年的城镇废水污染支出，假定这一时期该类支出的变化，等于1996—2004年支出的平均年度变化。然后再用年度值乘5。

长期环境损害的成本

计算长期环境损害的成本，首先把越南年度能源消费（单位为千吨油当量）转化为帕焦（WRI，http://earthtrends.wri.org）。然后再转换成百万桶原油当量，并乘2 500越南盾，就得到了年度环境成本。

为得到年度累计长期环境成本，假定1991年年底（考察期的第1年为1992年）的累计成本为10万亿越南盾（VND）。

11.4 越南GPI研究结果

表11-2概括了越南GPI研究的结果（以1994年不变价计算）。Y列和Z列揭示了考察期内越南人均GPI和人均GDP的值，这两者也都在图11-1中予以呈现。表11-2和图11-1表明，1992年越南人均GDP为222万VND，然后逐年大幅增加，截至2004年年底，已经达到442万VND。总体来看，考察期内，越南人均GDP增加了99.3%。

另外，越南人均GPI，1992年为178万VND，随后一共增加了26.4%，截至2004年年底，达到226万VND。与人均GDP相比，

表 11-2 越南真实进步指标(GPI)与实际 GDP,1992—2004 年

年份	CON A	DRE B	ECD C	耐用消费品 D	SCD E	调整后 CON (A+B+ C+E) F	分配指数 (DI) 1992=100 G	加权调整后 的 CON (100×F/G) H	WPPI I	无偿家务劳动 J
1991	—	—	—	147 174.5	—	—	—	—	—	—
1992	130 884.7	−13 088.5	−18 167.6	153 447.5	20 898.8	120 527.4	100.0	120 527.4	3 376.1	48 507.6
1993	136 512.3	−13 651.2	−18 794.9	159 720.5	21 789.5	125 855.7	101.5	124 056.9	4 932.8	49 439.9
1994	148 037.0	−14 803.7	−20 341.4	166 912.7	22 680.3	135 572.2	102.9	131 738.6	9 943.1	50 372.3
1995	159 973.3	−15 997.3	−21 974.0	175 110.2	23 701.6	145 703.6	104.4	139 616.3	14 464.2	51 299.4
1996	177 040.6	−17 704.1	−24 397.3	185 103.7	24 865.6	159 804.9	105.8	151 015.8	18 276.6	52 214.9
1997	184 778.0	−18 477.8	−27 543.1	197 615.7	26 284.7	165 041.8	107.3	153 856.5	22 247.4	53 122.2
1998	192 037.8	−19 203.8	−28 646.1	210 603.4	28 061.4	172 249.3	111.3	154 803.0	23 495.2	54 037.6
1999	193 314.8	−19 331.5	−29 009.1	223 326.8	29 905.7	174 879.9	115.3	151 713.3	24 743.0	54 981.5
2000	199 436.3	−19 943.6	−29 896.6	236 310.4	31 712.4	181 308.5	119.3	152 015.2	29 601.9	55 965.5
2001	208 239.3	−20 823.9	−31 150.2	249 920.3	33 556.1	189 821.2	123.3	153 998.2	30 064.2	56 989.3
2002	223 053.8	−22 305.4	−26 393.3	258 146.0	35 488.7	209 843.8	127.3	164 880.8	30 114.9	58 041.1
2003	244 035.7	−24 403.6	−30 423.0	269 774.1	36 656.7	225 865.9	128.2	176 209.9	32 996.6	59 104.9
2004	259 027.8	−25 902.8	−32 242.9	281 675.6	38 307.9	239 190.0	129.1	185 289.4	36 460.0	60 163.0

表 11-2（续表 1）

年份	失业成本 L	腐败成本 M	外债变化 N	不可再生资源损耗 O	土地退化 P	木材损耗 Q	空气污染 R	城镇废水污染 S	长期环境损害 T
1991	—	—	—	—	—	—	—	—	—
1992	−5 434.4	−3 794.6	−17 185.9	−6 470.1	−5 310.7	−1 629.9	−146.9	−958.5	−10 457.4
1993	−4 709.4	−4 101.1	−15 024.9	−7 493.4	−5 601.4	−1 525.8	−125.1	−884.1	−10 935.4
1994	−3 365.6	−4 463.4	−14 737.3	−8 093.2	−5 888.4	−1 440.0	−107.0	−4 361.7	−11 434.2
1995	−2 923.1	−4 889.2	−15 032.9	−8 352.7	−6 202.5	−1 543.8	−91.4	−5 591.6	−11 953.6
1996	−2 677.9	−5 345.8	−14 535.9	−10 666.9	−6 557.2	−2 346.2	−84.1	−9 981.2	−12 493.8
1997	−3 129.7	−6 221.0	−13 368.0	−12 944.1	−6 909.9	−2 256.4	−256.1	−14 966.6	−13 054.6
1998	−3 328.2	−5 870.3	−13 171.4	−14 557.1	−7 283.2	−2 284.6	−252.9	−14 834.9	−13 636.1
1999	−3 144.0	−6 406.8	−12 184.7	−19 177.2	−7 666.8	−2 337.1	−641.4	−14 178.1	−14 238.2
2000	−3 669.1	−6 568.0	−10 032.0	−23 443.9	−8 060.2	−2 329.5	−686.1	−14 116.2	−14 878.3
2001	−4 162.8	−7 313.4	−10 187.4	−23 934.5	−8 455.5	−2 354.5	−2 348.0	−11 855.6	−15 557.2
2002	−3 882.9	−7 204.7	−7 895.7	−23 962.3	−8 876.1	−2 416.1	−1 869.8	−13 121.5	−16 274.9
2003	−4 905.8	−7 733.6	−7 052.0	−27 902.5	−9 317.8	−2 709.4	−2 167.0	−13 610.9	−17 031.4
2004	−4 455.1	−9 060.9	−6 669.2	−32 616.8	−9 778.6	−3 031.8	−1 590.1	−12 206.2	−17 826.8

第11章 越南真实进步：革新开放的影响 313

表11-2（续表2）

年份	LNCS U	GPI V	实际GDP W	人口 (千人) X	人均GPI (千VND) Y	人均GDP (千VND) Z	人均GPI 指数值 1992=100 AA	人均GDP 指数值 1992=100 BB	人均GPI 增长率 % CC	人均GDP 增长率 % DD
1991	—	—	—	—	—	—	—	—	—	—
1992	−24 973.5	122 225.4	151 782.0	68 450.1	1 785.6	2 217.4	100.0	100.0	—	—
1993	−26 565.3	129 071.2	164 043.0	69 644.5	1 853.3	2 355.4	103.8	106.2	3.8	6.2
1994	−31 324.5	139 069.5	178 534.0	70 824.5	1 963.6	2 520.8	110.0	113.7	6.0	7.0
1995	−33 735.6	149 586.2	195 567.0	71 995.5	2 077.7	2 716.4	116.4	122.5	5.8	7.8
1996	−42 129.3	157 554.2	213 832.0	73 156.7	2 153.7	2 922.9	120.6	131.8	3.7	7.6
1997	−50 387.6	156 820.9	231 263.0	74 306.9	2 110.4	3 112.3	118.2	140.4	−2.0	6.5
1998	−52 848.8	157 771.3	244 594.0	75 456.3	2 090.9	3 241.5	117.1	146.2	−0.9	4.2
1999	−58 238.8	152 091.5	256 272.0	76 596.7	1 985.6	3 345.7	111.2	150.9	−5.0	3.2
2000	−63 514.1	154 414.8	273 666.0	77 635.4	1 989.0	3 525.0	111.4	159.0	0.2	5.4
2001	−64 505.2	155 484.7	292 535.0	78 685.8	1 976.0	3 717.8	110.7	167.7	−0.7	5.5
2002	−66 520.7	168 129.2	313 247.0	79 727.4	2 108.8	3 929.0	118.1	177.2	6.7	5.7
2003	−72 739.1	176 448.4	336 242.0	80 902.4	2 181.0	4 156.1	122.1	187.4	3.4	5.8
2004	−77 050.3	185 208.7	362 435.0	82 031.7	2 257.8	4 418.2	126.4	199.3	3.5	6.3

注：除非特别说明，表中数值单位均为十亿越南盾（VND），以1994年不变价计算。

除了数量更低,增速更慢以外,考察期内有 4 年——1997 年、1998 年、1999 年及 2001 年——越南人均 GPI 出现了下降。重要的是,2004 年越南的人均 GPI(226 万 VND)只是比 1996 年(215 万 VND)略高一点点。由此来看,可以相当肯定地说,考察期内越南人均 GDP 夸大了真实进步程度,革新开放和近年来经济自由化政策引致的经济活动大幅增长,并未有效转化为越南的可持续福利。

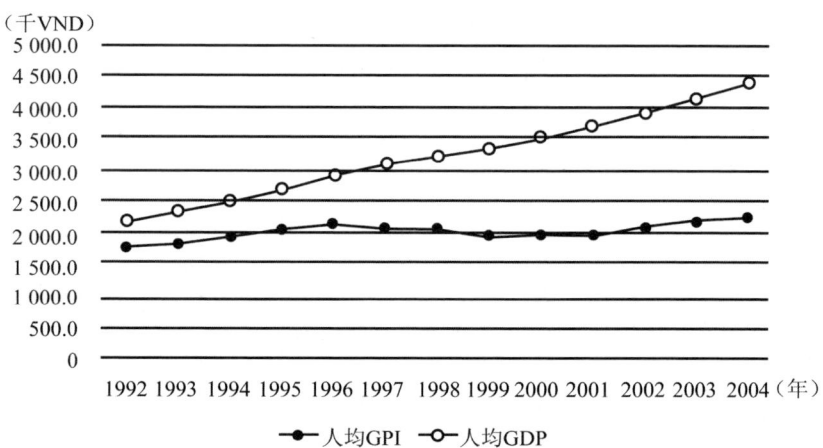

图 11-1　人均 GPI 与人均 GDP:越南,1992—2004 年

注:单位为千越南盾(VND),1994 年不变价。

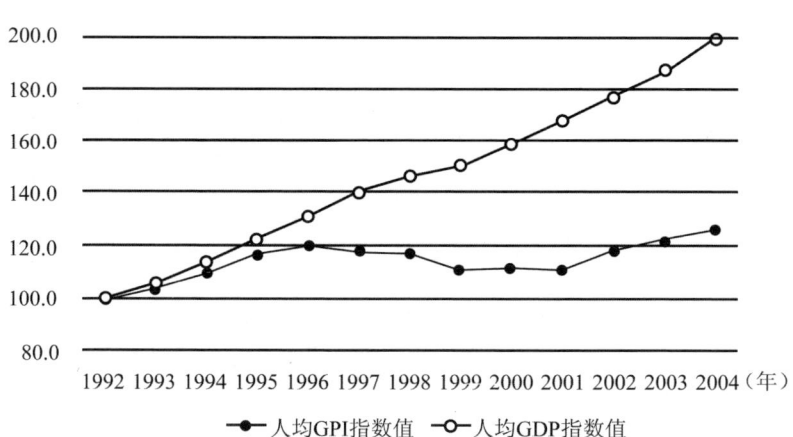

图 11-2　人均 GPI 指数值与人均 GDP 的指数值:越南,1992—2004 年

注:1992=100。

1996年以后，越南人均 GPI 增速降低，亦可从图 11-2 中明显可见，该图还比较了人均 GPI 和人均 GDP 二者之间的指数值（表 11-2 中的 AA 列和 BB 列）。如图 11-2 所示，1992—1996 年两类指数值的变化趋势非常相似。1996 年以后，二者的趋势值则明显背离。虽然人均 GDP 的指数值仍持续增加，但是人均 GPI 的指数值则从 1996 年的 120.6 下降到 2001 年的 110.7。此后，人均 GPI 值再次开始增加，截至 2004 年达到 126.4。总体来看，图 11-1 和图 11-2 表明了越南人均经济活动量与其真实进步水平之间的联系出现了中断。

11.5 理解越南 GPI 及其政策含义

本部分，我们旨在解释越南人均 GPI 波动的原因，以及 1996 年以后阻碍越南人均 GPI 进一步上升的主要因素。为此，我们仔细剖析了那些对于越南人均 GPI 总体趋势变化产生最重要影响的 GPI 构成项目。理解两类指标之间的差距，大大有助于依据越南 GPI 研究，从而得出一些政策含义。

11.5.1 对越南 GPI 的分析

与消费有关的福利

第 3 章已经解释，要对私人与公共消费总支出做些调整，才能得到其真实的福利贡献（表 11-1 中的项目 a 至项目 g）。回想一下，这些调整包括，扣减防御性和恢复性支出（DRE），扣减所有当前用于购买耐用消费品的支出（ECD），加上耐用消费品存量提供的服务（SCD）［式（3.6）］。做完这些调整以后，再把调整后的消费值用分配指数（DI）加权［式（3.7）］。

表 11-2 中的 F 列至 H 列揭示了，未加权和加权后消费额之间的差距持续扩大，尤其是 1997 年以后。这种差距表明，消费水平与其总体福利贡献之间的关系弱化，主要有两方面原因：第一个也是最明显的因素就是 DI（表 11-2 中的 G 列）上升。考察期内，DI 从 100

上升到 129.1，意味着 1992—2004 年，越南的收入分配状况恶化了 29.1%（即收入差距扩大）。这显然对于调整后消费的加权值具有负面影响。例如，虽然 2004 年越南调整后的消费支出为 239.19 万亿 VND，但其福利贡献则明显要低很多，仅为 185.29 万亿 VND。

第二个主要影响因素可以归结为越南消费模式的转变。考察期后半段，诸如能源、私家车、医疗产业及交通运输服务等领域的私人消费支出份额更大，结果就是，防御性支出水平增加并不直接有助于提高当前人类福利。

公共基础设施提供的福利

考察期内，公共基础设施提供的福利（WPPI）快速增加（表 11-2 中的 I 列）。总体来看，该项数值从 3.37 万亿 VND 增加到 36.46 万亿 VND，这表明，1992—2004 年越南政府持续增加公共基础设施供应，对于促进越南的真实进步，起到了非常积极的作用。

WPPI 对越南 GPI 贡献持续增加，还表现在其他两个方面：一方面，1992 年 WPPI 仅占耐用消费品存量提供服务（SCD）的 16.2%，截至 2004 年，这一数字已经增加到了 95.2%；另一方面，越南 WPPI 占 GPI 的比率，从 1992 年的 2.8% 增加到 2004 年的 19.7%。我们很快就会明白，虽然这种比率的上升和许多阻止越南 GPI 增长的成本项目大幅增加有关，但无疑也反映了越南政府对重要公共资产的投资意愿持续增加，如健康和教育之类的设施。

无偿劳动的价值

整个考察期内，虽然志愿者劳动的贡献下降，但是无偿家务劳动的价值逐渐增加（表 11-2 中的 J 列和 K 列）。① 考虑到志愿者劳动的价值相对很小——仅为家务劳动价值的 1%～2%——所以，考察期内无偿劳动的价值稳步增加，从 1992 年的 49.71 万亿 VND 增加

---

① 志愿者劳动价值的下降，并不能表明越南人从事志愿者工作的愿望下降了，原因应该是，近年来的经济改革大大减少了强制性的"志愿者工作"形式。

到 2004 年的 60.69 万亿 VND。因而，无偿劳动成为越南 GPI 的一个主要组成部分，也反映出，越南非常重要的地下经济或说影子经济(Shadow Economy)往往并未得到足够认可与重视。考虑到越南人口仍会持续增加，未来无偿劳动的价值料将还会继续增长，尽管其对越南真实进步的相对贡献有可能会进一步下降，事实上，它已经从 1992 年占 GPI 的 41% 下降到 2004 年的 33%。

失业、就业不足和腐败的社会成本

合起来看，失业和就业不足的成本(表 11-2 中的 L 列)对于越南 GPI 的变化趋势几乎没有什么影响。继从 1992 年的 5.43 万亿 VND 降至 1996 年的 2.67 万亿 VND 之后，其他大部分年份中失业(广义失业)成本都是增加的，2004 年为 4.45 万亿 VND。不过，其占越南 GPI 值的比重从未超过 4.5%，所以说，失业与就业不足的成本太小，不足以对其后来的波动产生重大影响。

当然，这绝不表明在越南失业和就业不足不是重要的社会问题，很多城市贫民窟中的大部分贫困都是由于缺乏就业机会而造成的。由于失业也会导致越南贫富差距进一步扩大，所以，这是政策制定者一直都需要重点关注的社会成本。

关于越南腐败的整体影响，是个更难评估的问题。此前已经假定，腐败直接成本约占腐败总成本的 25%。回想一下，这种方法是为了避免重复计算，并且假设腐败总成本的 75%（即腐败的间接成本）已经体现在其他 GPI 项目中了。腐败的直接成本，从 1992 年的 3.79 万亿 VND，增加到 2004 年的 9.06 万亿 VND，相当于整个考察期增长了 238.8%。

和失业(广义失业)成本一样，腐败的直接成本对越南 GPI 值的整体变化趋势影响很小。不过，考虑到其增幅及更广泛的含义，毫无疑问，腐败会致使越南真实进步程度大大降低，也会阻碍 GPI 的进一步增长。因此，越南政策制定者亟待实施一系列反腐败措施，提高越南的真实进步。

净外债变化

考察期内，越南净外债持续增加（表 11-2 中的 N 列），这说明越南生产资本中外国人持有的份额上升，进而未来越南长期维持其福利水平的能力下降。说到这里，考察期内越南每年的净外债增幅持续收窄。总体来看，越南净外债的增加量，从 1992 年高达 17.19 万亿 VND，减少至 2004 年的 6.67 万亿 VND。这种下降对于越南 GPI 的变化趋势产生了一点积极影响，因为除了考察期内刚才提到的2个年份，在 GPI 计算过程中对该项的扣减持续下降。这种积极影响主要是由于近年来越南出口收入显著增长。

不可再生资源损耗、农地流失和木材损耗的成本

过去 15 年中，越南采取了很多政策措施保护自然森林，也实行了很多国家层面的植树造林工程。遗憾的是，森林退化仍在持续，尽管不像 20 世纪 80 年代那样严重。然而，木材损耗的成本从 1992 年的 1.63 万亿 VND，增加到 2004 年的 3.03 万亿 VND（表 11-2 中的 Q 列）。不过，这种增加并不足以对越南 GPI 的变动趋势产生太大影响。

更令人担忧的是，越南不可再生资源损耗的成本增加了 5 倍（表 11-2 中的 O 列）。截至 2004 年，该项目已经高达 32.62 万亿 VND，这是目前为止越南数额最大的环境成本项目。考虑到越南没有明显增加可再生资源存量以弥补这些损耗，所以，越南显然没有满足强可持续性条件，即保持其自然资本的完整性。

考察期内，越南土地退化数量也持续增加（表 11-2 中的 P 列）。虽然在数量上没有不可再生资源损耗的成本那样严重（2004 年为 9.78 万亿 VND），但是考虑到越南农业部门在整个国民经济的中份额高达 20%，所以，有理由认为越南土地退化带来的损失仍很严重，足以对越南未来繁荣构成威胁。尽管近年来森林退化速度有所减缓，使用之前闲置的土地从事农业生产活动，应该一定程度上可以弥补土地退化近期所产生的一些影响，但是显然越南政府还需要采取更多措施，鼓励农民采取可持续的土地利用方法。

空气污染、城镇废水污染与长期环境损害的成本

1986年革新开放之后，由于越南工业化与城镇化进程加快，空气与废水污染的成本也快速增加（表11-2中的R列和S列）。不过，统计数据表明，考察期内，越南空气污染成本的增速要远低于废水污染的成本增速。这种差距很可能是由于本项研究在估算这两类污染成本时所使用的方法造成的，即使用污染治理支出近似代表污染成本。结果表明，中心城镇废水污染治理支出占据越南环境总支出的最大份额。统计数据显示，1996—2000年和2001—2004年，废水污染支出在环境总支出中的比重分别为85%和62%。与此同时，空气污染支出分别只占同期环境总支出的3%和10%。

除此以外，城镇废水污染成本持续上升，足以对越南GPI产生显著的负面影响，特别是1993—1997年该项成本从0.88万亿VND增加到14.97万亿VND。1997年以后，城镇废水污染成本逐年下降，2001年为11.86万亿VND，随后又再次略有增加，2003年为13.61万亿VND。考察期最后1年，2004年城镇废水污染的成本又降至12.21万亿VND。

考察期内，虽然空气污染的成本要比废水污染成本波动幅度更大，但是其最高值也仅是2001年的2.35万亿VND。总之，空气污染的成本太小，难以对越南GPI变化趋势产生显著影响。

至于长期环境损害的成本（表11-2中的T列），考察期内尽管增幅很慢但数量很大，1992年该项成本值为10.45万亿VND，2004年增加到17.83万亿VND。作为相对更大的环境成本项目，它对越南GPI产生了显著的负面影响。由于预计越南实际GDP将以过去十年大致相同的增速继续增长，所以，越南政策制定者亟待采取措施减少能源消费量和CO_2排放量的增加，以限制长期环境损害成本的进一步增长。

11.5.2 越南 GPI 研究的政策含义

基于先前的讨论，以及图 11-3 揭示的越南人均 GPI 及其主要加总项目的人均值，现在可以得出一些基本的政策结论。从图 11-3 可以发现，人均加权后消费的值和越南人均 GPI 的值几乎完全相等，这说明考察期内经济活动的其他收益和成本项目基本可以相互抵消①。这并不意味着其余的成本和收益就毫不相关，例如，由于人均自然资本服务损失（LNCS）的增幅降低，就会造成人均 GPI 值更高，而且，还会使得越南人均加权后消费和人均 GPI 之间的差距本来会更大。

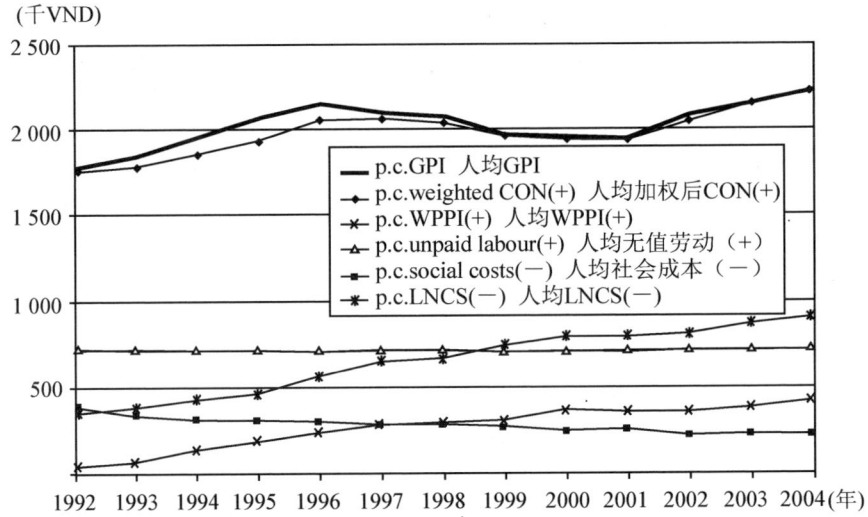

图 11-3 人均 GPI 及其主要构成项目：越南，1992—2004 年

注：单位为千越南盾（VND），1994 年不变价。

然而，单纯从数量上看，整个考察期内，人均加权后消费，无论对于越南人均 GPI 值，还是对其变动趋势，都具有重要影响。因

---

① 我们可能要补充说明一下，这种相等或者一致性，并不代表有什么其他的意思。

此，也可以说，越南收入分配也是越南真实进步程度的重要影响因素之一。本章早先已解释过，考察期内越南收入分配状况恶化29.1%，这就大大减少了越南消费支出的福利贡献。如果越南的收入分配状况能够保持在考察期初水平，那么，2004年越南人均GPI本来有可能要比现在的实际值至少高出20%。

某种程度上讲，收入分配状况恶化可归咎于最初的革新开放及持续推进的越南经济自由化。这对越南政府来说有点为难，一方面，经济改革在提升越南消费支出方面扮演关键作用；另一方面，这会导致贫富差距进一步扩大。要想不给越南经济带来负担，政策制定者需要采取更多措施，改善目前国内收入分配状况，确保未来经济收益能够更加公平地惠及全部越南人民。

图11-3还显示，考察期内人均无偿劳动的价值基本保持不变，1992年为72.62万VND，此后小幅增加，2004年为73.98万VND。虽然它对越南人均GPI的绝对数值具有显著影响，但是对于考察期内人均GPI的变化趋势则影响不大。但是人均公共基础设施提供的福利则不是如此，它从1992年的4.93万VND，增加到2004年的44.45万VND。因为这个项目对可持续福利的积极贡献大幅增加，所以，越南政府应该采取政策，继续大力兴建公共基础设施。这种政策不仅能够直接产生未来福利收益，还有可能会提升整个越南经济的生产效率。此外，如果公共投资工程被很好设计的话，还有可能为越南政府提供一个理想的机会，在开发资源节约或绿色基础设施和技术方面处于领先地位。

在很多GPI研究（比如第5章和第8章）中，当评估社会成本对一国人均GPI的影响时，通常把净外债项目也算作进来。由于1992—2004年越南净外债持续增加，所以本项研究也使用了同样方法。因而，图11-3中的人均社会成本曲线代表考察期内越南所有主要社会成本项目的人均值（表11-1中的k至m列）。该曲线表明，1992—2000年越南人均社会成本逐年下降。随后，在考察期的最后4年中有3年，人均社会成本增加。不过，2004年越南人均社会成本仅为23.1万VND，要远低于1992年的水平，即38.59万VND。

虽然考察期内越南人均社会成本普遍下降——主要是因为净外债增幅下降——但是社会成本仍然是个值得关注的政策领域,如果采取合适的政策措施,会大大有助于增进越南未来的真实进步。毋庸质疑,进一步增加越南的出口收益,就是合适的政策措施之一,但是不要忘了,实行进口替代政策进而减少进口支出,也会起到完全相同的效果。所以,哪种选择更好?我们认为,第 8 章提到的进口替代政策是更优的选择,因为,较之大部分国际组织和机构普遍建议的典型出口增长型政策,进口替代政策可能会产生更公平、也更持久的收益。

为了更好领会环境恶化对越南 GPI 的影响,表 11-2 给出了一个合计项(项目 U),主要涉及自然资本服务损失的成本(LNCS)(表 11-1 中项目 n 至项目 s 的加总)。本列年度值除以相应年份的人口,就得到了越南人均自然资本服务损失的成本(LNCS)。这恰好就是图 11-3 中最后曲线的基础。如该曲线所示,越南的人均 LNCS 不仅逐年增加,而且从 1992 年的人均 36.48 万 VND 骤增至 2004 年的人均 93.93 万 VND,这使得考察期内人均环境成本增加了 257.4%。

考虑到该项值的数量及其增幅,很显然,考察期内,越南环境成本的上升会减缓越南人均 GPI 的增加,特别是 1996 年以后。这也传递出了清晰的信号,越南未来的真实进步水平,将主要取决于它能多大程度上限制环境成本增长,而至少在未来 20 年中,越南仍需进一步促进实际 GDP 增长,以实现国内减贫。

为此,越南有必要使其剩余自然资本存量损耗最小化,千方百计提高资源使用效率,因为后者可以减少额外每单位经济活动的环境影响。当然,这有可能会因为人口快速增长无疾而终。尽管越南的人口数量和印度比起来,肯定是相形见绌的,但预计越南人口在 2004 年至 2050 年还会增长 40%(如果不采取任何额外措施的话),这给越南敲响了一记警钟,也表明,像印度一样,越南必须采取更多办法迅速稳定其人口规模①。

---

① 更多细节,可参阅第 8 章中为印度所建议的人口稳定政策。

11.6 结 论

本项关于越南 GPI 的研究表明，考察期内（1992—2004 年），越南的人均 GDP 明显夸大了其真实进步程度。此外，越南人均 GDP 与真实进步水平之间本来存在的任何关联似乎都被割裂开了，最主要原因可能是越南环境成本快速上升，无论是总成本，还是人均成本。考察期内收入分配状况恶化也抑制了越南的真实进步增长。

由于越南国内贫困水平依然很高，还需进一步促进实际 GDP 增长。不过，为了能从未来经济活动增长中收获更多的真实收益，越南要确保未来增长过程中，分配更为公平，效率更高，质量更优（也就是说，生产更好而不是更多的商品），也需要让自然资本的损耗程度最小化。这可通过以下措施来实现，即增加自然资源使用效率，以及把越南资源损耗利润的一部分再投资于开发合适的可再生资源资产。

在本书很多章节都提到，国家有必要适时考虑降低实际 GDP 增速，最终完全过渡到稳态经济。越南亦不例外，尽管一段时间内越南的确不需要考虑这个问题。说到这里，有助于形成更公平、更有效及更绿色经济的政策——我们已经建议过——将不仅可以促使未来增长能更好转化为真实进步，时机成熟的时候，还能为将来平稳过渡到稳态经济奠定基础。我们深知，绝不能低估这种收益。

参考文献

Abrami, R. and Henaff, N. (2004), "The city and the countryside: economy, state, and socialist legacies in the Vietnamese labour market", in M. Beresford and T. Angie(eds.), *Reaching for the Dream: Challenges of Sustainable Development in Vietnam*, Singapore: NIAS Press, pp. 95-134.

Beresford, M. (2004), "Lessons from the Asian crisis for the sustainability of Vietnamese economic development", in M. Beresford and T. Angie(eds.), *Reaching for the Dream: Challenges of Sustainable Development in Vietnam*, Singapore: NIAS Press, pp. 51-94.

Feeny, S. and Clarke, M. (2006), "Will the MDGs be achieved in the Asia-Pacific region?", presented at the Education and End of Poverty Conference, RMIT University-World Vision Australia, Melbourne, 28, April.

GSO(various), *National Accounts of Vietnam*, Ha Noi: General Statistics Office of Vietnam.

Khor, M. (n. d.), "Land degradation causes $10 billion loss to South Asia annually", http://www.twnside.org.sg/title/landch.htm, assessed 20 June 2006.

Masina, P. (2006), *Vietnam's Development Strategies*, Abingdon: Routledge.

Rosenberg, D., and Oegema, T. (1995), *A Pilot Index of Sustainable Economic Welfare for the Netherlands*, 1952 to 1992, Amsterdam: Institute for Environment and Systems Analysis.

Than, M. and Tan, J. (1993), "The Vietnamese economy in transition: Introductory overview", in M. Than and J. Tan(eds.), *Vietnam's Dilemmas and Options*, Singapore: Institute of Southeast Asian Studies, pp. 1-21.

Tri, V. H. (1990), *Vietnam's Economic Policy Since 1975*, Singapore: Institute of Southeast Asian Studies.

Tucker, S. (1999), *Vietnam*, London: UCL Press.

United Nations Conference on Trade and Development (UNCTAD)(2006), *World Investment Report 2006: FDI from Developing and Transition Economies: Implications for Development*, New York: United Nations.

United Nations Development Program(UNDP)(2005), *Human*

Development Report 2005, New York: UNDP.

United Nations Development Program(UNDP)(2005), *Human Development Report* 2006: *Beyond Scarcity-Power, Poverty and the Global Water Crisis*, New York: Palgrave Macmillan.

Vinh, P. K. (1992), *Vietnam: A Comparative History*, San Diego, CA: The Pham Kim Vinh Research Institute.

VLSS(various), *Vietnam Living Standards Survey*, Vietnam: General Statistics Office.

Watt, A. (1968), *Vietnam: An Australian Analysis*, Melbourne: Cheshire.

Williams, M. (1992), *Vietnam at the Crossroads*, New York: Council on Foreign Relations Press.

World Resources Institute(WRI), Earthtrends Searchable Database Results, http://earthtrends.wri.org.

第三部分 亚太地区的真实进步

第12章 亚太地区的真实进步：
比较、趋势与政策含义

菲利普·劳（Philip Lawn） 马修·克拉克（Matthew Clarke）

12.1 简 介

本书从一开始就质疑，整个亚太地区的可持续福利是否如大部分时事评论员所声称的那样，取得了飞速进步？我们之所以表达这种疑虑，是因为担忧——第1章给出的、相互冲突的数据可以佐证——传统宏观经济指标不能揭示经济增长对可持续福利的全部影响。我们首先解释了为何实际GDP不是测度可持续福利的理想指标（第2章），GPI是怎样克服传统宏观经济指标的缺陷（第3章和第4章），然后分别给出了亚太地区7个国家的GPI研究情况。由于这些案例研究，既包括一些仍然处在工业化进程中的国家，也包括已经完成工业化过程的国家，所以我们认为，它有助于让读者从整体上了解过去20~30年里亚太地区出现的发展模式。

说到这里，第4章中提到的GPI缺陷之一就是，在其计算过程中缺乏一套标准的构成项目及其估算方法。大部分读者将会发现，每个案列研究所采用的 GPI 方法都会有所差异，一些具体项目货币价值的估算方法也会有所不同。这些差异，无疑会对基于直接比较各国 GPI 而得出的结论带来一些限制和约束。比如，我们要说新西兰的可持续福利水平要比日本高，或者说印度无疑会好于越南，严格来讲，这都是不对的。同样，认为人均 GPI 就是一国可持续福利的精确测度，也是有误导意义的，但人均 GDP 更不是。我们坚持认为，GPI 在其数据方法逐渐形成与发展的阶段，尽管并不完美，但它明显是更好的真实进步指标。

由此，在这个阶段，我们准备给出两个果断的声明：第一，本书中的案例研究表明，一国人均 GDP 总是高估了该国享有的可持续福利；第二，最近几十年来，亚太地区的真实进步速度，虽然有时也是可圈可点，但并远没有人均 GDP 增长的那么迅速。

基于这些前提及上述声明，我们认为，至少有可能做一些比较分析，给出较为一般性的、当然也是尝试性的结论。再次重申，我们并不建议直接进行国家之间的 GPI 比较，来决定究竟哪个国家的真实进步水平最高。相反，我们试图基于亚太地区普遍的发展模式，以及各考察国家人均 GDP 和真实进步水平之间的关系，谨慎地得出一些教训，并据此为亚太地区发展，给出一些基本的政策建议和整体行动方案。

12.2 门槛假设及它对亚太地区的含义

12.2.1 亚太地区的人均 GPI

为便于接下来的讨论，我们把七个案例研究国的人均 GPI 转换成 2004 年国际美元不变价（Int＄）[1]。表 12-1 给出了年度值，图 12-1 也做了形象、直观的展示。从图 12-1 可以看出，相对富裕国家（澳

---

[1] 国际美元（Int＄）是一种虚构的货币单位，表示如果折算成 1 美元在美国的购买力，一国货币单位相应的购买力水平。因而，它代表一种商品或服务的数量，无论这些产品或服务在哪个国家购买。

表 12-1　七个案例研究国的人均 GPI 和人均 GDP

年份	澳大利亚 人均GPI	澳大利亚 人均GDP	新西兰 人均GPI	新西兰 人均GDP	日本 人均GPI	日本 人均GDP	印度 人均GPI	印度 人均GDP	中国 人均GPI	中国 人均GDP	泰国 人均GPI	泰国 人均GDP	越南 人均GPI	越南 人均GDP
1967	19 842	14 519	—	—	—	—	—	—	—	—	—	—	—	—
1968	20 167	14 999	—	—	—	—	—	—	—	—	—	—	—	—
1969	20 275	15 722	—	—	—	—	—	—	—	—	—	—	—	—
1970	20 590	16 519	13 109	12 827	5 143	12 550	—	—	861	539	—	—	—	—
1971	20 516	16 446	13 894	13 069	6 208	12 893	—	—	863	561	—	—	—	—
1972	20 788	16 790	14 026	13 164	7 337	13 784	—	—	871	570	—	—	—	—
1973	21 233	16 981	14 534	13 503	7 949	14 690	—	—	884	601	—	—	—	—
1974	21 583	17 386	13 948	14 216	7 232	14 336	—	—	866	603	—	—	—	—
1975	21 082	17 379	14 969	14 530	7 343	14 583	—	—	866	645	1 633	2 278	—	—
1976	20 649	17 671	15 266	14 761	7 762	15 023	—	—	857	626	1 772	2 448	—	—
1977	19 982	18 078	15 101	14 758	7 963	15 538	—	—	869	664	1 630	2 632	—	—
1978	19 256	18 028	15 281	14 341	8 569	16 202	—	—	869	732	1 709	2 834	—	—
1979	18 636	18 580	15 714	14 754	8 318	16 949	—	—	863	777	2 047	2 924	—	—

第12章 亚太地区的真实进步：比较、趋势与政策含义 329

续表

年份	澳大利亚 人均GPI	澳大利亚 人均GDP	新西兰 人均GPI	新西兰 人均GDP	日本 人均GPI	日本 人均GDP	印度 人均GPI	印度 人均GDP	中国 人均GPI	中国 人均GDP	泰国 人均GPI	泰国 人均GDP	越南 人均GPI	越南 人均GDP
1980	18 256	18 929	15 312	15 117	7 967	18 232	—	—	871	828	2 194	3 023	—	—
1981	18 117	19 271	16 040	15 166	8 503	18 561	—	—	877	859	2 171	3 141	—	—
1982	17 853	19 540	15 623	15 792	8 824	18 830	—	—	901	923	2 145	3 243	—	—
1983	17 621	18 817	15 165	15 775	9 482	18 992	—	—	984	1 010	2 202	3 378	—	—
1984	17 616	19 462	14 488	16 560	10 272	19 549	—	—	995	1 149	2 196	3 497	—	—
1985	17 733	20 227	14 510	17 297	10 915	20 509	—	—	1 025	1 285	2 117	3 574	—	—
1986	17 390	20 823	14 879	17 144	11 330	21 193	—	—	1 037	1 377	2 082	3 688	—	—
1987	16 675	21 004	14 511	17 590	11 633	21 832	1 280	1 618	1 038	1 511	2 128	3 971	—	—
1988	17 170	21 729	14 192	17 748	11 678	23 209	1 299	1 740	1 105	1 656	2 213	4 410	—	—
1989	16 988	22 155	14 175	17 661	11 988	24 367	1 222	1 814	1 049	1 698	2 155	4 865	—	—
1990	17 093	22 690	13 502	17 566	12 276	25 475	1 295	1 880	1 029	1 738	2 153	5 368	—	—
1991	16 979	22 259	12 836	17 132	12 522	26 273	1 179	1 859	1 056	1 873	2 429	5 761	—	—
1992	16 918	22 009	14 185	17 086	13 121	26 452	1 287	1 919	1 073	2 115	2 503	6 137	996	1 240

续表

年份	澳大利亚 人均GPI	澳大利亚 人均GDP	新西兰 人均GPI	新西兰 人均GDP	日本 人均GPI	日本 人均GDP	印度 人均GPI	印度 人均GDP	中国 人均GPI	中国 人均GDP	泰国 人均GPI	泰国 人均GDP	越南 人均GPI	越南 人均GDP
1993	16 551	22 591	9 840	17 899	13 484	26 313	1 237	1 969	1 081	2 383	2 742	6 581	1 034	1 317
1994	16 722	23 271	11 879	18 570	13 310	26 425	1 341	2 076	1 132	2 666	2 854	7 080	1 096	1 410
1995	16 862	24 022	12 130	19 026	13 660	26 888	1 367	2 192	1 227	2 925	2 921	7 687	1 160	1 519
1996	17 065	24 685	12 963	19 507	13 439	27 772	1 403	2 306	1 353	3 184	3 096	8 052	1 202	1 634
1997	17 072	25 368	10 962	19 959	13 724	28 192	1 350	2 364	1 422	3 446	3 210	7 850	1 178	1 740
1998	17 051	26 230	11 857	20 058	14 075	27 806	1 406	2 460	1 499	3 681	3 027	6 951	1 167	1 813
1999	17 305	27 274	14 237	20 963	13 539	27 743	1 478	2 587	1 498	3 928	3 169	7 236	1 108	1 871
2000	17 573	28 022	14 208	21 344	13 427	28 337	1 439	2 639	1 481	4 226	3 222	7 302	1 110	1 971
2001	17 711	28 185	14 206	21 821	13 408	28 313	1 517	2 726	1 532	4 545	3 492	7 373	1 102	2 079
2002	17 949	28 907	12 911	22 457	13 518	28 209	1 460	2 790	1 539	4 926	3 439	7 666	1 177	2 197
2003	17 580	29 471	13 925	22 979	13 955	28 525	1 562	2 981	1 490	5 387	3 254	8 102	1 217	2 324
2004	18 185	30 331	14 286	23 413	—	—	—	—	1 525	5 896	3 174	8 495	1 259	2 470
2005	18 102	30 763	14 462	23 537	—	—	—	—	1 512	6 459	—	—	—	—
2006	18 161	31 219	—	—	—	—	—	—	—	—	—	—	—	—

注：所有货币单位均为国际美元（Int＄）2004年不变价。

大利亚、新西兰和日本)和相对贫困国家(中国、印度、泰国和越南)之间的人均GPI值,差距非常明显。虽然直接进行人均GPI比较是非常危险的做法,但是不难看出,相对富裕国家的可持续福利水平要远远超过相对贫穷的区域近邻。

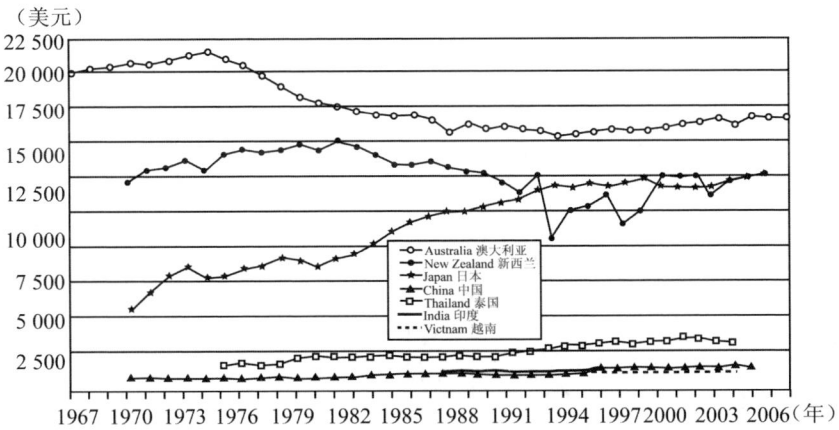

图 12-1　亚太部分国家的人均GPI

注:所有货币单位均为国际美元(Int$)2004年不变价。

先来看看相对富裕国家这一组,表12-1显示澳大利亚和新西兰的人均GPI分别于1974年和1981年到达峰值,依次为21 583美元、16 040美元,此后均开始下降。在这两个国家中,也都是接近考察期尾声的时候,人均GPI又有所恢复。不过,最后人均GPI值仍然远低于其峰值水平,澳大利亚的情况是低了15.8%,新西兰则是低了9.8%。

与澳大利亚、新西兰相比,日本一开始的人均GPI要低很多。大多数年份中,日本人均GPI快速增加,但是和澳大利亚、新西兰一样,在考察期结束以前就达到了峰值。不同于澳大利亚和新西兰的是,日本的人均GPI是在考察期快要结束的时候(1998年)才达到峰值水平14 075美元。尽管1998—2003年日本的人均GPI整体上有所下降,但降幅不大,考察期末,其人均GPI也仅比1998年峰值水平低0.9%。

现在转向4个相对贫困的国家。从表12-1可知,泰国的人均GPI虽然远低于澳大利亚、新西兰和日本,但一直明显高于中国、

332　千帆竞发：基于真实进步指标的亚太可持续福祉

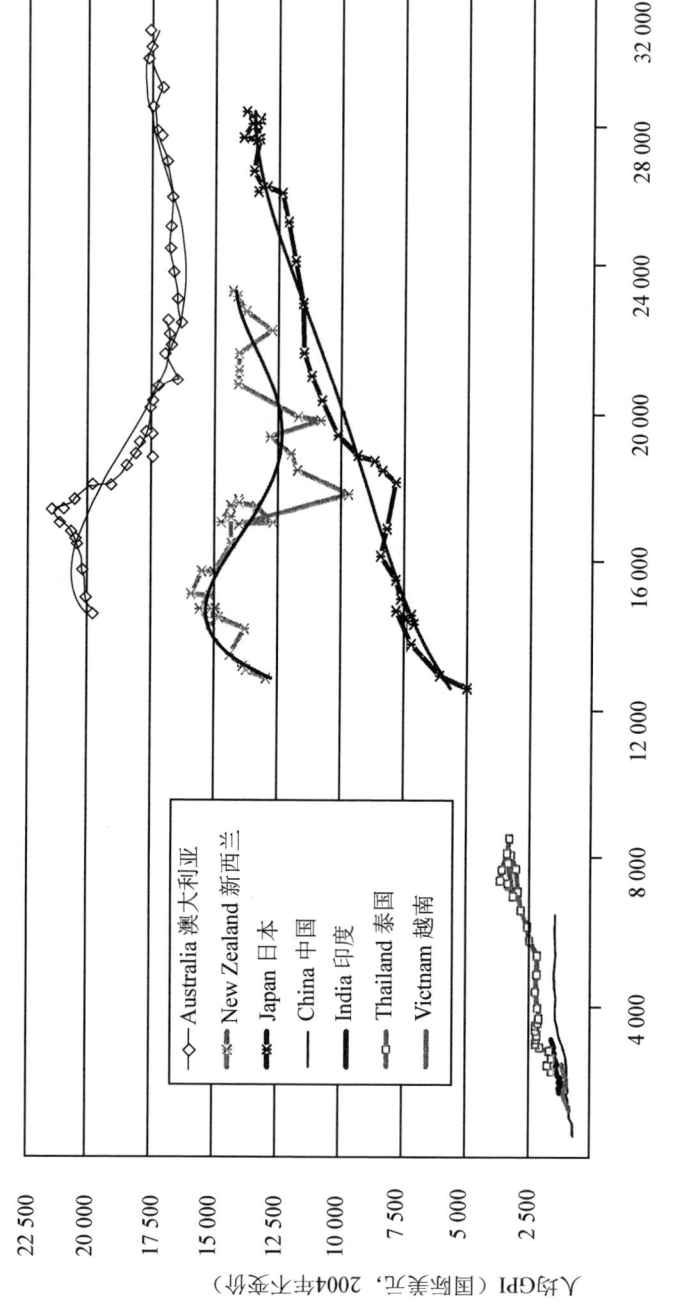

图12-2　亚太部分国家的人均GPI和人均GDP

印度和越南。如果不同国家 GPI 值之间的差距相对较小，那么通过横向比较这些国家 GPI 值而得出的结论是比较弱的，但是如果我们说，考察期内泰国的可持续福利水平高于中国、印度和越南，应该是没有问题的。不过，图 12-1 表明，这 4 个相对贫困国家在整个考察期内都没有接近或达到日本 1970—1993 年，或者说澳大利亚 1967—1974 年，抑或新西兰 1970—1981 年所实现的真实进步水平。

很有意思、可能也是非常重要的就是，有证据显示，印度和越南的人均 GPI 在考察期尾声仍然处于上升态势(依次分别为 1 562 美元和 1 259 美元)，但是中国早在 2002 年(1 539 美元)、泰国早在 2001 年(3 492 美元)就已经分别达到了峰值。第 9 章和第 10 章已经暗示过，这可能表明，中国和泰国已经到达了人均 GDP 的门槛值水平，也就是说它们经济增长所带来的额外成本现在正超过其创造的收益。

12.2.2　人均 GPI 和人均 GDP 之间的关系

为了更仔细地分析门槛假设问题，我们已经标绘出每个考察国家的年度人均 GPI 值及相应的人均 GDP 值，详见图 12-2，同时我们还添加了一条"最佳拟合线"以反映每个考察国家人均 GDP 和可持续福利之间相互关系的变化趋势。①

图 12-2 显示，澳大利亚、新西兰和日本都已经达到了人均 GDP 的门槛水平。虽然澳大利亚和新西兰的经济增长有所恢复，超过人均 GDP 20 000 美元的水平，但是考察期尾声，人均 GDP 和可持续福利之间的关系，澳大利亚为弱负相关，新西兰为中性或说中立关系。同时还表明，2006 年澳大利亚的人均 GPI 值明显低于其 1974 年的峰值水平，虽然 2006 年澳大利亚人均 GDP 的值为 31 219 美元，远高于 1974 年的 17 386 美元。新西兰也是如此，其 2005 年人均 GPI 值也远低于 1981 年的峰值水平，即使 2005 年人均 GDP 高达 23 573 美元，而 1981 年的人均 GDP 仅为 15 166 美元。

虽然日本最终也达到了人均 GDP 门槛水平，但与澳大利亚和新

---

①　因为中国、印度、泰国和越南的考察期相对较短而且极为贴近，所以没有添加这四个国家的最佳拟合线。

西兰比起来，好像日本大大推迟了门槛值出现的时间点。这可能主要归于两方面因素：一方面，1970年日本仍在完成其工业化进程，作为第二次世界大战后重建的一部分。由于没有受到第二次世界大战的影响，澳大利亚和新西兰在各自考察期的一开始就已经完全完成了工业化过程。从这个意义上来说，日本仍在"追赶"澳大利亚和新西兰，也理应需要更长时间才能达到其人均GDP的门槛水平。

另一方面，不同于澳大利亚和新西兰，日本资源禀赋不高，大量自然资源匮乏。所以，日本原材料主要依赖进口，相应成本则主要由其工业制成品和服务的出口来承担。也正是由于这种贸易模式，日本成功地把经济增长所带来的许多环境成本分流到其他国家。① 比如，日本的环境成本从1970年的30.29万亿日元骤减至2003年的12.37万亿日元。与此相反，考察期内澳大利亚和新西兰的环境成本都持续增加。

在第7章，牧野松姚（Makino）认为，测算开放经济体GPI时，因为满足资源进口国需求而产生的长期成本，是由开采（出口）国而不是消费（进口）国来承担，所以，通过国际贸易，资源进口国的GPI有可能是虚高了，日本或许就是如此。如果确实这样，那么，日本的贸易模式就使得其可持续福利远高于其本来应有的水平，进而提高了其人均GDP的门槛水平，同时致使其他国家的门槛水平下降了。

表12-1和图12-2似乎验证了我们上述的担忧，中国和泰国提前到达了人均GDP的门槛水平。对中国来说，更值得担忧的是，其人均门槛值为5 000美元，而泰国则接近7 500美元。不论怎样，这两个国家的人均GDP门槛值，都远远低于澳大利亚、新西兰和日本的门槛值范围，即15 000美元至25 000美元之间。

12.2.3 新的"门槛收缩"假设

考虑到中国和泰国已经发生的情况，我们不禁要问，如果印度和

---

① 可能日本政策设计的初衷就是如此。不过，我们更倾向于认为，这是随着金融资本国际流动性逐渐提高，贸易模式发生改变的客观结果（Daly，1996；Lawn，2007）。如果后者是事实，那么，对于亚太地区及整个世界其他地方出现的环境成本，日本不应该单独承担责任。

越南各自达到门槛水平时，那么它们的人均GDP会是多少呢？图12-2给出的趋势表明，将会少于5 000美元。如果这是正确的，人们可能就会认真反思，印度是否已接近其人均GPI的峰值了？因为考察期末，印度的人均GDP就已经为3 000美元左右。如果这样，人们也可能只有推测，越南也会步印度的后尘，其人均GDP约为2 500美元。

这些令人不安的反思，是以两大发现为前提的。第一，一个国家GDP初始增长阶段起步越晚（也就是其快速经济扩张的初始时间越晚），那么当其人均GPI开始停滞或者下降时，对应的人均GDP水平就会越低。没有什么能比图12-2更能说明这个问题的了，每个国家人均GPI—GDP的隧道曲线（tunnelling of curve）都低于那些经济增长早于该国的国家。

第二，主要也是第一个因素造成的，经济增长后来者——事实上，中国、泰国、印度和越南——的人均GPI峰值，明显低于他们富裕的区域近邻的人均GPI峰值。因而，就存在这样一种可能，即亚太地区（也包括整个世界）更穷的国家，可能永远也达不到目前富裕国家的人均GPI水平。

假定这些观察是事实，不仅仅是依据经验编造的，那么其后面的结构性因素会是什么呢？著名生态经济学家，赫曼·戴利（Herman Daly），经常表达他对于饱和世界的担忧。他认为，这个世界充满了更多经由自然资本向人造资本物理转变而创造出来的人类和产品（Daly，1991，1996 and 1999）。比如他指出，经济学的逻辑告诉我们，在饱和世界当中GDP进一步增长带来的边际成本很可能要远远高于在"空荡"世界中的情形。① 因而，在一个饱和的世界中，我们能够想到，经济扩张的边际成本会更快接近于其所带来的边际收益——当然，也意味着，如果经济扩张持续进行，前者将会快速超过后者，进而造成一国可持续福利在其发展过程早期就开始下降。

---

① 这个原理主要应用于微观经济学，即假定当某个企业产能利用接近于100%的时候，随着产量规模进一步扩大，单位产品的边际成本也会进一步上升。这个原理同样适用于宏观经济体系，无论是国家或全球层面。

已经强调过几次，虽然事实上 GPI 并没有考虑许多跨界的影响，但是一国环境成本中很大部分是源自世界上其他地方所发生的事情，环境影响也不仅仅只限于国际边界。实际上，一国自然资本的健康状况必然与其邻国自然资本的状况息息相关。所以说，一国 GPI 有可能至少考虑了一部分因其他国家过去和当前经济扩张而对该国造成的外溢成本。知道这一点，那就很显然了，人均 GDP 门槛水平随着时间逐渐下降，部分原因在于经济增长领域的后来者必须要在一个本已非常饱和的世界中竞相追逐经济扩张。对于像澳大利亚和新西兰这样的国家来说，其经济扩张开始的时候，世界要"空荡"得多，因而那个时候，经济扩张的边际成本非常低。①

下一个原因肯定会更有争议。在国际贸易文献当中，越来越多的研究支持所谓"污染天堂假说"。污染天堂假说基于这样一种观点，在全球化世界中，既然国际贸易遵从绝对优势原理——资本国际自由流动的后果之一（Daly and Cobb, 1989; Daly, 1996; Lawn, 2000）——那么，很多跨国公司自然就有积极性把生产经营转到那些低工资、低企业税、劳工法律条例比较薄弱及环境管制低效的国家中去。② 这些国家几乎都是人均 GDP 很低。所以，很多贫困国家成为污染天堂，服务于那些试图通过降低生产成本而继续保有竞争优势的产业和企业，也就不足为奇了。

---

① 在第二次世界大战之后的早期，也就是 20 世纪 60 年代和 70 年代，澳大利亚和新西兰经济快速增长。1961 年，全球生态足迹占全球生态容量的 50%（Global Footprint Network, 2006）。所以，有理由认为那个时候世界处于"半饱和"状态。截至 1970 年，澳大利亚和新西兰已经完成了工业化过程，全球生态足迹显著增加，但是仍然仅占全球生态容量的 65%。不过，对于本书案例研究中的贫困国家而言，它们的经济扩张直到 20 世纪 80 年代和 90 年代才开始。1987 年，全球生态足迹已经接近全球生态容量了，实际上，这个世界已经"100%饱和"了。因此，很显然，澳大利亚和新西兰最初经济扩张阶段的状况与条件，跟中国、印度和越南这些国家所面临的情况比起来，差距实在是太大了。

② 之所以使用"污染天堂"这个词语，是因为其寓意已经超越了跨国公司单纯避免污染减排和治理成本的范畴，而且被更广泛地用于描述，因国家间规制程度有别，进而引致资本为了节约成本选择地区重置。

肮脏、低工资类生产场所的转移,附带结果之一就是贫困国家的资源消耗与工业污染快速增加。相反,富裕国家中环境恶化成本则相对明显下降(即损耗与污染成本在该国实际 GDP 中的份额下降了)。① 从穷国的社会角度来看,污染天堂假说的支持者认为,工业迁移——资本重新配置到劳动与环境标准更弱的国家——也会明显造成收入差距扩大、农村发展滞后、城镇人口过多及之前自力更生类社区的流失。

既然工业迁移,如果它确实出现了,促进了亚太地区相对贫困国家的经济活动,那么它也就肯定会迫使其承受该区域(如果不是全球的话)经济增长带来的、更大的社会与环境成本负担。如此一来,这些国家会提前达到人均 GDP 门槛水平,且更有可能增加许多相对富裕国家的门槛值。这或许可以解释,为什么澳大利亚和新西兰,各自分别于 1974 年和 1981 年达到人均 GDP 门槛值,在 1993 年之后的 10 年里 GPI 还能略有增长。关于日本贸易模式及其对日本自身和其他国家门槛值的影响,我们已经做过评论。

我们现在当然要谈到争论中的关键问题,那就是我们所认为的污染天堂假说,能够在多大程度上解释人均 GDP 门槛值随时间显著下降这个现象呢?已经有很多经验研究去证实或证伪资本向劳工和环境规制更弱的地区转移的理论。这些研究大部分都倾向于支持,劳工成本差异可以解释绝大多数工业迁移的现象(Leonard,1988;Hodge,1995;Garrod,1998;Ratnayake and Wydeveld,1998)。不过,关于环境规制方面的内容仍不明晰。最初于 20 世纪 80 年代末和 90 年代开展的研究中,大部分倾向于支持,环保收紧或更为严格对于生产场所的选择影响不大(Dean,1992;Pearce and Warford,1993;Jaffe et al.,1995;Garrod,1998)。之所以在早期学者们会

---

① 当然,从总量意义上看,即便是大部分富裕国家,损耗的污染成本也是上升了。例如,澳大利亚自然资本服务损失的成本(环境总成本)自 1997—2006 年增加了 149.9%。不过,从占实际 GDP 的份额来看,同期却从 26% 下降到 17.7%。在日本,环境总成本无论是总量,还是作为实际 GDP 的份额,都下降了。

得出这种结论，是因为，除了少数几个高污染型行业以外，大部分行业企业适应调整以符合环保标准的成本似乎很小，如果通过重新选址来避免类似成本，那么，重新选址本身带来的成本，也几乎和适应调整新环保标准的成本差不多了（Leonard，1988；Stevens，1993；Goodstein，2008）。

既然最初的这些研究已经开展过，那么用于检验污染天堂假说的数据和模型，无论在覆盖范围方面，还是在复杂程度方面，都已经大大改善。结果可想而知，关于环境标准对生产位置的影响，近期有大量研究给出了截然不同的结论。事实上，他们现在表明，不同的环境规制确实造成资本向环境标准更低的国家迁移（Wilson et al.，2002；Cole，2004；Grether et al.，2006；MacDermott，2006；Akbostanci et al.，2007；Levinson and Taylor，2008）。此外还表明，区域贸易协定能够加剧污染天堂效应（MacDermott，2006）。我们对于最后这点不做评论，而是强调，在亚太地区层面，任何未来贸易协商谈判之前，都有必要做进一步的深入调查和研究是否会加剧污染天堂效应。

总体来看，我们认为，关于污染天堂假说，近期一些更可靠研究提供的有力证据，证实了其基本命题，即更弱的劳工和环境规制会造成工业迁移。此前关于饱和世界中边际成本递增的结论，再结合这条证据，我们准备提出一个新的"门槛收缩假说"，内容如下：在经济日益全球化的环境当中，随着亚太地区和世界经济共同增长，人均GDP的门槛值会随着时间推移而逐渐缩小。更糟的是，对于那些经济增长后来者而言，当其可持续福利水平仍相对更低（即人均GPI更低）时，门槛值就出现了。

很明显，这个门槛收缩假说，如果是真的的话，既令人非常担心，又影响深远。不过，我们仍然认为，亚太地区有希望进一步提升真实进步的水平，之所以这样说，是因为有机会提高人均GDP的门槛值。但亦有两点需要重视：一是，这对所有国家都适应，因此，人均GDP门槛值水平的提高，必然受到社会与生物物理的限制（Hirsch，1976；Daly，1996）。由此，我们认为，如果考虑到更为富裕国家已经享受到的人类全球化的收益,那么像澳大利亚、新西兰和日本应该已经达到门槛值了。所以,我们可能会说,这绝不意味着这些国家已经实现了人均 GPI 的最大值。

二是,我们认为,在亚太地区能多大程度上进一步提高目前贫困国家面临的人均 GDP 门槛水平,完全取决于它们是否能够接受新的做法或说发展途径。无论是这个区域中的富裕国家,还是贫困国家,如果只是对传统增长模式修修补补,不可能成功,因此也一定会以失望而终。

12.3 适应于区域相对贫困国家的新发展途径

虽然我们将要推荐的做法,包括分别适应于亚太地区相对贫困国家和相对富裕国家的发展途径,但是我们认为,其中有很多政策是普适性的,无关乎其当前所处的发展阶段。这些政策大部分已在此前章节中提到过。因而,我们尽可能避免重复太多政策细节,而且旨在综合回顾,若要进一步增加亚太地区可持续福利,究竟什么是必要的。

12.3.1 稳定人口

如果有什么东西可以把亚太地区相对富裕国家和相对贫困国家区分开来的话,那就是后者的绝对贫困程度,前者基本上不存在(表1-7)。未来一段时间,亚太地区相对贫困国家显然还需要进一步发展,促进 GDP 增长。但是,这将是一种完全不同于以往的增长模式。

这种 GDP 新增长模式的第一个特征显然就与众不同。以当前人口增长趋势来看,亚太地区许多相对贫困国家需要立即采取措施,稳定人口数量,特别是印度、柬埔寨、印度尼西亚、马来西亚、巴基斯坦、菲律宾、泰国和越南。人口增长不仅使得削减绝对贫困非常困难,也会导致一些"不必要的"GDP 增长,因为这些额外经济产出仅仅是为了满足更多人口的基本需求。

12.3.2 公平分配

即便稳定人口的目标得以成功实现，但是，未来 GDP 增长还必须要确保经济收益能被更加公平地分配。公平分配不仅是一个道德使命，而且它对于维持支撑健康社会和经济的社会资本也是非常必要的。此外，当消费水平给定的情况下，收入与财产分配越公平，那么社会总福利就会越高。由于这会减少专门用于减贫所需的 GDP 增长，所以也就会进一步减少不必要的 GDP 增长，进而通过降低环境与社会成本，带来明显收益。总之，更加公平的收入和财产分配，可能既会在给定人均 GDP 水平下增加人均 GPI，又会提高亚太地区贫困国家人均 GDP 的门槛值。

12.3.3 自给自足

我们很快会谈到，许多贫困国家偏好出口导向的增长战略，但现在，我们主要是想说一些关于贫困国家应该生产的产品组合问题。出口导向型增长，要求把一国总产出中很大一部分用于满足那些居住在世界上其他地方、相对更富裕居民的消费需求。生产产品的类型通常并不符合基本需求或贫困消费者的需求。虽然出口导向型增长会对国内就业带来一些好处，但是会更有利于那些富裕的、用于生产出口产品的资本所有者，这些人通常并不担心其在贫困国家中的购买力，而是在富裕国家中的购买力。

我们认为，亚太地区相对贫困国家的政府应该采取措施，鼓励和刺激其国内产品生产更多直接面向本国公民的基本需求。当然，这并不意味着就不鼓励出口，只是说出口项目可能最好限定于某些特定类型产品的生产和出口，即该国：（1）具有明显天然的生产优势（比如因其特殊的地理区位和气候而从事某些农产品生产）；（2）可在满足国内需求以外，还能够有过剩产出。

实行自给自足的增长战略，除了税收激励以外，还需要采取一些其他类型的激励政策和措施，增强该国居民的购买力。第 8 章已经解释过，这就要求国内就业状况良好，能够确保体面生活的最低工资水平，相对公平的收入和财产分配。这些都会有助于提升人均GPI，进一步提高人均GDP的门槛值。

12.3.4 提高效率：减少经济活动的资源使用强度

在本书给出的每个案例研究中，经济扩张最显著的影响之一，就是环境退化的成本上升。考虑到亚太地区相对贫困国家GDP进一步增长必然会生产更多产品，所以这些国家就要千方百计，尽可能减少单位经济活动的环境影响。至于这是否会减少对自然环境的整体影响，依然没有定论，因为它要求经济产出资源使用强度减少的百分比，要大于经济活动总量增加的百分比。第4章解释过，前者要受到生物物理学和热力学定律的限制。更为复杂的事情还在于，甚至在这些限制范围以内，降低经济产出资源使用强度，也并不是一个简单、稳定且免耗资源的过程。

当然，如果没有能够限制住单位经济活动环境影响上升的后果是严重的。很有可能的情况是，GDP增长的环境成本很快就会超过增长所带来的收益，进而造成可持续福利减少，而不是增加（比如中国和泰国）。我们并不是建议可以且必须要完全避免环境成本的进一步上升。不过，如果这些成本真的上升了，就必须尽可能确保其绝对值最小化，这样才会让未来的经济扩张不会徒劳无功。

有很多方法可以降低经济活动的资源使用强度。可能最简单的方法就是提高经济中的资源配置效率。这可以通过把生产过程中的环境外溢成本内部化来实现，这些外溢成本通常被市场忽略了。此前章节中建议的损耗和污染税及精心设计的可交易损耗和污染许可证制度，都有助于实现这种目的。由于确保市场适度竞争也有利于进一步提高效率（Baumol et al.，1982），亚太地区相对贫困国家的政府应该采取合适的制度机制，阻止一些反竞争性的公司合并。它们也必须时时注意，那些转移来的大型跨国公司对其国内产业可能产生潜在的、反竞争性的影响。

经济学家都将证明，经由市场重新配置资源而带来的效率收益最终都将会被耗尽。① 若想长期持续提升资源使用效率，就有必要鼓励资源节约型技术的研发和应用。之前建议的环境外溢成本内部化，对此显然大有帮助，因为它会引致企业采用新技术，竭力避免因不采用新技术而带来的有关资源和环境成本。

在贫困国家中，将环境外溢成本内部化，有个潜在的问题就是在引入实施资源节约型技术之前，许多当地企业可能很难吸收和承受高昂的资源成本和/或污染收费。其他企业会发现投资于资源节约型技术的成本根本难以接受。这些都可能会造成大量企业倒闭。为此，可以考虑另一种替代性的方法，即通过补贴（资助）或者税收返还体系，奖励那些研发和应用资源节约型技术的企业。所以，政府不要试图通过惩罚企业来增加资源节约型技术的应用，而是要通过提供资金或物质支持，鼓励企业去进行社会友好型的投资。虽然建议采取这种替代性的方法，但是我们心里很清楚，环境外溢成本完全内部化[即全成本加成定价（full cost pricing）]，对于长期提升真正的效率是非常必要的。因而，我们认为补贴和税收返还，从根本上来讲，在促进资源节约的初始阶段，会是一种非常有用的手段，但并非长期有效的政策解决途径。

12.3.5　自然资本投资和保护关键生态系统

花点时间去研究任何一个国家的发展历史，很快就会明白，绝大部分投资支出都是直接用于积累人造资本（厂房、机械和设备），很少直接用于维持自然资本的，更别说是积累了。实际上，人们可能认为，GDP 增长的历史一直都是以自然资本向人造资本的转换为特征。② 本书第 4 章指出，实现强可持续性，就必须要维护和保持

---

① 该耗尽时点通常指帕累托效率（Pareto Efficiency）——一种不可能的状况：单纯通过资源重新分配，让一个人变得更好同时又不会让其他任何人变得更坏。

② 在一个空荡的世界中，有丰裕自然资本和极少人造资本时，这是正常合理的做法。既然我们现在转向一个自然资本正成为生产瓶颈的世界，这种自然资本的转换及随后减少，就没有任何意义了。

自然资本的完整性。由于 GDP 增长几乎将肯定造成资源消耗增加，所以，当前某些自然资本形式的再生和废物吸收能力很可能已经被超过了。① 这将必然导致一些自然资本存量的损耗。

为使自然资本损耗最小化，亚太地区相对贫困国家的政府必须鼓励更多的自然资本投资。政府自身也必须要通过从事大量植树造林工程，补充江河湖泊中的鱼类，治理和修复湿地等，充当领导者的角色。关于不可再生资源，政府应该考虑通过立法，强迫所有资源经营者（比如矿采公司）留存一定比例的资源损耗利润纳入资源替代账户（可参阅第 5 章和第 8 章）。这些留存下来的资金可以用于开发可再生资源，进而可以弥补不可再生资源资产的下降。

和直接用于经济目的自然资源不同，重要的生态系统一旦被破坏，就很难修复。例如，改善土壤管理能够修复农地的肥沃程度，但是一个已被显著改变的生态系统，往往就被无可挽回地破坏了。考虑到这点及生态系统可以提供一些无法替代、同时又对经济体系良好运行至关重要的服务，所以我们认为，亚太地区相对贫困国家自然资本的开发利用应该限于那些已被先前人类活动显著改变过的区域。此外，所有关键的生态系统应该通过建立大量国家公园体系——存在于大部分相对富裕国家——而被保护起来。

12.3.6 进口替代政策

目前，国际发展机构鼓励贫困国家通过出口快速增长来支持和带动 GDP 增长。我们认为，亚太地区相对贫困国家应该放弃出口导向型战略——当然也反对禁止商品出口——进而支持进口替代政策。进口替代，就是指一个国家强调减少进口，而不是过于重视提升出口。如果一个国家可以将其生产效率提升到这样的程度，即对于大量产品，它能以比之前进口成本更低的成本在国内生产，那么就可以实施进口替代政策了。这种政策能够带来多种好处，具体在第 8 章已经详细讨论，这里就不再赘述了。我们将要做的就是归纳两条出口导向战略的主要缺点，尤其适合贫困国家。

---

① 当然，这取决于资源效率的跨期增长速度。

第一，出口导向战略易于导致过度专业化和出口收入依赖。这将让实行出口导向战略的国家锁定于国际贸易当中，从而减少了它们不贸易的自由。[①] 也会让这些国家在应对剧烈波动的国际市场过程中异常脆弱，过去它们也曾因此遭受过严重的债务危机（表1-2）。

第二，为了吸引必要的外国投资，建立和扩张出口导向型工业，贫困国家通常被迫采取低标准的竞争形式（Wilson et al.，2002）。在一个自由资本流动的全球化世界中，这样在很多情况下会造成：最低工资水平降低及工作场所和环境标准弱化。有些情况下，这会致使政府拒绝颁布实施成本内部化的规章制度。因此，出口导向型增长的使命，并不是提升真实效率，往往是迫使贫困国家的政府采取政策降低效率——颇有讽刺意味的是，提升真实效率恰恰是提高它们当前人均GDP门槛值的必然要求。不用说，出口导向型战略也会严重削弱这些贫困国家旨在改善收入分配和最小化自然资本损耗的努力和成效。

12.3.7 最终向稳态经济过渡

如本章前文所提，人均GDP门槛水平的进一步提高必然会受到社会和生物物理方面的限制。一旦达到门槛水平，亚太地区相对贫困国家应该就会可以享有更高水平的可持续福利，并将需要向稳态经济过渡。这种过渡具体需要什么条件和步骤，这里不再详细讨论，但会在接下来关于地区富裕国家的内容中，做简要归纳和梳理。

12.4 适用于地区相对富裕国家的新发展途径

我们相信，亚太地区所有相对富裕的国家很可能都已经到达了他们人均GDP门槛水平。此外，我们认为，如果亚太地区每个相对贫困国家人均GDP门槛水平不降低的情况下，相对富裕国家若想进一步提升各自人均GDP门槛值的可能性不大。所以，地区相对富裕

---

① 若想让贸易能给双方都带来益处的基本条件之一就是，贸易是自愿性的。如果丧失了不贸易的自由，这个条件实际上已被折中或破坏了。

的国家必须立即开始向稳态经济过渡。这种过渡不仅可以为相对贫困国家提供进一步增长的空间，也有助于阻止它们自身可持续福利的下降。

立即开始向稳态经济过渡，并不意味着就要立刻停止 GDP 增长。和所有独立系统一样，经济也是"路径依赖"，而且遵从结构惯性(David，1985；Silverberg，1988；Hodgson，1991)。因此，如果 GDP 增长突然中断一定会带来很多净成本，从而损及这个向稳态经济的转变过程。不过，整个过程还是需要尽可能缩短，先快速转向经济低速增长，然后再加快转入非增长的情境中去。

12.4.1 公平分配

向稳态经济过渡从而防止可持续福利下降，这是一个方面。若想再进一步增加可持续福利，亚太地区相对富裕国家还将需要让其发展战略聚焦于质量提升，而非数量扩张(增长)。和地区相对贫困国家一样，这种新的发展途径也必须基于改善收入和财产分配。从澳大利亚、新西兰和日本 GPI 研究中可以发现，即便有 GDP 增长，但是分配差距扩大的负面影响还是相当明显的。收入和财产分配更加公平所带来的收益，无疑对于稳态经济而言，更为重要。

12.4.2 外部性内部化：提升效率，国家做好准备转向稳态经济

虽然近年来很多市场都在放松管制，但是我们认为，大部分富裕国家中的资源配置也是根本没有效率(可参阅 Lawn，2007，第 9 章)。之所以总体上都没有效率，很大程度上是因为环境外溢成本依然未被定价或者说被市场反映出来。亚太地区相对富裕国家因而需要让这些环境外部性内部化，当然，他们地区中相对贫困的邻国亦是亟须如此。全部成本内部化，可以带来更好的产品耐久性，循环利用率增加，资源节约型技术的研发和应用速度更快。这又会使得当前人造资本数量保持不变的情况下，环境成本会进一步下降，故很有可能提升处于稳态经济中任一富裕国家的 GPI。

说到这里，稳态经济，从定义上来看就是一种可持续的经济。要想长期实现强可持续性，就必须保持自然资本存量的完整性。除

了保护一些关键生态系统之外，维护自然资本还要求物质和能源生产速度保持在环境再生和废物吸收能力的范围以内。第5章和第8章已经解释过，通常用于环境外部性内部化的损耗和污染税，并不能够确保资源生产速度可以限制于强可持续性所要求的范围之内(Daly，1992；Lawn，2007)。这可能只有通过直接实施一些资源生产类的约束措施才可实现，比如最好可能就是引入可交易的资源使用许可证形式(详细解释，可参阅本书第5章)。

不过，这里要求亚太地区相对富裕国家的政府必须谨慎行事。如果实施资源使用限制时，恰好在其最大可持续的生产水平上，那么可能会让许多经济增长戛然而止①，有些情况会造成经济紧缩。由于经济体系的路径依赖特征，所以，过于激进的方法不利于向稳态经济顺利平稳过渡。因此，我们认为，在实施更为严厉的资源生产约束之前，损耗和污染税是较为理想的政策手段。不过，一旦时机成熟，就需要尽快实行可交易的许可证制度，这些许可证所体现的资源生产约束亦必须尽快收紧。②

12.4.3 自然资本投资

虽然资源生产约束和更高的资源使用效率对于实现强可持续性而言是非常必要的，但还远远不够，因为它们既不能保证重要生态系统的完整性，也无法处理这样一个事实：大部分已被利用的自然资本，是以不可再生资源形式存在的。此外，一些相对富裕的国家经济扩张时期曾被大大延长，现在已经失去了维持其自身经济活动所必需的自然资本(如日本)。因此，它们严重依赖于其他国家的自然资本，许多还是相对贫困国家而且目前还在千方百计促进其国内的经济增长。但即便是在那些自身拥有丰富不可再生资源资产的相

---

① 可虑到生态系统的复杂性以及很有可能会被算错最大可持续生产水平，所以最好是把资源生产约束限定得远低于其最大估计值，这就是通常所说的"预防原则"(precautionary principle)。

② 我们也认为，应该实行担保债券(assurance bond)来解决污染和废弃物的质量问题(可参阅 Costanza and Perrings，1990；Lawn，2007)。

对富裕国家中(如澳大利亚)，它们也非常依赖于开采利用这些资源以支撑它们自身的消费。

对亚太地区的许多相对富裕国家来说，还可在多大程度上投资于人造资本，并且以牺牲自身的自然资本为代价？这种讨论必须立刻停止。也是因为，许多自然资本带有公共产品属性，所以，相对富裕国家的政府必须要扮演自然资本投资者——这个关键的角色。为了进一步鼓励私人部门也对此多做贡献，政府应该提供更大的税收激励，增加自然资本投资相对于其他类型投资的吸引力。如前所述，政府应该强迫不可再生资源的经营者留存一定份额的资源开采损耗利润，以建立可再生类的资源替代，从而保持自然资本总存量的完整性。

当然，并不是所有不可再生资源都很容易找到可再生资源作为替代。这种情况下，就应该通过使用损耗许可证，更严格或说更保守地控制这种不可再生资源地开采利用速度。这不仅有助于提高代际公平，也为该国克服资源依赖，有可能的话，建立合适的资源替代，争取更多的缓冲时间。

12.4.4 生产中的增加值和生态税改革

稳态经济中，人造资本存量可以保持跨期稳定。也就是说，某个给定的年份中，新生产的产品数量正好等于当年直接消费或者完全折旧的产品数量。所以，要想通过不增加人造资本存量来进一步提高福利，就必须提高所有新生产产品中的附加值。为此，富裕国家的政府就必须减少对那些通过提高生产附加值而获得资金回报(即源自生产经营奉献、工资和利润的收入)的税收。虽然这会减少政府税收收入来源，但大部分减少的税收可通过损耗和污染税及销售可交易资源使用许可证(假定后者也因我们建议而被采纳实施的话)等予以弥补。

这种减少对"好产品"征税、增加对"坏产品"征税的政策，就是被广泛谈及的、生态税改革的例子(Lawn，2007)。我们认为，亚太地区所有相对富裕国家都应该实行这种税收改革，不仅是因为上述提到的这些好处，还是因为它能够带来更高的工资、更多的休闲时间、就业岗位分享及降低失业率。如此一来，就可以降低超负荷工作、犯罪及家庭破裂的成本——最近几十年来，相对富裕国家中这些成本几乎都在普遍增加，最终可以让目前澳大利亚、新西兰和日本令人失望的GPI绩效得以显著改观。

12.4.5 增加对地区相对贫困国家的国外援助

此前解释过，亚太地区相对富裕国家之所以处于非常有利的地位，是因为它们最初经济扩张时是处于一个相对空荡的世界中。认识到并感恩于这种好运，相对富裕国家应该增加对地区相对贫困国家的资金援助。目前，平均每个相对富裕国家对外援助支出约占其GDP的0.3%（OECD，www.oecd.org/statistics）。我们认为这远远不够。在我们看来，国外援助至少应该占GDP的0.7%，这个目标或许更合适，也会更公平。①

增加的援助金额应该主要用于以下五个领域：

第一，为那些遭受极端贫困、饥饿、战争及自然灾害影响的人们提供基本的产品和服务。尽管相对富裕国家管理者已经实施援助项目应对这些问题，但是进一步提高资金援助，可以大大缓解当前他们仍在遭受的苦难，这些苦难我们觉得从道义上来讲是无法接受或说不可原谅的。

第二，考虑到许多相对贫困国家需要控制它们的人口数量，所以，援助款可以用于资助一些人口稳定类的项目和工程，特别是当该国政府缺乏必要财政能力的情况下。

第三，亚太地区许多重要的生态系统（如热带雨林、湿地和珊瑚礁）存在于相对贫困国家中，而这些国家又需要进一步促进GDP增长。这些生态系统很可能会面临极大的压力，也迫切需要保护起来。保护这些生态系统既不会给所有国家都带来直接收益，也没有给东

---

① 占GDP的0.7%，这个数字是在1970年联合国大会（UN General Assembly）上所有富裕的援助国一致同意的。澳大利亚、新西兰和日本的各自对外援助额依次占其GDP的0.3%、0.2%和0.25%（OECD，www.oecd.org/statistics）。

道国带来任何直接的收益。为了促进生态系统保护，相对富裕国家的政府应该把援助款用于补偿那些相对贫困国家随后可能会放弃掉的直接使用收益。然后援助款就可以被受援国再分配于那些因无法直接使用生态系统而深受影响的居民，可以采取直接补偿或者建立替代产业（比如旅游业代替伐木业）的形式。

第四，我们已经表明，生态系统保护本身无法使得亚太地区相对贫困国家中自然资本损耗程度最小化。所以，援助款可以分配给相对贫困国家用于提升它们在自然资本领域的投资——特别是扩大植树造林项目、促进湿地修复和治理、协助接纳和应用可持续的土地管理办法。

第五，因为亚太地区相对贫困国家降低资源使用强度会使相对富裕国家间接受益，所以相对富裕国家就应该实施转移支付项目，帮助相对贫困国家应用资源节约型技术，至于具体方式，最好把援助款用于补贴，从而降低昂贵新技术的购买价格。

12.5 结　论

基于本书各 GPI 研究结果，本章一开始给出了两个果断的声明：(1)任何国家的人均 GDP 通常都会高估其可持续福利水平；(2)亚太地区近年来的真实进步程度，远远不如其人均 GDP 增长方面的表现。进一步分析人均 GPI 和人均 GDP 之间的关系，我们认为已经找到了一个非常重要的新发现，那就是随着各个经济体共同扩张，人均 GDP 的门槛水平（即 GDP 增长所带来额外成本超过额外收益的时点）会逐渐收缩，结果就是经济增长后来者的人均 GDP 门槛值，在其人均 GDP 水平远低于相对富裕国家时就达到了。这说明相对贫困国家（如印度、中国、泰国和越南）可能永远难以达到相对富裕国家当前的人均 GPI 水平（如澳大利亚、新西兰和日本）。

幸运的是，有希望提高人均 GDP 的门槛值，但这要求至少一段时间内，亚太地区相对贫困国家践行新的 GDP 增长模式——GDP 增长是清洁的、有效的、公平的、自然资本损耗最小化、强调自然资本投资、实行进口替代战略以增强该国自给自足能力及避免低标准竞争。稳定人口是这种新型GDP增长的核心要务。

亚太地区相对富裕国家，如果不是整个世界的话，也可在提升相对贫困国家人均GDP门槛值的过程中有所作为。它们必须立即开始向稳态经济过渡。不过，为了增加它们自身的可持续福利，相对富裕国家也必须依靠新的发展途径，和相对贫困国家需要采取的发展途径基本相似，基于提升资源使用效率、改善收入分配。除以此外，这种新的发展途径还必须要基于保持自然资本完整性、提高生产过程中的产品附加值（即改善产品质量）、改善生产过程的组织管理以创造更多自我实现的就业形式，并且提供更多时间用于从事非经济类活动。

相对富裕国家也需要通过增加对外援助的形式给相对贫困国家提供更多帮助和支持。除了为那些有迫切需求的人提供基本产品和服务，援助款还要用于保护重要生态系统（对相对贫困国家因为放弃直接使用价值而给予补偿）、资助人口稳定类的项目工程、支持采用资源节约型技术。作为回报，以及既然人均GDP门槛值不可能被无限扩大，相对贫困国家最终必须要做好准备向稳态经济过渡。当这个时刻到来以后（具体时间点在不同国家会有所区别），亚太地区相对富裕国家当前需要采取的发展途径，就将完全适用于本地区的相对贫困国家了。

未来几十年，假使本书GPI研究传达出来的警示信号被充分留意，并采取了合适的做法，亚太地区当前的可持续福利水平没有理由不会进一步提高，亚太地区相对贫困和相对富裕之间的可持续福利差距没有理由不会进一步缩小。不过，我们可以肯定的是，如果这些警示信号被当作耳旁风，在经济发展方式上一切照旧，亚太地区的未来是比较糟糕的。在我们看来，这种未来会伴有：人口严重过剩、贫困率很高、贫富差距过大、社会动荡、污染水平难以想象及最终的生态系统崩溃。①

---

① 尽管富裕国家也会遭受这些不幸，但更主要是发生在相对更为贫困的国家。

心里有了这幅画面，让我们寄希望于亚太地区的决策者能够更加重视这些越来越多、已经开始严重质疑盲目追求 GDP 增长效力的证据。我们也由衷希望，充分认识到这些即将发生的灾难，并将其及时转化为可行的政策措施，进而为亚太地区带来长久、可持续的真实进步。前途光明，道路曲折。那么，就让时间来告诉我们，是否最终会有一个光明的未来吧。

参考文献

Akbostanci, E., Ipek Tunç, G. and Türüt-Aşik, E. (2007), "Pollution haven hypothesis and the role of dirty industries in Turkey's exports", *Environmental and Developmental Economics*, 12, 297-322.

Baumol, W., Panzar, J. and Willing, R. (1982), *Contestable Markets and the Theory of Industry Structure*, San Diego, CA: Harcourt Brace Jovanovich.

Cole, M. (2004), "US environmental load displacement: examining consumption, regulations, and the role of NAFTA", *Ecological Economics*, 48(4), 430-450.

Costanza, R. and Perrings, C. (1990), "A flexible assurance bonding system for improved environmental management", *Ecological Economics*, 2, 57-76.

Daly, H. (1991), *Steady-State Economics: Second Edition with New Essays*, Washington, DC: Island Press.

Daly, H. (1992), "Allocation, distribution, and scale: towards an economics that is efficient, just, and sustainable", *Ecological Economics*, 6, 185-193.

Daly, H. (1996), *Beyond Growth: The Economics of Sustainable Development*, Boston, MA: Beacon Press.

Daly, H. (1999), *Ecological Economics and the Ecology of Eco-*

nomics, Cheltenham, UN and Northampton, MA, USA: Edward Elgar.

Daly, H. and Cobb, J. (1989), *For the Common Good: Redirecting the Economy Toward Community, the Environment, and a Sustainable Future*, Boston, MA: Beacon Press.

David, H. (1985), "Clio and the economics of QWERTY", *American Economic Review*, 75(2), 332-337.

Dean, J. (1992), "Trade and the environment: a survey of the literature", in P. Low(ed.), *International Trade and the Environmental*, Washington, DC: World Bank, pp. 15-28.

Garrod, B. (1998), "Are economic globalization and sustainable development compatible? Business strategy and the role of the multinational enterprise", *International Journal of Sustainable Development*, 1, 43-62.

Global Footprint Network(2006), *Ecological Footprint and Biocapacity*, 2006 edition, Oakland, CA: Global Footprint Network.

Goodstein, E. (2008), *Economics and the Environment*, Hoboken, NJ: John Wiley & Sons.

Grether, J.-M., Mathys, N. and de Melo, J. (2006), "Unraveling the world-wide pollution haven effect", World Bank Policy Research Working Paper 4047, Washington DC: World Bank.

Hirsch, F. (1976), *The Social Limits to Growth*, London: Routledge & Kegan Paul.

Hodge, I. (1995), *Environmental Economics*, London: Macmillan Press.

Hodgson, G. (1991), "Evolution and intention in economic theory", in P. Saviotti and J. Metcalfe(eds.), *Evolutionary Theories of Economic and Technological Change*, Reading: Harwood Academic Publishers, pp. 108-132.

Jaffe, A., Peterson, S., Portney, P. and Stavins, R. (1995), "Environmental regulation and the competitiveness of US manufacturing: what does the evidence tell us?", *Journal of Economic Literature*, 33, 132-163.

Lawn, P. (2000), *Toward Sustainable Development: An Ecological Economics Approach*, Boca Raton: CRC Press.

Lawn, P. (2007), *Frontier Issues in Ecological Economics*, Cheltenham, UK and Northampton, MA, USA: Edward Elgar.

Leonard, H. (1988), *Pollution and the Struggle for the World Product: Multinational Corporations, Environment, and International Comparative Advantage*, Cambridge: Cambridge University Press.

Levinson, A. and Taylor, M. (2008), "Unmasking the pollution haven effect", *International Economic Review*, 49(1), 223-254.

MacDermott, R. (2006), "Trade agreements and the environment: an industry level study for NAFTA", *Global Economy Journal*, 6(3), Article 3.

Organisation for Economic Co-operation and Development (OECD), *OECD Development Statistics Online*, www.oecd.org/statistics. Accessed 12 September 2007.

Pearce, D. and Warford, J. (1993), *World Without End: Economics, Environment, and Sustainable Development*, New York: Oxford University Press.

Ratnayake, R. and Wydeveld, M. (1998), "The multinational corporation and the environment: testing the pollution haven hypothesis", Department of Economics Working Paper Series No. 179, University of Auckland.

Silverberg, G. (1988), "Modelling economic dynamics and technical change: mathematical approaches to self-organisation and evolution", in G. Dosi, C. Freeman, R. Nelson, G. Silverberg and L. Soete(eds.), *Technical Change and Economic Theory*, London: Pinter Publishers, pp. 531-559.

Stevens, C. (1993), "Do environmental Policies affect competiveness?", *OECD Observer*, 183, 22-25.

Wilson, J., Otsuki, T. and Sewadeh, M. (2002), "Dirty exports and environmental regulation: do standards matter to trade?", World Bank Policy Research Working Paper 2806, Washington, DC: World Bank.

图书在版编目(CIP)数据

千帆竞发：基于真实进步指标的亚太可持续福祉/(澳)菲利普·劳,(澳)马修·克拉克著；林永生译. —北京：北京师范大学出版社，2021.3
真实进步指标(GPI)译丛
ISBN 978-7-303-24618-2

Ⅰ.①千… Ⅱ.①菲…②马…③林… Ⅲ.①国内生产总值－国民经济核算－研究－亚太地区 Ⅳ.①F222.33

中国版本图书馆CIP数据核字(2019)第067256号

营 销 中 心 电 话 010-58807651
北师大出版社高等教育分社微信公众号　新外大街拾玖号

QIANFAN JINGFA JIYU ZHENSHI JINBU ZHIBIAO DE YA-TAI KECHIXU FUZHI

出版发行：北京师范大学出版社　www.bnup.com
　　　　　北京市西城区新街口外大街12－3号
　　　　　邮政编码：100088

| 印　　刷：鸿博昊天科技有限公司
| 经　　销：全国新华书店
| 开　　本：710 mm×1000 mm　1/16
| 印　　张：23.75
| 字　　数：350千字
| 版　　次：2021年3月第1版
| 印　　次：2021年3月第1次印刷
| 定　　价：120.00元

策划编辑：王则灵　　　　责任编辑：薛　萌
美术编辑：李向昕　　　　装帧设计：锋尚制版
责任校对：陈　民　　　　责任印制：马　洁

版权所有　侵权必究
反盗版、侵权举报电话：010-58800697
北京读者服务部电话：010-58808104
外埠邮购电话：010-58808083
本书如有印装质量问题，请与印制管理部联系调换。
印制管理部电话：010-58805079